# 商业秘密保护诉讼实务研究

王现辉 著

SHANGYE MIMI BAOHU
SUSONG SHIWU YANJIU

知识产权出版社
全国百佳图书出版单位
—北京—

**图书在版编目（CIP）数据**

商业秘密保护诉讼实务研究/王现辉著. —北京：知识产权出版社，2023.10
ISBN 978-7-5130-8878-7

Ⅰ.①商… Ⅱ.①王… Ⅲ.①商业秘密-法律保护-研究-中国 Ⅳ.①D923.404

中国国家版本馆CIP数据核字（2023）第157349号

**内容提要**

本书从商业秘密的整体架构入手，全面分析了商业秘密诸多问题的成因，商业秘密的管理风险，商业秘密诉讼中的疑点、难点等；详细解读了商业秘密构成三要素——秘密性、价值性、保密性的深刻内涵；对侵害商业秘密的五种典型行为、各方承担的法律责任、举证责任，不构成侵害商业秘密的情形，技术问题解决路径，诉讼中的行为保全、证据保全，经营信息类商业秘密的司法保护，竞业限制与商业秘密保护的关系，商业秘密与其他知识产权专门法的关系，商业秘密民事保护、刑事保护、行政保护的区别与联系等进行了详细解读。

本书对于企业商业秘密管理人员、律师、法官等实务工作者以及理论研究人员均具有一定的参考价值。

**责任编辑**：彭喜英　　　　　　　　　　　　**责任印制**：刘译文

### 商业秘密保护诉讼实务研究
SHANGYE MIMI BAOHU SUSONG SHIWU YANJIU

王现辉　著

| | | | |
|---|---|---|---|
| 出版发行：知识产权出版社有限责任公司 | | 网　　址：http://www.ipph.cn | |
| 电　　话：010-82004826 | | http://www.laichushu.com | |
| 社　　址：北京市海淀区气象路50号院 | | 邮　　编：100081 | |
| 责编电话：010-82000860 转 8539 | | 责编邮箱：laichushu@cnipr.com | |
| 发行电话：010-82000860 转 8101 | | 发行传真：010-82000893 | |
| 印　　刷：天津嘉恒印务有限公司 | | 经　　销：新华书店、各大网上书店及相关专业书店 | |
| 开　　本：720mm×1000mm　1/16 | | 印　　张：30 | |
| 版　　次：2023年10月第1版 | | 印　　次：2023年10月第1次印刷 | |
| 字　　数：458千字 | | 定　　价：148.00元 | |

ISBN 978-7-5130-8878-7

出版权专有　侵权必究
如有印装质量问题，本社负责调换。

# 序 言

随着市场竞争的日趋激烈,以技术信息、经营信息等商业信息为代表的商业秘密已成为企业的核心竞争力。许多商业秘密,特别是支撑国民经济发展的核心商业秘密,甚至直接关系国家经济安全和利益。商业秘密不同于其他有形财产,作为无形财产的商业秘密更容易被侵害。近年来,随着市场经济竞争的不断加剧以及窥探、窃取商业秘密事件的深入蔓延,商业秘密作为无形资产所具有的商业价值越来越受到关注和重视,国内企业对自身商业秘密保护的需求日益强烈。

在当下我国强化知识产权保护的背景下,商业秘密法律机制的完善受到广泛关注。2022年3月2日,国家市场监督管理总局印发《全国商业秘密保护创新试点工作方案》的通知,指出"加强商业秘密保护,是强化反不正当竞争的重要任务,是强化知识产权保护的重要内容",并提出"完善企业内部管理制度""加强商业秘密保护监管执法"等工作要求。2021年10月21日发布的《最高人民法院关于人民法院知识产权审判工作情况的报告》要求强化商业秘密司法保护,指出"商业秘密是最具竞争力的无形财富,是创新主体的'安身立命之本'。保护商业秘密就是保护创新财产、保护公平竞争"。2021年10月9日,国务院印发《"十四五"国家知识产权保护和运用规划》,提出了15个专项工程,其中第一项就是"商业秘密保护工程",明确要求健全商业秘密保护政策,提升市场主体商业秘密保护能力。2021年9月中共中央、国务院印发《知识产权强国建设纲要(2021—2035年)》,要求"制定修改强化商业秘密保护方面的法律法规"。2021年1月1日,《中华人民共和国民法典》施行,其中第123条将商业秘密作为民事主体依法享有的知识产权予以保护。该条款已经将"商业秘密"作为"知识产权"的一个种类明确地予以界定,为设立商业秘密权利提供了法律依据,以商业秘密权利对民事主体的商业秘密予以法律保护,给予权利人商业秘密权利的民法保护提供了法律依据。2020年中共中央、国务院发布的《关于新时代加快完善社会主义市场经济体制的意见》中明确提出要加强商业秘密保护。2019年党的十九届四中全会通过的《中共中央关于坚持和完善中国特色社会主义制度 推进国家治理体系和治理能力现代化若干重大问题的决定》中指出"健全以公平为原则的产权保护制度,加强企业商业秘密保护"。2019年11月,中共中央办公厅、国务院办公厅印发《关于强化知识产权保护的意见》,指出"探索加强对商业秘密的有效保护"。在此之前,我国也曾出台过多份文件明确指出推动完善商业秘密保护法律制度,包括《国务院关于新形势下加快知识产权强国建设的若干意见》《中共中央、国务院关于深化体制机制改革加快实施创新驱动发展战略的若干意见》《"十三五"国家知识产权保护和运用规划》等。商业秘密是一项重要的知识产权客体,对其进行保护,有利于促进科技研发与公平竞争。作为我国商业秘密保护的直接法律渊源,《中华人民共和国反不正当竞争法》于2019年4月修订出台,其中对商业秘密的保护范围、商业秘密侵权行为的惩罚力度均上升到一个新的高度,集中体现了扩展商业秘密保护范围、提高商业秘密保护强度的意图,可谓进一步加强知识产权保护的有力举措。

  本书的写作是一个偶然,之初并没有专门写一本商业秘密保护与诉讼实务书籍的打算,只是从企业商业秘密管理或者说商业秘密合规的角度去准备的,随着准备工作的深入,笔者发现离开基础知识去谈合规,合规仍只是停留在较虚的层面,并不能有效解决现实中企业商业秘密保护过程中的具体问题。知识产权律师作为法律实务工作者,既要熟知相关法律知识,

# 序 言

又要具备解决企业实际问题的能力，抛开实务知识泛泛谈合规与律师使命不符。为此，笔者将原有基本成型的内容分成两部分，一部分是商业秘密保护的知识内容，另一部分是商业秘密合规的具体流程、方式、方法。商业秘密保护的知识内容部分即本书的内容，商业秘密合规流程部分另起炉灶进行系统梳理，成为团队律师商业秘密合规法律服务文本指引的全貌，二者相辅相成，以利于团队更好地为企业提供有效、专业、系统的商业秘密保护法律服务，为企业解决实实在在的问题。

本书从商业秘密构成三要素入手，详细解读了商业秘密"秘密性""价值性""保密性"等内容的深刻内涵。对侵害商业秘密的五种典型行为、需要承担的法律责任、如何举证，不构成侵害商业秘密的情形，技术问题解决路径，诉讼中的行为保全、证据保全，经营信息类商业秘密的司法保护，竞业限制与商业秘密保护的关系，商业秘密与其他知识产权专门法的关系，商业秘密民事保护、刑事保护、行政保护的区别与联系等基础知识进行了详细、系统的解读。

另一层面，本书从商业秘密的整体架构入手，全面分析了商业秘密诸多问题的成因，商业秘密管理风险，商业秘密诉讼中的疑点、难点等，并结合商业秘密最新案例以及商业秘密保护最新动态方向对商业秘密保护所需基础知识进行了系统、全面的分析整理，以帮助企业知识产权从业人员对商业秘密有一个整体认识；对风险点进行梳理，对管控点进行重点预防，有利于企业从业人员理解商业秘密管理架构及体系，更好地管理商业秘密，避免泄密风险。商业秘密保护既要重视管理层面的工作，也要重视泄密后的诉讼保护，本书对商业秘密管理及商业秘密诉讼保护均进行了详细阐述，希望企业在商业秘密保护上少走弯路，以更高效、经济的方式，将自己的商业秘密牢牢地握在手中，维持市场竞争优势。

相较于传统的专利、商标和著作权等知识产权，商业秘密领域相对而言"知名度"不高，企业的重视程度相对不够，这也是笔者专门进行商业秘密著书立说的初衷之一，希望对于广大企业及企业家来讲，能够从本书管窥商业秘密的"形"，领悟商业秘密的"神"，能够从商业秘密等专有技术的保护中获得收益，实为大快人心事。

本书无论是对于企业商业秘密管理人员、律师、法官等实务工作者以及理论研究人员均具有一定参考价值。由于工作繁忙、时间仓促，本书在撰写过程中难免有所疏漏，欢迎读者批评指正。

王现辉

2023 年 6 月

# 目 录

第一章 商业秘密构成要素 / 1
    第一节 商业秘密概述 / 4
    第二节 不为公众所知悉 / 22
    第三节 具有商业价值 / 39
    第四节 相应保密措施 / 48

第二章 侵害商业秘密行为认定 / 71
    第一节 侵害商业秘密的侵权主体 / 71
    第二节 侵害商业秘密的行为及类型 / 83
    第三节 侵害商业秘密归责原则 / 97

第三章 侵害商业秘密责任 / 109
    第一节 侵害商业秘密责任简述 / 109
    第二节 侵害商业秘密责任类型 / 110

第四章 商业秘密诉讼中的举证责任 / 146
    第一节 侵害商业秘密行为举证责任概述 / 146

第二节 "不为公众所知悉"的举证规则 / 148

第三节 价值性举证责任 / 175

第四节 保密性举证责任 / 178

第五节 原告证明侵权人侵权行为的路径 / 179

第六节 侵犯商业秘密案件中的抗辩事由 / 181

第七节 "举证妨碍"制度 / 187

第五章 不构成侵害商业秘密的合法行为 / 189

第一节 商业秘密诉讼中被告抗辩不侵权的情形概述 / 190

第二节 善意第三人获得商业秘密 / 207

第三节 其他不侵害商业秘密的合法行为 / 208

第六章 商业秘密诉讼中技术问题的证明 / 212

第一节 鉴定意见在我国证据法上的地位 / 213

第二节 侵害商业秘密诉讼中鉴定的边界限定 / 215

第三节 商业秘密鉴定材料与鉴定步骤 / 220

第四节 商业秘密案件中鉴定意见的质证 / 230

第五节 商业秘密诉讼中的专家辅助人 / 254

第七章 商业秘密诉讼中的保全 / 258

第一节 行为保全 / 258

第二节 证据保全 / 267

第八章 预防侵害商业秘密诉讼中二次泄密 / 275

第一节 商业秘密权利人如何避免商业秘密二次泄露 / 275

第二节 法院应当注意防止商业秘密二次泄露 / 276

第九章 经营信息商业秘密的司法保护 / 282

第一节 侵害商业秘密纠纷中经营信息的司法认定 / 282

第二节 客户信息 / 286

第三节 客户信息的认定方式 / 290

第四节　除外规定 / 305

第十章　竞业限制与商业秘密保护 / 306
　　第一节　竞业限制协议一般常识 / 307
　　第二节　竞业限制协议的效力审查 / 311
　　第三节　商业秘密诉讼与竞业限制诉讼的关系 / 331

第十一章　商业秘密保护与知识产权法之间的关系 / 341
　　第一节　商业秘密保护与专利法的关系 / 341
　　第二节　商业秘密与著作权法的关系 / 356

第十二章　商业秘密民事保护与刑事、行政保护之间的关系 / 370
　　第一节　商业秘密的刑事保护 / 371
　　第二节　侵犯商业秘密罪 / 384
　　第三节　侵犯商业秘密罪的处罚 / 418
　　第四节　商业秘密行政保护方式 / 465

# 第一章 商业秘密构成要素

随着经济转型,企业越来越依赖创新发展,商业秘密成为企业最宝贵的资产。同时,商业秘密诉讼也愈演愈烈,成为知识产权领域最新的热点。近年来,法院受理的商业秘密案件,特别是商业秘密侵权案件,呈现不断增加的趋势,而且往往案情重大,涉案金额较高。商业秘密侵权案件也是知识产权审判实践中遇到问题较多、难度较大的案件类型之一,且不少案件受到社会各界甚至国际社会的广泛关注。例如,2020年底,江苏新世纪江南环保有限公司与江苏科行环保有限公司因侵害商业秘密纠纷一案,一审法院判赔9600万元[1][2];2021年2月26日,"香兰素"商业秘密案[3]终审判赔1.59亿元,此为中国司法史上判决赔偿额最高的商业秘密案件。2021年最高人民法院发布了6起侵害知识产权民事案件适用惩罚性赔偿典型案例,其中,第一个案例[4]"卡波"制造工艺技术秘密案为最高人民法院作出判决的首例知识产权侵权惩罚性赔偿案。在该案中,最高人民法院认定了法定的惩罚性赔偿最高倍数(五倍)的赔偿金额,最终判决被告赔

---

[1] 江苏省南京市中级人民法院(2021)苏01民初942号民事判决书。
[2] 案例中引用的法律法规等规范性文件,涉及的地名、机构名称、机关名称等均以裁判文书生效时为准。全书同。
[3] 最高人民法院(2020)最高法知民终1667号民事判决书。
[4] 最高人民法院(2019)最高法知民终562号民事判决书。

偿原告经济损失3000万元及合理开支40万元，明确释放了加强知识产权司法保护力度的信号。此外，商业秘密刑事案件以及企业在海外被诉侵权的商业秘密案件也越来越多。

不过，与之相反的是，商业秘密案件整体胜诉率并不乐观。威科先行数据库数据显示，在自2019年1月1日至2022年12月31日公开的368件商业秘密侵权诉讼案件判决中，一审全部或部分支持的仅占19.29%，相较其他民事案件胜诉率偏低。笔者认为，主要有以下几个原因：商业秘密法律体系庞杂，并未形成单独的立法体系，相关规定零散，且仅有抽象原则；案件裁判需要处理商业秘密本身是否成立、涉案信息是否来自公知渠道、违法主体是否具有保密义务、侵权行为如何认定、造成的损害如何计算、技术信息相同或者实质相同的认定等复杂问题；案件还涉及企业合法权益的保护、劳动力自由流动的维持及竞争秩序的维护等利益冲突的零和关系；此外，由于商业秘密本身的复杂性和保密的难度，大部分企业对商业秘密的保护流于形式，难以实现有效管理，许多原告将问题归责于法治环境不够完善，而客观情况并非立法与执法问题，证据也只是表面因素，最深层的原因是企业商业秘密管理的严重缺失。

商业秘密不具有法定权利外观的特殊属性。与专利权、商标权等具有公示性明显不同，商业秘密并不像专利权、商标权具有法定的授权程序和相对清晰的权利边界，其并没有经过国家相关行政部门授权，因此，商业秘密的保护首先有一个确权过程，法院首先需要确定原告请求保护的信息内容，并判断该信息是否具备商业秘密的法定构成要件，这项工作涉及繁重的事实认定和复杂的法律判断。但在实践中，很多当事人不能清晰、准确地明确其请求保护的商业秘密的范围，因此，如果当事人商业秘密管理不到位或者举证能力不足，无疑会给法院审理工作增加难度，给自己带来诉讼法律风险。

商业秘密在本质上是知识产权客体的一种。《中华人民共和国民法典》（以下简称《民法典》）吸收了《中华人民共和国民法总则》[1] 第123

---

[1] 2021年1月1日《民法典》施行，《中华人民共和国民法总则》被废止。

条的规定，再次在立法层面对商业秘密的性质作出了回应，将商业秘密与专利权、商标权、著作权等并行作为知识产权的客体，权利人依法对其享有专有的权利。与专利权、商标权等传统知识产权类似，商业秘密对于社会经济发展而言具有两面性：一方面，它是对具有竞争价值的商业信息的一种事实上的相对专有权，这种相对意义上的专有权给予了权利人在经济生活和市场交易中持续不断获取利益的机会。因而与传统知识产权一样，商业秘密是法律赋予权利人行使经济和贸易壁垒的一种权利制度，但需要注意的是商业秘密不是独占的信息，其权利人并不具有排他的独占权。另一方面，商业秘密的相对专有权在一定程度上能够得到法律认可及保护的原因在于人们公认商业秘密具有价值，而且这种具有价值的信息的产生、获取无疑需要人力、物力和财力的投入，因此在一定程度上承认、保护这种专有性，承认权利人通过这种专有性获取利益，可以起到对权利人积极进行技术研发和市场开发的激励作用，从而利于人类社会的整体进步。从这个层面上来讲，有力的商业秘密保护，对于经济和贸易发展具有不可忽视的促进作用。在知识经济和信息化时代的今天，商业秘密作为一种重要信息，日益受到人们重视，其价值也愈加凸显，并成为企业获取竞争优势的重要资源。调查显示，在我国，采取商业秘密形式保护自己技术信息的企业占61.83%，已超过著作权、专利权等保护模式所占的比例。[1] 商业秘密保护已经成为企业发展和国家竞争的重要保障和基础。

我国属于大陆法系国家。在我国的司法实践中，民事案件应以当事人之间存在的民事法律关系为基础，以法律规定的具体的民事权利为核心确定权利的构成要件，从法定构成要件出发，依照法定的举证责任基本原则分配举证责任，进而根据证据查明案件事实、确定适用法律，并作出裁判。从这一过程可以看到，在审理侵犯商业秘密纠纷案件时，首先应当审查的就是确定原告被侵犯的权利类型及其构成。具体到商业秘密案件而言，就需要确定我国法律上商业秘密的构成要件。

---

[1] 引用的问卷调查数据源自国家市场监督管理总局组织的《国家知识产权战略"商业秘密相关问题研究"调查问卷二》的统计结果，数据由项目一组统计得出。

因此，商业秘密的构成要件，是讨论商业秘密侵权的基本前提。本章将从立法层面对商业秘密的构成要件、三要件的认定及我国在司法实践中的相关问题进行讨论。

## 第一节　商业秘密概述

商业秘密是一种具有巨大商业价值的无形资产，是企业保护其技术信息和经营信息等商业信息的重要形式，是驱动企业研发与创新进而获取竞争优势的有效工具。中国法律有关商业秘密的保护规则之发展，植根于中国经济高速增长与国际接轨融合共生的大背景中，国与国之间经济合作与竞争加速了各国市场规则的协调与统一，催生了统一的市场规则。作为市场主体获得并保持竞争优势的核心要素，商业秘密逐渐为各国法律所重视，并最终在世界范围内达成了保护商业秘密的共识，制定了相对统一的保护规则。我国参加的知识产权国际公约、与他国签订的双边条约中有关知识产权的条款，也构成了我国知识产权法的渊源，也是我国知识产权法体系尤其是商业秘密法律体系的重要组成部分。例如，2020年1月，中美双方签署的《中华人民共和国政府和美利坚合众国政府经济贸易协议》（以下简称《中美经贸协议》）文本中涉及商业秘密部分的条款，对我国商业秘密领域的立法及司法产生了重要影响。

《中美经贸协议》中有关商业秘密保护的内容共有7条（第1.3条至第1.9条），对侵犯商业秘密的主体、侵权行为、举证责任分配、临时禁令保护措施、刑事途径保护门槛、刑事程序和处罚，以及保护商业秘密和保密商务信息免遭政府机构未经授权的披露等方面均作出了约定。其中，侵犯商业秘密的主体、侵权行为、举证责任分配等约定均与2019年《中华人民共和国反不正当竞争法》（以下简称《反不正当竞争法》）一致。例如，《中美经贸协议》第1.3条规定对侵犯商业秘密负有法律责任的行为者的范围包括自然人和法人；第1.4条规定侵犯商业秘密的行为范围全面涵盖盗窃商业秘密的方式，同样将《反不正当竞争法》增设的"电子入侵"

视为侵犯商业秘密的行为；第1.5条规定在权利人提供初步证据合理指向被告方侵犯商业秘密的情况下，举证责任转移至被告方。

此外，《中美经贸协议》还特别增设了临时禁令保护措施、刑事途径保护门槛、保护商业秘密和保密商务信息免遭政府机构未经授权的披露等条款约定。如在商业秘密刑事保护方面，第1.7条要求"显著降低启动刑事执法的所有门槛"，取消任何将商业秘密权利人确定发生实际损失作为启动侵犯商业秘密刑事调查前提的要求。作为过渡措施，我国应澄清在相关法律的商业秘密条款中，作为刑事执法门槛的"重大损失"可以由补救成本充分证明。例如，为减轻对商业运营或计划的损害或重新保障计算机或其他系统安全所产生的成本，作为后续措施，应在可适用的所有措施中取消将商业秘密权利人确定发生实际损失作为启动侵犯商业秘密刑事调查前提的要求。

由此可见，加强对商业秘密的保护，其重要意义不仅体现在国内的经济活动中，同时也体现在国际的经济贸易中。基于此，本书从商业秘密的基础理论出发，重点介绍和分析商业秘密保护的司法实践，以使读者更好地理解和保护商业秘密。

## 一、商业秘密的国际保护

### （一）《保护工业产权巴黎公约》中的原则规定——保护商业秘密的国际法渊源

1883年《保护工业产权巴黎公约》（以下简称《巴黎公约》）是最早的知识产权国际公约，当时英国、美国等已经有了不少对商业秘密进行保护的判例，但1883年《巴黎公约》并没有对商业秘密单独作出规定。由于世界贸易组织《与贸易有关的知识产权协议》（Agreement on Trade-Related Aspects of Intellectual Property Rights，以下简称TRIPs协议）对《巴黎公约》第10条之二"不正当竞争"规定的引用，《巴黎公约》被认为是保护商业秘密的国际法渊源。[1]

---

[1] 孔祥俊. 商业秘密司法保护实务［M］. 北京：中国法制出版社，2012：16.

《巴黎公约》对商业秘密的保护主要由第1条和第10条之二、之三来规范。其中，《巴黎公约》第1条规定了其保护的对象有专利、实用新型、工业品外观设计、商标、服务标记、厂商名称、产地标记或原产地名称，以及制止不正当竞争。不正当竞争行为包括商业混淆行为和商业诋毁行为。第10条之二，关于"不正当竞争"规定如下：（1）本联盟国家有义务对各该国国民保证给予制止不正当竞争的有效保护。（2）凡在工商业事务中违反诚实的习惯做法的竞争行为构成不正当竞争的行为。（3）下列各项特别应予以禁止：①具有不择手段地对竞争者的营业所、商品或工商业活动造成混乱性质的一切行为；②在经营商业中，具有损害竞争者的营业所、商品或工商业活动商誉性质的虚伪说法；③在经营商业中使用会使公众对商品的性质、制造方法、特点、用途或数量易于产生误解的表示或说法。第10条之三，商标、厂商名称、虚伪标记、不正当竞争：救济手段、起诉权，规定如下：（1）本联盟国家承诺保证本联盟其他国家的国民获得有效地制止第9条、第10条和第10条之二所述一切行为的适当的法律上救济手段。（2）本联盟国家并承诺规定措施，准许不违反其本国法律而存在的联合会和社团，代表有利害关系的工业家、生产者或商人，在被请求给予保护的国家法律允许该国的联合会和社团提出控诉的范围内，为了制止第9条、第10条和第10条之二所述的行为，向法院或行政机关提出控诉。

从以上规定可知，尽管《巴黎公约》未明确提及商业秘密保护，但其第10条之二的规定通常被认为是适用于商业秘密保护的条款。在《巴黎公约》框架下，商业秘密保护的基本理念或者立法基础在于对不正当竞争行为的禁止，因此该公约所保护的并不是商业秘密本身，而是商业秘密所蕴含的公平竞争利益。换言之，该规范通过不正当行为的禁止实现对商业秘密的保护，因此商业秘密受到的保护是间接的。

（二）TRIPs协议——保护商业秘密的第一个国际公约

世界贸易组织的TRIPs协议是第一个将商业秘密作为一个独立的类别列入知识产权保护范围的国际性立法文件。❶

---

❶ 孔祥俊. 商业秘密司法保护实务 [M]. 北京：中国法制出版社，2012：17.

## 第一章 商业秘密构成要素

与《巴黎公约》相比，TRIPs协议首次明确提出了商业秘密的概念并将其作为知识产权的保护对象，这对于商业秘密保护的全球规则具有里程碑式的意义。该协议将"对未披露信息的保护"纳入第2部分"关于知识产权效力、范围和使用的标准"，与版权、商标、地理标识、工业品外观设计、专利、集成电路布图设计并列，作为该协议明确保护的七类知识产权之一。

TRIPs协议第2部分第7节第39条第1款规定，"在保证针对《巴黎公约》（1967年）第十条之二规定的不公平竞争而采取有效保护的过程中，各成员应依照第二款对未披露信息和依照第三款提交政府或政府机构的数据进行保护"，这一方面完成了对《巴黎公约》（1967年）第10条之二有关商业秘密保护规则的衔接与重申，另一方面对商业秘密的定义和提交数据的保护作出了指引。该协议第2部分第7节第39条第2款对商业秘密进行了定义，"自然人和法人应有可能防止其合法控制的信息在未经其同意的情况下以违反诚实商业行为的方式向他人披露或被他人取得或使用，只要此类信息：（一）具有秘密性，即作为一个整体或就其各部分的精确排列和组合而言，该信息不为通常处理该信息所涉范围内的人所普遍知悉或不易被他们获得；（二）因其秘密性而具有商业价值；并且（三）由该信息的合法控制人，在此种情况下采取合理的步骤以保持其秘密性质"。该款规定明确界定了构成商业秘密的三项要素：秘密性、商业价值、权利人采取了合理的保密措施。同时，该款规定明确了侵犯商业秘密行为的构成要件，即"以违反诚实商业行为"的方式向他人披露或被他人取得或使用他人商业秘密。❶ 可见，TRIPs协议是从反不正当竞争的角度来保护商业秘密的。

同时，TRIPs协议第2部分第7节第39条第3款规定："当成员要求以提交未披露过的实验数据或其他数据，作为批准采用新化学成分的医药用或农用化工产品上市的条件时，如果该数据的原创活动包含了相当的努力，则该成员应保护该数据，以防不正当的商业使用。同时，除非出于保护公众的需要，或除非已采取措施保证对该数据的保护、防止不正当的商

---

❶ 张志胜. 商业秘密分类保护与案例评析［M］. 北京：法律出版社，2022：2.

业使用，成员均应保护该数据以防其被泄露。"也体现了各成员方作为国内法中的行政主体对行政相对人商业秘密的保护义务。

## 二、我国法律有关商业秘密保护规则的发展

我国商业秘密立法经历了从无到有、从零星分散到逐步完善的历程，目前主要以《民法典》《反不正当竞争法》《关于禁止侵犯商业秘密行为的若干规定》《中央企业商业秘密保护暂行规定》及《中华人民共和国刑法》（以下简称《刑法》）等作为民事、行政及刑事的主要保护模式。相较于《中华人民共和国专利法》（以下简称《专利法》）、《中华人民共和国商标法》（以下简称《商标法》）、《中华人民共和国著作权法》（以下简称《著作权法》）等而言，商业秘密法律规定仍处于"碎片化"的保护模式状态，各类规定零星散布在诸多法律规定中，如民法典、反不正当竞争法、劳动法、劳动合同法、刑法、行政法、诉讼法以及仲裁法……。由于阶段性、碎片化的商业秘密制度存在诸多弊端，学界多次提出商业秘密统一立法、专门立法的构建设想。

1987年1月1日起施行的《中华人民共和国民法通则》（以下简称《民法通则》）从立法上肯定了知识产权的地位，其中将知识产权规定为民事权利。商业秘密因被划定为知识产权的一部分，也作为民事权利受《民法通则》的保护。从立法上看，《民法通则》是将知识产权规定为民事权利的重要部门法，而真正涉及商业秘密内容的实体法是1987年11月1日起实施的《中华人民共和国技术合同法》（以下简称《技术合同法》）。作为中国首部有关商业秘密的法律，其针对商业秘密中技术秘密的部分作出了相关规定，明确了技术秘密债权的合法性。根据《技术合同法》第15条的规定，技术秘密以法律确认的合同内容形式获得保护。在实体法的规定初见端倪时，诉讼法对商业秘密的规定构成了20世纪90年代初期商业秘密立法的第一阶段。在1991年4月9日起施行的《中华人民共和国民事诉讼法》（以下简称《民事诉讼法》）中，商业秘密的概念不再以技术秘密的形式体现并首次使用了商业秘密的概念，这为我国进一步明确商业秘密

的定义和内涵奠定了基础。该法第 66 条规定："证据应当在法庭上出示，并由当事人互相质证。对涉及国家秘密、商业秘密和个人隐私的证据应当保密，需要在法庭出示的，不得在公开开庭时出示。"第 120 条规定："人民法院审理民事案件，除涉及国家秘密、个人隐私或者法律另有规定的以外，应当公开进行。离婚案件，涉及商业秘密的案件，当事人申请不公开审理的，可以不公开审理。"上述规定体现了在民事诉讼程序中防止泄露商业秘密从而在一定程度上保护商业秘密的态度。❶

最高人民法院在 1992 年《关于适用〈中华人民共和国民事诉讼法〉若干问题的意见》中指出，商业秘密主要是指技术秘密、商业情报及信息等。如生产工艺、配方、贸易联系、购销渠道等当事人不愿公开的工商业秘密。

1993 年 9 月 2 日，第八届全国人民代表大会常务委员会第三次会议通过了《反不正当竞争法》，其中规定了商业秘密的概念以及侵害商业秘密的民事责任。该法第 10 条规定："经营者不得采用下列手段侵犯商业秘密：（一）以盗窃、利诱、胁迫或者其他不正当手段获取权利人的商业秘密；（二）披露、使用或者允许他人使用以前项手段获取的权利人的商业秘密；（三）违反约定或者违反权利人有关保守商业秘密的要求，披露、使用或者允许他人使用其所掌握的商业秘密。第三人明知或者应知前款所列违法行为，获取、使用或者披露他人的商业秘密，视为侵犯商业秘密。本条所称的商业秘密，是指不为公众所知悉、能为权利人带来经济利益、具有实用性并经权利人采取保密措施的技术信息和经营信息。"

1993 年《中华人民共和国公司法》（以下简称《公司法》）第 24 条规定："股东可以用货币出资，也可以用实物、工业产权、非专利技术、土地使用权作价出资。"这里的非专利技术应包含技术秘密。同时该法第 62 条规定，公司董事、监事和经理除法律规定或经股东会同意外，不得泄露公司的秘密。

1994 年《劳动法》第 22 条规定："劳动合同当事人可以在劳动合同中约定保守用人单位商业秘密的有关事项。"

---

❶ 孔祥俊. 商业秘密司法保护实务［M］. 北京：中国法制出版社，2012：23.

1994年10月28日国家科委颁布的《科学技术成果鉴定办法》第15条第2款和第38条分别规定："参加鉴定工作的专家应当保守被鉴定成果的技术秘密"，"参加鉴定的有关人员，未经完成科技成果的单位或者个人同意，擅自披露、使用或者向他人提供和转让被鉴定科技成果的关键技术的，应当依据有关法规，追究其法律责任；给科技成果完成单位或者个人造成损失的，应当赔偿损失。"

1995年11月23日，国家工商行政管理局发布了《关于禁止侵犯商业秘密行为的若干规定》，并于1998年12月3日进一步修订，规定只有符合下面三个条件的技术信息和经营信息才是商业秘密：①这些信息必须是不为公众所知晓的，即不是已经公开的或普遍为公众所知晓的信息、资料、方法。例如，在公开发表刊物上介绍的某项化学配方，尽管注有"祖传秘方"字样，但已不再是商业秘密，因为公众都有可能知晓。②这些信息必须具有实用性，能够为权利人带来现实的或潜在的经济利益或者竞争优势。例如，某项技术革新不但没有提高劳动生产率，降低生产成本，相反却降低了劳动生产率，提高了生产成本，也不是商业秘密，因为它没有经济价值。③权利人必须为这些信息采取了适当的保密措施。例如，经营者将有关信息资料（如自己掌握的客户名单、货源情报等）放在易为他人得到的地方，而不是妥善保管，严格保密，那么这些信息虽然很有经济价值，但也不是商业秘密，因为其拥有人没有对其采取适当的保密措施。上述三个条件是我国行政法规中规定的商业秘密构成的三个细化要件，缺一不可。

1997年《刑法》新增了侵犯商业秘密罪的规定。《刑法》第219条规定："有下列侵犯商业秘密行为之一，给商业秘密的权利人造成重大损失的，处三年以下有期徒刑或者拘役，并处或者单处罚金；造成特别严重后果的，处三年以上七年以下有期徒刑，并处罚金：（一）以盗窃、利诱、胁迫或者其他不正当手段获取权利人的商业秘密的；（二）披露、使用或者允许他人使用以前项手段获取的权利人的商业秘密的；（三）违反约定或者违反权利人有关保守商业秘密的要求，披露、使用或者允许他人使用其所掌握的商业秘密的。明知或者应知前款所列行为，获取、使用或者披露他人的商业秘密的,以侵犯商业秘密论。本条所称商业秘密,是指不为公众所知悉,能为权利人带来经济利益,具有实用性并经权利人采取保密措施的技术信息和经营信息。本条所称权利人,是指商业秘密的所有人和经商业秘密所有人许可的商业秘密使用人。"该条关于商业秘密侵权行为的类型和商业秘密的定义直接照搬 1993 年《反不正当竞争法》第 10 条的相关规定,增加了关于商业秘密权利人的定义,并规定了侵犯商业秘密罪与侵犯商业秘密行为的不同,即前者给商业秘密的权利人造成重大损失。

1998 年 12 月 3 日国家工商行政管理局修正《关于禁止侵犯商业秘密行为的若干规定》,主要是针对该规定中某些超越《中华人民共和国行政处罚法》(以下简称《行政处罚法》)规定的处罚权限的内容进行修改。

1998 年 3 月 17 日起施行的《最高人民法院关于审理盗窃案件具体应用法律若干问题的解释》规定:"盗窃技术成果等商业秘密等,按照刑法第二百一十九条的规定定罪处罚。"

1999 年《中华人民共和国合同法》(以下简称《合同法》,2021 年 1 月 1 日《民法典》施行,《合同法》废止)第 43 条规定,当事人在订立合同过程中知悉的商业秘密,无论合同是否成立,不得泄露或者不正当地使用。泄露或者不正当地使用该商业秘密给对方造成损失的,应当承担损害赔偿责任。《合同法》第 350 条规定,在技术秘密转让合同中,技术秘密转让合同的受让人应当按照约定的范围和期限,对让与人提供的技术中尚未公开的秘密部分承担保密义务。第 352 条规定,如果受让人使用技术秘密超越约定的范围,未经让与人同意擅自许可第三人使用该技术秘密的,应当停止违约行为,违反约定的保密义务的,应当担违约责任。

2004 年 12 月 22 日起施行的《最高人民法院、最高人民检察院关于办理侵犯知识产权刑事案件具体应用法律若干问题的解释》规定:"实施刑法第二百一十九条规定的行为之一,给商业秘密的权利人造成损失数额在五十万元以上的,属于'给商业秘密的权利人造成重大损失',应当以侵犯商业秘密罪判处三年以下有期徒刑或者拘役,并处或者单处罚金。给商业秘密的权利人造成损失数额在二百五十万元以上的,属于刑法第二百一十九条规定的'造成特别严重后果',应当以侵犯商业秘密罪判处三年以上七年以下有期徒刑，并处罚金。"

2007年2月1日起施行的最高人民法院《关于审理不正当竞争民事案件应用法律若干问题的解释》共19条，其中第9～17条规定了商业秘密及其保护问题。[1]

2007年4月5日起施行的《最高人民法院、最高人民检察院关于办理侵犯知识产权刑事案件具体应用法律若干问题的解释（二）》规定，单位实施《刑法》第219条规定的行为，按照《最高人民法院、最高人民检察院关于办理侵犯知识产权刑事案件具体应用法律若干问题的解释》和本解释规定的相应个人犯罪的定罪量刑标准定罪量刑。

2017年10月1日，《中华人民共和国民法总则》开始施行。该法第123条明确规定，商业秘密是知识产权的保护客体之一。

2017年《反不正当竞争法》将商业秘密的定义修改为"本法所称的商业秘密，是指不为公众所知悉、具有商业价值并经权利人采取相应保密措施的技术信息和经营信息"；第15条增加规定监督检查部门及其工作人员的保密义务，规定"监督检查部门及其工作人员对调查过程中知悉的商业秘密负有保密义务"；第21条提高对侵犯商业秘密行为的处罚标准，规定"经营者违反本法第九条规定侵犯商业秘密的，由监督检查部门责令停止违法行为，处十万元以上五十万元以下的罚款；情节严重的，处五十万元以上三百万元以下的罚款"。

2019年《反不正当竞争法》专门针对商业秘密保护进行了全面修改，将该法第9条修改为："经营者不得实施下列侵犯商业秘密的行为：（一）以盗窃、贿赂、欺诈、胁迫、电子侵入或者其他不正当手段获取权利人的商业秘密；（二）披露、使用或者允许他人使用以前项手段获取的权利

---

[1] 说明：根据2020年12月23日最高人民法院审判委员会第1823次会议通过的《最高人民法院关于修改〈最高人民法院关于审理侵犯专利权纠纷案件应用法律若干问题的解释（二）〉等十八件知识产权类司法解释的决定》，该司法解释于2022年3月20日予以废止，最新相关内容参见最高人民法院《关于适用〈中华人民共和国反不正当竞争法〉若干问题的解释》（法释〔2022〕9号），该司法解释原9～17规定的商业秘密内容参见《最高人民法院关于审理侵犯商业秘密民事案件适用法律若干问题的规定》（法释〔2020〕7号）。

人的商业秘密；（三）违反保密义务或者违反权利人有关保守商业秘密的要求，披露、使用或者允许他人使用其所掌握的商业秘密；（四）教唆、引诱、帮助他人违反保密义务或者违反权利人有关保守商业秘密的要求，获取、披露、使用或者允许他人使用权利人的商业秘密。经营者以外的其他自然人、法人和非法人组织实施前款所列违法行为的，视为侵犯商业秘密。第三人明知或者应知商业秘密权利人的员工、前员工或者其他单位、个人实施本条第一款所列违法行为，仍获取、披露、使用或者允许他人使用该商业秘密的，视为侵犯商业秘密。本法所称的商业秘密，是指不为公众所知悉、具有商业价值并经权利人采取相应保密措施的技术信息、经营信息等商业信息。"第17条增加规定，"因不正当竞争行为受到损害的经营者的赔偿数额，按照其因被侵权所受到的实际损失确定；实际损失难以计算的，按照侵权人因侵权所获得的利益确定。经营者恶意实施侵犯商业秘密行为，情节严重的，可以在按照上述方法确定数额的一倍以上五倍以下确定赔偿数额。赔偿数额还应当包括经营者为制止侵权行为所支付的合理开支。经营者违反本法第六条、第九条规定，权利人因被侵权所受到的实际损失、侵权人因侵权所获得的利益难以确定的，由人民法院根据侵权行为的情节判决给予权利人五百万元以下的赔偿"。

2019年10月28日党的十九届四中全会通过的《中共中央关于坚持和完善中国特色社会主义制度 推进国家治理体系和治理能力现代化若干重大问题的决定》中指出，"健全以公平为原则的产权保护制度，加强企业商业秘密保护"。2019年11月，中共中央办公厅、国务院办公厅印发《关于强化知识产权保护的意见》，提出"探索加强对商业秘密、保密商务信息及其源代码等的有效保护"，《2020—2021年贯彻落实〈关于强化知识产权保护的意见〉推进计划》第29项任务明确提出修订《关于禁止侵犯商业秘密行为的若干规定》。2020年中共中央、国务院发布的《关于新时代加快完善社会主义市场经济体制的意见》中明确提出要加强商业秘密保护。2021年9月中共中央、国务院印发《知识产权强国建设纲要（2021—2035年）》，要求"制定修改强化商业秘密保护方面的法律法规"。

2020年9月10日发布的《最高人民法院关于审理侵犯商业秘密民事

案件适用法律若干问题的规定》（共 29 条），主要内容包括：商业秘密保护客体、商业秘密构成要件、保密义务、侵权判断、民事责任、民刑交叉以及相关程序的规定。

2020 年 12 月 26 日，《中华人民共和国刑法修正案（十一）》（以下简称《刑法修正案（十一）》）通过，其第 22 条将《刑法》原第 219 条中有关商业秘密定义的内容删除。

2021 年 1 月 1 日，《民法典》施行，《民法典》第 123 条提出，将商业秘密作为民事主体依法享有的知识产权予以保护。该条款已经将"商业秘密"作为"知识产权"的一个种类明确地予以界定，为设立商业秘密权利提供了法律依据，以商业秘密权利对民事主体的商业秘密予以法律保护，为权利人商业秘密权利的民法保护提供了法律依据。《民法典》把商业秘密纳入知识产权的客体予以保护，将有助于树立公平、诚实、信用的市场经营理念，使民法的基本原则与市场经济的内在要求有机结合起来，有利于构建和巩固良好的市场秩序。同时，《民法典》在第 501 条中规定，"当事人在订立合同过程中知悉的商业秘密或者其他应当保密的信息，无论合同是否成立，不得泄露或者不正当地使用；泄露、不正当地使用该商业秘密或者信息，造成对方损失的，应当承担赔偿责任"。

2021 年 10 月 9 日，国务院印发《"十四五"国家知识产权保护和运用规划》，提出了 15 个专项工程，其中第一项就是"商业秘密保护工程"，明确要求健全商业秘密保护政策，提升市场主体商业秘密保护能力。

2021 年 10 月 21 日发布的《最高人民法院关于人民法院知识产权审判工作情况的报告》要求强化商业秘密司法保护，并指出："商业秘密是最具竞争力的无形财富，是创新主体的'安身立命之本'。保护商业秘密就是保护创新财产、保护公平竞争。"

2022 年 3 月 2 日，国家市场监督管理总局印发《全国商业秘密保护创新试点工作方案》的通知，指出"加强商业秘密保护，是强化反不正当竞争的重要任务，是强化知识产权保护的重要内容"，并提出"完善企业内部管理制度""加强商业秘密保护监管执法"等工作要求。

## 三、我国商业秘密的概念、范围、种类

我国法律界对于商业秘密及其保护的研究也随着我国对于商业秘密态度的变化而发生变化。1993年《反不正当竞争法》颁布之后，系统的商业秘密研究开始起步。随着近年来对于知识经济、商业秘密保护态度的转变以及重视程度的不断提高，商业秘密保护的法律研究也迅速扩展、深化。经过一段相当长时间的探索，基于大陆法系的体系，我国对于商业秘密保护的法律研究中，部分基本法律概念、法律问题的认识已经统一，基本的法律体系已经建立。❶

根据1993年《反不正当竞争法》的界定，商业秘密是指不为公众所知悉，对权利人具有经济价值、实用性，并经权利人采取保密措施的信息，包括技术信息及经营信息。国家工商行政管理局于1995年发布的《关于禁止侵犯商业秘密行为的若干规定》第2条对商业秘密的定义作了同样的规定。2017年11月4日第十二届全国人民代表大会常务委员会第三十次会议修订的《反不正当竞争法》将商业秘密的内涵界定为："本法所称的商业秘密，是指不为公众所知悉、具有商业价值并经权利人采取相应保密措施的技术信息和经营信息。" 2017年《反不正当竞争法》将"能为权利人带来经济利益、具有实用性"修改为"具有商业价值"，较修订之前，删除了"带来经济利益、实用性"的规定，从而将失败的或未进行完的实验数据、记录等不能直接带来经济利益的信息也增加为商业秘密保护的客体，扩大了对知识产权的保护范围。商业价值一般指在生产、消费、交易中的经济价值，通常以货币为单位来表示和测量。在此之前，我国法律法规中，仅在2007年最高人民法院发布的《关于审理不正当竞争民事案件应用法律若干问题的解释》第17条第2款中规定，商业秘密的"商业价值"，根据其研究开发成本、实施该项商业秘密的收益、可得利益、可保持竞争优势的时间等因素确定。2017年《反不正当竞争法》将"采取保密措

---

❶ 姚建军.中国商业秘密保护司法实务［M］.北京：法律出版社，2019：4.

施"修改为"采取相应保密措施"。这种修改或许在措辞上更精确，但实质含义及其具体标准并未改变。❶

2019年以前，我国法律在关于商业秘密的定义中，将商业秘密严格限定在"技术信息"和"经营信息"两类中。在实践中，并非所有的商业秘密均能落入技术信息或者经营信息的范畴，还存在很多技术信息和经营信息之外的符合商业秘密定义的客体。比如，公开上映之前的影片被提前泄露，权利人可以主张商业秘密侵权；再如，游戏安卓安装包（APK）被拆包从而使得游戏里面隐藏的角色、美术原图被非法获取，权利人以商业秘密寻求司法保护，应当获得支持。于是，《反不正当竞争法》顺应时代要求，及时调整。2019年4月23日，我国再次对《反不正当竞争法》进行修正，扩充了商业秘密保护的类型，修改后的条文为："本法所称的商业秘密，是指不为公众所知悉、具有商业价值并经权利人采取相应保密措施的技术信息、经营信息等商业信息。"修改后的法律条文构成要件上与TRIPs协议一致，用词更加精准、科学和具体。在原来的范围，即技术信息、经营信息后面，加了一个"等"字，用"技术信息、经营信息等商业信息"区别于2017年《反不正当竞争法》商业秘密定义中的"技术信息、经营信息"的封闭式规定，将列举方式从封闭式规定转向开放式规定，更加符合立法的科学性和周严性，从而为经营信息与技术信息之外的其他与商业经营相关的秘密信息提供兜底式涵盖。

这意味着技术信息和经营信息不是商业秘密类型的封闭列举，而只是其上位概念商业信息的两种具体类型而已。不是技术信息、经营信息的其他商业信息，只要符合定义之要件，即具有秘密性、经济性、保密性，就属于商业秘密，受到法律保护。❷这种修改具有重大意义，首先，将为在新经济形态下新商品种类可能附载的新的商业秘密类型被纳入法律保护范畴预留了制度空间；其次，扩大商业秘密保护范围，将"技术信息"和"经营信息"之外、既存的需要法律保护的其他商业信息纳入《反不正当

---

❶ 孔祥俊. 反不正当竞争法新原理分论 [M]. 北京：法律出版社，2019：362.

❷ 李安. 商业秘密：从旧法维新走向新法革命——兼评《中华人民共和国反不正当竞争法》2019年修正案 [J]. 南海法学，2020（3）：17.

竞争法》保护范畴，解决在司法实践中应受保护但不属于"技术信息"和"经营信息"的现实难题；最后，将"商业秘密"界定为"商业信息"，比"技术信息"和"经营信息"更加准确。❶ 但是，并非所有与商业活动有关的信息都可称为"商业信息"，概言之，商业秘密的排除领域有：第一，与商业活动有关但事关个人的隐私信息，如经营者个人的婚姻、家庭、健康、爱好等隐私信息，虽会对商业活动带来影响，但其不属于直接用于商业活动的"秘密信息"。如果遇有保护的必要，则属于人格权制度的范畴。第二，与商业活动有关但不受保护的"反社会信息"。例如，经营者偷税漏税、制毒贩毒等反社会的商业信息，因违反公序良俗而不能成为法律保护的"正当利益"，该信息也不应被称为商业秘密。总体来说，从立法规定到司法解释，我国法律性文件对商业秘密的内涵和外延作出了明确规定，既符合国际公约的义务要求，也满足了本土法律适用的现实需要。❷ 但目前尚未有相关的法律法规、配套司法解释对"等商业信息"的概念进行进一步的解释或在目前已有的技术信息或者经营信息的范围内进行扩展。因此，对于商业秘密的保护，我们仍然应当主要针对上述所提及的技术信息及经营信息。前者指的是包括设计、程序、产品配方、制作工艺、制作方法等信息，而后者则包括管理诀窍、客户信息、货源情报、产销策略、招投标中的标底及标书内容等信息。

我国有些法规曾对技术信息作出过解释。《中华人民共和国技术合同法实施条例》第 3 条对技术成果的界定是："技术合同法所称的技术成果，是指利用科学技术知识、信息和经验作出的产品、工艺、材料及其改进等技术方案。" 1995 年国家工商行政管理局《关于禁止侵犯商业秘密行为的若干规定》提出："技术信息和经营信息，包括设计、程序、产品配方、制作工艺、制作方法、管理诀窍、客户名单、货源情报、产销策略、招投标中的标底及标书内容等信息。"最高人民法院《关于审理技术合同纠纷案件适用法律若干问题的解释》第 1 条第 1 款规定："技术成果，是指利用科

---

❶ 张志胜. 商业秘密分类保护与案例评析 [M]. 北京：法律出版社，2022：9.
❷ 吴汉东. 知识产权法 [M]. 北京：法律出版社，2021：651.

学技术知识、信息和经验作出的涉及产品、工艺、材料及其改进等的方案，包括专利、专利申请、技术秘密、计算机软件、集成电路布图设计、植物新品种等。"这种界定既适用于专利技术成果，也适用于非专利技术成果，同样可以适用于作为商业秘密的技术信息。

2020年9月4日，国家市场监督管理总局发布公告，就《商业秘密保护规定（征求意见稿）》公开征求意见，其中第5条第1款规定："本规定所称技术信息是指利用科学技术知识、信息和经验获得的技术方案，包括但不限于设计、程序、公式、产品配方、制作工艺、制作方法、研发记录、实验数据、技术诀窍、技术图纸、编程规范、计算机软件源代码和有关文档等信息。"

另外，《最高人民法院关于审理侵犯商业秘密民事案件适用法律若干问题的规定》第1条对"技术信息""经营信息"和"客户信息"进行了界定，其规定"与技术有关的结构、原料、组分、配方、材料、样品、样式、植物新品种繁殖材料、工艺、方法或其步骤、算法、数据、计算机程序及其有关文档等信息，人民法院可以认定构成《反不正当竞争法》第九条第四款所称的技术信息。与经营活动有关的创意、管理、销售、财务、计划、样本、招投标材料、客户信息、数据等信息，人民法院可以认定构成《反不正当竞争法》第九条第四款所称的经营信息。前款所称的客户信息，包括客户的名称、地址、联系方式以及交易习惯、意向、内容等信息"。相较于上述几个规定，该条规定的内容更加丰富，范围也更广阔。

值得注意的是，在前述规定中，关于技术信息对象，尤其列明了植物新品种繁殖材料。植物新品种的繁殖材料、育种材料及方法、制种技术规程、栽培措施等技术信息及市场价格、许可合同和客户名单等经营信息属于商业秘密，对商业秘密的保护和法律规制适用植物新品种。例如，在武威市搏盛种业有限责任公司、河北华穗种业有限公司侵害技术秘密纠纷一案[1]中，判决明确了杂交品种亲本可以作为技术秘密受到保护，首次对植物新品种育种过程中形成的繁殖材料（杂交品种亲本）予以商业秘密保护。

---

[1] 最高人民法院（2022）最高法知民终147号民事判决书。

在该案中，河北华穗种业有限公司（简称华穗种业）利用"W67"为母本、"W68"为父本培育的"万糯2000"玉米杂交种于2015年11月1日取得植物新品种权，品种权号为CNA20120515.0，后华穗种业发现武威市搏盛种业有限责任公司（简称搏盛种业）通过不正当手段获取了华穗种业的"W68"玉米自交系品种。2020年9月24日华穗种业申请甘肃省武威市凉州区人民法院对搏盛种业公司的"W68"种子样品进行现场证据保全，2020年10月16日华穗种业向甘肃省兰州市中级人民法院提起侵害技术秘密之诉。诉讼中，一审法院于2021年6月9日向中国农业科学院国家种质保藏中心提取了"万糯2000"的父本"W68"标准样品，与武威市凉州区人民法院证据保全的档案袋封条处书写"总厂"字样的玉米样品一同进行品种真实性鉴定。北京玉米种子检测中心于2021年6月17日作出BJYJ202100701257号检验报告，认定待测样品与"万糯2000"的父本"W68"标准样品的比较位点数40，差异位点数0，检验结论为极近似或相同。一审法院遂根据"W68"作为"万糯2000"玉米植物新品种的亲本，符合《反不正当竞争法》秘密性的要求，以及华穗种业对该技术信息采取的保密措施，综合各类证据作出判决，支持了华穗种业的诉讼请求。搏盛种业不服一审判决，于2021年8月上诉至最高人民法院，2022年11月2日，最高人民法院作出终审判决，驳回上诉，维持原判。

该案争议的一个焦点问题是"万糯2000"的亲本"W68"是否符合商业秘密的保护条件，对此法院从两个方面进行了论述。

1. 关于杂交种的亲本是否属于商业秘密保护的客体

搏盛种业在二审开庭审理中认为，只有与亲本相关的育种技术信息才属于反不正当竞争法保护的商业秘密，"W68"作为亲本不属于商业秘密的保护客体。

最高人民法院认为，作物育种过程中形成的育种中间材料、自交系亲本等，不同于自然界发现的植物材料，其是育种者付出创造性劳动的智力成果，承载育种者对自然界的植物材料选择驯化或对已有品种的性状进行选择而形成的特定遗传基因，该育种材料具有技术信息和载体实物兼而有之的特点，且二者不可分离。通过育种创新活动获得的具有商业价值的育种材料，在具备不为公众所知悉并采取相应保密措施等条件下，可以作为商业秘密依法获得法律保护。

2. 涉案杂交种亲本在被诉侵权行为发生时是否不为公众所知悉

搏盛种业上诉称，华穗种业及其利害关系人已经将"W68"作为产品销售，华穗种业委托种子繁育公司的制种行为导致"W68"成为商品被农民公开销售；另外，"万糯2000"的审定公告对"W68"及其来源予以了披露，因此"W68"已经为公众所知悉，不具有秘密性。

最高人民法院认为，权利人对育种材料的实际控制是利用其遗传信息进行育种的关键，该案中"W68"属于不为公众所知悉的育种材料，主要理由如下：

第一，"W68"仅是育种材料的编号，是育种者在作物育种过程中为了下一步选择育种而自行给定的代号，其指向的是育种者实际控制的育种材料。虽然特定编号如"W68"代表了育种者对自然界的植物材料选择驯化形成的特定遗传基因，但是特定遗传基因承载于作物材料中，脱离作物材料本身的代号并不具有育种价值，对育种材料的实际控制才是利用其特定遗传信息的前提。由于育种创新的成果体现在植物材料的特定基因中，无法将其与承载创新成果的植物材料相分离，公开该代号并不等于公开该作物材料的遗传信息。

第二，审定公告记载"W68"是用万6选系与万2选系杂交后，经自交6代选育而成，万2选系和万6选系作为选育亲本的作物材料，是作物育种的核心竞争力，通常育种者并不进行公开销售，公众难以获得。退一步而言，即便能够获得万2选系和万6选系，在选育自交系亲本的过程中，育种者在面临对优良单株、株系的选择时，在子代的选择中具有一定程度的不确定性。因此，即便利用万2选系和万6选系进行杂交育种，获得的自交系也并不必然是"W68"，不能仅从公开"W68"的育种来源推定得出"W68"已为公众所知悉。

第三，尽管玉米杂交种是由其亲本杂交育种获得，但是基于玉米杂交繁育特点和当前的技术条件，从杂交种反向获得其亲本的难度很大。如果不通过对"万糯2000"进行专业的测序、分离，难以获得其亲本，更难以保证获得的亲本与"W68"完全相同。因此,公开销售"万糯2000"的事实不能当然导致其亲本"W68"为公众容易获得,更不能得出亲本"W68"丧失秘密性的结论。

最终,二审判决强调,植物新品种和商业秘密两种制度在权利产生方式、保护条件、保护范围等方面存在差异,权利人可以根据实际情况选择不同保护方式。将未获得植物新品种保护的育种创新成果在符合商业秘密的条件下给予制止不正当竞争的保护,是鼓励育种创新的必然要求,也是加强知识产权保护的应有之义。法律并未限制作物育种材料只能通过植物新品种保护而排除商业秘密等其他知识产权保护,对作物育种材料给予商业秘密等其他知识产权保护不会削弱植物新品种保护法律制度,而是相辅相成、相得益彰的关系。当然,对作物育种材料给予商业秘密保护,并不妨碍他人通过独立研发等合法途径来繁育品种,也并不妨碍科研活动的自由。

2019年《反不正当竞争法》扩大了商业秘密保护的客体范围,诸如高校和科研机构产生的信息、个人信息、未发表的文字作品或视听作品等非"商业化"的信息,其不再拘泥于技术信息和经营信息,解决了在司法实践中长期存在的法律难题。另外,创意、算法、软件、数据等是否可以作为商业秘密客体进行保护,在司法实践中做法并不统一。例如,有判决认为,"创意属于思想领域",其不属于商业秘密的保护范围。在秦某某、上海某文化创意有限公司商业贿赂不正当竞争纠纷二审案中,法院认为"创意属于思想领域,应当允许他人借鉴与模仿,如果允许秦某某、上海某公司独占该创意,也就意味着只有秦某某、上海某公司可以举办该活动,对市场竞争与社会大众显然不利"[1]。《最高人民法院关于审理侵犯商业秘密民事案件适用法律若干问题的规定》直接将创意作为一种商业秘密的客体类型。商业秘密客体范围扩展后,算法、计算机程序和数据等客体除了获得其他法律保护外,还能获得商业秘密的双重保护。细心的读者不难发现,《最高人民法院关于审理侵犯商业秘密民事案件适用法律若干问题的规定》第1条对于

---

[1] 杭州市中级人民法院(2018)浙01民终243号民事判决书。

"技术信息和经营信息"的区分标准相对明确，二者包含范围的唯一重合之处在于"数据"。如何判断原告主张的"数据信息"属于技术秘密还是经营秘密，法律并未给出明确的规定。笔者认为，判断数据是否构成"技术秘密"要考察数据的利用是否为了解决技术问题。数据作为技术手段或者技术手段之一，在利用后能够获得相应的技术效果为技术秘密，反之则不属于技术秘密的保护客体。作此区分的关键在于，在司法实践中，在商业秘密民事案件立案程序中需要将技术秘密与经营秘密加以区分，以确定审理法院的级别管辖。

值得注意的是，实务中《中央企业商业秘密保护暂行规定》（国资发〔2010〕41号）对中央企业商业秘密保护提出了强制性要求。其中，第10条"中央企业依法确定本企业商业秘密的保护范围，主要包括：设计、程序、产品配方、制作工艺、制作方法、技术诀窍等技术信息"也非常值得借鉴，可作为技术信息的补充。

在2022年3月22日发布的最高人民法院《关于适用〈中华人民共和国民事诉讼法〉的解释》第220条中，民事诉讼法中的商业秘密内涵被明确为"生产工艺、配方、贸易联系、购销渠道等当事人不愿公开的技术秘密、商业情报及信息"。可见，商业秘密的客体宽泛，凡是具有商业价值的信息都可以是商业秘密保护的客体。

## 第二节 不为公众所知悉[1]

术语的界定在于抽象出该事物的质的规定性。就商业秘密而言，其术语界定的核心在于揭示商业秘密的构成要件或特征。现代社会充斥着各种各样的信息，但并非任何和技术、经营或者商业有关的信息都是商业秘密。

---

[1] 本书所称"不为公众所知悉""秘密性""非公知性"只是在不同语境下使用不同称谓，其含义基本相同，"不为公众所知悉"为法条中规定用语，"秘密性"学界使用较多，"非公知性"在司法实务界、鉴定机构等使用得较多。

# 第一章 商业秘密构成要素

## 一、我国关于商业秘密构成要件的若干理论

关于商业秘密的构成要件，1993年《反不正当竞争法》第10条第3款明确规定，"本条所称的商业秘密，是指不为公众所知悉、能为权利人带来经济利益、具有实用性并经权利人采取保密措施的技术信息和经营信息"。我国1997年《刑法》第219条第3款也有同样的规定。通过我国1993年《反不正当竞争法》以及1997年《刑法》的规定可以看出，当时商业秘密的构成要件为四要件，即秘密性、价值性、实用性和保密性。

纵观国内有关商业秘密构成要件的理论，主要存在三种学说：一是"三要件"说，认为商业秘密的构成要件有三个，但具体是哪三个构成要件，不同的学者又有不同的观点。如有的学者认为是秘密性、价值性和独特性；[1] 有的学者提出是秘密性、价值性和实用性[2]；还有的学者认为是新颖性、实用性、保密性[3]。二是"四要件"说，认为商业秘密的构成要件有四个，但其具体内容又不完全一样。如有的学者认为四个要件是秘密性、实用性、价值性、保密措施的适当性[4]；有的学者则提出一个商业秘密要具备秘密性、价值性、实用性和保密性才是法律意义上的商业秘密[5]。三是"五要件"说，认为商业秘密的构成要件有五个，但其具体内容也不完全一样。如有的学者提出满足实用性、价值性、管理性、秘密性和新颖性五个要件才是受法律保护的商业秘密[6]；还有学者认为商业秘密的构成要件包括秘密性、实用性、价值性、保密性、新颖性[7]；也有学者认为商

---

[1] 张今. 知识产权新视野[M]. 北京：中国政法大学出版社，2000：23-35.
[2] 李颖怡. 知识产权法[M]. 广州：中山大学出版社，2002：227-228.
[3] 陈传夫. 高新技术与知识产权法[M]. 武汉：武汉大学出版社，2000：259.
[4] 郭存庆. 知识产权法[M]. 上海：上海人民出版社，2002：584-589.
[5] 颜祥林. 知识产权保护原理与策略[M]. 北京：中国人民公安大学出版社，2001：160-163.
[6] 张玉瑞. 商业秘密法学[M]. 北京：中国法制出版社，1999：149-230.
[7] 冯晓青. 知识产权理论与实践[M]. 北京：知识产权出版社，2002：286-287.

业秘密的构成要件应包括新颖性、秘密性、价值性、保密性和可复制性❶。通过对上述学说归纳分析可以看出，无论哪种学说实际上都是依据自己对商业秘密的理解在秘密性、价值性、实用性、保密性（或管理性）、新颖性五个要素中选择数个要素进行排列组合，从而形成商业秘密的构成要件。此外，秘密性、价值性、保密性（或管理性）是商业秘密构成要件中必不可少的三个要件，对此，各学说已基本达成共识，但是对于商业秘密的构成是否应具备实用性、新颖性等，各学说仍存在争议。

TRIPs协议第39条第2款将商业秘密规定为"未披露的信息"，该条规定："只要有关信息符合下列三个条件：在一定意义上，其属于秘密，也就是说，该信息作为整体或作为其中内容的密切组合，并非通常从事有关该信息工作领域的人普遍了解或容易获得的；因其秘密性而具有商业价值；合法控制该信息的人，为保密已经根据有关情况采取了合理措施。"❷从这一规定可以看出，TRIPs协议对商业秘密只规定了秘密性、价值性、保密性三个构成要件，并无实用性的要求，我国1993年《反不正当竞争法》以及2017年《刑法》中规定的商业秘密应具有实用性的要求，这一规定比TRIPs协议对商业秘密的构成要求还要严格，正如有学者指出的，"在商业秘密领域，合格的受保护信息并无'实用性'要求，是TRIPs协议明文规定的"❸，"在条约允许我们放宽之处，我们作为发展中国家如果保护得比发达国家还要严格，历史可能会回过头来告诉我们，这是一种失策"❹。因此，我国目前这种关于商业秘密构成要件的规定，十分不利于我国仍处于发展阶段的市场经济，这种规定对商业秘密的保护范围限定得太窄，必然会在一定程度上放纵对商业秘密的侵犯，这将严重损害商业秘密权利人的利益，进而妨碍我国市场经济的健康有序发展。❺

根据TRIPs协议关于"未披露信息"规定只需具备秘密性、价值性、

---

❶ 刘颖，邓华. 商业秘密法律界定之新思考［J］. 江西金融职工大学学报，2007(1).
❷❸ 郑成思. WTO知识产权协议逐备讲解［M］. 北京：中国方正出版社，2001：129.
❹ 郑成思. WTO与知识产权法研究［J］. 中国法学，2000(3).
❺ 杨力. 商业秘密侵权认定研究［M］. 北京：法律出版社，2016：56.

## 第一章 商业秘密构成要素

保密性三个要件。近年来我国的主流观点也开始认为《反不正当竞争法》上的商业秘密的构成也应当被理解为 TRIPs 协议规定的三个要件，即将《反不正当竞争法》上的"能为权利人带来经济利益、具有实用性"应解释为"具有商业价值"。❶ 最高人民法院公布的《关于审理技术合同纠纷案件适用法律若干问题的解释》第 1 条第 2 款重新对技术秘密的概念作了解释，即"技术秘密，是指不为公众所知悉、具有商业价值并经权利人采取保密措施的技术信息"。这实际上是将 1993 年《反不正当竞争法》第 10 条和 1997 年《刑法》第 219 条所规定的商业秘密构成要件中的"能为权利人带来经济利益、具有实用性"解释为"具有商业价值"。这样规定也更符合国际标准和惯例，有利于按照我国加入世贸组织承诺，加强对包括技术秘密在内的商业秘密的权益保护。❷ 另外，2007 年最高人民法院《关于审理不正当竞争民事案件应用法律若干问题的解释》第 10 条明确规定："有关信息具有现实的或者潜在的商业价值，能为权利人带来竞争优势的，应当认定为反不正当竞争法第十条第三款规定的'能为权利人带来经济利益、具有实用性'。"该司法解释同样将商业秘密的构成要件解释为具有秘密性、价值性、保密性三个要件。❸

作为一项本质是信息且并非通过注册或登记产生、取得的权益，且具有边界模糊、不可公示的特性，商业秘密的归属及权利范围并不像商标权或专利权那样清晰和明确。商业秘密涉及经营者利益和公共利益两个方面，商业秘密的认定标准过低，可能限制自由竞争、阻碍技术发展；认定标准过高，又将违背保护经营者合法权益的立法本意。为此，2019 年《反不正当竞争法》第 9 条第 3 款将商业定义为"不为公众所知悉、具有商业价值并经权利人采取相应保密措施的技术信息、经营信息等商业信息"。

---

❶ 最高人民法院法官. 法官评述 100 个影响中国的知识产权经典案例 [M]. 北京：知识产权出版社，2010：58.

❷ 郤中林.《关于审理技术合同纠纷案件适用法律若干问题的解释》的理解与适用 [J]. 人民司法，2005(2).

❸ 最高人民法院法官. 法官评述 100 个影响中国的知识产权经典案例 [M]. 北京：知识产权出版社，2010：58.

本条款已经明示，商业秘密的构成要件有三项：一是秘密性，即"不为公众所知悉"；二是价值性，即"具有商业价值"；三是保密措施，即"经权利人采取相应保密措施"。立法者已经采用"秘密性、价值性、相应保护措施"三要件说，反映了有关商业秘密构成要件的最新共识。❶只有具备以上全部要件的商业信息，才属于法律规定的商业秘密。在司法实践中，法院通常也以秘密性、保密性、价值性三个构成要件对商业信息是否构成商业秘密进行审理。商业秘密作为知识产权的法定客体，其本质是一种秘密信息，是不为公众所知悉、具有商业价值并经权利人采取相应保密措施的某种技术或者经营性信息等商业信息。这些信息一般均被某种有形形式承载或体现，如以文字、数据、符号、图形、图像、视频和音频等方式记录商业秘密信息的各类物质，包括纸质文件、存储介质（磁性介质、光盘、U盘、硬盘、服务器等）和其他介质载体等。同时，需要注意的是，基于上述信息所产生的某种产品或提供的某种服务，是商业秘密的成果体现，并非商业秘密保护的对象。

即便秘密性、保密性、价值性三个构成要件成为认定商业秘密的通识，但是，商业秘密本身是否成立仍一直是商业秘密案件的难点之一。

## 二、秘密性

秘密性是商业秘密的本质要求，为商业秘密的核心构成要件。"法律对商业秘密的唯一的、最重要的要求，即该商业秘密在事实上是保密的。"❷秘密状态一旦被打破，便无法恢复原状，权利人基于秘密状态而产生的竞争优势也会丧失，该信息再不能作为商业秘密受到保护。❸1993年《反不正当竞争法》第10条和2019年《反不正当竞争法》第9条均将秘密性表述为"不为公众所知悉"。如果孤立地看这一规定，容易得出绝对秘

---

❶ 黄武双. 商业秘密保护的合理边界研究［M］. 北京：法律出版社，2018：3.
❷ 吴汉东. 试论实质性相似+接触的侵权认定规则［J］. 法学，2015(8).
❸ 徐卓斌，张钟. 商业秘密案件审理中的若干基本问题［J］. 人民司法，2022(34).

性的结论。❶因为，从"不为公众所知悉"很可能推导出仅有商业秘密所有人知悉，而除商业秘密所有人之外，再无他人知悉的结论。但是，商业秘密的秘密性是相对的，如果过分强调秘密性，就会束缚社会的发展。实际上，商业秘密的使用必然会在一定范围内披露，如权利人的员工、法律规定或者合同约定的义务人等，如将这些人认为秘密性的"公众"，则商业秘密的制度将会从根本上被否定。商业秘密因业务所需，可能被企业外部的原材料供应商、产品销售商、加工承揽商、修理商所知，但只要局限在很小的范围内，即所有人不扩散，且按照当时当地的行业习惯或当事人的约定，这种外部知悉者有保密义务，那么这种知悉不会使商业秘密丧失其秘密性。

1995年国家工商行政管理局《关于禁止侵犯商业秘密行为的若干规定》第2条和1995年最高人民法院《审理科技纠纷案件的若干问题的规定》第51条，均将秘密性描述为"不能从公开渠道直接获取"。从上述规定来看，是将秘密性理解为相关公众客观上的不知悉，而不包括客观上不知悉但属于容易获取的情形。

然而，2007年最高人民法院《关于审理不正当竞争民事案件应用法律若干问题的解释》对秘密性则用了不同文字表述，即"有关信息不为其所属领域的相关人员普遍知悉和容易获得"。2022年9月10日发布的《最高人民法院关于审理侵犯商业秘密民事案件适用法律若干问题的规定》第3条规定："权利人请求保护的信息在被诉侵权行为发生时不为所属领域的相关人员普遍知悉和容易获得的，人民法院应当认定为反不正当竞争法第九条第四款所称的不为公众所知悉。"相较于2007年司法解释，2022年司法解释在措辞上更精确，将不为公众所知悉和容易获得的时间限定在被诉侵权行为发生时，这意味着权利人主张保护的信息如曾经处于保密状态，但是在被诉侵权行为发生时已经成为公开信息，则不能作为商业秘密保护。换言之，秘密性至少应持续至被诉侵权行为发生时。此处的秘密性可以解读为要同时满足两个标准，即"不为所属领域的相关人员普遍知悉"

---

❶ 张玉瑞. 商业秘密法学［M］. 北京：中国法制出版社，1999：181.

和"不容易获得"。作为商业秘密构成要件，秘密性中的"秘密"是与公知信息相对的，即一种信息只有无法从公开渠道获得才被认为具有秘密性。毫无疑问，这种秘密性是"相对"的而不是"绝对"的。可见，我国关于商业秘密的秘密属性判断采用的是客观标准。所谓秘密性的客观标准，是指从认知主体的角度来说，在具体案件中判断某一信息是否具有秘密性时，既不是以具体案件中被告的认知水平为判断标准，也不是以具体案件中原告的认知水平为判断标准，而是以符合特定条件的客观第三人的认知水平为判断标准。❶我国采用客观标准，与TRIPs协议采用的客观标准相一致。❷

秘密性的认定是审理侵犯商业秘密案件的重要步骤。商业秘密的核心在于其实际或潜在的经济价值，在发挥其价值的过程中，特定人员必然要接触、知晓、掌握、应用商业秘密包含的经营信息和技术信息等商业信息。这种价值属性决定了判断秘密性主体标准的相对性和秘密状态的相对性。

（一）秘密性的含义

秘密性，是商业秘密的核心特征，也是认定商业秘密的难点和争议的焦点。能够作为商业秘密得到保护的商业信息应当不为公众所知悉，即该信息不能从公开渠道直接获取。这是商业秘密最本质的构成要件，也是商业秘密得以受到法律保护的前提。❸法律规定的"不为公众所知悉"即指商业秘密的秘密性，是指权利人所主张的商业秘密未进入"公有领域"，非"公知信息"或"公知技术"。而秘密状态的"不知悉"则是指该信息不为公众所知道、了解、获得、掌握。在一般情况下，"不为公众所知悉"与"秘密性""非公知性"同义。秘密性是商业秘密与专利技术、公知技术相区别的最显著特征，也是商业秘密维系其经济价值和法律保护的前提

---

❶ 宋建宝. 商业秘密保护中秘密性判断标准问题研究——以世界贸易组织TRIPs协议为中心[J]. 科技与法律，2012(3).

❷ 根据TRIPs协议的规定，商业秘密保护所要求的秘密性，是指有关信息作为整体，或者其组成部分的确切组合，并非通常从事有关该信息工作之领域的人们所普遍知悉或容易获得的。

❸ 孙晋，李胜利. 竞争法原论[M]. 北京：法律出版社，2020：324.

第一章　商业秘密构成要素

条件。一项为公众所知悉、可以轻易取得的信息，无法借此享有优势，法律亦无须给予保护；一项已经公开的秘密，会使其拥有人失去在竞争中的优势，同样也就不再需要法律保护。在知识产权保护中，任何公有领域的信息属于人人可共享的公共财富，不能由任何人独占使用，在商业秘密的保护中也同样如此，任何人不得以商业秘密为借口，将属于公共领域的技术信息和经营信息据为己有或者独占使用，法律强调商业秘密的"不为公众所知悉"正是体现了这种要求。❶

有部分观点认为"不为公众所知悉"包含了新颖性和秘密性两重含义。"不为公众所知悉"是对商业秘密内容的要求，主要是要求作为商业秘密的信息应有新颖性，只是对这种新颖性要求较低，只要与众所周知的信息有最低限度的区别或有新意即可。❷从某种意义上说，新颖性是秘密性的前提，没有新颖性就没有秘密性可言，秘密性意味着最低限度的新颖性，即在该信息所属领域不同于既存的信息。❸但是，当人们在谈到商业秘密的新颖性时，实质上是有意识地以专利法中专利的新颖性概念作为参照。但是商业秘密的"不为公众所知悉"与专利法中专利的"新颖性"并不同义。无论是新颖性还是创造性均为专利法习惯用语，有其特定含义，贸然导入他法容易导致混淆；更重要的是，商业秘密的秘密性事实上就意味着其具有最低限度的新颖性，如果缺少这个，就根本无法与公共领域的技术相区别，所以没有必要再做更细的划分。秘密性要解决的仅是商业秘密权利人在具体竞争关系中是否拥有竞争优势的问题，而非技术的先进性和新颖性等其他任何问题。❹因此，以申请专利的发明创造的新颖性思考方式处理受商业秘密保护信息的非公知性判断问题，是非常不可取的。TRIPs协议第39条第2款将商业秘密的秘密性解释为："其在某种意义上

---

❶ 孔祥俊. 反不正当竞争法原理·规则·案例 [M]. 北京：清华大学出版社, 2006：211.
❷ 刘科, 张茜. 知识产权犯罪专利化公诉样本 [M]. 北京：中国检察出版社, 2014：164.
❸ 崔汪卫. 商业秘密立法反思与制度建构 [M]. 北京：社会科学出版社, 2021：94.
❹ 李扬. 反不正当竞争法基本原理 [M]. 北京：知识产权出版社, 2022：135.

属于秘密,即作为一个整体或就其各部分的精确排列和组合而言,该信息尚不为通常处理所涉信息范围内的人所普遍知道,或不易被他们获得。"

随着审判实践的不断丰富,多数学者和法官认为,新颖性只是对专利的要求,不应将此作为判断商业秘密中不为公众所知悉的标准。在近年审理的商业秘密案件中,几乎无法看到对新颖性的论述。也即就目前我国司法的通说而言,商业秘密中并不需要包括类似专利权中的"新颖性"的要件,但如前所述,一定程度的新颖性又与信息是否属于公知有关,故信息也必须具备一定的新颖性。因此,在商业秘密的构成要件中,新颖性并非独立的构成要件,也不是秘密性的组成部分,但同时又不可或缺。❶秘密性和新颖性确实有重叠的情形,如都要求信息处于不公开的状态。二者区别在于不公开的程度和范围。可以发现,商业秘密丧失秘密性的情况是"普遍知悉"和"容易获得",其中"普遍"和"容易"均说明对商业秘密而言,并非如专利要求的绝对秘密性,而是相对于一般从业人员,该信息具有秘密性。❷在商业秘密司法鉴定实践中,鉴定机构往往通过委托人提供国家知识产权局专利检索咨询中心出具的检索报告,或者自行通过专门的检索系统,针对委托技术信息进行检索形成的检索报告作出鉴定结论,"基本上是按照专利技术新颖性鉴定的套路寻找对比文件,这极大提高了商业秘密非公知性的要求"❸,然而秘密性与专利新颖性的检索已经达到实质相同的程度不同,如果不加分析直接将检索报告的结论作为非公知性鉴定的结论,无疑会将两种不同类型的知识产权客体的构成要件混为一谈。❹

"不为公众所知悉"只是设定了一个最低限度的要件,实际上商业秘密中信息的新颖性程度差别极大。例如,在国外出版物上公开过的信息,

---

❶ 姚建军. 中国商业秘密保护司法实务[M]. 北京:法律出版社,2019:19.
❷ 孙秀丽,张婷婷. 商业秘密非公知性鉴定审查要点——以侵犯机械设计技术秘密为例[J]. 中国检察官,2022(18).
❸ 李扬. 反不正当竞争法基本原理[M]. 北京:知识产权出版社,2022:135.
❹ 孙秀丽,张婷婷. 商业秘密非公知性鉴定审查要点——以侵犯机械设计技术秘密为例[J]. 中国检察官,2022(18).

仍然有可能在另一国"不为公众所知悉"而成为商业秘密，但因公开不会得到专利方式的保护。再如，有的信息可能只是某种信息的汇编，同行业的其他人只要付出劳动进行收集整理也可以得到相同或者近似的结果，只是同行未这样做而该经营者这样做了，对于这种有新颖性但新颖性程度极低的信息也可以认定构成商业秘密。如将为公众所知悉的信息进行整理、改进、加工后形成的新信息，在符合"在被诉侵权行为发生时不为所属领域的相关人员普遍知悉和容易获得"的要件时，亦应认定为该信息"不为公众所知悉"，属于商业秘密保护对象；而有的信息又完全可以申请专利，只是所有人不愿意通过专利方式进行保护而以商业秘密的形式加以保护，这种信息就可能是新颖性极高而已经达到了专利法上的创造性高度的信息。但是，在两者都是商业秘密的情况下，法律一视同仁地给予保护。

笔者认为，区分商业秘密的秘密性与专利新颖性具有较强的理论意义，但不宜在商业秘密构成要件中考量新颖性。

首先，商业秘密的相对性与专利的绝对性。在实践中，商业秘密的秘密性经常通过技术查新的方式进行，如果经技术查新在专利文献等相关资料中检索到与商业秘密相同或实质相同的信息，则商业信息不具有秘密性。与专利新颖性的检索方式基本类似，这种检索方式或许是有关商业秘密新颖性是否系构成要件的争论原因之一。但认为应当将新颖性作为商业秘密构成要件的主张只是看到了秘密性的一个方面，即秘密性确实要求不为公众所知悉，却忽视了其最根本的一面，秘密性还要求不容易获得。容易获得的信息不符合不为公众所知悉的构成要件，不能作为商业秘密保护。专利的新颖性在理论上要求是绝对的新颖性，无论公开形式如何，是出版物公开、使用公开或者以其他方式公开均会破坏专利的新颖性。在理论上，专利的绝对新颖性要求是区分二者的关键。所谓绝对是理论上的要求，只要有公开的可能性，无论是否容易获得均可以破坏专利的新颖性。例如，在偏远小镇图书馆一本存放久远的书籍里，记载有与专利同样的发明创造，并且该书籍系孤本，但理论上仍属于出版物公开，因此专利不具有新颖性。而出版物不受地理位置、语言或者获得方式的限制，也不受年代的限制。出版物的出版发行量多少、是否有人阅读过、申请人是否知道是无关紧要的。❶ 但秘密性则不同，在上述情形中，即便公开出版物的信息与商业信息相同或者实质相同，因为出版物获得的困难程度，秘密性同样成立。如果非要将秘密性和新颖性进行联系，可以将商业秘密理解成相对意义的"新颖性"，而专利则是绝对意义的新颖性。

其次，如考虑新颖性将导致商业秘密构成要件标准混乱。作为商业秘密的技术信息如果使用专利的新颖性判断标准，则很多技术信息都没有这种"新颖性"——远远达不到该标准。那么，如果认可商业秘密具有"新颖性"特征，作为商业秘密的信息中有的有"新颖性"，有的没有"新颖性"，有的无法使用"新颖性"来衡量，这将导致属性固定的信息出现自相矛盾的外延分类，从而违背法律逻辑。

再次，商业秘密不仅包括技术信息，还包括经营信息，对于经营信息，根本无法使用新颖性概念。姑且不论技术信息对创新性的要求如何，就经营信息而言，大多不侧重创新程度高低的问题。相反，经营信息更多的是经营经验的结果、管理的结果。如果讲经营信息的新颖性，还不如讲它的"正当获取的不易性"来得贴切。这"不易性"里有权利人金钱的付出、时间的耗费、人的思想的倾注、劳动的注入等，是多种成本的结合体。

因此，为了统一观念，避免混乱，应当将商业秘密与专利技术的保护相区别，更因为商业秘密信息自身的特点，在商业秘密中不宜要求其具有新颖性。对商业秘密而言，秘密性的概念已经足够——秘密性的客观状态中已经包含了信息正当获取的不易性。该"不易性"更加贴近商业秘密。如用新颖性规定商业秘密，将提高商业秘密保护的门槛，与商业秘密的特质不相适应，既无助于理解秘密性，也容易产生混淆而有失科学性。因此，秘密性与新颖性不是一个体系，不为公众所知悉要求不为其所属领域的相关人员"普遍知悉"与"容易获得"，即秘密性可以完全符合商业秘密构成要件的要求，无须再引入在专利意义上新颖性的专有概念进行区分。

就秘密性的法定解释来看，1995年国家工商行政管理局《关于禁止侵犯商业秘密行为的若干规定》第2条第2款指出："本规定所称不为公众

---

❶ 《专利审查指南2010》第二部分第三章2.1.2.1出版物公开。

所知悉,是指该信息是不能从公开渠道直接获取的。"该解释仅从字面含义和信息的消极获取渠道进行了定义,并未从正面揭示出它的内涵,因而对于在实践中认定何谓"不为公众所知悉"并无助益。《最高人民法院关于审理侵犯商业秘密民事案件适用法律若干问题的规定》同样只列明了判断原则,并未对"所属领域的相关人员"或"普遍知悉和容易获得"作出进一步的正面解释,仅从反面规定列举了"不为公众所知悉"的几种情形。第4条规定:"具有下列情形之一的,人民法院可以认定有关信息为公众所知悉:(一)该信息在所属领域属于一般常识或者行业惯例的;(二)该信息仅涉及产品的尺寸、结构、材料、部件的简单组合等内容,所属领域的相关人员通过观察上市产品即可直接获得的;(三)该信息已经在公开出版物或者其他媒体上公开披露的;(四)该信息已通过公开的报告会、展览等方式公开的;(五)所属领域的相关人员从其他公开渠道可以获得该信息的。将为公众所知悉的信息进行整理、改进、加工后形成的新信息,符合本规定第三条规定的,应当认定该新信息不为公众所知悉。"需要注意的是,"不为其所属领域的相关人员普遍知悉和容易获得"是认定"不为公众所知悉"的基本原则,只要符合"不为其所属领域的相关人员普遍知悉和容易获得"的,均属于"不为公众所知悉"。上述《最高人民法院关于审理侵犯商业秘密民事案件适用法律若干问题的规定》所列的情形,只是"不为公众所知悉"特征的具体化,在具体理解时,仍需要遵循"不为其所属领域的相关人员普遍知悉和容易获得"原则的指导。例如,对于"该信息已通过公开的报告会、展览等方式公开"是否一定属于"为公众所知悉"的问题,还需要进一步判断其公开的范围,是否达到了"为其所属领域的相关人员普遍知悉和容易获得"的程度。如果虽然"该信息已通过公开的报告会、展览等方式公开",但是公开的程度很低,达不到"为其所属领域的相关人员普遍知悉和容易获得"的程度,该信息就仍然属于"不为公众所知悉",因而具有秘密性特征。

(二)"普遍知悉"标准

在证明商业信息"不为公众所知悉"这一消极事实时,并不要求商业信息达到绝对保密或者无人知悉的程度,而是要排除"普遍知悉"和"容易获得"的情况。

对"不为公众普遍知悉",从字面意思理解,其表达了知悉人数多少的客观事实。此为判断是否已为公众普遍知悉的直接标准——人数。有学者给出了几乎精确的标准,认为"不为公众普遍知悉"的人数标准为所属领域的相关人员半数以上(超过1/2)尚不知悉。❶

商业秘密领域中的"不为公众所知悉"是一种一般性描述,而不是具体描述,更不是数字指标。因此,从知悉者与全部相关人员人数的比例角度判断商业信息是否为公众所"普遍知悉",仅存在理论上的可能性,而明显缺乏现实的可操作性。一方面,全部相关人员人数本身难以精确计算;另一方面,知悉者人数同样难以计算。当前在司法实践中,最常见的方法是人民法院主持的有关商业信息"公知性"问题的司法鉴定,由相关领域的专家学者等鉴定人员通过对公开文献资料的检索来判断该商业信息是否已为公众所知悉。

《最高人民法院关于审理侵犯商业秘密民事案件适用法律若干问题的规定》中"不为所属领域的相关人员普遍知悉"的字面含义,对"人数标准"进行了更精确的表述。在考量知悉的人数时,排除了行业之外的人和行业内无关人员,仅限于所属行业的有关人员。这与垂涎商业秘密的人通常是行业内竞争对手的实际情况相吻合。判断商业信息是否为公众所知悉,要确定"相关人员"群体,该相关人员只能是商业信息所属领域内的从业人员、参与人员或其他与该领域相关的人士,而不能是无关人员。"不为公众所知悉"中的"公众",主体是一个特定的范畴,通常指其所属领域的相关人员,即同行业或同领域的工作者或竞争者,而不是泛指所有的自然人或单位。从行业和地域来看,公众都具有一定的相对性。

1. 公众在行业上的相对性

判断"不为公众所知悉"的主体是谁?在专利领域判断创造性的主体为"所属技术领域的技术人员"。在商业秘密领域,《全国法院知识产权审判工作会议关于审理技术合同纠纷案件若干问题的纪要》规定,不为公众

---

❶ 黄武双. 商业秘密保护的合理边界研究[M]. 北京:法律出版社,2018:5.

所知悉，是指该技术信息的整体或者精确的排列组合或者要素，并非为通常涉及该信息有关范围的人所普遍知道或者容易获得。《最高人民法院关于审理侵犯商业秘密民事案件适用法律若干问题的规定》第 4 条规定，"……所属领域的相关人员通过观察上市产品即可直接获得的"。从上述法律规定可知，判断某一项信息是否构成不为公众所知悉的主体是所属领域的相关人员，即"公众"并非泛指社会上不特定的多数人，而是指可能从商业秘密中获取经济利益的同业竞争者和准备涉足同行业并有可能从商业秘密中获取经济利益的其他人。❶ 除上述原则性规定限定"所属领域"之外，没有其他相关法条对所属领域的"相关人员"进行更细化的定义。所以，笔者认为，可以参照专利领域的"所属领域的技术人员"的含义，将"所属领域的相关人员"理解为所属领域的普通人比较合理。当然，从事与该信息有关的技术开发、经营管理活动的科技人员、生产人员、销售人员、管理人员，属于权利人内部人员，属于有权利知悉该信息的人员，他们也不属于"公众"。因此，其知悉该信息，并不影响该信息的秘密性。

　　"公"与"普遍"强调的是大多数，不是全部。即使同行业人士知悉了该信息，也不意味着该信息就丧失了秘密性，原因如下。其一，独立多重发明。由于商业秘密的特殊性，会出现权利人和他人各自都以为自己是该商业秘密的唯一权利人或者相互之间发生横向关系共同采取保密措施的情形，这种情形通常被称为"独立多重发明"❷。其二，反向工程。对于商业秘密权利人投入市场的产品，有人通过自己的研究发现该产品的商业秘密，并且同样将其作为秘密管理，即为"反向工程"。在上述情形中，知悉该信息的均为同行业人士，但是他们均有权知悉该信息，因此不应认为该商业信息丧失了秘密性。

2. 公众在地域上的相对性

公众不但在行业上具有相对性，而且在地域上也具有相对性。

其一，在国际范围内的相对性。某些在国外已经公开的技术，并不意

---

❶ 倪才龙. 商业秘密保护法 [M]. 上海：上海大学出版社，2005：35.
❷ 赵如玥. 论商业秘密的刑事保护 [D]. 上海：复旦大学，2012：7.

味着在中国也属于已公开的技术。事实上，在一些领域，中国科技相对发达国家仍有较大差距，国外的一些公知技术，在国内可能仍属于先进技术；某一信息在世界上某一个地方被公开、并不意味着需要使用该类信息的人员已能够较为容易地接触到这种公开信息。因此，只要该信息"不为所属领域的相关人员普遍知悉和容易获得"，就仍具有"秘密性"。

其二，国内不同地域范围的相对性。中国地域辽阔，不同地区经济、文化、科学技术发展不平衡，有的技术在沿海地区和经济发达地区早已推广应用成为公知技术，而在一些边远地区和经济欠发达地区可能还鲜为人知，属于先进技术。对于该类技术，在该地域范围内，不能否定其具有"不为所属领域的相关人员普遍知悉和容易获得"特征，因而其也具有"秘密性"。

在实践中，在对商业秘密案件进行代理和审理时，不会明确列出"相关人员"群体，各方对于行业或者地域的相对性也少有争议。在通常情况下，由权利人完成初步举证后再由被告举证证实商业秘密已为公众所知悉，最终由审判人员根据自由心证规则"代入""理性相关人员"的认知标准，判断商业信息是否为公众所知悉。但是，这只是审判和代理的方法论，并未实际解决"相关人员"群体问题。笔者认为，应当以涉案商业信息内容、性质、功用和特点为中心，以该商业信息与相关领域交互和关联程度为纽带，确定其所能"辐射"范围的所有人员为"相关人员"。公众应当限于同行业或内行人中的一般人或多数人，此外，应当排除所属领域的专家，因为对于专家而言，商业信息构成"不为公众所知悉"的可能性较小，如包含专家将对权利人不公平。

（三）容易获得

《最高人民法院关于审理侵犯商业秘密民事案件适用法律若干问题的规定》第3条规定的"不为所属领域的相关人员普遍知悉和容易获得"中间是"和"字而非"或"字，说明二者为并列关系，缺一不可，即信息的"秘密性"不仅要求信息不为所属领域的相关人员普遍知悉，而且同时需要不容易获得。当然，这再次表明：商业秘密在根本上保护的是人们创造、获取有关信息的劳动和付出。从这个意义上讲，"普遍知悉"与"容易获得"的含义并不完全一致。❶ "普遍知悉"是解释规定中知悉主体的外延范围,而"容易获得"则侧重于创造、形成信息的难易程度——劳动、成本的付出,亦即"付出一定代价方能获得",至于多大程度、多大代价才能满足程度要求,则由法院根据信息的具体情况予以裁量。"普遍知悉"是属于"一般常识或者行业惯例"的情况。"容易获得"则是指"通过观察产品即可直接获得""公开出版物或者其他媒体上公开披露""公开的报告会、展览等方式公开""其他公开渠道可以获得"等情形。其中,商业秘密要求的"普遍知悉"侧重评判商业信息本身体现的智力创造高低程度,其智力创造程度与专利并不相当,不要求绝对的智力高度,通俗来说就是"是否容易想到",如一种常见技术和另一种常见技术进行组合,如果其组合难度或者创新程度超出一般从业人员的认知,就不属于"普遍知悉"的情形,即使两种技术单独而言都属于"普遍知悉"。

例如,在南方中金环境股份有限公司诉浙江南元泵业有限公司、赵某高等侵害商业秘密纠纷一案❷中,法院认为,"权利人主张的技术信息只有符合不为公众所知悉、具有商业价值、经权利人采取保密措施的法定要件,才构成我国反不正当竞争法保护的商业秘密。虽然单个零部件所承载的技术信息已经属于公共领域的知识,但通过重新组合设计成为新的技术方案,且通过查阅公开资料或其他公开渠道无法得到,通过反向工程也不容易获得的,应当认定该技术方案不为公众所知悉"。

"容易获得"侧重评判获取信息手段的难易程度,可以从公开渠道的门槛高低、知悉广度、公开时间等角度分析。《最高人民法院关于审理侵犯商业秘密民事案件适用法律若干问题的规定》第3条规定的"不为所属领域的相关人员普遍知悉和容易获得",即秘密性的另一个含义——信息正当取得的不易性。"商业秘密必须是不易于取得的信息,易于取得的信息不允许独占使用。"❸如果说"不为公众所知悉"是从形式意义上对秘密性的阐释,那么,这里的"信息正当取得的不易性"可以理解为从实质意

---

❶ 孔祥俊. 商业秘密司法保护实务 [M]. 北京:中国法制出版社,2012:127.
❷ 浙江省杭州市中级人民法院(2020)浙01民初287号民事判决书。
❸ 孔祥俊. 商业秘密保护法原理 [M]. 北京:中国法制出版社,1999:101.

义上对秘密性的解释。如果一种信息被人们付出极少的努力就可以获得，即通过正当或正常方式、手段获取信息的成本与原始开发信息的成本相比已经很小，小到不能为其拥有者带来起码的经济利益或者竞争优势，那么该信息已经或者极易为人们所公知，失去了其作为商业秘密予以保护的价值。最高人民法院法官曾作出解释："一项信息要构成商业秘密，不仅要处于一般的保密状态，而且获得该项信息要有一定的难度，这样才符合商业秘密的秘密性要求。例如，那些相关人员不需要创造性劳动，仅仅是经过一定的联想即能获得的信息，就是容易获得的信息。"❶只有通过正当途径不易获取的信息才有秘密性可言，才有保护该信息秘密性的必要。

商业秘密领域的"容易获得"指的是商业秘密所属领域的相关人员想得到就能得到。例如，该信息已经被他人公开发表、被公开使用或者已经在公共场所通过演讲、报道等形式被公开等，即便人们还没有实际、大量读到刊载该信息的刊物、文章或去现场听讲，但是已经不存在轻易、合法获取该信息的障碍——人们可以随时翻阅涉及该信息的刊物、文章，即获得这些信息的渠道是畅通、低成本、轻松的。认识到这一点对理解"容易获得"至关重要。因为，即使信息已经在某国或者某地被以某种方式公开，但是要从该国或者该地获取这一信息却非常困难（不论是客观自然原因、社会政治原因抑或是获取成本高昂原因），致使该信息无法被该信息所在地之外的人"公知"，那么高成本合法获得该信息的该信息所在地之外的人仍然可以将其作为商业秘密加以保护，即该信息在他地仍然可以构成商业秘密。

综上，商业秘密的秘密性是一种客观的秘密状态，不包含权利人的主观意识因素。本书只在此意义上使用秘密性来界定商业秘密的构成要件。这一概念本身决定了秘密性的特定主体范围和特定地域划分，即商业秘密的秘密性是信息在特定地域的特定主体中不被公知的客观秘密状态。这种"不为公众所知悉"的客观秘密状态是有关信息作为商业秘密获得保护的

---

❶ 蒋志培，孔祥俊，王永昌.《关于审理不正当竞争民事案件应用法律若干问题的解释》的理解与适用[J]. 法律适用，2007(3)：27-28.

根本性条件。一旦该信息丧失秘密性，无论信息被公开的原因是什么——因侵权导致被公开或是因持有人大意被公开，只要信息被公开而失去秘密性，该信息就彻底失去了商业秘密的本质，其作为商业秘密的价值也将不复存在，且无可挽回，权利人从此永远丧失了对该信息的权利，其不能再将该信息作为商业秘密予以保护。❶

另外，在司法实践中，一般讲"不为公众所知悉"即"非公知性"时，"知悉"包括普遍知悉和容易获得两种含义，不再单独提"容易获得"。如果已经"普遍知悉"，那当然是"知悉"；如果没有"普遍知悉"但是可以"容易获得"，也属于"知悉"。"普遍知悉"和"容易获得"是对丧失秘密性的情形予以描述，只要存在"普遍知悉"或"容易获得"一种情况就不满足秘密性的要求。

## 第三节 具有商业价值

### 一、商业秘密价值性的判断标准

价值性是商业秘密受到保护的根源，是商业秘密的核心。如果没有商业价值，也就没有法律保护的必要，更不会产生纠纷。在《最高人民法院关于审理侵犯商业秘密民事案件适用法律若干问题的规定》中，第7条"权利人请求保护的信息因不为公众所知悉而具有现实的或者潜在的商业价值的，人民法院经审查可以认定为反不正当竞争法第九条第四款所称的具有商业价值。生产经营活动中形成的阶段性成果符合前款规定的，人民法院经审查可以认定该成果具有商业价值"的规定是商业秘密的商业价值性的权威界定。从上述规定可知，能够带来经济利益即可认为具有商业价值性。具体来说，一项技术信息或者经营信息具有商业价值的前提是该信

---

❶ 孔祥俊. 商业秘密司法保护实务［M］. 北京：中国法制出版社，2012：131.

息能够给权利人带来经济利益,这个经济利益可以是现实的,也可以是潜在的;或者该信息可以给权利人带来竞争优势。

首先,商业秘密一词本身包含"商业"二字,其价值性当然被理解为商业价值性,而不是具有诸如精神价值、社会价值等其他方面的价值。商业秘密是一种具有商业价值的信息,商业秘密的价值性是构建商业秘密法律制度的根本性经济动因,也是商业秘密区别于国家秘密、个人隐私等信息的主要标志。[1]例如,商业秘密中的客户信息是其拥有人在商业活动中花费精力和成本建立起来的良好伙伴关系,这些客户信息能够使其产品有销路,或者使其供给有保障,或者使其服务有对象,这些客户信息就是其经济利益或者竞争优势的体现。我们只有在"商业"背景下讨论信息,才可能与商业秘密发生联系。所谓价值性表现为经济利益和竞争优势两个方面,经济利益与商业秘密的获取、使用、披露有关,其既表现为权利人的各种损失,包括直接损失、间接损失、现实损失、潜在损失等,也表现为侵权人的收益,包括直接收益、间接收益、现实收益、潜在收益等。商业秘密通过现在或者将来的使用,能够给权利人带来现实或潜在的经济价值,其最本质的特征是相较未掌握某商业秘密的竞争对手而言,权利人因掌握该商业秘密而具备某种竞争优势。竞争优势是指竞争中的优势地位,是相对于竞争对手拥有的可持续性优势,可以表现为抽象的领先时间,被告不正当获取商业秘密后,虽然可能未生产有形产品,但商业秘密内容本身就使被告的科研或者生产前进了若干年。[2]例如,含有技术秘密的新产品、新材料、新工艺,使其在同类产品中性能更稳定、质量更可靠,或者能够降低成本、节约原材料;拥有具有商业秘密属性的客户信息,能够稳定商品或服务的销路、节约开发新客户的成本;等等。同时,这种经济利益或者竞争优势还应具有客观性,即商业秘密所有人在主观上认为该信息有价值,同时该信息还必须在客观上确实具有价值,进而能够为权利人带来经济利益或竞争优势,否则仅仅是所有人主观认为有价值而客观上该信

---

[1] 张耕,等. 商业秘密法 [M]. 厦门:厦门大学出版社,2006:14.
[2] 张玉瑞. 商业秘密法学 [M]. 北京:中国法制出版社,1999:164-165.

息并没有价值，则不能构成商业秘密。❶

其次，要从民事上更周延地保护商业秘密，就有必要承认商业秘密的价值不但包括商业秘密由于投入使用而带来的经济利益（现实的经济利益），而且包括虽未投入使用但一旦投入使用便可能取得的良好效果（潜在的经济利益）。商业秘密的价值性只是一种定性，非定量的要求，无论商业秘密给持有人带来的经济利益和竞争优势是否巨大，都不影响该信息成为商业秘密所应具备的价值要求。不论是连续使用的信息，还是短暂的信息，只要具有价值性，就可以构成商业秘密。1995年国家工商行政管理局《关于禁止侵犯商业秘密行为的若干规定》第2条第5款将"招投标中的标底及标书内容"作为商业秘密，这种信息就是典型的短暂的信息。

由于商业价值性实际上既包括了现实的商业价值，也包括了潜在的经济价值，因此在实践中商业价值性与实用性的界限并不清晰，但这并不意味着任何潜在的经济价值均属于商业价值。事实上，即使是潜在的经济价值，这种价值也必须是具体的、根据科学的推断可以预期的商业价值。如果仅有抽象的概念、原理、原则，尚不能转化为具体的、可以操作的方案，就难以认定其具有商业价值，不能称其为商业秘密。一种信息要想得到法律的保护，必须转化为具体的可以据以实施的方案或形式，法律并不保护单纯的构想、大概的原理和抽象的概念。因为，抽象的、模糊的原理或观念本身不能转化为竞争优势，没有保护的必要。而且，确定具体性要件的目的是通过区分受保护的商业秘密与抽象性的一般知识和经验，以免妨碍他人的商业机会。抽象的、模糊的原理或观念的覆盖范围必须极为宽泛，尤其是"权利人"自己尚处于探索阶段而无法具体化的信息，如果给予保护，无异于束缚了他人的手脚，不利于社会进步。确定性是指商业秘密的所有人能够界定商业秘密的具体内容并划清其界限。例如，能够说明商业秘密由哪些信息组成，组成部分之间的关系，该信息与其他相关信息的区别，如何将信息付诸实施。如果商业秘密不确定，则信息成为无本之木、无源之水，也就无从加以保护。

---

❶ 程宗. 论商业秘密的构成要件[J]. 东北财经大学学报, 2000(6).

最后，2007年最高人民法院《关于审理不正当竞争民事案件应用法律若干问题的解释》第10条规定："有关信息具有现实的或者潜在的商业价值，能为权利人带来竞争优势的，应当认定为反不正当竞争法第十条第三款规定的'能为权利人带来经济利益、具有实用性'。"2017年《反不正当竞争法》第9条对商业秘密定义做了重新界定，将"能为权利人带来经济利益、具有实用性"改为"具有商业价值"。2020年《最高人民法院关于审理侵犯商业秘密民事案件适用法律若干问题的规定》第7条的规定："权利人请求保护的信息因不为公众所知悉而具有现实的或者潜在的商业价值的，人民法院经审查可以认定为反不正当竞争法第九条第四款所称的具有商业价值。生产经营活动中形成的阶段性成果符合前款规定的，人民法院经审查可以认定该成果具有商业价值。"相较于最高人民法院2007年出台的司法解释，2020年的司法解释删去了有关"为权利人带来竞争优势"的内容。

对于上述条文的修改，有观点认为，就商业秘密"商业价值"的定义而言，该司法解释删除"为权利人带来竞争优势"这样的内核特征，是值得商榷的。[1]笔者认为，前述观点忽视了法律对于商业秘密定义的调整，仅根据两个司法解释的规定就得出结论不够全面。商业环境是商业秘密这一信息存在的背景，其价值性体现于——通过现在或将来的使用，能够带来现实的或潜在的经济价值，其最本质的特征是所有人因掌握该商业秘密而具备竞争优势。2017年《反不正当竞争法》表述的"具有商业价值"已经准确把握了商业秘密的本质属性，所谓的"商业价值"就是能够在市场竞争中提升竞争优势。由于不再考量是否给权利人带来多少经济利益，不再考虑是否具有实用性，更侧重于保护权利人的商业价值及其体现出的市场竞争优势，等于降低了商业秘密保护的门槛，无疑扩大了商业秘密保护的范围。2020年《最高人民法院关于审理侵犯商业秘密民事案件适用法律若干问题的规定》第7条删除了2007年司法解释的"为权利人带来竞争优势"并非放弃了内核特征，实属避免与法律重复而为。

---

[1] 张志胜. 商业秘密分类保护与案例评析[M]. 北京：法律出版社，2022：9.

第一章　商业秘密构成要素

技术信息和经营信息等商业信息本身并不是商业秘密制度的保护客体，只是展现出的表象或形式，真正的客体应当是信息的秘密性及基于此而产生的竞争优势，即该信息不为公众所知悉本身即具有商业价值，因此法律对其予以保护。❶在司法实务中，不会刻意去强调价值性的严格意义，只要它可用于生产经营，为所有人带来利益即可。但如果不是可用于经营的信息，则应另当别论，意即，具有与竞争优势无关的价值之信息不能构成商业秘密❷，竞争优势是价值性的最根本体现❸。可见，竞争优势对于商业秘密的重要性。

商业价值性是商业秘密要件中较易证明的要件，在涉案信息具有秘密性的情况下，因不具有商业价值而被认定为不构成商业秘密的案件极为罕见。

## 二、消极性、否定性、阶段性成果信息的价值性

多年来，我国各级司法机关审理了大量涉及商业秘密保护的案件，尤其是通过案件审理厘清了很多存疑的问题，取得了良好的法律效果和社会效果。例如，关于如何认识商业秘密构成要件中的"实用性"，早先有一种观点认为"实用性"应当指的是那些具有实际的实用价值，而对于那些在当时具有潜在商业价值的技术信息或经营信息是否可被归入商业秘密的范畴则存有较多争议。❹依商业秘密是否已投入市场并创造价值，可将商业秘密分为实际价值的商业秘密和潜在价值的商业秘密。该分类的意义在于纠正以往对于商业秘密构成要件中包含"实用性"的错误认识。❺

1993年《反不正当竞争法》将"实用性"作为商业秘密的构成要件加

---

❶ 徐卓斌. 商业秘密权益的客体与侵权判定[J]. 中国应用法学, 2022(5).
❷ 孔祥俊. 商业秘密保护法原理[M]. 北京：中国法制出版社, 1999：48.
❸ 陶乾. 商业秘密保护法的规范构造研究[M]. 北京：法律出版社, 2022：88.
❹ 吴汐. 论商业秘密的法律保护的竞业禁止问题[J]. 才智, 2013(30).
❺ 苏灿. 商业秘密民事救济制度的体系化研究[M]. 北京：中国政法大学出版社, 2018：128.

以规定，对此郑成思先生则指出："在商业秘密领域，合格的受保护信息并无'实用性'要求，是 TRIPs 明文规定的。"❶ 因而，多年来，实用性是否应作为商业秘密的一个独立构成要件一直备受争议。关于实用性和价值性的关系，有观点认为实用性是价值性的基础，价值性是实用性的结果，二者是不同法律要件的根据。也有观点认为，无实用性必无价值性，无价值性不无实用性，实用性是不必要条件，完全可以取消。后一种观点得到了我国现行法律、司法解释的支持。因为实用性和价值性并非简单的并存关系，其存在内容交叉重合的地方，双方有一定的依存度。实用性所要求的范围相对于价值性所要求的要窄，具有实用性意味着具有商业秘密的价值性，而具有价值性则可能并不一定具有实用性。因此，如果将实用性作为商业秘密的独立构成要件，那些具有价值性而不具有实用性的秘密信息则被排除在商业秘密的保护范围之外，这也不符合商业秘密保护的发展趋势。

所以，在理论上，没有必要将实用性作为商业秘密的一个独立构成要件。并且在我国司法实践中，也并未将实用性纳入商业秘密构成要件考量，而是以价值性作为判断标准。只有将两者并列统一起来才能全面与准确地揭示商业秘密因能够为权利人带来竞争优势从而具有商业价值的本质属性。

2004 年颁布的最高人民法院《关于审理技术合同纠纷案件适用法律若干问题的解释》第 1 条第 2 款规定："技术秘密，是指不为公众所知悉、具有商业价值并经权利人采取保密措施的技术信息。"可见该司法解释取消了"实用性"而代之以商业价值，即"价值性"；2007 年公布的最高人民法院《关于审理不正当竞争民事案件应用法律若干问题的解释》第 10 条将"能为权利人带来经济利益、具有实用性"解释为"有关信息具有现实的或者潜在的商业价值，能为权利人带来竞争优势"，也未出现"实用性"的表述。因此，在商业秘密的构成要件中，没有必要将实用性作为一个独立的构成要件，而应以价值性作为判断标准。2017 年《反不正当竞争法》第 9 条第 3 款将 1993 年《反不正当竞争法》第 10 条第 3 款规定的"能为

---

❶ 郑成思. WTO 与知识产权法研究 [J]. 中国法学，2000(3).

# 第一章 商业秘密构成要素

权利人带来经济利益、具有实用性"修改为"具有商业价值"。❶

近年来,在我国司法实践中一种相对统一的认识认为,就商业秘密所具有的价值性而言,它也是相对的,通常而言是对于权利人有应用价值,但并不排除对于权利人已无应用价值而对于竞争对手仍然有应用价值。如权利人在研发过程中的试验失败记录,对于权利人来讲已无应用价值,但如果被竞争对手获得,就可以少走弯路,减少损失,可以说对于竞争对手仍然有应用价值,故对于权利人虽不具有应用价值,但保持其秘密性,可以为权利人带来竞争优势,仍应按商业秘密予以保护。实际上,那种具有直接的应用价值、能够积极地提高权利人竞争优势的信息,学理上可以称为积极信息;那种对于权利人而言不再能够创造新价值,但保守秘密仍可以使其维持竞争优势的信息,可以称为消极信息。无论是积极信息还是消极信息,只要具有维持竞争优势的意义,都可以按照商业秘密进行保护。❷ 技术研发不是一蹴而就的,尤其是复杂的工艺或技术从来都伴随着多次失败,从而在研发过程中会产生大量的失败实验资料或数据。毋庸置疑,这些资料和数据对相关领域的其他竞争者具有极大价值,他人可以从中总结失败的经验,排除错误的技术路线,相比于权利人原本可能投入的大量研发时间和成本,其可降低试错和研发的成本,有利于提高本企业技术研发的成功率。之所以对消极的商业秘密也予以保护,是因为试错也是一个极大的乃至致命的商业成本,某些时候投入巨大的资金和很长的时间才能证明特定的技术并不可行,而如果竞争对手对这样的信息浑然不知,会使信息持有人获得竞争优势。《最高人民法院关于审理侵犯商业秘密民事案件适用法律若干问题的规定》第7条第2款强调的"生产经营活动中形成的阶段性成果"也认为其包含了权利人失败的试验资料和数据。在广东省深圳市龙岗区人民检察院指控吴某、张某某、姜某某、王某某、郁某、李某某犯侵犯商业秘密罪一案❸中,针对被告人提出的涉案技术秘密仅是简单草案、不是产品具体设

---

❶ 孙晋,李胜利. 竞争法原论 [M]. 北京:法律出版社,2020:325.
❷ 蒋志培,孔祥俊,王永昌.《关于审理不正当竞争民事案件应用法律若干问题的解释》的理解与适用 [J]. 法律适用,2007(3):27-28.
❸ 广东省深圳市中级人民法院(2018)粤03刑终2568号刑事裁定书。

计方案、根本无法实现、不构成商业秘密的观点,二审法院认为,技术方案能否直接实施,不是构成技术秘密的先决条件。包括实验数据、阶段性研发成果,甚至失败的技术路径（被验证不可行）,有关医药产品副作用的信息等均具有潜在的商业价值,只要可以使权利人节省研发成本,避免再次受挫,获得竞争上的优势,则信息均可作为技术秘密予以保护。

### 三、在司法实践中如何主张商业秘密具有价值性

对于商业秘密价值性的判断,可以分别从商业秘密的使用情况、权利人投入的研发和保密成本情况、权利人获取利益情况以及侵权人获得利益的情况等方面综合考虑：其一,只要涉嫌侵权人使用了权利人的商业秘密,一般就可以直接认定该商业信息具有商业价值。商业价值不应单纯地从权利人的角度出发,还应从侵权人的角度来判断。例如,权利人在研发过程中的实验失败数据、资料等,对于竞争对手来说,可以有效降低开发成本,仍应被认定为具有商业价值。其二,权利人利用商业秘密获取利益的情况。商业秘密的商业价值在于在激烈的市场竞争中获得竞争优势。如果权利人能够证明,其已经利用该商业信息获取了竞争优势（利润增加或成本降低等）,就应认定该商业信息具有商业价值。其三,可以从商业秘密权利人为开发该项商业秘密投入的成本、为商业秘密的保密措施而投入的费用、涉嫌侵权人由于使用商业信息所获利益的情况等不同角度证明该商业信息具有商业价值。例如,权利人投入较大劳动和成本获得的客户名称、地址、联系方式、交易习惯、特定需求等信息。但权利人投入成本与商业秘密的价值大小并非正相关关系,一些投入很小甚至没有成本的商业秘密也可能产生巨大的经济价值,如偶然获得的食品秘方、技术诀窍等,即便投入成本较小,也可能被认定为具有较高的商业价值。当然,以上证明商业信息具有商业价值的证据,证明力并不相同。一般来说,只要涉嫌侵权人使用了权利人的商业秘密或者权利人利用自己的商业秘密获得了市场竞争优势,就可以直接认定该商业信息具有市场价值,不应再附加其他条件。如果不存在上述条件或情况,才可以综合考虑商业秘密权利人的开发成本、保密成本

等，以此来认定商业信息是否具有商业秘密的市场价值。❶ 过于微不足道的商业信息不宜认定为商业秘密。毕竟，当一项商业秘密"紧密依附于其不应该享有权利的公知知识，或与他人的知识产权，与劳动者的一般知识、技能、经验结合太近，同时在整体上处于从属地位"❷ 时，如果将该信息作为商业秘密予以保护，将不合理地损害社会、他人的合法利益。

2020年9月4日国家市场监督管理总局发布《商业秘密保护规定（征求意见稿）》，首次以部门规章的形式明确了商业价值的"竞争优势"要素并明确了认定商业价值的具体标准。❸ 根据《商业秘密保护规定（征求意见稿）》第7条的规定，"具有商业价值"是指该信息因其秘密性而具有现实的或者潜在的商业价值，能为权利人带来商业利益或竞争优势。

符合下列情形之一的，可以认定该信息能为权利人带来商业利益或竞争优势，但有相反证据证明该信息不具有商业价值的除外：（一）该信息给权利人带来经济收益的；（二）该信息对其生产经营产生重大影响的；（三）权利人为了获得该信息，付出了相应的价款、研发成本或者经营成本以及其他物质投入的；（四）涉嫌侵权人以不正当手段获取或者试图获取权利人的商业秘密的；（五）其他能证明该信息能为权利人带来商业利益或竞争优势的情形。

《商业秘密保护规定（征求意见稿）》第7条第2款规定经济收益、经营资本、物质投入成本或其他能带来竞争优势的信息都可以认定具有商业价值。值得注意的是第（四）项，即使无法直接证明具有商业价值，只

---

❶ 黄武双. 美国判例法：商业秘密价值性的确定与证明 [J]. 电子知识产权，2010(12).

❷ 张玉瑞. 商业秘密法学 [M]. 北京：中国法制出版社，1999：167.

❸ 1995年《关于禁止侵犯商业秘密行为的若干规定》首次规定商业秘密是指不为公众所知悉、能为权利人带来经济利益、具有实用性并经权利人采取保密措施的技术信息和经营信息。2007年最高人民法院《关于审理不正当竞争民事案件应用法律若干问题的解释》提出"能为权利人带来经济利益、具有实用性"意指"有关信息具有现实的或者潜在的商业价值，能为权利人带来竞争优势"。2017年《反不正当竞争法》将"能为权利人带来经济利益、具有实用性"修改为"具有商业价值"。但是关于商业价值的具体内容一直都欠缺官方解释，该规定对商业价值的认定进行了解释。

要涉嫌侵权人为获取秘密使用了不正当手段，即可反推该秘密具有商业价值。简单来说，价值就是对他人有用。第（四）项相当于对商业价值认定进行了反向的类推。

例如，在笔者代理的玛泰压缩机（北京）有限公司、耐力压缩机（北京）有限公司、河北耐力压缩机有限公司、耐力压缩机（北京）有限公司石家庄加工分公司四单位与窦某某、石家庄荣昌机电设备有限公司、石家庄旭尔特压缩机制造有限公司侵犯商业秘密纠纷一案❶❷中，行为人实施了盗窃手段获取他人商业秘密，从第三人处偷偷复制了属于权利人的涉案技术资料，并根据涉案技术资料以公司的名义委托多家加工厂商加工制作产品，同时筹建新公司，准备大批量生产，其明显具有非法牟利的目的。此种情形，即便权利人没有举证证明相关技术信息的价值性，只要涉嫌侵权人为获取技术信息使用了不正当手段，即可反推该技术信息具有商业价值。可以说，只要侵权行为人实施了《反不正当竞争法》第9条第1款第1项、第2项所列行为，则可以推定权利人的技术信息或者经营信息等商业信息具有价值性，在符合商业秘密其他构成要件的情况下，应认定侵权成立。

## 第四节　相应保密措施

一、保密措施的理解与认定

如果说秘密性是商业秘密最核心的属性，那么保密性则是商业秘密最基础的属性。保密性也称"管理性"或"主观秘密性"，主要是指商业秘密权利人为防止自己的信息被与自己有竞争关系的人知悉，或者为防止知悉该信息的雇员及其他有关人员泄露而采取了合理的保密措施。❸ "如果

---

❶ 河北省高级人民法院（2013）冀民三终字第75号民事判决书。
❷ 王现辉. 知识产权典型案例与实务评析［M］. 北京：中国法制出版社，2022：188.
❸ 孔祥俊. 商业秘密保护法原理［M］. 北京：中国法制出版社，1999：49.

说非公知性解决的是商业秘密和竞争区域内公知信息的区别点,秘密管理性解决的则是商业秘密在竞争区域内的可识别性和排他性问题。"❶ 即秘密性体现在公知信息的区别,保密性则体现在商业秘密"是谁的"。在司法实践中,一些国家甚至将商业秘密的保密性视为权利人获得保护的"头等重要"的因素。❷ 保密性特征强调的是权利人实施了保密行为,而不是保密的最终效果如何。即使最终出现了泄密,也不能由此认定不具有保密性。之所以这样规定,盖因法律鼓励为权利而斗争者,但不保护权利上之睡眠者。

商业秘密的保密性实际上就是其拥有人通过对商业秘密信息采取合理的保密措施,向他人表明其对商业秘密信息占有的主观意图。如果商业秘密信息拥有人不能证明自己对该信息采取了合理的保密措施,则其所主张的商业秘密信息内容就不能得到法律的保护。因此,"保护措施不仅是事实行为,在商业秘密法上还是重要的法律行为,权利人采取保护措施,会产生创设商业秘密权的法律结果"。❸ 如果权利人对一项信息没有采取保护措施,而是对该项信息采取放任其公开的态度,则说明他自己就不认为这是一项值得保护的商业秘密,从而不具有保密性。

商业秘密是通过自己保密的方式维持和保护的权益,保密措施在商业秘密的构成和保护中具有特殊价值。1993 年《反不正当竞争法》第 10 条第 3 款规定了"经权利人采取保密措施",其中对保密措施未作限定。2017 年《反不正当竞争法》第 9 条第 3 款将其修改为"采取相应保密措施",即增加了"相应"作为限定条件,此处"相应"可以理解为"合理保护措施"。但是,即便在 1993 年《反不正当竞争法》施行期间,在司法实践中对于保密措施也是加以限制的,且 2007 年最高人民法院发布的《关于适用〈中华人民共和国反不正当竞争法〉若干问题的解释》第 11 条第 1 款为,"权利人为防止信息泄漏所采取的与其商业价值等具体情况相适应

---

❶ 李扬. 反不正当竞争法基本原理[M]. 北京:知识产权出版社,2022:139.
❷ 世界知识产权组织国际局. 世界反不公平竞争法的新发展[M]//漆多俊. 经济法论丛:第 1 卷. 郑友德,等译. 北京:中国方正出版社,1998:313.
❸ 张玉瑞. 商业秘密法学[M]. 北京:中国法制出版社,1999:172.

的合理保护措施，应当认定为反不正当竞争法第十条第三款规定的'保密措施'"。其中，司法解释规定的"相适应的合理保护措施"，就是2017年《反不正当竞争法》第9条第3款所谓的"相应保密措施"。《最高人民法院关于审理侵犯商业秘密民事案件适用法律若干问题的规定》第5条规定："权利人为防止商业秘密泄露，在被诉侵权行为发生以前所采取的合理保密措施，人民法院应当认定为反不正当竞争法第九条第四款所称的相应保密措施。人民法院应当根据商业秘密及其载体的性质、商业秘密的商业价值、保密措施的可识别程度、保密措施与商业秘密的对应程度以及权利人的保密意愿等因素，认定权利人是否采取了相应保密措施。"该条明确规定了有关保密措施相应性和合理性的两项认定原则：其一，权利人应当在被诉侵权行为发生前采取保密措施，事后所采取的措施不属于商业秘密构成要件的保密措施；其二，人民法院应当基于商业秘密及其载体性质、商业价值、措施的可识别程度、措施与秘密的对应度以及权利人的保密意愿来判断保密措施的相应性和合理性。因此，保密措施必须是相应的或者合理的，相应与合理表达的是同样的含义。

## 二、保密措施"合理性"的判断标准

保密性作为商业秘密"秘密性"的主观因素，是秘密性的应有之义。因为只有主观上认为某种信息是商业秘密，并通过外在的行为表示出自己认为其是"商业秘密"，即基于保密的目的采取了适当措施时，法律才对其合法性予以认可。

在司法实践中，判断涉案信息是否具有保密性，可以从以下几个方面考虑：（1）主观性，即权利人主观上应有保护该项信息的意愿，具体表现为为了达到防止信息泄露的目的而采取了相应措施。因为任何一项信息一旦被其持有人在主观上不视为秘密而未采取任何合理的措施予以保密时，即使原来客观上是秘密的信息，也将不再构成商业秘密；（2）客观性，保密措施采取客观标准，即权利人所采取的措施在正常情况下足以防止涉密信息泄露，不论持有人有心还是无意，只要其持有的商业秘密被其自行披露并进入公

## 第一章　商业秘密构成要素

共领域，则其该项商业秘密权便自行丧失；（3）适应性，体现为权利人所采取的措施应具有"合理性"和"相应性"，即保密措施要与信息的商业价值等具体情况相适应，要与该信息的商业价值、日常使用的频率、可能被曝光的风险、为使用而公开的范围和对象的身份及忠诚度、权利人的保密条件和可采取的保密途径等具体情况相适应；（4）区别性，即权利人对待及处置涉密信息的手段应与一般信息有明显区分。采取保密措施自然会产生区别性，在一般情况下"区别性"均可体现，故不必过分强调。下文将结合如下几个方面对保密措施进行详细分析。

（一）合理的保密措施应兼具主观方面和客观方面

对于如何认定权利人采取的保密措施是合理的，并没有公认的原则。从国内外的立法和实务案例来看，均不要求保密措施的"万无一失"，只要权利人采取了合理的保密措施就已足够。保密措施之"合理性"虽无须达到"万无一失"的程度，但仍须在主观上反映权利人的保密意愿、客观上与被保密的信息相适应。权利人不仅必须有将该信息作为秘密进行保护的主观意识，即商业秘密的拥有人必须在内心里对其拥有的商业秘密信息进行秘密保护的主观意识，这是保密性的主观基础，而且应当实施了客观的保密措施，即拥有秘密信息的客观表现方式。人的主观意愿无法通过直接观察感知，只能通过外在的行为进行推定。因此，保密性的主观性要件是通过权利人所采取的具体保密措施来体现的。若权利人对此不能证明，则其所主张的商业秘密信息就不能得到法律的保护。这是因为：一方面，权利的行使与放弃取决于权利人的主观愿望，只有采取了保密措施才能合乎情理地推定其"占有"的意思表示，否则为权利人所放弃的权益，法律没有保护的必要；另一方面，商业秘密所有者请求法律保护的前提是自己有合理的保密行为，否则，该信息就会进入公有领域，成为公共信息，也就不存在什么商业秘密了。[1] 对保密措施"合理性"的要求应当适宜，过高，会影响商业秘密的保护，增加权利人保护的负担；过低，则会导致法

---

[1] 谢晓尧. 在经验与制度之间：不正当竞争司法案例类型化研究[M]. 北京：法律出版社，2010：398.

律对商业秘密的保护范围不当扩大，因此在实践中应根据个案具体情况从主观和客观两方面考察保密措施的"合理性"。

例如，在张家港市恒立电工有限公司清算组诉江苏国泰国际集团国贸股份有限公司、张家港市宇阳橡塑电器有限公司侵害商业经营秘密一案[1]中，最高人民法院认为："合同的附随义务与商业秘密的权利人对具有秘密性的信息采取保密措施是两个不同的概念……作为商业秘密保护的信息，权利人必须有将该信息作为秘密进行保护的主观意识，而且还应当实施了客观的保密措施；而派生于诚实信用原则的合同的附随义务是附属于主债务的从属义务，有别于'保密性'这种积极的行为，并不体现商业秘密权利人对信息采取保密措施的主观愿望以及客观措施。如果权利人自己都没有采取保密措施，就没有必要对该信息给予保护，这也是保密措施在商业秘密构成中的价值和作用所在。因此，不能以国贸公司负有合同法上的保密附随义务来判定恒立公司对其主张的信息采取了保密措施。"商业秘密既然是通过自己保密的方式产生的权利，如果权利人自己都没有采取保密措施，就没有必要对该信息给予保护，这也是保密措施在商业秘密构成中的价值和作用所在。

在再审申请人蓝星商社、南通中蓝工程塑胶有限公司（以下简称中蓝公司）、南通星辰合成材料有限公司（以下简称星辰公司）与被申请人南通市旺茂实业有限公司（原南通市东方实业有限公司，以下简称旺茂公司）、陈某新、周某敏、陈某、戴某勋、李某敏（以下统称五自然人）侵害商业技术秘密和商业经营秘密纠纷一案[2]中，法院认为："侵害商业技术秘密和商业经营秘密纠纷与董事、监事、高级管理人员损害公司利益责任纠纷二者法律关系不同，构成要件不同，审理对象显然亦不同。同时，基于公司法所规定的董事、监事、高级管理人员忠实义务中的保密义务，并不能完全体现商业秘密的权利人对其主张商业秘密所保护的信息采取保密措施的主观意愿和积极态度，不能构成作为积极行为的保密措施，显然亦

---

[1] 最高人民法院（2012）民监字第253号民事裁定书。
[2] 最高人民法院（2017）最高法民申1602号民事裁定书。

不能免除权利人诉讼中对商业秘密采取合理保密措施的证明责任。"

在上海富日实业有限公司与黄某瑜、上海萨菲亚纺织品有限公司侵犯商业秘密纠纷一案❶中,法院认为,符合《反不正当竞争法》规定的保密措施应当表明权利人保密的主观愿望,并明确作为商业秘密保护的信息的范围,使义务人能够知悉权利人的保密愿望及保密客体,且在正常情况下足以防止涉密信息泄露。单纯的竞业限制约定,即便其主要目的就是保护商业秘密,但由于该约定没有明确用人单位保密的主观愿望和作为商业秘密保护的信息的范围,因而不能构成《反不正当竞争法》规定的保密措施。我国立法允许约定竞业限制,目的在于保护用人单位的商业秘密和其他可受保护的利益。但是,竞业限制协议与保密协议在性质上是不同的。前者是限制特定的人从事竞争业务,后者则是要求保守商业秘密。用人单位依法可以与负有保密义务的劳动者约定竞业限制,竞业限制约定因此成为保护商业秘密的一种手段,即通过限制负有保密义务的劳动者从事竞争业务而在一定程度上防止劳动者泄露、使用其商业秘密。但是,相关信息作为商业秘密受到保护,必须具备《反不正当竞争法》规定的要件,包括采取了保密措施,并不是单纯约定竞业限制就可以实现的。对于单纯的竞业限制约定,即便其主要目的就是保护商业秘密,但由于该约定没有明确用人单位保密的主观愿望和作为商业秘密保护的信息的范围,因而不能构成《反不正当竞争法》规定的保密措施。

在笔者代理的唐山某公司、玉田某公司侵害商业秘密纠纷一案❷中,最高人民法院认为,《销售管理制度》《营销服务责任书》……没有明确于某奎应当承担的保密义务,而仅限制于某奎在一定时间内通过原有渠道销售公司同类产品,该约定应当认定为竞业限制约定……对于单纯的竞业限制约定,即便其主要目的就是保护商业秘密,但由于该约定没有明确用人单位保密的主观愿望和作为商业秘密保护的信息的范围,因而不能构成

---

❶ 最高人民法院(2011)民申字第122号民事裁定书。
❷ 一审:河北省唐山市中级人民法院(2011)唐民初字第13号民事判决书,二审:河北省高级人民法院(2016)冀民终689号民事判决书,再审:最高人民法院(2017)最高法民申2964号民事裁定书。

《反不正当竞争法》第 10 条规定的保密措施。

因此,企业采取相应措施保护商业秘密做到主客观兼具相当重要。根据前文分析,企业对商业秘密的保护可从以下几方面进行考量:第一,完善企业商业秘密保密制度建设,制作专门的、较为详细的保密制度或员工手册,并且在手册中明确列出商业秘密的内容、范围、保密的方式,同时企业应当注重对涉密员工的背景调查以及在岗位调动或离职时作脱密管理;第二,注重保密技术措施的运用,强化门禁管理、内控管理、信息管理,包括对各类不同密级信息分类管理,并且对相关的涉密信息的情况进行定期审查及更新;第三,采取相关措施尽量客观留痕,以便诉讼中举证证明其秘密性、保密性。商业秘密保护制度应当全面、具体且具备可执行性,在注重防御效果的同时兼顾商业秘密的运用和转化,由此不仅能确保相关信息满足"保密性"要件,还能有效防止相关信息因被泄露而不可逆地丧失"秘密性"。

(二) 合理的保密措施应与保密信息及载体相适应

"经权利人采取相应保密措施"是商业秘密的法定构成要件之一。保密措施应当与商业秘密及其载体的性质、商业秘密的商业价值、披露范围等相适应。商业秘密价值越高、保密信息及其载体的流通性越强、保密信息的披露范围越广,则保密措施的合理性评判标准应越高。如果保密措施未涵盖涉密载体的披露范围,或不能约束接触或有可能获取保密信息的主体,则该保密措施难以满足合理性要求。权利人通过采取相应保密措施,既体现了其保护商业秘密的意愿,也使得相关人员能够知晓"不为公众所知悉"的商业秘密的存在及其范围。在司法实践中,权利人是否就其主张的商业秘密采取相应保密措施,往往是案件审理的难点。不少案件正是由于权利人未能举证证明采取了相应保密措施,导致其主张不能获得法院的支持。权利人对于商业秘密进行保护的意愿和具体情形,也要通过保密措施来反映。也就是说,保密措施要与相关信息的商业价值相适应。

《最高人民法院关于审理侵犯商业秘密民事案件适用法律若干问题的规定》第 5 条第 2 款"人民法院应当根据商业秘密及其载体的性质、商业秘密的商业价值、保密措施的可识别程度、保密措施与商业秘密的对应程度以及权利人的保密意愿等因素，认定权利人是否采取了相应保密措施"，进一步规定了在认定相应保密措施时应当考虑"保密措施与商业秘密的对应程度"，并删除了最高人民法院《关于审理不正当竞争民事案件应用法律若干问题的解释》中第11条"他人通过正当方式获得的难易程度"的规定。

《最高人民法院关于审理侵犯商业秘密民事案件适用法律若干问题的规定》第6条规定：

具有下列情形之一，在正常情况下足以防止涉密信息泄露的，应当认定权利人采取了保密措施：（一）签订保密协议或者在合同中约定保密义务的；（二）通过章程、培训、规章制度、书面告知等方式，对能够接触、获取商业秘密的员工、前员工、供应商、客户、来访者等提出保密要求的；（三）对涉密的厂房、车间等生产经营场所限制来访者或者进行区分管理的；（四）以标记、分类、隔离、加密、封存、限制能够接触或者获取的人员范围等方式，对商业秘密及其载体进行区分和管理的；（五）对能够接触、获取商业秘密的计算机设备、电子设备、网络设备、存储设备、软件等，采取禁止或者限制使用、访问、存储、复制等措施的；（六）要求离职员工登记、返还、清除、销毁其接触或者获取的商业秘密及其载体，继续承担保密义务的；（七）采取其他合理保密措施的。

上述规定不仅有助于统一法律适用，规范审判实践，也有利于充分发挥司法保护的示范引领作用，引导权利人完善有关商业秘密保护的内部管理，对商业秘密及其载体进行必要的区分和管理，在生产经营、研发等活动中采取有针对性的保密措施，并在员工离职时采取有针对性的预防措施，以降低、消除侵犯商业秘密的风险隐患。❶

《江苏省高级人民法院侵犯商业秘密民事纠纷案件审理指南（修订版）》第2.6条规定，法院应当根据商业秘密及其载体的性质、存在形态、商业秘密的商业价值、保密措施的可识别程度、保密措施与商业秘密的对

---

❶ 林广海，李剑，杜微科.《最高人民法院关于审理侵犯商业秘密民事案件适用法律若干问题的规定》的理解与适用［J］.法律适用，2021（4）：13-18.

应程度以及原告的保密意愿等因素，认定原告是否采取了相应保密措施。保密措施的合理性审查可以参考以下因素：（1）有效性：原告所采取的保密措施要与被保密的客体相适应，以他人不采取不正当手段或不违反约定就难以获得为标准；（2）可识别性：原告采取的保密措施，在通常情况下足以使相对人意识到该信息是需要保密的信息。（3）适当性：保密措施应当与该信息自身需要采取何种程度的保密措施即可达到保密要求相适应。这需要根据案件具体情况具体判别。在通常情况下，适当性原则并非要求保密措施万无一失。对于原告在信息形成一段时间以后才采取保密措施的，应当结合具体案情从严掌握审查标准，如无相反证据证明该信息已经泄露，可以认定保密措施成立。

对于这一点，我们在商业秘密保护实务中须注意对相应保密措施合理程度的把握。也就是说，我们采取的保密措施应当是与商业秘密信息本身情况相适应的、合理的。做个形象的比喻，我们要保护的商业秘密信息是一个钻石戒指，为了安全地保管这个戒指，需要为它买个保险箱，这里的保险箱就是采取了一种保护措施。如果说这个戒指本身的价值是10万元，而购入的保险箱花费100万元，这种保护措施是过度的。也就是说，我们采取的保护措施，其成本要与商业秘密本身的价值和特点相适应，这样才是"合理的"保护。❶"最完美的保密措施未必是适当的保密措施，保密措施不能要求过高而损害生产能力。"❷例如，某一信息同时具有纸质文档和电子文档，由于载体不相同，所以二者采取的保密措施也不相同，前者一般采取的保密措施为在载体上标有保密标志和限定，而后者一般采取的保密措施为在载体上设置密码。有的信息仅是经营活动中的一个小环节，如果要求权利人采取高昂成本的保密措施是不适当的。而有些信息是经营活动中的重要环节，构成权利人的核心竞争力，具有巨大的、根本性的商业价值，那么权利人采取多么严格的保密措施都不为过。技术信息或者经营信息所采取的保密措施与需要被保护的信息之间应当具有对应性，权利

---

❶ 赵以文. 企业商业秘密保护［M］. 北京：企业管理出版社，2020：22.
❷ 苏灿. 商业秘密民事救济制度的体系化研究［M］. 北京：中国政法大学出版社，2018：131.

第一章　商业秘密构成要素

人应当对可能侵犯商业秘密的各种手段存在一定程度上的预判，针对可能侵犯商业秘密的行为采取不同种类的保护措施，针对市场流通产品载负技术秘密所采取的保密措施应能够达到对抗不特定第三人通过反向工程获取其技术秘密的程度，防止其被反向工程进行破解，可以采取的保护方式包括对数字类的信息技术进行加密、在物理上采取一体化结构防止他人进行拆解等。另外，需要考虑信息载体的特性，不同载体采取的保密措施是不相同的。

例如，在上诉人济南思克测试技术有限公司（以下简称思克公司）与被上诉人济南兰光机电技术有限公司（以下简称兰光公司）侵害技术秘密纠纷一案[1]中，法院认为：

其一，思克公司所主张采取的"对内保密措施"，因脱离涉案技术秘密的载体，即在市场中流通的GTR-7001气体透过率测试仪产品，故与主张保护的涉案技术秘密不具有对应性，不属于反不正当竞争法规定的"相应保密措施"。其二，……思克公司所主张采取的"对外保密措施"，或仅具有约束合同相对人的效力，不具有约束不特定第三人的效力，或未体现出思克公司的保密意愿，故不属于反不正当竞争法规定的"相应保密措施"。一方面，思克公司虽在与客户公司签订的《设备购销合同》中约定，GTR-7001气体透过率测试仪产品的转让不意味着客户公司取得该产品的任何知识产权，且客户公司需承担确保该产品技术机密信息安全以及不得将技术机密信息提供给任何第三方的合同义务，但是，该约定仅具有约束客户公司的效力，不具有约束不特定第三人的效力……不特定第三人可通过市场流通取得该产品，且不受思克公司与客户公司签订的《设备购销合同》的约束。另一方面，思克公司虽在其GTR-7001气体透过率测试仪的特定位置贴有标签，但标签载明的"危险！私拆担保无效！""SYSTESTER思克品质保证撕毁无效"等内容，属于安全性提示与产品维修担保提示，均不构成以保密为目的的保密防范措施。其三，鉴于涉案技术秘密载体为市场流通产品，属于外部性载体，故思克公司为实现保密目的所采取的保

---

[1] 最高人民法院（2020）最高法知民终538号民事判决书。

密措施，应能对抗不特定第三人通过反向工程获取其技术秘密。此种对抗至少可依靠两种方式实现：一是根据技术秘密本身的性质，他人即使拆解了载有技术秘密的产品，亦无法通过分析获知该技术秘密；二是采取物理上的保密措施，以对抗他人的反向工程，如采取一体化结构、拆解将破坏技术秘密等。根据本院查明的事实，思克公司亦认可，通过拆解GTR-7001气体透过率测试仪，可直接观察到秘密点2、3、4、5，同时，本领域技术人员"通过常理"可知晓秘密点1和6，故涉案技术秘密不属于上述第一种情形。同时，思克公司所采取的保密措施也不属于可以对抗不特定第三人通过反向工程获取其技术秘密的第二种情形。首先，如前所述，思克公司在其GTR-7001气体透过率测试仪上贴附的标签，从其载明的文字内容来看属于安全性提示以及产品维修担保提示，故不构成以保密为目的的保密措施，不属于上述第二种情形。其次，即使思克公司贴附在产品上的标签所载明的文字内容以保密为目的，如"内含商业秘密，严禁撕毁"等，此时该标签仍不能构成可以对抗他人反向工程的物理保密措施。一方面，通过市场流通取得相关产品的不特定第三人与思克公司并不具有合同关系，故无须承担不得拆解产品的合同义务；另一方面，不特定第三人基于所有权可对相关产品行使处分行为，而不受思克公司单方面声明的约束。

法院最终认定，技术秘密以市场流通产品为载体的，权利人在产品上贴附标签，对技术秘密作出单方宣示并禁止不负有约定保密义务的第三人拆解产品的行为，不构成反不正当竞争法规定的保密措施。❶

在上诉人北京零极中盛科技有限公司（以下简称零极公司）与被上诉人周某、李某龙、魏某旭、赵某辉、北京鼎源力诺科技有限公司（以下简

---

❶ 在司法实践中应注意，针对机械设备或仪器上所负载的技术秘密，权利人所采取的保密措施应当具有"相应性"，包括"对内保密措施""对外保密措施"和"足以对抗反向工程"三个层面。"对内保密措施"必须施加于技术秘密及其载体上，而且始终不能脱离载体；"对外保密措施"不仅要让第三方明确知晓而且还需要对该第三方具有约束力；"足以对抗反向工程"可基于技术秘密本身性质致第三方即使拆卸载体也无法分析获知技术秘密，也可基于产品等载体不可拆卸的物理手段。可见，机械设备上市流通后通过商业秘密保护难以实现，应通过专利的方式进行保护。

称鼎源公司)、鼎源力诺科技(廊坊)有限公司(以下简称鼎源廊坊公司)侵害技术秘密纠纷一案❶中,法院认为:"涉案载体为相应进入市场流通的电源模块产品,而产品一旦售出进入市场流通,就在物理上脱离零极公司的控制,故区别于可始终处于商业秘密权利人控制之下的技术图纸、配方文档等内部性载体。原告主张的与前员工的保密协议、技术图纸管理规范等对内保密措施,因脱离涉案技术秘密的载体,故与其主张保护的涉案技术秘密不具有对应性,不属于本案中针对市场流通产品的'相应保密措施'。"在化学工业部南通合成材料厂、南通中蓝工程塑胶有限公司等与南通市旺茂实业有限公司(原南通市东方实业有限公司)、陈某新等侵害技术秘密纠纷一案❷中,法院认为:"三上诉人还认为,陈某新在从中蓝公司离职之前,在其发给继任者朱某东的电子邮件中的'销售价格'文件上,明确标明'绝密',说明中蓝公司采取了严密的保密措施。对此本院认为,该电子邮件涉及的内容为'销售价格',与三上诉人在本案中主张的技术信息和客户名单经营信息无关,因此,该电子邮件不能证明中蓝公司对涉案信息采取了合理的保密措施。"

对于仅在人脑中记忆的信息能否作为商业秘密信息的保护客体,有法院认为❸,储存在人脑的信息因缺乏有形载体不符合商业秘密的构成条件。商业秘密的内容应当固定在相应的载体上,但人不能作为技术秘密的载体,储存于人脑中的想法、经验因缺乏有形的载体,无法固定涉密信息的具体内容,不构成商业秘密。《天津市高级人民法院审理侵犯商业秘密纠纷案件研讨会纪要》(天津市高级人民法院审判委员会 2007 年第八次会议通过)第 3 条规定:"权利人请求保护的商业秘密应当具有相应的信息载体,能够重复再现商业秘密的内容。仅凭人脑记忆,口头传授的'秘诀、秘方'以及商业经验,一般不作为商业秘密予以保护。"❹从确定商业秘密的具体内容以及审理商业秘密案件需要的角度,将人脑排除在商业秘密保

---

❶ 最高人民法院(2021)最高法知民终 1281 号民事判决书。
❷ 江苏省高级人民法院(2014)民三终字第 3 号民事判决书。
❸ 天津市高级人民法院(2012)津高民三终字第 40 号民事判决书。
❹ 孔祥俊. 商业秘密司法保护实务 [M]. 北京: 中国法制出版社, 2012: 210.

护载体范畴之外。有观点认为"这样的司法意见实际上排除了'无形'商业秘密的存在,也排除了权利人采取非载体化保密措施的可能性,值得商榷"❶。"因此,要把商业秘密与其载体或物质表现形态区别开来,不能以是否有外在载体作为衡量商业秘密的标准,有的商业秘密是不需要载体的,比如,有些技术数据就存在科技人员的头脑中。"❷ 商业秘密的载体应当包含口头表述。因为尽管口头表述难以被固定,但口头相授亦为信息传播的途径之一,所以,口头表述的具体信息亦可成为商业秘密保护的对象。❸ 笔者认为,"无形"商业秘密或许客观存在,但如果商业秘密载体不存在,则会导致原告诉请保护的商业秘密内容无法具象化,在实践中不具备操作基础,从审判角度来讲,天津高级人民法院的观点对权利人提升商业秘密保护水准、加强商业秘密的保护更有利。

(三) 合理的保密措施应当明确、具体地规定保密信息的范围

虽然司法解释列举的保密措施中包括"保密协议"及"在合同中约定保密义务",但以保密协议、合同中的保密约定是否构成合理的保密措施,需要考虑相关保密条款是否明确、具体地规定了信息范围,同时还要考虑义务群体是否涵盖可接触商业秘密的群体。权利人所采取的保密措施要被负有保密义务的人所识别,足以使负有保密义务的人能够意识到该信息是需要保密的。原则性的保密条款并不能让相对人识别权利人的保密意愿和保密信息的内容,不能识别其义务范围,难以实现在正常情况下防止商业秘密泄露的效果,不具有约束的强度,不足以被认定为一种保密措施,而更像是一种提倡性规定,不属于合理的保密措施。权利人在劳动合同或保密协议中对商业秘密范围有明确界定且与其在诉讼中所主张的秘密范围相符的,应当认定采取了合理保密措施;权利人在劳动合同或保密协议中未

---

❶ 苏灿. 商业秘密民事救济制度的体系化研究 [M]. 北京:中国政法大学出版社,2018:128.

❷ 辛杨. 中华人民共和国反不正当竞争法修订解析及适用 [M]. 北京:知识产权出版社,2019:112.

❸ 李兰英,高扬捷,等. 知识产权刑法保护的理论与实践 [M]. 北京:法律出版社,2018:393.

对商业秘密范围进行界定，如仅约定员工应当保守公司商业秘密，或界定过于宽泛，如约定员工应当保守公司产品、服务、经营、知识、系统、工艺、资料、商机和业务事宜有关的所有信息。此种情形不宜仅凭劳动合同或保密协议就认定已采取合理保密措施，还应结合所涉信息的载体、重要性、与所属行业和主营业务相关程度、是否有其他辅助措施（如员工系统、管理系统是否有密码）以及被告的具体情况（如涉案员工所负责的业务范围）等因素进行判断。

例如，在再审申请人湖北洁达环境工程有限公司（以下简称湖北洁达公司）与被申请人郑州润达电力清洗有限公司（以下简称郑州润达公司）、陈某荣、吴某林及一审被告天津市港电电力设备检修有限公司侵害商业秘密纠纷一案[1]中，法院认为："湖北洁达公司除在与员工所签劳动合同中规定有保密条款外，并未就其所主张技术信息和经营信息采取了其他保密措施提供证据。由于涉案劳动合同中的保密条款仅为原则性规定，不足以构成对特定技术信息或经营信息进行保密的合理措施。从这个角度讲，其关于前述信息构成商业秘密的主张，亦不能成立。"在再审申请人唐山玉联实业有限公司（以下简称玉联公司）与被申请人玉田县科联实业有限公司（以下简称科联公司）、于某奎侵犯商业秘密纠纷一案[2]中，法院认为："首先，《关于保密工作的几项规定》仅有四条，且内容仅原则性要求……上述规定无法让该规定针对的对象，即所有员工知悉玉联公司作为商业秘密保护的信息范围，即保密客体，仅此不属于切实可行的防止技术秘密泄露的措施，在现实中不能起到保密的效果。……最后，《劳动合同协议书》为劳动人事局等部门制定的格式合同，其第十一条第五项规定，乙方要保守甲方的技术经营机密，泄露甲方机密或利用厂技术机密与厂竞争者，甲方保留追究经济损失的权利。该规定同样不能认定为构成符合规定的保密措施。"在上诉人济南思克测试技术有限公司（以下简称思克公司）与被上诉人济南兰光机电技术有限公司（以下简称兰光公司）侵害技

---

[1] 最高人民法院（2016）最高法民申2161号民事裁定书。
[2] 最高人民法院（2017）最高法民申2964号民事裁定书。

术秘密纠纷一案❶中，法院认为："商业秘密权利人所采取的保密措施，不是抽象的、宽泛的、可以脱离商业秘密及其载体而存在的保密措施，而应当是具体的、特定的、与商业秘密及其载体存在对应性的保密措施。"在化学工业部南通合成材料厂、南通中蓝工程塑胶有限公司等与南通市旺茂实业有限公司（原南通市东方实业有限公司）、陈某新等侵害技术秘密纠纷一案❷中，法院认为："对于上诉人提交的《岗位任职要求》，除存在真实性无法确认的问题外，还存在的问题为由于该证据仅在'通用条件'中笼统地记载'保守秘密'，但没有记载具体的保密对象或范围，三上诉人也没有提供其他的证据予以证明。因此，该证据亦不足以证明中蓝公司就涉案信息采取了合理的保密措施。"

在上述案例中，法院均以"原则性规定""没有记载具体的保密对象或范围"等为由认为权利人未采取保密措施，因此，对于充分体现法律规定的"相应保密措施"的"相应"要求，保密信息的范围不是泛泛地存在，而是有针对性的、具体的、明确的。笔者认为，这一点非常重要，尤其对于重要的技术信息更是如此，不明确信息范围，仅仅笼统地约定对商业秘密负有保密义务，将会致使义务主体处于即便想履行保密义务也存在无法履行的尴尬境地。当然，对此也不能无限扩张，"相应措施"应以义务人对商业秘密的信息范围可以确定为标准。例如，单位业务单一，提到商业秘密均可以指向某些信息载体时，原则要求的保密措施同样可以达到法律规定的保密要求；对于仅有营销业务的单位而言，客户信息或许是其唯一要保护的商业秘密，原则性的规定同样可以达到保密的要求。从整体司法实践趋势来看，司法与行政部门均不再对保密措施提出过高的要求，只要权利人提出相应的保密要求，就应当认定已经采取了相应的保密措施。

（四）合理的保密措施要求商业秘密共有人均应采取相应保密措施

因公司合并、分立、股权变动或技术合作开发、技术许可等原因，商业秘密为多个主体共有的情况现实存在。在上述情形下的商业秘密共有案

---

❶ 最高人民法院（2020）最高法知民终538号民事判决书。
❷ 最高人民法院（2014）民三终字第3号民事判决书。

件，各当事人应分别对涉案商业秘密采取合理保密措施，且彼此的保密措施不能相互替代，否则保密性要件不成立。对于权利人因合作等原因而导致另一主体或多个主体与其长期共同持有相同的保密信息，其保密信息的泄密风险与共有商业秘密无异，应当参照共有商业秘密的要求评判该保密信息的保密措施。例如，委托加工涉及商业秘密的，委托方与制造生产加工方均应采取保密措施，应在合同中明确保密义务和保密期限；加工方应制定保密管理制度并与员工签订保密协议等。

例如，在再审申请人蓝星商社、南通中蓝工程塑胶有限公司（以下简称中蓝公司）、南通星辰合成材料有限公司（以下简称星辰公司）与被申请人南通市旺茂实业有限公司（原南通市东方实业有限公司，以下简称旺茂公司）、陈某新、周某敏、陈某、戴某勋、李某敏（以下统称五自然人）侵害商业技术秘密和商业经营秘密纠纷一案[1]中，法院认为："关于共有商业秘密合理保密措施的认定中，共有人采取的保密措施能否互相取代。经查，再审申请人蓝星商社、中蓝公司、星辰公司主张共有涉案信息，主张的技术秘密为改性 PBT 的 155 项配方以及相关工艺，经营秘密为 55 项客户名单。涉案信息实际上是在较长时间内，在合成材料厂、中蓝公司和星辰公司三个民事主体处分别形成的。故应当依据涉案各项技术、经营信息形成的具体时间以及对应的权利人，分别认定是否采取了合理的保密措施。同时，结合本案实际情况，在涉案信息共有的状态下，各共有人采取的保密措施不能互相替代。即使某一共有人采取了合理的保密措施，但不能当然视为其他共有人已采取了合理的保密措施。因此，原判认定各共有人均应就涉案信息采取合理的保密措施，并无不当。"

在沈阳工业泵制造有限公司（以下简称沈阳工业泵公司）、杜某龙等侵害商业秘密纠纷一案[2]中，法院认为："本案中，沈阳工业泵公司一审法庭辩论结束前所主张的商业秘密具体内容为其公司与宝来公司签订的《产品购销合同》中标的物所涉及的型号、技术参数及合同相对人的住所地、

---

[1] 最高人民法院（2017）最高法民申 1602 号民事裁定书。
[2] 辽宁省高级人民法院（2021）辽民终 879 号民事判决书。

联系方式、产品需求，但该《产品购销合同》为沈阳工业泵公司与宝来公司签订，宝来公司也留存合同原件及复印件，而《产品购销合同》并不存在保密约定，即沈阳工业泵公司并未要求宝来公司对案涉《产品购销合同》进行保密，亦即沈阳工业泵公司未对案涉《产品购销合同》采取保密措施，故案涉《产品购销合同》记载的内容不属于商业秘密。虽然沈阳工业泵公司与其员工签订保密协议要求其员工不得泄露、使用相关信息，但相应约定为沈阳工业泵公司与其员工的约定，并不能约束宝来公司，亦不能产生《产品购销合同》内容被宝来公司保密的效果，所以沈阳工业泵公司关于其与杜某龙、娄某约定对《产品购销合同》内容进行保密，《产品购销合同》内容即构成商业秘密的主张不能成立，本院不予支持。"在该案中，沈阳工业泵公司作为上诉人（原审原告）未对其主张的商业秘密采取适当的保密措施，导致法院认为该商业信息不构成商业秘密。另外，法院还认为，杜某龙一审庭审后向一审法院提交的《辽宁宝来生物能源有限公司溶脱装置配套灌区 30 万吨/年高芳烃环保橡胶增塑剂装置和 12 万吨/年针状焦装招标计划书》及文件中亦记载了《产品购销合同》中的标的物型号、技术参数及宝来公司的名称、地址、联系方式等信息，该合同不但能够辅证一审法院"对于该客户而言，亦会通过招标或其他方式让多个竞争者参与投标以实现利益最大化，在此过程中必然会公开其所需求的产品型号或技术参数"的观点，亦能佐证宝来公司在招标过程中使用过《产品购销合同》中的标的物型号、技术参数及宝来公司的名称、地址、联系方式等信息，相关投标单位可以通过投标过程知晓相关信息，所以沈阳工业泵公司主张的信息不具有秘密性，无须通过司法鉴定来鉴别《产品购销合同》中的标的物型号、技术参数是否构成商业秘密。法院认为上诉人（原审原告）所要求保护的商业信息不具有秘密性，已被在先文件所公开，不构成商业秘密。

综上，商业秘密的价值性往往不是审判活动中的审查焦点，恰恰是商业秘密的秘密性和保密性是原告举证证明以及法院审查的重点，也是企业商业秘密合规中需要重点注意的地方。无论是机械制造、策划创意、医药、医美、餐饮服务、会计师事务所、游戏软件等行业，均应建立法律、管理、技术、物理四维一体的商业秘密保护措施，从有效性、可识别性、适当性等原则进行考量确定。行业不同，具体的保密措施也会差别较大，常见形式有协议约定保密义务、规章制度规定保密要求、涉密人员保密要求、涉密场所区分管理、商业秘密及其载体区分管理、签订离职承诺书、计算机相关设备和软件禁止或限制措施等。当符合秘密性、价值性要求时，如果无法采取保密措施，比如餐饮企业菜品制作工艺，因其工艺极难标准化，各企业甚至厨师对相同菜品会有不同的制作工艺，可以通过双方签订竞业限制协议，并据此要求行政主厨履行相关义务。对于产品上市后即会公开技术信息或者方案的，根本无法采取有效的保密措施，如可拆卸的机载设备、各类策划创意等，应通过专利或者不正当竞争等途径进行保护。另外，权利人还应注意培训活动中是否采取了有针对性的保密措施，应注意了解参加培训人员的来源和范围，采取物理措施如禁止拍照等提升自己的保护意识，避免因为培训活动而导致泄密。

### 三、保密义务范围的扩张

众所周知，商业秘密属于信息，而信息存在多次被传播泄露的可能性，时间越长，传播群体越广，最终可能导致知晓其商业秘密内容的人与权利人毫无联系。如果必须要求权利人主动与相对人进行约定才能使其商业秘密得到保护，将会大大增加权利人的负担，也不具有可操作性。例如，在实务中，大量与企业进行合作的会计师事务所、律师事务所、公务机关的人员有知晓商业秘密的可能，这些人便成为侵权的潜在主体。

2019年《反不正当竞争法》将2017年《反不正当竞争法》侵犯商业秘密的行为中"违反约定或者违反权利人有关保守商业秘密的要求，披露、使用或者允许他人使用其所掌握的商业秘密"修改为"违反保密义务或者违反权利人有关保守商业秘密的要求，披露、使用或者允许他人使用其所掌握的商业秘密"。2019年修正《反不正当竞争法》时，在第9条有关侵犯商业秘密行为的规定中增加了"违反保密义务"的规定。这样便无须当事人进行专门约定，而是通过法律统一规定的方式对潜在的泄密行为进行约束。这与违反"公认的商业道德"一脉相承,充分考虑了商事行为的多变、快速更迭等特点。

《最高人民法院关于审理侵犯商业秘密民事案件适用法律若干问题的规定》第 10 条对保密义务作出进一步规定。第 10 条第 1 款规定了根据法律规定所承担的保密义务以及合同约定的保密义务,即"当事人根据法律规定或者合同约定所承担的保密义务,人民法院应当认定属于反不正当竞争法第九条第一款所称的保密义务"。该款规定的"合同约定",既包括就保护商业秘密专门签署的保密协议,也包括在劳动合同、竞业限制协议、技术合同等各类合同中约定的有关保护商业秘密的具体条款。第 2 款规定:"当事人未在合同中约定保密义务,但根据诚信原则以及合同的性质、目的、缔约过程、交易习惯等,被诉侵权人知道或者应当知道其获取的信息属于权利人的商业秘密的,人民法院应当认定被诉侵权人对其获取的商业秘密承担保密义务。"进一步清晰地界定了保密义务包括法定的、约定的、根据诚实信用原则的以及其他各类背景要素可以推定而产生的义务,无疑将有助于进一步切实保障权利人的商业秘密。

根据该司法解释,商业秘密领域中保密义务包括以下三类:一是当事人根据法律规定所应承担的保密义务;二是当事人根据合同约定所应承担的保密义务;三是当事人根据诚信原则以及合同的性质、目的、缔约过程、交易习惯等所获悉的商业秘密,应承担的保密义务,即派生于诚实信用原则的保守秘密的合同附随义务。

有关法定保密义务,主要包括:《中华人民共和国劳动法》(以下简称《劳动法》)第 3 条第 2 款规定,"劳动者应当完成劳动任务,提高职业技能,执行劳动安全卫生规程,遵守劳动纪律和职业道德","劳动纪律和职业道德"当然包括保密义务;《劳动法》第 22 条规定,"劳动合同当事人可以在劳动合同中约定保守用人单位商业秘密的有关事项";《劳动法》第 102 条在法律责任部分再次强调了保密义务,"劳动者违反本法规定的条件解除劳动合同或者违反劳动合同中约定的保密事项,对用人单位造成经济损失的,应当依法承担赔偿责任"。《中华人民共和国劳动合同法》(以下简称《劳动合同法》)第 23 条进一步规定:"用人单位与劳动者可以在劳动合同中约定保守用人单位的商业秘密和与知识产权相关的保密事项。对负有保密义务的劳动者，用人单位可以在劳动合同或者保密协议中与劳动者约定竞业限制条款，并约定在解除或者终止劳动合同后，在竞业限制期限内按月给予劳动者经济补偿。劳动者违反竞业限制约定的，应当按照约定向用人单位支付违约金。"《劳动合同法》第 24 条规定，"竞业限制的人员限于用人单位的高级管理人员、高级技术人员和其他负有保密义务的人员"；第 90 条强调了保密义务对应的法律责任，"劳动者违反本法规定解除劳动合同，或者违反劳动合同中约定的保密义务或者竞业限制，给用人单位造成损失的，应当承担赔偿责任"。劳动者违反法定保密义务或约定保密义务，侵犯用人单位商业秘密的行为，是在实践中出现频率最高的侵犯商业秘密行为。同时，劳动法和劳动合同法及相关法律法规有关劳动者的保密义务的规定，也是人民法院审查和判断劳动者是否通过不正当手段获取或使用用人单位商业秘密的主要依据之一。《民法典》第 501 条规定，"当事人在订立合同过程中知悉的商业秘密或者其他应当保密的信息，无论合同是否成立，不得泄露或者不正当地使用；泄露、不正当地使用该商业秘密或者信息，造成对方损失的，应当承担赔偿责任"；第 509 条第 2 款规定，"当事人应当遵循诚信原则，根据合同的性质、目的和交易习惯履行通知、协助、保密等义务"；第 558 条规定，"债权债务终止后，当事人应当遵循诚信原则，根据交易习惯履行通知、协助、保密、旧物回收等义务"；第 785 条规定，"承揽人应当按照定作人的要求保守秘密，未经定作人许可，不得留存复制品或者技术资料"；第 868 条规定，"技术秘密转让合同等让与人和技术秘密使用许可合同的许可人应当按照约定提供技术资料，进行技术指导，保证技术的实用性、可靠性，承担保密义务"；第 869 条规定，"技术秘密转让合同的受让人和技术秘密使用许可合同的被许可人应当按照约定使用技术，支付转让费、使用费，承担保密义务"；第 871 条规定，"技术转让合同的受让人和技术许可合同的被许可人应当按照约定的范围和期限，对让与人、许可人提供的技术中尚未公开的秘密部分，承担保密义务"；第 872 条规定，"许可人……；实施专利或者使用技术秘密……；违反约定的保密义务的，应当承担违约责任"；第 873 条规定，

"被许可人未按照约定……；实施专利或者使用技术……；违反约定的保密义务的，应当承担违约责任"。除上述规定外，《民法典》还在人格权等部分规定了保密义务，但是，与商业秘密或侵犯商业秘密等行为无关。《民法典》围绕合同行为所规定的保密义务，在商业秘密领域，主要是当交易一方因为合同行为获悉对方商业秘密后，在合同签订、履行、解除等任何环节，均应保守商业秘密，不得泄露或使用。

有关合同约定保密义务包括保密协议、竞业限制协议、入职承诺书、离职承诺书等。保密协议及竞业限制协议等类似条款，是企业保护其商业秘密常用的正当手段，也是判断行为人是否侵犯商业秘密的重要依据。保密协议，是对一方当事人保护商业秘密的要求和义务违反之惩处进行直接约定的合同，这时保密义务是此类合同的主给付义务。保密条款，是在合同个别条款中约定一方当事人的保密义务和相应的违约责任，此时保密成为合同的从给付义务。保密义务的约定常见于用人单位与劳动者之间，此外，商业秘密权利人可以根据业务需要，与其他民事主体签订保密协议或在合同中约定保密条款。这里的业务关系种类不胜枚举，比如商务合作、委托开发、许可使用、咨询、服务等。无论当事人之间是何种社会关系，从保密义务或发生违约情况时的处理角度来看，各义务人之间并没有实质上的区别。❶

有关合同附随义务。合同附随义务最常见的情形是知道或者应当知道其获取的信息属于原告商业秘密的被诉侵权人，应当对其获取的商业秘密承担保密义务，包括有渠道或机会获取商业秘密的原告员工、前员工、交易相对人以及其他单位或个人。但因附随义务乃合同义务之扩张，所以不能过分苛责当事人承担保密附随义务，需以当事人明知或应知相关信息为秘密信息为条件，❷其成立与否，还应依据法律规定的诚信原则，结合合同的性质、目的和交易习惯加以判断❸。未通过任何方式使相对人认识到相关

---

❶ 苏灿. 商业秘密民事救济制度的体系化研究［M］. 北京：中国政法大学出版社，2018：216.
❷ 侯国跃. 契约附随义务研究［M］. 北京：法律出版社，2007：255.
❸ 朱广新. 合同法总则：第2版［M］. 北京：中国人民大学出版社，2012：226.

第一章　商业秘密构成要素

商业信息是商业秘密，相对人不存在任何可预见性，不可能产生法定或者约定的保密义务，更不应当产生合同附随义务。相对人保密义务除了来自明示的约定，或者法律规定的先合同义务、合同附随义务或者保有者单方面的保密要求之外，其他任何情况，均不得使其负担任何保密义务。确立合同关系中的商业秘密保密附随义务至少需要以下要件：第一，商业秘密客观存在；第二，一方当事人因合同关系合法知悉该商业秘密；第三，知悉人对该商业秘密有所认知或应认知。❶

在交易过程中，当事人基于诚信义务而负担的保密义务，也是人民法院判断被诉侵权人是否存在侵犯商业秘密的故意以及是否采取不正当手段的依据。在石家庄泽兴氨基酸有限公司、河北大晓生物科技有限公司与北京君德同创生物技术股份有限公司侵害技术秘密纠纷一案❷中，法院认定，技术秘密许可合同约定的保密期限届满，除非另有明确约定，一般仅意味着被许可人的约定保密义务终止，但其仍需承担侵权法上普遍的消极不作为义务和基于诚实信用原则的后合同附随保密义务。在珠海仟游科技有限公司、珠海鹏游网络科技有限公司侵害技术秘密纠纷一案❸中，法院认为，即使双方未签订保密协议，该行业人员在面对一家游戏开发公司的源代码之时均能知晓，源代码是一家游戏公司的重要技术信息，游戏公司为其投入了大量人力财力，对其将来产生巨大经济利益抱有期待。在此种情况下，该行业人员包括游戏软件源代码接触者，均负有遵守商业道德的义务，不去不正当地获取或者使用该游戏软件源代码商业秘密。

对于"违反权利人有关保守商业秘密的要求"，2019 年《反不正当竞争法》并未作出任何修改，即凡是权利人提出的，无论形式如何，均可以作为保守商业秘密的要求。例如，单位的规章制度，单位会议中提出的保密要求等。对此，国家市场监督管理总局发布市场监管总局关于《商业秘密保护规定（征求意见稿）》进行了详细规定。《商业秘密保护规定（征求

---

❶ 苏灿. 商业秘密民事救济制度的体系化研究 [M]. 北京：中国政法大学出版社，2018：228.
❷ 最高人民法院（2020）最高法知民终 621 号民事判决书。
❸ 广东省高级人民法院（2019）粤知民终 457 号民事判决书。

意见稿）》从保密义务设立方式角度，将保密义务及保密要求分为双方约定、单方要求和规章制度三类。该规定第 14 条列举了保密义务和权利人有关保守商业秘密的要求，"经营者不得违反保密义务或者违反权利人有关保守商业秘密的要求，披露、使用或者允许他人使用其所掌握的商业秘密。本条所称'保密义务'或者'权利人有关保守商业秘密的要求'包括但不限于：（一）通过书面或口头的明示合同或默示合同等在劳动合同、保密协议、合作协议等中与权利人订立的关于保守商业秘密的约定；（二）权利人单方对知悉商业秘密的持有人提出的要求，包括但不限于对通过合同关系知悉该商业秘密的相对方提出的保密要求，或者对通过参与研发、生产、检验等知悉商业秘密的持有人提出的保密要求；（三）在没有签订保密协议、劳动合同、合作协议等情况下，权利人通过其他规章制度或合理的保密措施对员工、前员工、合作方等提出的其他保守商业秘密的要求"。

笔者认为，保密义务或者保密要求仅仅是形式上的区别，保密义务更多是从合同相对性角度进行考量，是双方意思表示一致的结果，有了合同形式上的约束后相对方即负有保密义务。从权利人的角度来讲，有了合同形式的约束，实质上也是对相对方提出了保密要求。规章制度或者其他形式的要求只是没有合同约束形态下的单方要求，与因合同而负有保密义务的保密要求并无实质区别。保密要求之所以产生保密义务，是法律直接给单方保密要求作出背书的结果。为了避免歧义，法律规定"违反保密义务或者违反权利人有关保守商业秘密的要求，披露、使用或者允许他人使用其所掌握的商业秘密"更周延，或法定义务、或合同义务或附随义务或保密要求的无遗漏的多方位规定，旨在达到落实保密措施、提升保护商业秘密的效果。

# 第二章 侵害商业秘密行为认定

## 第一节 侵害商业秘密的侵权主体

多年来,在司法实践中,对于侵害商业秘密的侵权主体基本没有争议,容易引起争议的是侵权主体是否可以认定为反不正当竞争法上的市场经营者,即认定侵权成立是否需要双方存在竞争关系。

### 一、员工、前员工是否属于《反不正当竞争法》第9条的调整范围

(一) 1993年法律施行时期的肯定态度

1993年《反不正当竞争法》第2条第3款规定:"本法所称的经营者,是指从事商品经营或者营利性服务(以下所称商品包括服务)的法人、其他经济组织和个人。"1993年《反不正当竞争法》并没有排斥职工作为侵犯商业秘密的主体,该条立法本意包括了职工侵犯商业秘密的情形。首先,1993年《反不正当竞争法》对商业秘密的规定充分考虑了"挖人才"侵犯商业秘密的情形。因为,在立法的当时,"有的企业通过'挖人才'的手

### 商业秘密保护诉讼实务研究

段来获取他人的商业秘密，提高自己的竞争能力，特别是在机电行业以及计算机等领域。这种侵犯商业秘密的行为基本上是职工泄露企业商业秘密的行为，这种状况是促使 1993 年《反不正当竞争法》规定产生的原因之一，而 1993 年《反不正当竞争法》有关商业秘密的规定也适应了调整此种情况下侵犯商业秘密行为的需要，因此职工被该法作为违法主体是理所当然的"。其次，参与立法者介绍，"反不正当竞争法第十条主要是从侵犯商业秘密的行为角度规定，而不是从侵犯商业秘密的主体角度作出规定""第（三）项侵犯商业秘密行为的主体包括二类，一类是和拥有商业秘密的企业职工订有许可使用合同的其他企业；一类是拥有商业秘密的企业职工。这里讲的企业职工，包括在职的、离退休的以及调离原单位的。只要利用工作关系有机会接触到商业秘密，并擅自披露和使用商业秘密的，都属于第（三）项规定的侵权人"❶。最后，在实践中职工侵犯商业秘密的行为占很大的比例，对其不作规范肯定是很大的疏漏，既然《反不正当竞争法》制定时这种问题已很突出，认为该法对此未作规范在逻辑上也是讲不通的。何况，抛弃从主体资格角度解释经营者的主张而根据行为解释经营者，实施破坏他人竞争优势的人可视为经营者，企业职工也是可以纳入经营者的范围的。

1993 年《反不正当竞争法》施行之初，无论是行政执法还是在司法中，对于职工能否作为商业秘密的侵权主体，确实产生过争议。争议的核心是职工是否为经营者。例如，有人认为，《反不正当竞争法》"对职工侵犯本单位的商业秘密行为，仍缺乏明确规定。反不正当竞争法所调整的只限于经营者，单位的职工不是经营者，在商业秘密问题上难以纳入该法的调整范围"❷。这种观点无论在行政执法、司法还是在法学理论领域都很有代表性。为体现立法本意，1995 年《关于禁止侵犯商业秘密行为的若干规定》第 3 条专门列举的侵犯商业秘密行为类型中包括一项规定，"权利

---

❶ 全国人大常委会法工委民法室.《中华人民共和国反不正当竞争法》讲话 [M]. 北京：法律出版社，1994：66.

❷ 商业秘密法制丛书编辑委员会. 商业秘密法制现状分析及案例 [M]. 北京：中国法制出版社，1995：41.

人的职工违反合同约定或者违反权利人保守商业秘密的要求，披露、使用或者允许他人使用其所掌握的权利人的商业秘密"。该规定是"重大的明确"而不是"重大的突破"，因为立法的本意是将职工作为商业秘密侵权主体的，只是许多人囿于经营者的狭义理解，对职工能否成为侵权主体心存疑虑、困惑不解甚至干脆否认其侵权主体资格。由于在实践中职工侵犯商业秘密的行为占很大的比例，对此种行为的明确定性有利于依法规制此类行为。❶

（二）2017年《反不正当竞争法》是否排除职工作为侵权主体

在司法实践中，由于员工尤其是企业高级管理人员离职、跳槽引发的侵犯商业秘密民事案件较为多见。关于员工、前员工，2017年《反不正当竞争法》第9条规定："第三人明知或者应知商业秘密权利人的员工、前员工或者其他单位、个人实施前款所列违法行为，仍获取、披露、使用或者允许他人使用该商业秘密的，视为侵犯商业秘密。"但对于员工、前员工应当承担的法律责任，2017年《反不正当竞争法》未作明确规定。

2017年《反不正当竞争法（修订草案送审稿）》第10条第1项曾规定，"商业秘密权利人的员工、前员工实施本法第九条第一款规定的行为"，视为侵犯商业秘密的行为。该送审稿的意图显然是为加强商业秘密保护，而明确地将职工纳入侵权主体的范围。但是，这种规定方式非但没有保留下来，在法律审议过程中反而走向了反方向。例如，"有的常委会组成人员和部门、企业提出，本法规范的主体是经营者，商业秘密权利人的员工、前员工，不属于经营者，对于其侵犯商业秘密的行为，权利人可通过其他法律途径获得救济；有的提出，相关法律对国家机关工作人员、律师、注册会计师等专业人员的商业秘密保密义务已经作了规定，本法重复规定没有必要。法律委员会经研究，建议删除修订草案第十条的上述规定；同时，针对在实践中商业秘密权利人的员工、前员工通过非法手段获取商业秘密后，有的经营者明知或者应知上述情况仍将该商业秘密用于生产经营活动的问题，在第九条中进一步明确：第三人明知或者应知商业秘

---

❶ 孔祥俊. 反不正当竞争法新原理·原论［M］. 北京：法律出版社，2019：39.

密是权利人的员工、前员工或者其他单位、个人通过非法手段取得，仍获取、披露、使用或者允许他人使用的视为侵犯商业秘密。（2017年《反不正当竞争法修订草案二次审议稿》第九条第二款）"❶。这种将职工排除于侵犯商业秘密行为主体之外的理由，仍然是不认为职工为经营者，所以不能由反不正当竞争法调整。

尽管在立法过程中立法者曾有过上述说明，但参与立法者在解释职工能否成为侵权主体时，却采取了肯定态度。参与立法者指出，"此次修改过程中，有的意见提出，员工、前员工侵犯商业秘密，在商业秘密案件中占较大比例，建议对此作出特别规定。在本法中能否规范、如何规范员工、前员工侵犯商业秘密问题，仍然要从对市场竞争的影响角度，区分不同情形加以考虑"；"如果员工、前员工违法获取商业秘密，或者违反保守商业秘密的约定，自己将商业秘密用于生产经营活动，员工、前员工自己就成为'经营者'，构成对商业秘密权利人的不正当竞争，可以适用本条第1款的规定"❷。此种观点在2019年修法之前已在司法实践中得到了普遍认可，显然有利于保护商业秘密。

例如，在原告派诺特贸易（深圳）有限公司（简称派诺特深圳公司）与被告上海派若特国际贸易有限公司（简称派若特上海公司）、仇某侵害商标权及不正当竞争纠纷一案❸中，被告仇某既为原告派诺特深圳公司的员工，同时又是被告派若特上海公司的实际控制人，在代表派诺特深圳公司与案外人克莱斯勒公司进行商谈并获得派诺特深圳公司的商业秘密后交由派若特上海公司使用。在该案中，仇某虽然是派诺特深圳公司的员工，但是其对所获取的商业秘密的使用，已经使其身份发生了变化，成了"经营者"。因此，法院最终依照《反不正当竞争法》关于经营者的条款追究了仇某的民事责任。

---

❶ 《全国人民代表大会法律委员会关于〈中华人民共和国反不正当竞争法(修订草案)〉修改情况的汇报》。
❷ 王瑞贺. 中华人民共和国反不正当竞争法释义[M]. 北京：法律出版社，2018：31.
❸ 上海市浦东新区人民法院(2013)浦民三(知)初字第483号民事判决书。

### （三）2019年《反不正当竞争法》明确将职工纳入侵犯商业秘密主体之列

在司法实践中，侵犯商业秘密的主体不限于经营者，也有可能是非经营者，这与理论上对经营者概念的认识不一致。此外，企业职工、法定代表人、非法人组织等能否作为经营者在司法实践中也存在争议。2019年《反不正当竞争法》对员工、前员工侵犯商业秘密的相关内容作出了更完备的规定。其中，第9条第2款规定："经营者以外的其他自然人、法人和非法人组织实施前款所列违法行为的，视为侵犯商业秘密。"第21条明确规定："经营者之外的其他自然人、法人和非法人组织侵犯商业秘密的，监督检查部门有权依法处罚。"2019年《反不正当竞争法》根据现实情况，将侵犯商业秘密主体由"经营者"扩展至"经营者及经营者以外的其他自然人、法人和非法人组织"，明确将职工等经营者以外的其他自然人、法人和非法人组织列为侵犯商业秘密行为的主体，扩大了侵权主体的范围，从而加强了对商业秘密的保护。另外，根据2019年《反不正当竞争法》第9条第2款规定，实施了侵犯商业秘密行为的员工、前员工应当作为反不正当竞争法的调整对象，意味着从立法层面明确将职工纳入侵犯商业秘密主体之列。

在此基础上，《最高人民法院关于审理侵犯商业秘密民事案件适用法律若干问题的规定》第16条进一步规定："经营者以外的其他自然人、法人和非法人组织侵犯商业秘密，权利人依据反不正当竞争法第十七条的规定主张侵权人应当承担的民事责任的，人民法院应予支持。"关于"员工、前员工"的范围，《最高人民法院关于审理侵犯商业秘密民事案件适用法律若干问题的规定》第11条❶依照《民法典》《劳动合同法》等有关法律规定，进一步明确为"法人、非法人组织的经营、管理人员以及具有劳动关系的其他人员"。"劳动关系"出自《劳动合同法》第2条有关"与劳动

---

❶ 《最高人民法院关于审理侵犯商业秘密民事案件适用法律若干问题的规定》第11条："法人、非法人组织的经营、管理人员以及具有劳动关系的其他人员，人民法院可以认定为反不正当竞争法第九条第三款所称的员工、前员工。"

者建立劳动关系"的规定。对员工、前员工身份的判定，不应完全根据是否存在劳动合同关系来确定，即便双方仅签订劳务合同，也应作为员工、前员工来看待。❶

## 二、被告所使用信息与原告商业秘密的比对方式简述

（一）技术信息的比对

技术秘密，即作为技术信息的商业秘密，其可以是一项完整的技术方案，也可以是完整技术方案中的一个或若干个相对独立或共同作用的技术要点。在涉及技术秘密的案件中，判断被告所使用的信息是否为原告所主张的商业秘密，一般先应确定该商业秘密的秘密点，说明秘密点形成的过程，进而对被告所使用的信息与该秘密点进行比对，最终确定二者是否一致。由于技术秘密的专业性、技术性较强，在秘密点确定后，法院通常会结合双方就比对结果发表的意见，委托专业的鉴定机构对被告使用的信息与该秘密点是否一致进行鉴定。

（二）经营信息的比对

经营信息，是指经营策略、管理诀窍、客户信息、货源情报、投标标底等信息。随着商业模式的不断创新和发展，内部关系等信息也可能构成经营信息。在判断被告使用的经营信息是否为原告的经营秘密时，同样需要对二者进行比对，由于此类信息通常不涉及技术问题，故法院往往不会委托鉴定，而是综合全案证据直接作出相应判断。在比对经营信息时，一般从信息核心部分的形成过程、信息的相似程度、被告与信息的接触可能性（例如，被告是权利人的员工或前员工的，其工作岗位是否可能接触到该经营信息；被告公司是否曾经与权利人进行过洽谈、诉讼，从而可以接触到其经营信息等）等方面进行考量。如果上述几个方面均相同，且被告无法对其所用信息的来源作出合理解释，则法院一般会认定被告所使用的

---

❶ 北京市高级人民法院知识产权庭课题组.《反不正当竞争法》修改后商业秘密司法审判调研报告［J］. 电子知识产权，2019（11）.

信息即为权利人主张的经营信息。需要说明的是，在判断被告是否使用了权利人的经营信息时，并不要求其使用全部的经营信息，只要使用了主要或核心内容即可，因此，即使被告提出信息存在细微差异，但若对信息整体不产生影响，一般不会影响最终认定结论。

（三）其他信息

2019年《反不正当竞争法》第9条第4款将商业秘密的范围进行了进一步的拓宽，即在技术信息、经营信息之外增加了"等商业秘密"这一兜底性表述。对于技术信息、经营信息之外的商业秘密类型，在对权利人主张的商业秘密和涉嫌侵权的信息进行比对时，可参考技术信息"确定秘密点""说明秘密形成过程""信息的相同或实质性相似""涉嫌侵权人与涉案商业秘密的接触可能性大小"等比对思路。

## 三、竞争关系并非竞争行为的要件

（一）商业秘密权的本质属性

商业秘密权，是指权利人对其合法持有的商业秘密享有的专有性权利，是法律承认并予以保护的一项知识产权。知识产权与物权、债权一样具有私权属性，为民事主体所享有的财产权，属于民事权利范畴。在我国的法律文本中，尚未直接采用"商业秘密权"的称谓，但这并不妨碍其作为民事权利的法律地位。《民法典》第123条将专利权、著作权、商标权以及商业秘密等知识产权的实体内容纳入民法典，意味着知识产权作为现代社会民事主体重要的权利之一被纳入《民法典》，使得知识产权部门法的属性更加明确，同时也为知识产权审判提供了理论支持和法律依据。[1]《民法典》第123条第5项在民事主体依法就所列客体享有知识产权的项下，专门规定了商业秘密，将商业秘密纳入知识产权客体予以保护，通过立法的形式明确了商业秘密的性质。根据权利法定的原则，商业秘密权为

---

[1] 最高人民法院民法典贯彻实施工作领导小组. 中华人民共和国民法典总则编理解与适用（下）[M]. 北京：人民法院出版社，2020：631.

民事基本法所确认。此外,《刑法》《反不正当竞争法》等将商业秘密持有人通称为"权利人",即商业秘密权的所有人或者使用人。❶ 2019 年《反不正当竞争法》第 9 条第 4 款规定:"本法所称的商业秘密,是指不为公众所知悉、具有商业价值并经权利人采取相应保密措施的技术信息、经营信息等商业信息。"前述条款在给商业秘密下定义时使用了"权利人"字眼,即将商业秘密的主体称为权利人,无疑隐含着立法者将商业秘密作为一项权利的默认态度。《刑法》第二编第三章第七节将侵犯商业秘密罪作为侵犯知识产权犯罪之一,显然也暗含商业秘密的民事权利属性。

商业秘密权与其他知识产权一样,属于无形财产权,其客体均属于经创造性劳动而产生的智力成果。但是,商业秘密也具有不同于其他知识产权的特殊属性:(1)不具有排他的独占性。法律赋予商业秘密持有人以某种程度的独占权,基于信息的秘密性构成要求,无法像其他知识产权因客体公开而宣示权利边界,因此不能排斥他人合法拥有相同的商业秘密,不同的权利主体可能同时拥有相同或者相似的商业秘密。由于商业秘密具有秘密性的特点,他人通过独立研发、反向工程等合法手段获取此商业秘密,其也可以采用商业秘密方式加以保护,亦可寻求以专利的方式加以保护。由此可见,商业秘密不只是为权利人所独占,他人仍然可以通过合法途径获取。例如,某秘密配方权利人在使用该配方过程中,无法阻止他人通过研发等途径拥有其配方。此时这一商业秘密不同所有权主体各自以自己使用的方式行使商业秘密权而不能互相干预。❷(2)商业秘密权是禁止性专有权。商业秘密权的产生系自动取得,不以行政机关的审查和授权为先决条件;法律对其提供的保护只能是消极的,即只有在侵权行为发生之后,法院才依商业秘密持有人的请求给予事后保护。各国商业秘密立法的重心,并不在于规定权利人享有何种权项,而是详细列举侵权行为类型。可以认为,禁止权是商业秘密权的核心内容。❸(3)保护期限的不确定性,商业秘密被视为一种自然专有权,即依权利人保密时间的长短而在事实上维持其权

---

❶ 吴汉东. 知识产权法 [M]. 北京:法律出版社,2021:667.
❷ 崔汪卫. 商业秘密立法反思与制度建构 [M]. 北京:社会科学出版社,2021:82.
❸ 吴汉东. 知识产权法 [M]. 北京:法律出版社,2021:667.

利效力，其权利存续主要取决于权利人保守商业秘密的主观愿望和措施的严密程度，而不宜由法律来规定其保护期限。只要商业秘密不为公众所知悉，其将不受时间限制一直得到法律的保护。而一旦为外人所知悉，其商业秘密权利可能不复存在。

权利人依法对商业秘密享有专有权。区别于其他知识产权，商业秘密具有公开性、期限性、绝对排他性等特征，自产生之日就自动取得，并具有相对排他性，即同一商业秘密可以由多个权利主体占有、使用、收益和处分。同时，商业秘密的保护期限具有不确定性，只要商业秘密不被侵权行为人泄露，就一直受法律保护。从规范实践来看，我国立法已事实上完成了将商业秘密权从应然权利转型为法定权利。❶

（二）不为公众所知悉的"公众"范围

在判断是否为公众所知悉时，此处的"公众"不是指普通公众，而是有一个范围的限定，"不为公众所知悉"具有相对性，包括商业秘密相关技术或者经营领域内的相关人员以及与该信息有所联系的人员。有关"公众"的详细理解可以参考"秘密性"一节的相关论述。在讨论不为公众所知悉时的"公众"应限定于一定范围之内，公众应当是与商业秘密权利人相关或者具有竞争关系或者与商业秘密有联系的相关人员等。此处的"具有竞争关系"仅是对"不为公众所知悉"（即秘密性判定）的理解，而非对侵犯商业秘密主体的限定。如前文所述，侵犯商业秘密行为并没有限制在具有一定竞争关系的主体范围之内。

（三）商业秘密侵权不以竞争关系为前提

我国立法采用了反不正当竞争法的传统称谓，但对于如何解释"竞争"和"不正当竞争"，在实践中产生过较大争议。侵权行为主体与权利人之间是否必须存在竞争关系，不存在竞争关系实施了侵权行为能不能获得法律的救济，对于这两个问题，从历史角度来看，竞争关系曾被作为侵权行为的前提条件，有些司法判决也曾主张如果没有竞争关系则直接驳回权利人的诉讼请求。在实践中通常首先从竞争关系的角度界定竞争和不正

---

❶ 陶乾. 商业秘密保护法的规范构造研究［M］. 北京：法律出版社，2022：7.

当竞争行为，即将存在竞争关系作为认定不正当竞争的前提。例如，在笔者代理的一个案例中，单位除老总之外，副总以下包括财务、技术等人员全部离职，明目张胆地成立与原单位经营范围完全一致的公司，并挖走原单位的客户进行交易。如按照相关观点，此时原单位已无任何业务开展，已经不具有竞争力，因此新成立的单位自然与其没有竞争关系。尤其对于营销类公司而言，比如区域代理商多年来辛苦积攒了大量客户资源，但被侵权后却因为自己已经不具备竞争能力而无法维权。可见，如果仅将竞争关系限于同业竞争者之间，则不能规范许多事实上的竞争行为，不利于规制市场竞争行为。

《反不正当竞争法》恰是以竞争行为为规范对象，以认定不正当竞争行为为规范基础。2019年《反不正当竞争法》第9条所列的侵权行为并没有规定侵权主体与权利人之间必须存在竞争关系，法条本身并未对竞争关系作出预设，而是直接规定了侵权的几种行为。当然，立法者直接规定侵权行为而没有约束竞争关系，有其立法深意。法律更加关注行为本身是否具有市场竞争属性和不正当性，是否扰乱"市场竞争秩序"和其他经营者合法权益，而不再纠结于竞争关系等的界定，不再将其作为构成不正当竞争和适用《反不正当竞争法》的前提条件。[1] 例如，员工跳槽引发的商业秘密泄露行为已经成为侵权行为之首，从某种意义上来说，员工、前员工连基本的经营者都称不上，但仍有规制必要，如果单纯、刻板地理解竞争关系，则将导致商业秘密更加难以得到保护。

2019年《反不正当竞争法》第2条规定："本法所称的不正当竞争行为，是指经营者在生产经营活动中，违反本法规定，扰乱市场竞争秩序，损害其他经营者或者消费者的合法权益的行为。"可见，不正当竞争行为既可以损害特定竞争者，也可以损害消费者或者社会公众，而并不以损害特定竞争者且其相互之间具有竞争关系为必要条件。《反不正当竞争法》并未从有无竞争关系而是从竞争行为的角度进行规制有其深层考量。不正当竞争行为只是根据其是否违反竞争原则或者其他具体法律标准，而并不

---

[1] 孔祥俊. 反不正当竞争法新原理·原论 [M]. 北京：法律出版社, 2019: 121.

根据其相互之间是否具有竞争关系进行认定。

2022年最高人民法院《关于适用〈中华人民共和国反不正当竞争法〉若干问题的解释》第2条规定:"与经营者在生产经营活动中存在可能的争夺交易机会、损害竞争优势等关系的市场主体,人民法院可以认定为反不正当竞争法第二条规定的'其他经营者'。"一方面,司法解释以相对灵活和宽松的"存在可能的争夺交易机会、损害竞争优势等关系"为标准,适当简化了对适格主体的要求,进一步明确了竞争关系不再是竞争行为的要件;另一方面,通过此条确认了"交易机会""竞争优势"等都是《反不正当竞争法》保护的合法权益,在此基础上,不限任何行业或者主营业务,只要可能损害这些合法权益的主体都可能与权利人构成竞争关系。

笔者认为,与专利法、商标法等知识产权专门法相比,商业秘密有其特殊性。商业秘密并无单行法,而是和仿冒混淆、虚假宣传、商业诋毁等不正当竞争行为一并被规定在《反不正当竞争法》中。但相对仿冒混淆、虚假宣传、商业诋毁等合法权益而言,商业秘密归属于权利范畴。相对权利来讲,权益所采取的是行为法而不是权利保护法思维,即合法权益不是保护的前提,而是保护的结果。[1]利益保护的程度和范围可以结合案件事实进行具体界定,其保护具有弹性,而权利的范围则是预先确定的,其保护则具有刚性。据此,仿冒混淆、虚假宣传、商业诋毁等传统侵害权益类的不正当竞争行为并不要求侵权主体与权利人之间具有竞争关系,则具有权利属性的商业秘密更不必考虑侵权主体与权利人之间是否具有竞争关系,只要商业秘密被侵犯,涉嫌侵权人均应当承担相应的侵权责任,除非其合法来源的抗辩理由能够成立。

在维谛技术有限公司、深圳贝耳新能源科技有限公司等侵害技术秘密纠纷一案[2]中,被告贝耳公司、李某亮抗辩称UPS产品属于电压型设备,简称不间断电源,而APF产品属于电能质量设备,属于电流源。并且维谛公司并不开发APF系列产品,因此APF和UPS并没有竞争关系。法院并

---

[1] 孔祥俊.反不正当竞争法新原理总论[M].北京:法律出版社,2019:81.
[2] 广东省深圳市中级人民法院(2020)粤03民初5073号民事判决书。

没有对被告不具有竞争关系的抗辩进行回应，而仅从以下三个方面进行分析：一是原告请求保护的技术信息是否属于反不正当竞争法所保护的商业秘密；二是两被告是否实施了原告所指控的侵害商业技术秘密的行为；三是如侵权行为成立，两被告应当如何承担法律责任。最终认定侵权成立。在北京微自恒通科技有限公司与大唐移动通信设备有限公司等侵害技术秘密纠纷一案[1]中，法院认定：被告郭某飞主张 FPGA 设计过程复杂，其在原告微自恒通公司的工作内容与在被告大唐移动公司的工作内容不同，不存在被诉侵害技术秘密的行为，而原告未能就此进一步举证证明。因此，原告微自恒通公司主张二被告实施了涉案侵害技术秘密的行为，证据不足，法院不予支持。在亿志机械设备（无锡）有限公司与无锡市双君精密铸造厂侵害技术秘密纠纷一案[2]中，法院认定：双君铸造厂为生产铸件的企业，与亿志公司不存在同业竞争关系，也不是制造模具的企业，其复制模具行为的目的在于何为，亿志公司对此未能充分明确，法院对双君铸造厂复制模具的目的性和可能性持有怀疑。假设双君铸造厂的目的系向他人泄露亿志公司的技术秘密，或者为他人制造使用了亿志公司的技术秘密的水泵，是否一定要通过复制亿志公司的模具方式来实施侵权行为，同样值得怀疑。通过对双方证据及陈述的综合分析，亿志公司主张的事实存在诸多疑点，法院未予采信。在香港远程医疗产品有限公司、厦门天遂贸易有限公司等侵害商业秘密纠纷一案[3]中，法院认定：天遂公司、巨烨公司均为经营医疗器械企业，与远程公司具有直接竞争关系，王某平、华某、何某、陈某华先后在天遂公司、巨烨公司工作，王某平、华某、何某、陈某华均从事与案涉技术研发相关的工作，各方具有较为便利的意思联络条件，故六名被告理应知悉案涉技术秘密属于远程公司所有，但仍继续使用案涉技术秘密，具有明显的主观恶意。根据上述案例可知，在司法实践中，法院对于被告不具有竞争关系的抗辩一般不予考量，主动分析竞争关系的目的也只是为了证实侵权人的主观恶意，将竞争关系作为侵权认定的一个

---

[1] 北京知识产权法院（2018）京 73 民初 101 号民事判决书。
[2] 江苏省无锡市中级人民法院（2004）锡知初字第 83 号民事判决书。
[3] 福建省厦门市中级人民法院（2020）闽 02 民初 918 号民事判决书。

要件进行分析；当双方不存在竞争关系时，法院会加大审查力度，对于原告的举证责任要求也相应提高。法院一般采用通行的权利侵害判断模式，即未经许可使用此类权利，且无免责事由（如合理使用）的，构成侵权。可见，针对商业秘密侵权行为，考虑侵权主体与权利人之间是否具有竞争关系实无必要。当然，对于竞业限制的违约之诉，员工跳槽到具有竞争关系的单位和岗位工作仍然是必要的。

## 第二节　侵害商业秘密的行为及类型

2019年《反不正当竞争法》第9条规定："（一）以盗窃、贿赂、欺诈、胁迫、电子侵入或者其他不正当手段获取权利人的商业秘密；（二）披露、使用或者允许他人使用以前项手段获取的权利人的商业秘密；（三）违反保密义务或者违反权利人有关保守商业秘密的要求，披露、使用或者允许他人使用其所掌握的商业秘密；（四）教唆、引诱、帮助他人违反保密义务或者违反权利人有关保守商业秘密的要求，获取、披露、使用或者允许他人使用权利人的商业秘密。经营者以外的其他自然人、法人和非法人组织实施前款所列违法行为的，视为侵犯商业秘密。第三人明知或者应知商业秘密权利人的员工、前员工或者其他单位、个人实施本条第一款所列违法行为，仍获取、披露、使用或者允许他人使用该商业秘密的，视为侵犯商业秘密。"根据上述规定，由于商业秘密本身处于秘密状态，所以针对商业秘密的侵犯行为具有层次性，在不同的主体之间具有传导性，因而在法律中规定的侵权行为类型基本是依据侵权的不同阶段、主体及危害结果等因素进行的综合分类。《反不正当竞争法》规定的侵害商业秘密的类型概括为以下几种。

### 一、以不正当手段获取商业秘密

以不正当手段获取商业秘密的行为侵害商业秘密的秘密性和保密性，构成对权利人排除他人干涉权利的侵犯,致使商业秘密处于可能被非法使用或公开的危险状态,因此必须加以防止并作侵权行为之认定。❶《反不正当竞争法》中的"不正当手段"既包括盗窃、贿赂、欺诈、胁迫、电子侵入等,又包括与前述行为相适应的其他不正当手段,法律并未进行穷尽式列举。针对《反不正当竞争法》将侵权行为分为不同类型,有观点认为,"从反不正当竞争法保护商业秘密的规定来说,只要行为人突破了商业秘密权利人采取的秘密管理体制,获取其商业秘密,不管采取何种手段,都在规制行为之列,因此刻意细分和区分这些手段,并无实际操作意义"。一般而言,被告以违反法律规定或者公认的商业道德的方式获取原告的商业秘密的,应当认定属于以其他不正当手段获取原告的商业秘密。

(一)盗窃

一般是指通过窃取商业秘密的载体而获取商业秘密。可以采用复印、照相、监听、模拟等先进技术手段窃取商业秘密权利人的商业秘密。窃取的可以是反映商业秘密的材料原件,也可以是对原材料的复制品。❷我国企业的商业秘密被国外企业窃取的情况也十分严重,如我国景泰蓝、宣纸、青蒿素、两步发酵法制维 C 等生产技术的泄密事件,给相关企业和国家带来了难以估量的损失,其教训非常深刻。

(二)贿赂

1993 年《反不正当竞争法》使用"利诱"一词,该措辞不是通用的法律术语,且内涵不是十分明确。2017 年修法中改为"贿赂"。贿赂,是指以某种利益如金钱、物品或者其他利益为诱饵,使掌握商业秘密的人提供商业秘密,如重金收买,诱使企业技术人员披露其所掌握的商业秘密。2019 年《反不正当竞争法》第 7 条第 2 款规定:"经营者在交易活动中,可以以明示方式向交易相对方支付折扣,或者向中间人支付佣金。经营者

---

❶ 苏灿. 商业秘密民事救济制度的体系化研究[M]. 北京:中国政法大学出版社,2018:165.

❷ 国家市场监督管理总局反垄断与反不正当竞争执法局. 反不正当竞争法理解与适用[M]. 北京:中国工商出版社,2018:125.

向交易相对方支付折扣、向中间人支付佣金的，应当如实入账。接受折扣、佣金的经营者也应当如实入账。"在商业活动中，如果不符合上述规定给付佣金或折扣，也可能构成贿赂行为。

在实践中以高薪为诱饵挖走知情雇员而获得商业秘密的情形较为多见。同时，在实践中也要注意区分此种行为与正常人才流动。人才的自由流动是劳动力资源有效配置的基本手段和市场经济的基本要求。因此，仅仅利用高薪聘请、解决住房等理由将人才挖走，并不能认定为侵犯他人的商业秘密。只有挖走人的同时将原企业的商业秘密也"挖走"，才侵犯商业秘密权。❶

（三）欺诈

欺诈一般是指行为人故意欺骗他人，使对方陷入错误判断，并基于此错误判断作出意思表示的行为。《最高人民法院关于适用〈中华人民共和国民法典〉总则编若干问题的解释》第21条规定，故意告知虚假情况，或者负有告知义务的人故意隐瞒真实情况，致使当事人基于错误认识作出意思表示的，可以认定为欺诈。欺诈的构成要件一般包括四项：一是行为人须有欺诈的故意。这种故意既包括使对方陷入错误判断的故意，也包括诱使对方基于此错误判断而作出意思表示的故意；二是行为人须有欺诈的行为。这种行为既可以是虚构事实，也可以是故意隐瞒应当告知的真实情况等。三是受欺诈人因行为人的欺诈行为陷入错误判断，即欺诈行为与错误判断之间存在因果关系。四是受欺诈人基于错误判断作出意思表示。比如某公司总经理助理为获取商业秘密，在总经理没有查阅涉案商业秘密文档的意愿的情况下，假传总经理口头指示，向商业秘密保管人传达总经理查阅涉密文档的要求，商业秘密保管人根据指示向该助理交付了文档，该助理的行为即属于欺诈行为。

另外，欺诈的构成并不需要受欺诈人客观上遭受损害后果，只要受欺诈人因欺诈行为作出了实施民事法律行为的意思表示，欺诈即可成立。

（四）胁迫

胁迫是指行为人通过威胁、恐吓等不法手段对他人思想施加强制，由

---

❶ 张耕. 商业秘密法[M]. 厦门：厦门大学出版社，2006：222-223.

此使他人产生恐惧心理并基于恐惧心理作出意思表示的行为。最高人民法院《关于适用〈中华人民共和国民法典〉总则编若干问题的解释》第21条规定：以给自然人及其近亲属等的人身权利、财产权利以及其他合法权益造成损害或者以给法人、非法人组织的名誉、荣誉、财产权益等造成损害为要挟，迫使其基于恐惧心理作出意思表示的，人民法院可以认定为民法典第一百五十条规定的胁迫。

在民法理论中，胁迫与欺诈一样，都属于意思表示不自由的情形。当事人因受胁迫而作出意思表示，其意思表示并没有产生错误认识，受胁迫人在作出符合胁迫人要求的意思表示时，清楚地意识到自己意思表示的法律后果，只是这种意思表示的作出并非基于受胁迫人的自由意志。胁迫的构成要件一般应当包括：（1）胁迫人主观上有胁迫的故意，即故意实施胁迫行为使他人陷入恐惧以及基于此恐惧心理作出意思表示。（2）胁迫人客观上实施了胁迫的行为，即以将要实施某种加害行为威胁受胁迫人，以此使受胁迫人产生心理恐惧。这种加害既可以是对受胁迫人自身的人身、财产权益的加害，也可以是对受胁迫人的亲友甚至与之有关的其他人的人身、财产权益的加害，客观上使受胁迫人产生了恐惧心理。（3）胁迫须具有不法性，包括手段或者目的的不法性，反之则胁迫不成立。（4）受胁迫人基于胁迫产生的恐惧心理作出意思表示。换言之，意思表示的作出与胁迫存在因果关系。此处因果关系的判断，应以受胁迫人自身而非其他人为标准。由于胁迫侵害了被胁迫人的自由意志，法律对通过胁迫手段实施的民事法律行为加以规制。

（五）电子侵入

"电子侵入"是2019年《反不正当竞争法》新增的，对于新增的"电子侵入"方式，其在2019年《反不正当竞争法》之前通常作为其他行为的具体实现手段（例如以黑客、木马等电子侵入的手段盗窃商业秘密），故一般从行为性质的角度将其定性为"盗窃"。随着社会信息技术的发展，尤其进入大数据时代后，商业秘密的获取方式更加多样。商业秘密早已不仅仅是记录在纸质书册上的内容，随着企业规模的扩大，大量的商业秘密被转移到企业的计算机设备或上传至网络云端系统储存。与此同时，计算机病毒技术、黑客技术也迅速发展。在这样的情形下，已无须通过贿赂或欺诈来取得商业秘密的"钥匙"，而是可以"自行开锁"获取，商业秘密的不正当获取方式更加"技术化"。但在司法审判中，有时碍于技术上的认定，往往可能难以将其定义为盗窃，因此，需要对该类获取方式有更具技术性、准确性的定义。❶ 法律具有滞后性，前期的《反不正当竞争法》只规定了居于次要地位的手段，忽视了商业秘密最重要的获取方式，无法真正起到对商业秘密保护的效果，也不符合该条规定所要达到的立法目的。而在2019年《反不正当竞争法》施行后，前述窃密行为则可单独作为一种行为表现被规制。

在实践中，在认定是否构成以"其他不正当手段"获取商业秘密时，首先应以《反不正当竞争法》总则为依据，根据行为是否违背诚实信用原则和公认的商业道德进行判定。如果能够认定被告使用的信息确为权利人的商业秘密，而被告没有合理理由解释其系通过正当途径获得这些秘密的，一般也可以反推被告系通过"其他不正当手段"获取了权利人的商业秘密。

例如，在"香兰素"技术秘密一案❷中，最高人民法院认为，被告如果不通过侵犯他人商业秘密的手段，又难以在比较短的时间内与他人达成交易或完成某项产品的研发、生产，具有利用涉诉商业秘密的极大可能性，据此推定被告侵犯了原告的商业秘密。在河南中联热科工业节能股份有限公司、河南玖德智能设备有限公司等与王振某、王某等侵犯商业秘密纠纷一案❸中，法院认为，玖德公司在这么短的时间内就与鑫澳公司签订烘干设备买卖合同，具有利用勾庆某在原告处工作所掌握的鑫澳公司商业秘密的极大可能性。

在原告北京万岩通软件有限公司（简称万岩通公司）诉被告北京恰行者科技有限公司（简称恰行者公司）、石某田、陈某侵犯商业秘密纠纷一案❹

---

❶ 兰丹丹. 知识产权侵权纠纷法律适用研究［M］. 北京：知识产权出版社，2022：200.
❷ 最高人民法院（2020）最高法知民终1667号民事判决书。
❸ 河南省高级人民法院（2019）豫知民终450号民事判决书。
❹ 北京市海淀区人民法院（2016）京0108民初7465号民事判决书。

中，法院结合陈某、石某田在万岩通公司的任职状况；二人在离职前夕创办了恰行者公司，而两公司主营业务基本相同；二人在离职后短时间内即与特定客户签订了技术服务合同，且合同内容涉及的技术恰为其在万岩通公司任职期间从事的项目；案外人公司谈判人员存在重合等情形，认定陈某、石某田具有使用涉案商业秘密的主观谋划以及利用该商业秘密短期内实现竞争优势的客观行为，上述行为显然有违诚实信用的原则和公认的商业道德。这一观点在 2019 年《反不正当竞争法》第 32 条第 2 款第 1 项中得到了体现，根据该条规定，商业秘密权利人提供初步证据合理表明商业秘密被侵犯，且有证据表明涉嫌侵权人有渠道或者机会获取商业秘密，且其使用的信息与该商业秘密实质上相同的，除非涉嫌侵权人提交相反证据证明其不存在侵犯商业秘密的行为，否则可以推定其侵权行为成立。在这种情形下，权利人一般难以举证涉嫌侵权人的具体行为方式，故可归入"其他不正当手段"。❶

单纯以不正当手段获取商业秘密后，侵权人并没有进一步实施侵害行为，既没有披露传播，也没有自己使用或允许他人使用，笔者认为，单纯不正当获取商业秘密的行为，虽然未对商业秘密进行泄露或使用给权利人造成更进一步的损失，但其规避或强力排除权利人保密措施的行为，以及侵占商业秘密的事实应受到 2019 年《反不正当竞争法》第 9 条第 1 款第 1 项的规制。对于 2019 年《反不正当竞争法》第 9 条第 1 款第 1 项规定是否要求非法获取商业秘密后具有使用行为，有观点认为，如果获取商业秘密后未披露或用于生产经营，则一般不会对市场竞争产生影响，不构成对商业秘密权利人的不正当竞争。❷ 对此，北京市高级人民法院认为，首先，从体系化的角度看，非法获取并使用商业秘密的行为在第 9 条第 1 款第 2 项及第 2 款中已经体现，如在第 9 条第 1 款第 1 项中还要求有使用行为，则属于规范的重复，故第 9 条第 1 款第 1 项应理解为"不正当手段获取商

---

❶ 北京市高级人民法院知识产权庭课题组.《反不正当竞争法》修改后商业秘密司法审判调研报告 [J]. 电子知识产权，2019(11).

❷ 王瑞贺. 中华人民共和国反不正当竞争法释义 [M]. 北京：中国民主法制出版社，2018：32-33. 编者注：本文提到的上述观点非《反不正当竞争法释义》官方观点。

业秘密但未予使用的情形"。其次，如果认为该项所调整的行为还应包括后续使用行为，将使得在实践中一些应当受《反不正当竞争法》调整的不正当行为"合法地脱离规制"。例如，在实践中已经出现专门利用技术手段侵入他人网络盗窃商业秘密的黑色产业链条，对于盗窃者而言，其可能并没有立即使用，而是"待价而沽"，如对其行为不加以规制，显然与第9条的立法本意是不符的。❶

在大连倍通数据平台管理中心（有限合伙，以下简称倍通数据）与崔某某侵害技术秘密纠纷一案❷中，最高人民法院认为职工擅自转发公司技术秘密至私人电子邮箱的行为构成盗窃技术秘密侵权。在前述案件中，崔某某作为爬虫平台项目的负责人，虽然其在倍通数据任职期间合法掌握爬虫平台项目的技术信息，但是在其入职和离职时，倍通数据均与其明确约定保密义务，要求其不得泄露公司商业秘密、离职时不得私自带走任职期间完成的文案和模板等内容，需要带走的文件均须向倍通数据备案并经倍通数据同意。崔某某明知上述保密规定，仍然违反倍通数据的相关保密要求和保密管理规定，在倍通数据不知情的情况下，将含有涉案技术信息的文件通过电子邮件发送至私人电子邮箱，致使涉案技术信息脱离倍通数据的原始控制，使涉案技术信息存在可能被披露和使用的风险，该行为已经构成以盗窃手段获取他人商业秘密的行为。法院最终判决禁止崔某某披露、使用或者允许他人使用大连倍通数据平台管理中心（有限合伙）的技术秘密，直至该技术秘密为公众所知悉时为止；崔某某于本判决生效之日起十日内赔偿大连倍通数据平台管理中心（有限合伙）经济损失25万元及制止侵权行为所支付的合理开支1.5万元。

笔者认为，2019年《反不正当竞争法》第9条第1款第1项仅规定了侵权行为类型，将"以不正当手段获取商业秘密"排在各种行为之首，所列行为类型相对来讲侵权形式更严重，如果仅仅因为其行为完成后没有实施后续行为则不构成对权利人的不正当竞争，恐不符合立法本意。如果认

---

❶ 北京市高级人民法院知识产权庭课题组.《反不正当竞争法》修改后商业秘密司法审判调研报告［J］. 电子知识产权，2019(11).

❷ 最高人民法院（2021）最高法知民终1687号民事判决书。

为不正当侵权无后续实施行业属于侵权较轻的行为，就会产生《反不正当竞争法》无任何作为，刑法已经予以规制的悖论。《最高人民法院、最高人民检察院关于办理侵犯知识产权刑事案件具体应用法律若干问题的解释（三）》第5条第1项规定："以不正当手段获取权利人的商业秘密，尚未披露、使用或者允许他人使用的，损失数额可以根据该项商业秘密的合理许可使用费确定。"其对2019年《反不正当竞争法》第9条第1款第1项行为进行刑法规制，就是充分考虑了单纯以不正当手段获取他人商业秘密行为的社会危害性，防止该种行为游离于刑法之外。

## 二、不正当获取商业秘密后的继续侵害行为

不正当获取商业秘密后的继续侵害行为是指以第一种手段获取商业秘密后，披露、使用或者允许他人使用以前项手段获取的权利人的商业秘密，包括自行使用、披露或者允许他人使用等。

对于2019年《反不正当竞争法》第9条第1款第2项所调整的行为构成要件，一是获取商业秘密的手段非法，即以第9条第1款第1项手段获取，如获取商业秘密的手段是合法的，则不受本项所调整；二是非法获取商业秘密后进行了非法使用行为，非法使用的方式包括披露、自己使用或允许他人使用，此为本项所调整的内容。

"披露"是指行为人以作为方式将非法获取的商业秘密告知权利人以外的第三者，或将商业秘密的内容公之于众。当然，法律对其行为的表现形式未进行限制，披露的方式多种多样，如可以向他人直接口述秘密内容，或利用广播、电视等新闻媒体公之于众，或为他人提供抄录、复制秘密原件的机会，或将载有商业秘密内容的原件或复制件卖给权利人之外的第三人等。而且，披露公开化的程度不影响披露行为的成立。在司法实践中，如员工离职带走原单位商业秘密后将其复制至新任职公司经营场所的电脑上，即足以认定其披露了所掌握的商业秘密，至于该电脑究竟是个人电脑

还是工作电脑并不影响披露行为的认定。❶ 在实践中典型的是披露权利人的经营策略、管理诀窍或投标标底，使得权利人丧失竞争优势。对于"披露"的行为，行为人可能和后续使用人之间并不存在合意，但不影响其就披露行为本身承担相应的法律责任。例如，A 公司在谈判过程中获得 B 公司的报价，并将该报价披露给与 B 公司存在竞争关系的 C 公司，C 公司在其后自行使用了该报价，此时，A 公司即受本项调整。另外，对于"披露商业秘密"行为的司法认定标准，有法院裁决认为❷，反不正当竞争法中规定的侵害商业秘密的"披露"行为，其构成要件与民法中的过错责任原则相一致，其中的主观要件除故意外，还应当包括重大过失。如果行为人将权利人的商业秘密置于存在高度泄密风险的载体之中，其保密措施与该商业秘密的重要程度和商业价值明显不符，应当认定行为人对于该商业秘密被泄露在主观上存在重大过失，亦构成"披露"商业秘密的不正当竞争行为。

依照 2019 年《反不正当竞争法》第 9 条的规定，"使用""允许他人使用"商业秘密是法定的侵犯商业秘密行为。"自己使用"的典型表现是权利人的离职员工自己创办与权利人主营业务存在竞争关系的公司，将商业秘密运用于经营活动之中的情形。"允许他人使用"是指采用不正当手段获取商业秘密的行为人允许他人将自己非法获取的商业秘密运用于生产或经营中，至于是有偿还是无偿使用不影响认定，典型表现为员工跳槽到被告公司后将其在权利人处非法获取的商业秘密交由被告公司使用的情形。"使用商业秘密"的行为应当指直接使用商业秘密内容本身，而不包括使用商业秘密生产制造的侵权产品销售、再销售以及购买者使用的行为。在上海东富龙科技股份有限公司、上海天祥健台制药机械有限公司等与广州白云山明兴制药有限公司侵犯商业秘密纠纷一案❸中，法院认为："根据反不正当竞争法第九条第一款、第二款的规定，侵害商业秘密的行为包括使用行为，但本院认为反不正当竞争法第九条所规定的'使用'应当指直接使用商业秘密内容本身，而不包括使用商业秘密生产制造的侵权

---

❶ 宁波市中级人民法院（2018）浙 02 民终 1095 号民事判决书。
❷ 北京市朝阳区人民法院（2017）京 0105 民初 68514 号民事判决书。
❸ 上海知识产权法院（2016）沪 73 民初 808 号民事判决书。

产品生产销售后，其他销售商后续销售以及购买者使用的行为。经营者购买侵害商业秘密产品进行使用的行为，由于此时侵权产品已经退出市场流通，并不涉及与其他市场主体进行市场竞争的问题，不论侵权产品使用人主观上是否知道该产品涉嫌侵权，均不属于反不正当竞争法调整的范畴。"当然，出于保护商业秘密权益人的需要，确保相关经营者能够向侵权产品的源头进行追索，使侵权产品退出市场流通，侵害商业秘密产品的销售商和使用者，均有义务向商业秘密权益人提供进货渠道、买家信息等信息，否则应当承担相应的补充赔偿责任。

《最高人民法院关于审理侵犯商业秘密民事案件适用法律若干问题的规定》第9条对商业秘密的"使用"作出规定，主要包括三种类型：一是在生产、经营等活动中直接使用商业秘密。例如，使用构成商业秘密的配方、方法、工艺，直接用于制造同样的产品。二是在商业秘密的基础上，进一步修改、改进后再进行使用。例如，对于属于商业秘密的配方进行改进后，制造特定的产品。三是根据权利人的商业秘密，相应调整、优化、改进与之有关的生产经营活动，此处的"生产经营活动"也包括研发活动。例如，根据权利人研发失败所形成的数据、技术资料等商业秘密，以及研发过程中形成的阶段性成果商业秘密等，相应优化、调整研发方向；或者根据权利人的经营信息商业秘密，相应调整营销策略、价格等。侵权人违法"使用"或者"允许他人使用"商业秘密的直接后果，就是能够获得不正当的竞争优势，包括提供替代性的产品或者服务，或者降低成本、节省时间、提高效率等。

## 三、"违反义务或者违约"行为

"违反义务或者违约"行为是指违反保密义务或者违反权利人有关保守商业秘密的要求，披露、使用或者允许他人使用其所掌握的商业秘密。这种情形获取商业秘密的手段是合法的，但是后续的披露、自行使用或者允许他人使用均是非法的。2019年《反不正当竞争法》第9条第1款第3项所调整行为的构成要件包括：一是以商业秘密的来源合法为前提，即来源正当。例如，被告公司通过与权利人签署合作协议取得商业秘密；在双方诉讼过程中，被告公司通过证据交换获取了权利人的商业秘密；权利人的员工、前员工因参加研发、生产而知悉商业秘密等情形。这也是第9条第1款第2项和第3项在适用要件上最关键的区别，如果商业秘密的获取并非合法，则由第2项所调整。二是被告必须违反保密义务或违反权利人有关保守商业秘密的要求。显然，实施这类行为的主体只能是因工作关系、业务关系、许可关系等受商业秘密权利人授权或委托并与权利人订有保密约定的知悉、掌握、使用商业秘密的有关人员或单位，既有可能是与商业秘密的权利人订立许可使用合同的一方当事人，也有可能是权利人单位知悉商业秘密的工作人员，或者从该单位调出、离退休并与单位订有保守秘密协议的有关人员。具体表现包括：员工在权利人处工作时签订了保密协议，但其后违反该协议披露商业秘密；在商业谈判中虽然披露了部分己方的商业秘密，但要求谈判各方不得在谈判之外使用，而谈判方破坏约定，将他人的报价等信息在其他谈判中进行披露的；在诉讼过程中，对于原、被告提交的有关商业秘密的证据，法院一般会采取保密证据单独质证、禁止复制有关证据、签订保密承诺书等方式限制可以接触到该商业秘密的人员范围和商业秘密的披露范围，但其中一方未遵守法庭要求擅自对保密证据进行拍照或泄露给与案件无关人员的；等等。值得注意的是，2019年《反不正当竞争法》将2017年《反不正当竞争法》第9条第1款第2项的"违反约定"修改为"违反保密义务"，而保密义务除约定之外，还有可能是基于法律规定，或者基于合同履行过程中产生的、未经明确约定的附随义务而形成，因此，2019年《反不正当竞争法》在一定程度上扩大了员工、合作方等知晓和掌握商业秘密人员的保证责任，更有利于对权利人的保护。行为人是否对商业秘密权利人存在附随义务，主要根据双方法律关系性质、交易习惯等因素进行综合判定。我国一些法律法规明确规定有关行为主体对商业秘密权利人承担保密义务。当事人在订立合同过程中知悉对方商业秘密，不论合同关系是否成立均应承担保守对方商业秘密的义务。除法定保密条款构成附随义务外，行为规则、交易习惯也可在当事人之间产生附随义务。这种附随义务的理论基础是诚实信用原则。判断是否存在这种附随义务，也应主要根据诚实信用原则和其他公认的商业道德。三是对商业秘密的使用方式包括"披露""自己使用"和"允许他人使用"三种方式。第9条第1款第3项规定的使用行为与第2项基本一致,不再赘述。

## 四、教唆、引诱、帮助侵犯商业秘密行为

2019年修正《反不正当竞争法》时增加了"教唆、引诱、帮助他人违反保密义务或者违反权利人有关保守商业秘密的要求,获取、披露、使用或者允许他人使用权利人的商业秘密"的规定,主要目的是与同条第3款规定的第三人侵权制度互补,共同解决商业秘密领域的共同侵权问题。❶将侵权从原本只对直接侵权进行约束改为对起到推动等辅助作用的行为也进行规制。因为这样的间接侵权行为同样对商业秘密的保护极为不利,如果不将其纳入法律考量范围,则会有大量教唆、引诱、帮助者肆意妄为。❷该条规定中的"教唆""引诱""帮助"行为系共同侵权的行为表现,在侵权法理论中或称为间接侵权行为。"教唆"是指对他人进行开导、说服,或通过刺激、利诱、怂恿等方法使该他人从事侵权行为。教唆行为只能以积极的作为方式作出,消极的不作为不能成立教唆行为,教唆行为可以通过口头、书面或其他形式加以表述,可以公开进行也可以秘密进行,可以当面教唆也可以通过别人传信的方式间接教唆。"引诱"是指通过诱惑、引导等方式,将自己侵犯权利人商业秘密等意图传输给他人,导致他人实施侵犯商业秘密的行为。"帮助"是指给予他人帮助,如提供工具或者指导方法,以便使该他人易于实施侵权行为。帮助行为通常以积极的作为方式作出,但具有作为义务的人故意不作为时也可能构成帮助行为。帮助的内容可以是物质上的,也可以是精神上的,可以在行为人实施侵权行为前,也可以在实施过程中。

"帮助"与"教唆""引诱"的主要区别在于:教唆行为的特点是教

---

❶ 张志胜. 商业秘密分类保护与案例评析[M]. 北京:法律出版社,2022:46.
❷ 兰丹丹. 知识产权侵权纠纷法律适用研究[M]. 北京:知识产权出版社,2022:201.

唆人本人不亲自实施侵权行为，而是唆使他人产生侵权意图并实施侵权行为或危险行为；"引诱"则是通过诱导的方式将自己的意图传输给他人实施自己侵犯商业秘密的行为；"教唆"和"引诱"是为实现自身的侵权意图但将该意图传输给他人完成；而帮助行为可能并不对加害行为起决定性作用，只是对加害行为起促进作用。

在行政执法领域，在遵守 2019 年《反不正当竞争法》相关规定的基础上，国家市场监督管理总局制定的《商业秘密保护规定》还在征求意见，待出台后将会作为查处"教唆、引诱、帮助侵犯商业秘密"行为的重要依据。《商业秘密保护规定（征求意见稿）》第 16 条规定："经营者不得教唆、引诱、帮助他人违反保密义务或者违反权利人有关保守商业秘密的要求，获取、披露、使用或者允许他人使用权利人的商业秘密。包括但不限于：（一）故意用言辞、行为或其他方法，以提供技术、物质支持，或者通过职位许诺、物质奖励等方式说服、劝告、鼓励他人违反保密义务或者违反权利人有关保守商业秘密的要求；（二）以各种方式为他人违反保密义务或者违反权利人有关保守商业秘密的要求提供便利条件，以获取、披露、使用或者允许他人使用权利人的商业秘密的行为。"

在判断被诉侵权行为是否构成间接侵犯商业秘密的违法行为时，应当注意以下要件：第一，存在他人实施了 2019 年《反不正当竞争法》第 9 条第 1 款第 3 项的违法行为，这是该项行为是否成立的前提条件。第二，被诉侵权人有教唆、引诱或帮助的行为。例如，"高薪挖角"行为，即被诉侵权人用高薪教唆、诱惑权利人的员工跳槽进而获取商业秘密，这种行为通常不符合与贿赂相关罪名的构成要件而无法受到刑法规制，但可适用该项新增条款予以民事规制。再比如，为他人实施侵犯商业秘密的行为提供技术或经济等方面的条件，也可因提供了"帮助"而构成共同侵权。

值得注意的是，权利人既可以选择将直接实施 2019 年《反不正当竞争法》第 9 条第 1 款第 3 项的行为人与实施教唆、引诱、帮助的行为人作为共同被告一并提起诉讼，也可以仅选择实施教唆、引诱、帮助的行为人作为被告进行诉讼。当然，后一种情形较为少见。其原因在于，一方面商业秘密的高价值性和侵犯商业秘密纠纷双方当事人的竞争性决定了权利人一般更看重对作为其竞争对手的直接侵权人的规制；另一方面，在直接侵权人未参与诉讼的情况下，权利人证明存在直接侵权行为的难度较大。

## 五、"视为侵犯商业秘密"的行为

"视为侵犯商业秘密"的行为包括两类："经营者以外的其他自然人、法人和非法人组织实施前款所列违法行为的，视为侵犯商业秘密"，以及"第三人明知或者应知商业秘密权利人的员工、前员工或者其他单位、个人实施本条第一款所列违法行为，仍获取、披露、使用或者允许他人使用该商业秘密的，视为侵犯商业秘密"。

第一类"视为侵犯商业秘密"的行为，是从侵权行为主体"经营者"和"非经营者"性质的角度作出区分，将已列明经营者的行为类型直接规定为侵犯商业秘密的行为，将非经营者存在已列明经营者的行为规定为"视为侵犯商业秘密"的行为。强调第三人为经营者是为了与2019年《反不正当竞争法》第9条的调整对象相协调，在实践中可能出现与获取权利人商业秘密的主体以及后续使用人均无关、自己亦未开展经营活动的自然人获取或披露商业秘密的情形，此种情形不宜纳入《反不正当竞争法》第9条第3款的调整范围。

第二类"视为侵犯商业秘密"的行为，是从第三人对侵权行为人既存侵权行为的善意程度角度出发，将"非善意"第三人基于他人侵犯商业秘密行为而采取的获取、披露、使用或允许他人使用权利人商业秘密的行为，规定为"视为侵犯商业秘密"的行为。第三人有"披露""自己使用"或"允许他人使用"由此获得的商业秘密的行为应以来源违法为前提，即商业秘密权利人的员工、前员工或者其他单位、个人有2019年《反不正当竞争法》第9条第1款第1项至第4项规定的违法行为，且将所获取的商业秘密交给第三人使用的。要强调的是，"交给第三人使用"不以存在对价为前提，即便免费交给第三人使用，也不能作为侵权抗辩的理由。

第三人"披露""自己使用"或"允许他人使用"的行为的主观状态应限于"明知或应知"。"应知"为应知道的状态，即只要尽到必要、合理

第二章　侵害商业秘密行为认定

的注意义务即可。对众所周知的技术秘密，如可口可乐、老干妈辣酱的配方等，应视为第三人应知该信息为商业秘密；若第三人与权利人属于同一或相近行业的经营者，则其应当知晓行业内的特定信息应为他人的商业秘密，如互联网行业的经营者应当知晓电子商务平台自身收集的用户消费数据为商业秘密，通常不会向他人披露。

2019年《反不正当竞争法》增加了两类"视为侵权"行为的规定，主要目的是更加全面预防、惩治不同主体侵犯权利人商业秘密的行为，更加周延地保护权利人的商业秘密。关于第一类"视为侵犯商业秘密"的行为，不存在共同侵权以及连带责任问题；而第二类"视为侵犯商业秘密"的行为，主要是针对在实践中最频繁的权利人员工或前员工利用职务便利与他人共同侵犯权利人商业秘密的行为，通过"视为侵权"行为来规定连带责任基础。❶

## 第三节　侵害商业秘密归责原则

### 一、归责原则

2019年《反不正当竞争法》第九条规定："经营者不得实施下列侵犯商业秘密的行为：（一）以盗窃、贿赂、欺诈、胁迫、电子侵入或者其他不正当手段获取权利人的商业秘密；（二）披露、使用或者允许他人使用以前项手段获取的权利人的商业秘密；（三）违反保密义务或者违反权利人有关保守商业秘密的要求，披露、使用或者允许他人使用其所掌握的商业秘密；（四）教唆、引诱、帮助他人违反保密义务或者违反权利人有关保守商业秘密的要求，获取、披露、使用或者允许他人使用权利人的商业秘密。经营者以外的其他自然人、法人和非法人组织实施前款所列违法行为的，

---

❶ 张志胜. 商业秘密分类保护与案例评析［M］. 北京：法律出版社，2022：47.

视为侵犯商业秘密。第三人明知或者应知商业秘密权利人的员工、前员工或者其他单位、个人实施本条第一款所列违法行为，仍获取、披露、使用或者允许他人使用该商业秘密的，视为侵犯商业秘密。"可见，我国对于侵害商业秘密行为的归责原则总体为"过错责任原则"。该原则也称过失责任原则，是以过错作为归责的构成要件和归责的最终要件，同时以过错作为确定行为人责任范围的重要依据。简单地说，就是有过错承担责任，无过错无须承担责任。

此外，随着商业秘密侵权形态的不断发展，仅仅适用"过错责任原则"已不能适应商业秘密保护的需要。例如，"实质近似+接触"原则的适用、"不可避免地泄露和使用原则"❶的适用已经不能仅仅用"过错责任原则"来评价了。由此可以说明，商业秘密侵权归责原则也在由"过错责任原则"向"过错责任原则"与"过错推定责任原则"并用的方向推进。❷"接触+相同或实质相同-合理来源"原则即过错推定原则的典型适用。❸当事人主张他人侵犯其商业秘密的，应当对对方当事人采取不正当手段的事实负举证责任。但由于侵害商业秘密案件的直接证据绝大部分掌握在被诉侵权人手中，权利人掌握的多为间接证据，让其直接证明被诉侵权人获取商业秘密的途径和手段难度较高甚至难以实现。为了解决商业秘密案件举证难的问题，国家工商行政管理局在1995年颁布的《关于禁止侵犯商业秘密行为的若干规定》第5条第3款中对商业秘密的举证责任作出了突破性规定：权利人能证明被申请人所使用的信息与自己的商业秘密具有一致性或者相同性，同时能证明被申请人有获取其商业秘密的条件，而被申请人不能提供或者拒不提供其所使用的信息是合法获得或者使用的证据的，工商行政管理机关可以根据有关证据认定被申请人有侵权行为。人们将上述规定概括为审理商业秘密案件的侵权证明"接触+相同或实质相同-合理

---

❶ 不可避免披露和使用原则是一种事前救济方式，主要用于禁止离职雇员在其专业领域内为原雇主的竞争对手工作。由于这些离职雇员掌握了原雇主的商业秘密，若到原雇主的竞争对手那里工作，将不可避免地披露或使用原雇主的商业秘密。
❷ 姚建军. 中国商业秘密保护司法实务[M]. 北京：法律出版社，2019：58.
❸ 杨力. 商业秘密侵权认定研究[M]. 北京：法律出版社，2016：178.

来源"原则。这是我国认定侵犯商业秘密行为"接触+相同或实质相同–合理来源"方法的起源。为解决这种矛盾，减轻权利人的证明负担，我国在司法实践中通常采用"接触+实质相同–合法来源"这一推定的间接证明方式，即在存在商业秘密的前提下，当权利人证明被诉侵权人有接触和获取涉案商业秘密的机会或可能性，且被诉侵权信息与商业秘密不存在实质性区别，此时举证责任转移，由被诉侵权人证明信息的合法来源。如果被诉侵权人不能提供信息为其合法获得或使用的证据，则法院可根据案件具体情况，推定侵权行为存在。

《最高人民法院关于充分发挥知识产权审判职能作用推动社会主义文化大发展大繁荣和促进经济自主协调发展若干问题的意见》（2011年12月16日）第25条规定："商业秘密权利人提供证据证明被诉当事人的信息与其商业秘密相同或者实质相同且被诉当事人具有接触或者非法获取该商业秘密的条件，根据案件具体情况或者已知事实以及日常生活经验，能够认定被诉当事人具有采取不正当手段的较大可能性，可以推定被诉当事人采取不正当手段获取商业秘密的事实成立，但被诉当事人能够证明其通过合法手段获得该信息的除外。"再一次充分肯定了"接触+相同或实质相同–合理来源"原则在商业秘密领域的价值和适用。2019年《反不正当竞争法》第32条以法律的形式肯定了"接触+相同或实质相同–合理来源"原则。❶

"接触+相同或实质相同–合理来源"原则为侵犯商业秘密案件的审判提供了有效的手段，它的积极意义在于减轻了原告的举证责任，也即原告只需证明被告使用的信息与自己的商业秘密一致或相同（相似性）；同时，被告有获取其商业秘密的条件（接触），则被告有义务证明自己所使用的信息有独立合法来源，如被告无法证明其使用的信息有独立合法来源则可以判定被告侵权。这里使用的归责原则为过错推定原则：被告不能提供或者拒不提供其所使用的信息是合法获得或者使用的证据的，法院可以认定被告有侵权行为。这样的规定大大加强了对商业秘密的保护力度。

---

❶ 《反不正当竞争法》第32条的理解请参见本书第四章第二节中的"举证规则的变化"小节。

"接触+相同或实质相同-合理来源"这种推定的方法已经在司法实践中得到较为广泛的运用。

需要注意的是,"接触+相同或实质相同-合理来源"只适用于"视为侵犯商业秘密"的行为,"违反保密义务或者违反权利人有关保守秘密的要求,披露、使用或者允许他人使用其所掌握的商业秘密"和"教唆、引诱、帮助他人违反保密义务或者违反权利人有关保守商业秘密的要求,获取、披露、使用或者允许他人使用权利人的商业秘密"三种情形。对于第一种"以盗窃、贿赂、欺诈、胁迫、电子侵入或者其他不正当手段获取权利人的商业秘密"和第二种"披露、使用或者允许他人使用以前项手段获取的权利人的商业秘密"情形则不适用。原因是在第一种、第二种情形中,以"不正当手段获取"他人商业秘密这个行为本身就足以排除"合理来源"。

## 二、"接触+相同或实质相同-合理来源"的理解

### (一)接触

接触是"接触+相同或实质相同-合理来源"侵权判断思路中最核心的判断要素。如果原被告信息实质上不相同,则被诉侵权人当然不构成对权利人商业技术秘密的侵犯,即使原告能够证明"相同或实质相同",但无法证明"被告有接触的机会",则将无法认定被告系通过不正当手段获取原告的商业秘密。

商业秘密领域的"接触"包括"实际接触"和"接触可能性"两个层面。"实际接触"是指被诉侵权人实际上接触到了权利人的商业秘密,接触的方式包括但不限于:长期持有、短期接转、浏览、使用、控制。"接触可能性"是指被诉侵权人具有接触到权利人商业秘密的条件,是否实际接触在所不问。"接触可能性"的人员包括:权利人作为用人单位时,具有接触秘密可能性的相关员工(包括现员工和前员工);也包括基于合法渠道获取了权利人商业秘密的人,如商业秘密的被许可人,或受委托加工商业秘密涉及产品的加工厂等,以及那些以不正当手段获取了商业秘密的人。在判断被诉侵权人是否"接触"权利人的商业秘密时,应根据涉案商

业秘密的种类选择合适的判断标准和方法。对于合法知悉商业秘密的人而言，原告需要提供初步的证据证实该事实存在，如劳动合同、许可合同、委托加工合同等。而对于不法知悉商业秘密的人，原告需要举证证明其是如何通过"非正当"手段获取商业秘密的，如通过胁迫、盗窃、欺诈、贿赂或其他不正当手段等。对于经营信息而言，权利人的高级管理人员、部分销售人员或市场人员均应推定为"接触"秘密的人员，除非有相反证据推翻该种推定；对于技术信息而言，则确实需要深入考察被诉侵权人是否具备接触秘密的可能性。比如，前台接待人员一般无法接触公司的技术秘密，除非有相反证据证实其实际接触。侵权人是否接触原告的商业秘密往往是法院审理被告侵权是否成立的第一步。需要注意的是，"接触+近似"中的接触，不是一般性接触商业秘密，而是足以知悉商业秘密的接触，即具有足以获取商业秘密的条件。❶在商业秘密侵权案件中，员工或者前员工泄露商业秘密占绝大部分。因此，最高人民法院对于如何判断员工、前员工接触商业秘密在商业秘密司法解释中做了相关规定。

《最高人民法院关于审理侵犯商业秘密民事案件适用法律若干问题的规定》第12条规定，人民法院认定员工、前员工是否有渠道或者机会获取权利人的商业秘密，可以考虑与其有关的下列因素："（一）职务、职责、权限；（二）承担的本职工作或者单位分配的任务；（三）参与和商业秘密有关的生产经营活动的具体情形；（四）是否保管、使用、存储、复制、控制或者以其他方式接触、获取商业秘密及其载体；（五）需要考虑的其他因素。"在侵害商业秘密案件中有一部分是因为"员工离职，带走商业秘密"导致的，针对这一普遍情况，该司法解释特别规定了认定员工、前员工是否有渠道或者机会获取权利人的商业秘密的考量因素，针对此类案件提供了详细的指引。

（二）实质相同

1. 实质相同的规定

商业秘密领域的"相同或者实质相同"是指被诉侵权信息与商业秘密

---

❶ 宋建立. 商业秘密案件办理的若干热点和难点［J］. 人民司法，2022(34).

相同或者不存在实质区别。"相同"包括完全相同和基本相同两种情形，完全相同是指被诉侵权信息等同于商业秘密本身，不存在任何差别；基本相同是指被诉侵权信息在表现形式上存在细微差异，但是内容完全相同。"实质相同"中的"实质"即强调被诉侵权信息在非主要部分与商业秘密存在差异，但是在主要功能等核心内容上相同。根据2019年《反不正当竞争法》第32条第2款第1项的规定，被告是否侵害商业秘密，需要对被告获取、披露、使用的信息与原告所主张的商业秘密内容是否构成实质性相同进行判定，如不构成实质性相同，则被告不构成侵权。

《最高人民法院关于审理侵犯商业秘密民事案件适用法律若干问题的规定》第13条规定："被诉侵权信息与商业秘密不存在实质性区别的，人民法院可以认定被诉侵权信息与商业秘密构成反不正当竞争法第三十二条第二款所称的实质上相同。人民法院认定是否构成前款所称的实质上相同，可以考虑下列因素：（一）被诉侵权信息与商业秘密的异同程度；（二）所属领域的相关人员在被诉侵权行为发生时是否容易想到被诉侵权信息与商业秘密的区别；（三）被诉侵权信息与商业秘密的用途、使用方式、目的、效果等是否具有实质性差异；（四）公有领域中与商业秘密相关信息的情况；（五）需要考虑的其他因素。"

根据上述规定，被诉侵权信息与商业秘密"实质上相同"的认定主要包括三个方面：一是确定二者的相同点、区别点和区别的程度，以及所属领域的相关人员在被诉侵权行为发生时是否容易想到该区别。二是二者的用途、使用方式、目的、效果等是否具有实质性差异。三是根据当事人的举证情况，确定公有领域中与商业秘密相关信息的情况，这对于客观确定所属领域的相关人员在被诉侵权行为发生时的知识和能力，其是否"容易想到"该区别，以及"是否具有实质性差异"的认定，均能够提供更加客观的参考或者依据。❶在侵害商业秘密案件中，判断被诉侵权商业信息与

---

❶ 林广海，李剑，杜微科.《最高人民法院关于审理侵犯商业秘密民事案件适用法律若干问题的规定》的理解与适用[J]. 法律适用，2021(4).

涉案商业秘密是否构成相同或者实质性相似往往是审判活动中的重难点，通常需要借助技术调查官或者通过鉴定才能得出结论。上述规定针对在确定涉案商业信息属于商业秘密后，如何判断被诉侵权商业信息与涉案商业秘密构成实质上相同提供了几个考虑因素，在涉案商业秘密不属于复杂技术信息时，法官可以根据该条进行比对作出判决。

2. 实质上相同的判断

反不正当竞争法未对"相同"和"实质上相同"进行区分。首先，反不正当竞争法语境下的"实质上相同"是当然包含"相同"的。其次，对于不完全相同的情况，反不正当竞争法并未进一步规定具体判断标准，但我们可以借鉴相近领域相对成熟的比对标准来定位商业秘密的比对标准和判断原则。与之相近的标准系专利领域比对中的"等同"标准和著作权领域比对中的"实质性相似"标准。较之"等同"标准，"实质性相似"标准更适用于作为商业秘密的实质上相同标准。一方面，专利权覆盖对象的内容和范围具有法定性和明确性，这是"等同"标准适用的前提，而著作权覆盖对象的内容和范围则无此特点，商业秘密亦与著作权相同；另一方面，由于专利的内容已经被公开，公众可以合法获取，因此，专利法规制的通常不是获取手段的非法性，而是基于公开换垄断的原则要求公众在进行实施时对权利要求限定的内容进行避让，即未经许可时，其实施内容不得落入权利要求限定的范围内。所以，在对专利内容进行比对时，并不将来源的一致性作为判断标准，即使被诉侵权内容来源于主张权利的专利内容，只要部分内容实质不同，便不构成等同。对于商业秘密而言，反不正当竞争法所规制的主要是获取手段的不正当性，并限制以之为前提的后续行为。著作权法规制的路径与反不正当竞争法中商业秘密保护条款规制的路径十分类似，其主要规制的是剽窃行为以及基于剽窃而产生的后续行为。商业秘密和著作权领域比对被诉内容与主张权利内容的作用均在于推定来源一致，即被诉内容实际应属于相应的权利人。因此，"实质上相同"和"实质性相似"标准一样，均主要把来源的一致性作为判断标准，无论存在何种转化，只要能基于某一层面的相同进而确信被诉内容来源于主张权利的内容，就可以满足上述标准。综上，无论是权利内容还是规制路径，商业秘密比对的"实质上相同"标准均更倾向于著作权比对的"实质性相似"标准。

在具体适用上,判断商业秘密是否实质上相同基本可以参考"实质性相似"的标准,但需要注意的是,"实质性相似"的标准事实上更严格。由于立法价值取向不同,著作权法确立了"保护表达而非思想"的原则,"实质性相似"排除了只在思想层面一致的情况。而对于商业秘密,则无此方面的要求。因此,适用实质上相同的判断标准为,只要能基于某一层面内容的一致进而确信被诉内容来源于主张权利的内容,相应内容与主张权利的内容便构成实质上相同,而该层面越具体,越趋向于表达,确信度便越高。

例如,在北京理正软件股份有限公司诉北京大成华智软件技术有限公司侵害商业秘密纠纷一案[1]中,法院认为,当有证据表明涉嫌侵权人有渠道或者机会获取商业秘密,且其使用的信息与该商业秘密实质上相同时,若涉嫌侵权人未能举证证明其使用的信息来源合法或实际不侵犯商业秘密时,可以推定涉嫌侵权人实施了侵害商业秘密的行为。在鹤壁市反光材料有限公司诉宋某超等侵害商业秘密纠纷一案[2]中,法院认为,被诉侵权人所使用的客户信息与权利人的经营信息存在相同或实质性相同的特征,同时,被诉侵权人通过被诉侵权自然人接触了权利人的经营信息。此外,被诉侵权人并未举证证明其业务往来系客户自行要求与其交易,亦未举证证明相关客户信息是其自行开发维护所得,因此可以推定其不正当地获取、使用了被诉侵权自然人所掌握的权利人所拥有的商业秘密,二者构成商业秘密共同侵权。在北京龙软科技股份有限公司诉卢某陶等侵害商业秘密纠纷一案[3]中,法院认为,由于商业秘密需要进行法定的要件判断,且均是以权利人主张的秘密点进行整体判断的,因此,比对时也应整体上考虑秘密点的技术内容,不能以局部的实质相同代替整体的实质相同。部分秘密点的所涉双方代码部分相同,但从整体上看,尚未达到实质上相同的程度,

---

[1] 最高人民法院(2020)最高法知民终 1101 号民事判决书。
[2] 最高人民法院(2018)最高法民申 1273 号民事裁定书。
[3] 北京知识产权法院(2017)京 73 民初 1259 号民事判决书。

则权利人主张密点中的源代码与被诉侵权的内容不构成实质上相同。

又如，非法获取图纸行为。非法获取图纸是侵犯商业秘密纠纷中的常见情况。经比对，被诉侵权图纸与原告图纸相同，而被告无正当理由或无法提供合法来源，此种认定规则类似于著作权侵权的比对。鉴于图纸中信息丰富，如果不是不当获取，难以出现两张图纸实质相同的情况，若被告不能证明其图纸具有合法来源，则可以推定被告系非法获取了图纸。如在上海东富龙科技股份有限公司、上海天祥健台制药机械有限公司等与广州白云山明兴制药有限公司侵犯商业秘密纠纷一案❶中，被告技术参数与涉案技术秘密相同，而且对应的被告图纸与原告提交的涉案图纸基本相同，被告无法证明东富龙公司具有使用涉案技术秘密的正当理由或合法来源，法院认定被告侵犯商业秘密行为成立。

在司法实践中，人民法院在判断被诉技术信息与商业秘密之间是否"相同或实质相同"时，通常采用秘密点"同一性"鉴定方法。同一性鉴定就是司法鉴定机构对诉讼双方的涉案技术信息进行对比，以判断两者是否属于同样的技术过程。在侵犯商业秘密案件中，判定犯罪嫌疑人的技术是否与权利人的技术具有同一性，也是司法鉴定的重要工作。如果两个鉴定的样本是通过"复制"得来，则其相似性很容易判断，但是如果二者之间存在区别，则需要鉴定其技术是否"实质性相似"，即通过证明双方技术的核心部分具有同一性，进而推定双方的技术具有同一性。在实践中，不同的技术信息核心部分不同，不同的鉴定人对同一个技术信息如何选取核心部分也会有不同的看法，这给同一性鉴定增加了难度，也正是侵犯商业秘密案件疑难的原因之一。

3. 经营信息相同或实质相同的判断

经营信息尤其是客户信息的相同或者实质相同的问题，判断规则与技术信息类有所区别，可以根据一般常识和相关经验直接判定二者是否构成相同或者实质相同，无须附加其他技术手段，经营信息一般不采用鉴定的方法。在司法实践中，侵权行为往往比较隐蔽，取证非常困难，权利人即

---

❶ 上海知识产权法院（2016）沪73民初808号民事判决书。

便有证据证明被诉侵权人与自己的客户存在交易事实本身，但也没有能力举证证明其使用了自己的客户信息当中的报价、交易需求、交易习惯等称为商业秘密的深度信息，在此情况下，可以根据 2019 年《反不正当竞争法》第 32 条赋予举证转移规则实现维权目的。客户名单商业秘密的使用，应当是指侵权人使用客户名单的信息与名单中的客户进行交易，从实践来说，应当是侵权人与名单中的客户进行了交易。侵权人与名单中的客户进行交易肯定会使用客户的名称、地址、联系方式等基本信息，但在主张作为商业秘密保护的客户名单应不限于客户的名称、地址、联系方式等基本信息的情况下，要求权利人去证明侵权人是否使用了基本信息之外的深度信息难度较高，而实际上如果侵权人获取了权利人客户名单的深度信息，其在交易中一般是会使用的。因此，如果被诉侵权人无法主张客户信息有合法来源，其与客户名单中的客户进行了交易，从常理出发可推定其使用了包括深度信息在内的客户名单商业秘密。

如果被诉侵权行为与客户信息当中的客户进行实质性交易，交易形式与原公司同该客户交易的内容高度相同，且不能证明客户系其独立开发所得或者客户信息来自公开渠道，则可以认定构成被诉侵权行为使用了权利人的客户信息，可推定侵犯商业秘密。例如，在张某、陕西锐东电子科技有限公司与西安博能电力技术有限公司侵害商业秘密纠纷一案[1]中，法院认为："张某、锐东公司自公司成立至今共向博能公司原销售客户北京双杰电气股份有限公司等 7 家销售单位销售开关机械特性测试仪、真空度测试仪、回路电阻等电力设备和检测仪，与博能公司原客户已经实际发生交易关系，博能公司提交张某在博能公司销售出库单、销售合同、张某签字的开票申请表，能够证明北京双杰电气股份有限公司等 7 家企业原是博能公司的客户；高新区国税局出具的锐东公司开具增值税专用发票名单上的客户及对应的产品与博能公司上述客户大部分重合，对应的产品的销售金额，对同一个交易对象，锐东公司的销售价格低于博能公司。张某及锐东公司所提交的证据《机电大黄页》中并无上述企业，《机电大黄页》中出

---

[1] 陕西省高级人民法院（2107）陕民终 1027 号民事判决书。

现的'北京双杰配电自动化设备有限公司'与本案涉及的'北京双杰电气股份有限公司'不是同一家公司。且《机电大黄页》上仅有企业基本信息，并无企业销售人员的个人信息。张某离职后，就职于锐东公司并担任销售经理，张某未遵守承诺，在锐东公司负责实际销售的产品与博能公司所售产品相同，且销售客户基本为博能公司的重要客户，客户信息属于销售企业的重要商业秘密，张某利用其之前掌握的博能公司的销售客户信息，向该部分客户销售锐东公司经营的同类产品，对博能公司的销售经营造成损害，故张某的行为构成侵犯原告商业秘密，应当承担相应的民事责任。"

在河南中联热科工业节能股份有限公司诉河南某设备公司、勾某某等人侵害商业秘密纠纷一案[1]中，法院认为，在司法实践中，法院通常采用"接触+实质性相似-合法来源"原则判定是否侵犯商业秘密。被诉侵权人使用的客户信息与权利人的客户名单实质性相似，接触了权利人所主张的客户信息且被诉侵权人不能证明其使用的客户信息具有合法来源的，构成商业秘密侵权。

在瞿某、常州市迪驰机械有限公司（迪驰公司）与常州汉尔威进出口有限公司侵犯商业秘密纠纷一案[2]中，瞿某作为常州汉尔威进出口有限公司（简称汉尔威公司）员工，全面了解汉尔威公司供货规律、价格、产品要求等，常州市迪驰机械有限公司（简称迪驰公司）供货的产品种类、数量、价格及贸易形式与之前汉尔威公司与该客户交易的内容高度相同，法院认为瞿某和迪驰公司构成侵犯商业秘密。

在北京洪威先创科技股份有限公司与北京世诚伟业科技发展有限公司等侵害经营秘密纠纷一案[3]中，原告北京洪威先创科技发展有限公司（以下简称洪威先创公司）成立于2007年7月10日，其主营业务为考场、会场安全技术防范，作弊防控系统，隐形耳机与作弊信号侦测器等防作弊系统及设备的研发、销售等。被告孙某、李某雅原系原告洪威先创公司员工。其中，孙某入职时间为2013年3月，曾担任副总裁助理、经理助理等职

---

[1] 河南省高级人民法院（2019）豫知民终450号民事判决书。
[2] 江苏省常州市中级人民法院（2019）苏04民终3773号民事判决书。
[3] 北京知识产权法院（2019）京73民终2849号民事判决书。

务，2017年3月离职；李某雅入职时间为2012年2月，曾担任项目经理等职务，2016年12月12日离职。2016年12月9日，被告北京世诚伟业科技发展有限公司（以下简称世诚伟业公司）成立，经营范围包括销售考场防作弊器材及技术咨询、技术服务等。该公司成立时的股东及法定代表人系被告孙某的父母。被告世诚伟业公司承认其销售的产品与原告洪成先创公司经营的部分产品相同，被告孙某承认其父母在该公司成立之前未从事过相关业务。

原告洪威先创公司在该案中主张的经营秘密为客户名单（包括上游的供应商和下游的采购方），具体内容为：客户具体联系人的微信、电话、QQ号码、电子邮箱、职务、报价方案（包括原告从供应商处获取产品的采购价格及原告对外销售价格）以及客户采购意向、交易习惯等信息。上述信息原告洪威先创公司均以录入客户管理系统的方式予以保存，并设有用户名、安全密码及使用权限。原告洪威先创公司与被告孙某、李某雅签订了员工保密协议、劳动合同、承诺函、离岗审计未经授权行为谅解备忘录、离岗资料申请备案、离职审计需带公司物资及资料申请备案、声明书、核心岗位员工离职确认函，被告孙某、李某雅对于纳入公司经营秘密的信息范围应当知晓。被告孙某、李某雅在职期间均有权进入客户管理系统。

根据法院从昌平税务局调取的被告世诚伟业公司2017年4月至2018年12月开具的发票信息，有多家与世诚伟业公司发生交易的客户与原告洪威先创公司主张的客户名单中的客户相同。根据原告洪威先创公司提交的销售合同和发票，原告与上述客户交易的时间均在被告世诚伟业公司成立之前。法院认为原告主张权利的涉案客户名单构成经营秘密；结合世诚伟业公司的成立情况、交易情况及各被告未合理解释及举证其违反保密义务的理由，认定孙某与世诚伟业公司共同侵犯了原告的商业秘密。

### 三、合法来源

合法来源相关内容请参考本书第五章不构成侵害商业秘密的合法行为。

# 第三章 侵害商业秘密责任

## 第一节 侵害商业秘密责任简述

商业秘密侵权行为的民事责任属于侵权责任方式范畴。所谓侵权责任方式，是指侵权责任人依法应当对侵权损害承担不利后果的形式和类别。《民法典》第120条规定："民事权益受到侵害的，被侵权人有权请求侵权人承担侵权责任。"第179条规定："承担民事责任的方式主要有：（一）停止侵害；（二）排除妨碍；（三）消除危险；（四）返还财产；（五）恢复原状；（六）修理、重作、更换；（七）继续履行；（八）赔偿损失；（九）支付违约金；（十）消除影响、恢复名誉；（十一）赔礼道歉。法律规定惩罚性赔偿的，依照其规定。本条规定的承担民事责任的方式，可以单独适用，也可以合并适用。"商业秘密侵权责任形式具有如下特点：（1）侵权责任形式属于民事责任在侵权法领域内的具体表现；（2）侵权民事责任形式体现的是平等主体之间的关系；（3）侵权责任形式是落实侵权责任的具体形式。下文将针对侵犯商业秘密行为的民事责任问题展开讨论。

## 第二节 侵害商业秘密责任类型

在司法实践中，常用的侵犯商业秘密行为的民事责任主要包括停止侵害和赔偿损失两种。除停止侵害及赔偿损失外，在司法实践中民事责任还包括销毁或返还侵权载体和消除影响等。由于此类侵权行为一般不会导致原告商誉损害，因此对于原告要求被告赔礼道歉的诉讼主张一般不应当支持。

### 一、停止侵害

关于停止侵害，在法律规定中主要体现为不得披露、使用或允许他人使用其接触或获取的商业秘密。在司法裁判中，大多数判决一般采用"被告停止侵害原告×××商业秘密"的表述。由于商业秘密不为公众所知悉，法律也没有规定保护期限，关于停止侵害的期限，我国法律采取的基本原则是应当持续到原告商业秘密公开为止。例外的情形是，如果停止侵害的期限过长导致明显不合理的，法官可以根据案情作适度调整。例如，由于侵权人擅自披露导致商业秘密被公众所知悉，不判决停止使用会导致其获得不正当的竞争优势的，人民法院可以根据案件具体情况，判决侵权人在一定的期限或者范围内停止使用商业秘密。《最高人民法院关于审理侵犯商业秘密民事案件适用法律若干问题的规定》第17条规定："人民法院对于侵犯商业秘密行为判决停止侵害的民事责任时，停止侵害的时间一般应当持续到该商业秘密已为公众所知悉时为止。依照前款规定判决停止侵害的时间明显不合理的，人民法院可以在依法保护权利人的商业秘密竞争优势的情况下，判决侵权人在一定期限或者范围内停止使用该商业秘密。"另外，原告请求判决侵权人返还或者销毁商业秘密载体，清除其控制的被诉商业秘密信息的，一般应当予以准许。但销毁侵权载体会损害社会公共利益，或者销毁侵权载体不具有可执行性等情形的除外。2009年《最高人民法院关于当前经济形势下知识产权审判服务大局若干问题的意见》第 15 条规定：如果停止有关行为会造成当事人之间的重大利益失衡，或者有悖社会公共利益，或者实际上无法执行，可以根据案件具体情况进行利益衡量，不判决停止行为，而采取更充分的赔偿或者经济补偿等替代性措施了断纠纷。对于原告来说，停止侵权的法律意义在于通过判令被告不得披露、使用或者允许他人使用商业秘密，防止该商业秘密被进一步非法扩散并进入公知领域，以保持原告在行业内的竞争优势。如果在判决作出前该商业秘密已经被扩散至公知领域，那么基于该信息已为行业所公知的状况，再判令被告停止侵害已无实际意义，也无法实现救济目的。在这种情形下，应评估整个商业秘密的商业价值，并判令被告作出赔偿，以补偿原告因丧失该商业秘密所遭受的开发成本以及收益（包括预期收益）损失。《最高人民法院关于审理侵犯商业秘密民事案件适用法律若干问题的规定》第 19 条对此的规定是："因侵权行为导致商业秘密为公众所知悉的，人民法院依法确定赔偿数额时，可以考虑商业秘密的商业价值。人民法院认定前款所称的商业价值，应当考虑研究开发成本、实施该项商业秘密的收益、可得利益、可保持竞争优势的时间等因素。"在司法实践中权利人在明确停止侵害时应注意以下几点。

（1）停止侵害范围的指向应当明确。这里包含三层含义：一是停止侵害的客体只能限于权利人商业秘密，不能延及公共领域。二是地域限制不属于停止侵害范围的考量因素。如果允许被告在原告经营地域以外继续使用商业秘密，一方面会导致原告商业秘密存在随时被公开的危险，另一方面也使得原告潜在市场份额被不当掠夺。三是司法裁判必须给当事人执行判决的明确指引。在司法实践中经常出现的问题是，原告诉求在主张商业秘密采取笼统的表述，没有明确指明商业秘密的具体构成，使得主张缺乏明确的指引性，并不能清晰地将商业秘密从公知领域中划分出来。如"原告所主张的制造工艺构成商业秘密""×××、××× 公司构成原告客户名单"，正确全面的表述应是将技术信息、经营信息中的具体秘密点明确列明，如"原告所主张的铺层工艺构成技术秘密""原告与客户之间的交易价格、供货规律、客户对产品规格、质量等方面的独特需求……构成商业秘密"。司法裁判对商业秘密内容给出清晰表述的意义在于明确商业秘密的保护边界，指引权利人和社会公众在各自的合法领域内行使权利，避免商业秘密权利滥用。

（2）停止侵害的期限应尽可能明确。对于技术秘密，多数判决将停止侵害的期间界定为"持续到该项商业秘密已为公众知悉时为止"。如果当事人之间就保密期限存在约定的，法院判决以约定的保密期限作为停止侵害责任承担方式的期限。对于简单的经营信息商业秘密，如客户名单和财务信息，根据商业秘密本身的竞争优势或者劳动付出，更加适宜确定停止侵害持续的合理期间，而不直接确定其持续至案涉商业秘密已为公众所知悉时。❶

在常州精石标识制造有限公司与常州一道标识系统有限公司、朱某刚等侵害商业秘密纠纷一案❷中，法院认为，涉案商业秘密属于经营信息，而经营信息有着不同于技术信息的特点，其往往会随着市场的变化而变化，会随着市场的二次开拓或交易的持续发展而在新的交易主体之间产生新的经营信息，具有一定的不稳定性，而且难以与职工的个人经验、技能等完全区分，因此，尽管侵犯该类商业秘密的行为人因使用权利人的经营信息而产生了降低交易成本、增加交易机会的经济利益，但客户名单作为商业秘密所体现出的市场价值也应存在一定期限。法院考虑以下三点因素：

第一，原告奥兰通公司与被告朱某刚、居某芬在保密协议中约定保密期限为两年，该期限约定体现了原告对其客户名单市场价值的预期，符合标识生产这一传统行业的一般市场规律，可以作为法院认定停止侵害这一民事责任合理期限的参考；第二，被告朱某刚、居某芬离职后，原告与其发生竞业限制赔偿纠纷，生效裁判认定其至迟于2010年4月27日起即在被告一道公司工作，并判令其应履行所签订的《保密协议》中的竞业限制条款至约定的竞业限制期限届满之日止，但从双方前案纠纷发生至前案生效裁判作出时间2012年3月15日这一期间内，被告一道公司一直与原告多

---

❶ 孔祥俊. 商业秘密司法保护实务［M］. 北京：中国法制出版社，2012：190.
❷ 江苏省常州市中级人民法院（2016）苏04民初22号民事判决书。

名客户发生交易往来,可知该二人无视约定及法定义务,即使在诉讼期间仍持续披露原告的商业秘密,恶意程度明显较高;第三,被告一道公司无视原告向其发送的《通告》,除朱某刚、居某芬外,还录用原告多名原工作人员,且这些职工均与原告签订有保密协议。基于以上情形,本院认为如果本案仅以被告朱某刚、居某芬离职后的两年作为其侵犯商业秘密的期限将明显不合理,三被告的恶意也印证了涉案经营信息具有较高的市场价值,故本案应适当延长该期限以充分保护原告经营信息的竞争优势,本院认为被告朱某刚、居某芬离职后的三年内,本案三被告仍应不得使用涉案商业秘密。

在实践中,权利人采取保密措施的方式通常分为对内与对外两种渠道。对内包括与员工签订保密协议、竞业限制协议;对外则包括与合作伙伴、供应商、客户等签订保密条款或者保密协议。企业在与员工签订保密协议中明确约定劳动关系的解除或终止将不影响保密条款/协议的效力,员工的保密义务应当持续至商业秘密为公众所知悉为止。同样地,在权利人与合作方签订协议时,保密义务的期限也应当明确约定至商业秘密为公众所知悉为止。

(3)适用停止侵害责任承担方式应以原告主张的商业秘密尚未进入公有领域为前提条件,若涉案商业秘密在法院判决时已经进入公有领域,成为公知信息,此时判令停止侵害已无实际意义。若原告的商业秘密因被告的侵权行为已经被公开,判决停止侵害已无必要,法院应通过判令被告赔偿该商业秘密的开发成本及应用该商业秘密所产生预期利益损失等方式弥补原告的损失,而不再判令停止侵害。[1]

(4)共同侵权。共同侵权行为,是指二人以上基于主观的或者客观的意思联络,共同实施侵权行为造成他人损害,应当承担连带赔偿责任的多数人侵权行为。2019年《反不正当竞争法》第9条规定:"第三人明知或者应知商业秘密权利人的员工、前员工或者其他单位、个人实施本条第一款所列违法行为,仍获取、披露、使用或者允许他人使用该商业秘密的,

---

[1] 北京市高级人民法院知识产权庭课题组.《反不正当竞争法》修改后商业秘密司法审判调研报告[J].电子知识产权,2019(11).

视为侵犯商业秘密。"具体到商业秘密领域,共同侵权行为构成要件包括:(1)多人侵犯他人商业秘密的共同故意;(2)多人侵犯他人商业秘密的共同行为;(3)造成权利人损害;(4)侵权行为与损害结果之间存在因果关系。下列行为或有证据证明或推定构成共同侵权:负有保密义务的员工成立隐名公司;在职期间成立公司,违法披露商业秘密;离职后与自己成立的公司共同侵害;将掌握的商业秘密披露给自己担任股东、法定代表人的公司使用;掌握商业秘密的多名员工离职后共同出资设立与原用人单位具有竞争关系的公司,不能证明商业信息合法来源;第三人利诱掌握商业秘密的员工合资设立公司;员工离职后,成为与原用人单位具有竞争关系的公司的股东,该公司在明知的情况下,仍然使用的;员工与他人共同出资成立与原用人单位具有竞争关系的公司,担任股东、法定代表人或监事的情况下,推定其参与公司经营管理,公司不能证明其使用的信息具有合法来源的;负有保密义务的员工的近亲属设立的个人独资企业,就相同业务与原用人单位的客户进行交易,却不能证明其客户信息具有合法来源时;关联公司在一家获得商业秘密许可使用的情况下,擅自将该商业秘密披露给另一家公司使用的;在公司明知员工掌握原公司商业秘密未尽注意义务的;等等。共同侵权行为及责任承担应根据2019年《反不正当竞争法》第9条第1款第2项至第4项、第2款、第3款规定的行为情形,依据《民法典》第1168条、第1169条第1款予以认定。

在北京理正软件股份有限公司诉北京大成华智软件技术有限公司侵害商业秘密纠纷一案❶中,最高人民法院明确构成共同侵权需要具有意思联络、具有共同行为,即两者共同实施侵权行为或分别实施侵权行为造成同一损害。如果不具备这些要件,不能轻易认定被告所在公司与自然人被告构成共同侵权。在"香兰素"技术秘密一案❷中,最高人民法院对企业以侵权为业进行了认定,并认定法定代表人或者实际控制人与该被诉侵权企业共同实施了侵权行为,承担连带法律责任。

---

❶ 最高人民法院(2020)最高法知民终1101号民事判决书。
❷ 最高人民法院(2020)最高法知民终1667号民事判决书。

## 二、赔偿损失

1993年《反不正当竞争法》第20条对不正当竞争行为的损害赔偿作出规定,但未就侵犯商业秘密的赔偿数额认定单独作出规定。此后,2007年《最高人民法院关于审理不正当竞争民事案件应用法律若干问题的解释》第17条规定:"确定反不正当竞争法第十条规定的侵犯商业秘密行为的损害赔偿额,可以参照确定侵犯专利权的损害赔偿额的方法进行。"2017年《反不正当竞争法》第17条第4款对侵犯商业秘密的法定赔偿作出规定,2019年《反不正当竞争法》修正后,将法定赔偿上限由三百万元提高至五百万元,并对惩罚性赔偿作出明确规定,显著加强了商业秘密保护。由此可见,2019年《反不正当竞争法》规定了损害赔偿的两种情形:(1)补偿性赔偿。可适用"实际损失""非法所得"的数量计算方法和"法定赔偿"的自由裁量方法。(2)惩罚性赔偿。经营者恶意实施侵犯商业秘密行为,情节严重的,可以按照上述方法确定数额的1倍以上5倍以下确定赔偿数额。本小节仅讨论补偿性赔偿,惩罚性赔偿在下小节再作详细说明。根据《反不正当竞争法》第17条❶的规定,可以确定以下补偿性赔偿原则。

(一)计算损失额的一般方法

赔偿数额按照原告因被侵权所受到的实际损失确定,如法院经过庭审认定被告构成侵权的,原告所主张的赔偿数额就应当有足够依据支撑,进

---

❶ 《反不正当竞争法》第17条:"经营者违反本法规定,给他人造成损害的,应当依法承担民事责任。经营者的合法权益受到不正当竞争行为损害的,可以向人民法院提起诉讼。因不正当竞争行为受到损害的经营者的赔偿数额,按照其因被侵权所受到的实际损失确定;实际损失难以计算的,按照侵权人因侵权所获得的利益确定。经营者恶意实施侵犯商业秘密行为,情节严重的,可以在按照上述方法确定数额的一倍以上五倍以下确定赔偿数额。赔偿数额还应当包括经营者为制止侵权行为所支付的合理开支。经营者违反本法第六条、第九条规定,权利人因被侵权所受到的实际损失、侵权人因侵权所获得的利益难以确定的,由人民法院根据侵权行为的情节判决给予权利人五百万元以下的赔偿。"

行积极举证。原告能够举证证明其因被侵权所受到的实际损失的，可以请求法院按照其实际损失确定赔偿数额。实际损失难以计算的，按照被告因侵权所获得的利益确定。在确定赔偿数额时，应注意实际损失与侵权获利系先后顺序关系，而非并列或可选用其一的关系。这一点与《专利法》❶规定不同。专利以公开换保护，技术方案对于权利人和侵权人来讲价值是一致的，商业秘密则不同，即便侵权人没有获利但可能也会给商业秘密权利人造成巨大损失，因此，商业秘密损害赔偿有顺序要求。实际损失和侵权获利的计算可以参考《最高人民法院关于审理专利纠纷案件适用法律问题的若干规定》第14条规定："实际损失可以根据因侵权所造成销售量减少的总数乘以每件产品的合理利润所得之积计算。权利人销售量减少的总数难以确定的，侵权产品在市场上销售的总数乘以每件产品的合理利润所得之积可以视为权利人因被侵权所受到的实际损失。"侵权人因侵权所获得的利益一般按照侵权人的营业利润计算，对于完全以侵权为业的侵权人，可以按照销售利润计算。

商业秘密侵权案件实际损失通常难以精准计算，在司法实践中可以考虑提供年度审计报告、销售转账凭证及发票、销售毛利数据、销售明细账目、销售金额明细表、生产成本结算表、原材料分配表等，或者聘请专业机构提出经济分析报告予以佐证。商业秘密侵权案件实际损失难以确定的，原告能够举证证明被告因侵权所获得的利益的，可以请求法院按照被告因侵权所获得的利益确定赔偿数额；在举证过程中，如与侵犯商业秘密行为相关的账簿、资料由被告掌握的，原告可以请求法院责令被告提供该账簿、资料。

对于产品部分侵权时应根据该零部件本身的价值及其在实现成品利润中的作用等因素合理确定赔偿数额。如果"秘密点"所涉及的是侵权产品的一个密不可分的组成部分、或者是核心关键的组成部分，根据侵权产品整体的利润进行计算以确定赔偿数额；如果"秘密点"所在部分构成系整

---

❶ 《专利法》第71条规定，侵犯专利权的赔偿数额按照权利人因被侵权所受到的实际损失或者侵权人因侵权所获得的利益确定。

个侵权产品的可分拆的部件、并不是整个侵权产品的核心组成部分，应当根据该零部件本身的价值及其在实现成品利润中的作用等因素合理确定赔偿数额。❶

对于利润率，可以参考商业秘密权利人历史交易利润率、行业利润率等进行确定，权利人没有充分证据证明自己公司的利润率，应结合双方当事人的主张，并考虑审计结论、研发投入、开拓客户成本、行业特点、市场竞争情况、侵权行为的时间、情节、经营风险、其他费用支出及具体侵权情况等因素，在权利人主张的基础上酌定利润率。

技术贡献度，也称为"技术贡献率"。对于技术贡献度，反不正当竞争法并未作出规定，但专利法司法解释、专利侵权在司法实践中已明确了考量技术贡献度进行损害赔偿计算的必要性和可行性。技术秘密侵权案件中也可以参照专利侵权案件适用技术贡献度计算损害赔偿额。

在优铠（上海）机械有限公司与被上诉人曹某、李某、周某、上海路启机械有限公司、寿光市鲁丽木业股份有限公司侵害技术秘密纠纷一案❷中，最高人民法院提出："在权利人的损失难以准确计算的情况下，本院将综合考虑涉案技术秘密的性质、创新程度、研究开发成本、商业价值、能带来的竞争优势、技术贡献度以及侵权人的主观过错、侵权情节等因素酌情确定。"在广州天赐高新材料股份有限公司、九江天赐高新材料有限公司侵害技术秘密纠纷一案❸中，最高人民法院进一步明确："但本院同时注意到，侵权损害赔偿数额按照侵权人因侵权所获得的利益确定时，侵权人的侵权获利应当与侵权行为之间具有因果关系，因其他权利和生产要素产生的利润应当合理扣减，即在计算侵权损害赔偿额时，应考虑涉案技术秘密在被诉侵权产品生产中所占的技术比重及其对销售利润的贡献。……

---

❶ 《重庆市高级人民法院关于确定知识产权侵权损害赔偿数额若干问题的指导意见》第 8 条："专利侵权案件中，侵权产品中体现成品的技术功能和效果的关键部位侵犯权利人专利权的，可以按照成品的利润计算赔偿数额；在成品中只起辅助性作用的部件侵犯专利权的，应当按照该部件本身的价值及其在实现成品利润中所起的作用等因素合理确定赔偿数额。"

❷ 最高人民法院（2019）最高法知民终 7 号民事判决书。

❸ 最高人民法院（2019）最高法知民终 562 号民事判决书。

综合考虑涉案被侵犯技术秘密在卡波产品生产过程中所起的作用，本院酌情确定涉案技术秘密的贡献程度为50%……"在司法实践中，相关法院审判指导意见或相关判例均认可技术秘密侵权案件中秘密点的技术贡献度应当纳入损害赔偿计算的考虑因素。深圳市中级人民法院《知识产权案件适用惩罚性赔偿裁判指导意见（试行）》第十四条规定："确定赔偿基数时，应考虑专利、商标、著作权、商业秘密等不同的知识产权对产品的贡献度。同一被诉侵权产品同时侵犯数个知识产权的，应对涉案知识产权对产品的贡献度进行区分，合理地扣除其他权利产生的价值，一般以最小可销售单位计算实际损失或侵权获利。"

综上所述，笔者认为，在技术秘密民事侵权案件中，考量技术秘密点技术贡献度更有利于厘清被诉侵权人的侵权行为及因其侵权行为所应承担的责任，充分保障纠纷各方当事人的合法权利。

（二）权利人商业秘密因被侵犯而彻底丧失秘密性的情形

《最高人民法院关于审理侵犯商业秘密民事案件适用法律若干问题的规定》第19条规定："因侵权行为导致商业秘密为公众所知悉的，人民法院依法确定赔偿数额时，可以考虑商业秘密的商业价值。人民法院认定前款所称的商业价值，应当考虑研究开发成本、实施该项商业秘密的收益、可得利益、可保持竞争优势的时间等因素。"

例如，在深圳花儿绽放网络科技股份有限公司（以下简称花儿绽放公司）与浙江盘兴数智科技股份有限公司、浙江盘石信息技术股份有限公司侵害技术秘密纠纷一案[1]中，最高人民法院认为：

鉴定机构经评估作出的商业价值鉴定仅是确定知识产权商业价值的一种方式。在本案经审查不宜直接依据价值评估鉴定意见认定涉案技术秘密商业价值的情况下，依据本案现有证据情况，可以综合考虑涉案技术秘密的研究开发成本、实施该项技术秘密的收益、可得利益、可保持竞争优势的时间等因素酌情确定涉案技术秘密的商业价值，进而作为确定赔偿数额的依据之一。花儿绽放公司开发涉案软件的研发费用至少包括2017年至

---

[1] 最高人民法院（2021）最高法知民终2298号民事判决书。

2018年的研发费用，依据审计报告，仅2018年1月至10月末的研发费用为近360万元。花儿绽放公司以对外许可使用方式获取涉案软件的经营利润，涉案软件在2017年的销售收入为51万余元，2018年的销售收入为1140万余元，上述销售收入的增长状况与涉案软件于2017年开始研发、2018年1月完成V1.0版本研发、2018年8月完成V2.0版本研发的过程相契合。涉案软件部分源代码在GitHub网站上被披露后，2019年涉案软件销售收入下滑为530万余元，其中不排除有商业运营以及技术更迭、同类竞争等因素带来的影响，但软件源代码的公开披露客观上势必会导致该软件商业价值的贬损，给权利人造成较为严重的损失。同时，在市场上存在多个同类软件，尤其是2020年微信平台提供官方微信小程序开发渠道后，涉案软件保持竞争优势的时间以及可期待的许可收益难以避免会受到一定影响。综合上述因素，本院认定涉案技术秘密的商业价值应高于2017年反不正当竞争法规定的法定赔偿额最高限300万元，故对本案不宜适用法定赔偿方式确定赔偿数额，而应综合案件具体情况予以裁量。

在上述案件中，法院明确了鉴定机构经评估作出的商业价值鉴定可以作为确定知识产权商业价值的一种方式，但经审查在该案中不宜直接依据价值评估鉴定意见认定涉案技术秘密商业价值，法院最终考虑涉案技术秘密的研究开发成本、实施该项技术秘密的收益、可得利益、可保持竞争优势的时间等因素酌情确定涉案技术秘密的商业价值，酌定涉案技术秘密的商业价值应高于法定赔偿上限，并酌定赔偿经济损失及合理开支共计500万元。

（三）参照许可使用费的合理倍数确定赔偿数额

《最高人民法院关于审理侵犯商业秘密民事案件适用法律若干问题的规定》第20条第1款规定："权利人请求参照商业秘密许可使用费确定因被侵权所受到的实际损失的，人民法院可以根据许可的性质、内容、实际履行情况以及侵权行为的性质、情节、后果等因素确定。"原告实际损失额或者被告侵权获利额均难以确定的，原告可以请求法院参照商业秘密许可使用费的倍数合理确定，举证证明许可的性质、内容、实际履行情况以及侵权行为的性质、情节、后果等事实。适用许可使用费的倍数作为赔偿参考的,除了具体审查原告提供的许可使用费标准是否合理外,还需要综合考虑商业秘密的类型、许可的性质、范围、时间、是否实际支付及支付方式、许可使用合同是否实际履行或者备案、被许可人与许可人是否存在利害关系、行业许可的通常标准以及侵权行为的性质、情节、后果等因素。

需要注意的是,侵权人及第三方资料可以作为确定赔偿数额的证据。侵权人在审计报告、上市公司年报、招股说明书、财务账簿、会计凭证、销售合同、进出货单据、知识产权许可使用合同、设备系统存储的交易数据、公司网站、产品宣传册或其他媒体上公开的经营信息,以及第三方平台统计的商品流通数据,评估报告,市场监管、税务、金融部门的记录等,除明显不合常理或者侵权人提供足以推翻的相反证据外,可以作为证据,用以证明当事人主张的赔偿数额。

《最高人民法院关于审理侵犯商业秘密民事案件适用法律若干问题的规定》第24条规定:"权利人已经提供侵权人因侵权所获得的利益的初步证据,但与侵犯商业秘密行为相关的账簿、资料由侵权人掌握的,人民法院可以根据权利人的申请,责令侵权人提供该账簿、资料。侵权人无正当理由拒不提供或者不如实提供的,人民法院可以根据权利人的主张和提供的证据认定侵权人因侵权所获得的利益。"上述规定对责令侵权人提供其掌握的与侵权行为"相关的账簿、资料"作出规定,以进一步减轻权利人的举证负担,降低维权成本。

针对刑民交叉案件,《最高人民法院关于审理侵犯商业秘密民事案件适用法律若干问题的规定》第二十三条规定:"当事人主张依据生效刑事裁判认定的实际损失或者违法所得确定涉及同一侵犯商业秘密行为的民事案件赔偿数额的,人民法院应予支持。"

2019年《反不正当竞争法》第十七条第四款规定:"经营者违反本法第六条、第九条规定,权利人因被侵权所受到的实际损失、侵权人因侵权所获得的利益难以确定的,由人民法院根据侵权行为的情节判决给予权利人五百万元以下的赔偿。"上述规定即法定赔偿。适用法定赔偿原则时需要注意以下几点:(1)法定赔偿的考量因素。实际损失或侵权获利难以确定的,可以根据商业秘密的性质、商业价值、研究开发成本、创新程度、能带来的竞争优势以及侵权人的主观过错、侵权行为的性质、情节、后果等因素判决给予原告 500 万元以下的赔偿。（2）按照精细化裁判思维，详细分析说明各项酌定因素。结合案情引导当事人举证、质证，将案件中涉及与法定赔偿有关的因素纳入庭审质证范围，全面查清相关事实，为确定赔偿额打下事实基础。同时，在裁判文书中对作为酌定因素的事实和证据进行分析和论证，并在此基础上对各项酌定因素及其与损失、获利之间的关联性进行综合分析和论证，确定相对合理的赔偿额。（3）严格掌握法定赔偿的适用范围。对于原告请求以实际损失或侵权获利确定赔偿数额的，法院不应当简单地以"难以确定"为由直接适用法定赔偿，而应当积极引导当事人及其诉讼代理人就因侵权行为而产生的损失额、获利额或者许可使用费标准等方面的事实进行举证，避免简单适用法定赔偿。一般而言，对原告的实际损失和侵权人的侵权获利可以基本查清，或者根据案件的具体情况，依据证据规则和市场规律，可以对赔偿数额予以确定的，不宜适用法定赔偿。对于原告请求按照被告侵权获利赔偿，并通过对被告财务账册进行审计确定被告的获利额后，原告再要求适用法定赔偿的，一般不予准许。

在"香兰素"技术秘密纠纷一案[1]中，嘉兴中华化工公司与上海欣晨公司共同研发了乙醛酸法生产香兰素工艺，并将之作为技术秘密予以保护。该工艺实施安全、易于操作、效果良好，相比传统工艺优越性显著，嘉兴中华化工公司基于这一工艺一跃成为全球最大的香兰素制造商，占据了香兰素全球市场约 60% 的份额。嘉兴中华化工公司、上海欣晨公司认为王龙集团公司、王龙科技公司、喜孚狮王龙公司、傅某某、王某某未经许可使用其香兰素生产工艺，侵害其技术秘密，故诉至浙江省高级人民法院，请求判令停止侵权，赔偿经济损失及合理开支 5.02 亿元。浙江省高级人民法院认定侵权成立，判令停止侵权、赔偿经济损失 300 万元及维权合理开支 50 万元。浙江省高级人民法院在作出一审判决的同时，作出行为保全裁定，责令王龙科技公司、喜孚狮王龙公司立即停止使用涉案技术秘密，但

---

[1] 最高人民法院（2020）最高法知民终 1667 号民事判决书。

王龙科技公司、喜孚狮王龙公司并未停止使用行为。除王某某外，该案各方当事人均不服一审判决，向最高人民法院提出上诉。二审中，嘉兴中华化工公司、上海欣晨公司上诉请求的赔偿额降至 1.77 亿元。最高人民法院知识产权法庭根据权利人提供的经济损失的相关数据，综合考虑涉案技术秘密商业价值巨大、侵权规模大、侵权时间长、拒不执行生效行为保全裁定性质恶劣等因素，改判王龙集团公司、喜孚狮王龙公司、傅某某、王龙科技公司及其法定代表人王某某连带赔偿权利人经济损失 1.59 亿元。同时，法庭决定将该案涉嫌的犯罪线索向公安机关移送。最高人民法院认为：

2017 年反不正当竞争法第十七条规定："经营者违反本法规定，给他人造成损害的，应当依法承担民事责任。经营者的合法权益受到不正当竞争行为损害的，可以向人民法院提起诉讼。因不正当竞争行为受到损害的经营者的赔偿数额，按照其因被侵权所受到的实际损失确定；实际损失难以计算的，按照侵权人因侵权所获得的利益确定。赔偿数额还应当包括经营者为制止侵权行为所支付的合理开支。经营者违反本法第六条、第九条规定，权利人因被侵权所受到的实际损失、侵权人因侵权所获得的利益难以确定的，由人民法院根据侵权行为的情节判决给予权利人三百万元以下的赔偿。"

2007 年《最高人民法院关于审理不正当竞争民事案件应用法律若干问题的解释》第十七条规定："确定反不正当竞争法第十条规定的侵犯商业秘密行为的损害赔偿额，可以参照确定侵犯专利权的损害赔偿额的方法进行；确定反不正当竞争法第五条、第九条、第十四条规定的不正当竞争行为的损害赔偿额，可以参照确定侵犯注册商标专用权的损害赔偿额的方法进行。" 2008 年《专利法》第 65 条第 1 款规定："侵犯专利权的赔偿数额按照权利人因被侵权所受到的实际损失确定；实际损失难以确定的，可以按照侵权人因侵权所获得的利益确定。权利人的损失或者侵权人获得的利益难以确定的，参照该专利许可使用费的倍数合理确定。赔偿数额还应当包括权利人为制止侵权行为所支付的合理开支。" 2015 年《最高人民法院关于审理专利纠纷案件适用法律问题的若干规定》第 20 条第 2 款规定："专利法第六十五条规定的侵权人因侵权所获得的利益可以根据该侵权产品在市场上销售的总数乘以每件侵权产品的合理利润所得之积计算。侵权人因侵权所获得的利益一般按照侵权人的营业利润计算，对于完全以侵权为业的侵权人，可以按照销售利润计算。"上述"侵权行为的情节"，一般可以考虑商业秘密的性质、商业价值、研究开发成本、创新程度、所带来的竞争优势以及侵权人的主观过错、侵权行为的性质、具体行为、后果等因素。对于侵害商业秘密行为，判决停止侵害的民事责任时，停止侵害的时间一般应当持续到该商业秘密为公众所知悉时止。对于侵害技术秘密案件的损害赔偿数额，可以综合考虑侵权行为的性质和情节等具体因素，并可以按照营业利润或者销售利润计算。

1. 关于责任形式

王龙集团公司、王龙科技公司、傅某根、王某军以不正当手段获取涉案技术秘密，并披露、使用、允许他人使用该技术秘密的行为，以及喜孚狮王龙公司使用前述技术秘密的行为，均侵害了涉案技术秘密，上述侵权人应当承担停止侵害、赔偿损失的民事责任。《中华人民共和国侵权责任法》[1] 第八条规定："二人以上共同实施侵权行为，造成他人损害的，应当承担连带责任。"据此，王龙集团公司、王龙科技公司、傅某根、王某军基于共同实施的侵权行为，应当承担连带责任。喜孚狮王龙公司基于其实施的使用行为，承担部分连带责任。嘉兴中华化工公司与上海欣晨公司有关王龙集团公司、王龙科技公司、喜孚狮王龙公司、傅某根及王某军停止侵害涉案技术秘密并赔偿损失的诉请于法有据，本院予以支持。王龙集团公司、王龙科技公司、喜孚狮王龙公司、傅某根有关其不应承担侵权责任的上诉主张缺乏依据，本院不予支持。

2. 关于赔偿数额

（1）嘉兴中华化工公司与上海欣晨公司主张的三种赔偿数额计算方式。

①按营业利润计算：根据嘉兴中华化工公司与上海欣晨公司二审提交的证据所采用的计算方法，嘉兴中华化工公司香兰素2011—2017年抽

---

[1] 2020年5月28日，十三届全国人大三次会议表决通过了《中华人民共和国民法典》，自2021年1月1日起施行。《中华人民共和国侵权责任法》同时废止，其第八条规定与《中华人民共和国民法典》第一千一百六十八条相同。

样年平均销售单价与其原审证据78所用方法计算得出的香兰素年销售单价基本持平。如果用王龙集团公司、王龙科技公司及喜孚狮王龙公司生产和销售的香兰素产品数量乘以嘉兴中华化工公司同期香兰素产品销售价格及营业利润率,则嘉兴中华化工公司2011—2017年因王龙集团公司、王龙科技公司及喜孚狮王龙公司实际利用涉案技术秘密的获利分别为:20 223 448.00元、8 011 844.00元、16 906 665.60元、13 268 102.60元、13 311 298.00元、31 360 977.60元、13 722 073.20元,最终合计为116 804 409.00元。嘉兴中华化工公司与上海欣晨公司在二审庭审时主张以此金额为基数,再乘以1.5倍为惩罚性赔偿金额,得出本案赔偿数额175 206 613.50元,再加上其为制止涉案侵权行为一审合理支出的金额2 483 196.00元及二审合理支出的金额1 009 020.00元,合计支出178 698 829.50元,而嘉兴中华化工公司与上海欣晨公司上诉仅主张177 770 227.92元为赔偿数额。

②按销售利润计算:根据嘉兴中华化工公司与上海欣晨公司原审证据78表明,2011—2017年嘉兴中华化工公司香兰素的销售利润率分别为:18.46%、16.21%、24.51%、13.28%、13.70%、13.77%、13.29%,如果用王龙集团公司、王龙科技公司及喜孚狮王龙公司同期生产和销售的香兰素产品总量乘以嘉兴中华化工公司同期香兰素产品的销售价格及销售利润率,则嘉兴中华化工公司与上海欣晨公司2011—2017年因王龙集团公司、王龙科技公司及喜孚狮王龙公司实际利用涉案技术秘密的获利金额分别为:28 069 537.60元、23 961 622.00元、34 880 671.20元、17 780 060.80元、18 218 260.00元、16 622 042.40元、16 297 261.20元,合计为155 829 455.20元。

③按价格侵蚀计算:根据嘉兴中华化工公司与上海欣晨公司提交的二审新证据2、2-1、2-2、7、7-1及原审证据78、87、89所采用的计算方法,2011—2017年因王龙集团公司、王龙科技公司及喜孚狮王龙公司的侵权及不正当竞争行为对嘉兴中华化工公司香兰素产品的价格侵蚀导致的损害高达790 814 699.00元。

(2)本案确定损害赔偿责任需要考虑的因素。

王龙集团公司等被诉侵权人采用非法手段获取、披露、使用或许可他

## 第三章 侵害商业秘密责任

人使用涉案技术秘密,侵害了嘉兴中华化工公司与上海欣晨公司主张的涉案技术秘密,造成了严重损害后果,依法应当承担损害赔偿等法律责任。具体而言,在确定本案赔偿数额时,本院考虑如下因素:

第一,王龙集团公司等被诉侵权人非法获取涉案技术秘密的手段恶劣。王龙集团公司成立于1995年6月8日,是一家专业从事食品添加剂生产的化工企业,主要产品为山梨酸钾;王龙科技公司成立于2009年10月21日。王龙集团公司、王龙科技公司、王某军未实际进行乙醛酸法生产香兰素相关技术的研发工作,也未能通过受让等方式合法有效地取得相关技术,即其原本并未掌握相关技术。但是,其明知嘉兴中华化工公司掌握有关乙醛酸法生产香兰素的涉案技术秘密且为全球两大香兰素生产厂家之一,仍采取现金及股权收买等方式,策划、利诱掌握涉案技术秘密的嘉兴中华化工公司员工傅某根到王龙集团公司工作,并在傅某根到王龙集团公司工作后立即上马香兰素项目,其在定制香兰素生产设备时使用的图纸与嘉兴中华化工公司的相应图纸完全相同,甚至嘉兴中华化工公司特有的图纸标号也完全一致,故其非法获取涉案技术秘密的手段显属恶劣。同时,傅某根为个人利益出卖涉案技术秘密,主观恶意极为明显。

第二,王龙集团公司等被诉侵权人非法获取及使用的涉案技术秘密数量较多。根据已经查明事实,涉案技术秘密包括了乙醛酸法生产香兰素的287张设备图和25张工艺流程图,王龙集团公司等被诉侵权人非法获取了其中185张设备图和15张工艺流程图,占64.10%。287张设备图中含有60张设备主图,而王龙集团公司等被诉侵权人非法获取了其中41张设备主图,占68.33%。更关键的是,王龙集团公司等被诉侵权人非法获取了涉案技术秘密中最重要的缩合和氧化步骤设备主图,并实际使用了其中最关键的缩合、氧化和脱羧工段工艺流程图。可见,王龙集团公司等被诉侵权人不仅非法获取了大量记载有涉案技术秘密的图纸,还大量使用了其非法获取的涉案技术秘密,特别是实际使用了其非法获取的涉案技术秘密的关键技术。

第三,王龙集团公司、王龙科技公司、喜孚狮王龙公司明知其行为构成对涉案技术秘密的侵害,仍然持续、大量使用侵害涉案技术秘密的设备及工艺流程生产香兰素产品,故其显然具有侵害涉案技术秘密的恶意。从王龙集团公司、王龙科技公司、王某军自傅某根处获取涉案技术秘密以及王龙科技公司、喜孚狮王龙公司使用涉案技术秘密的过程来看,由于其获取涉案技术秘密的手段恶劣,故其应当认识到其获取和使用涉案技术秘密行为的非法性。事实上,傅某根2010年5月从嘉兴中华化工公司离职后,影响更多员工离开嘉兴中华化工公司并加入王龙集团公司,帮助王龙集团公司、王龙科技公司筹建了被诉香兰素生产线。同时,嘉兴中华化工公司在意识到其技术秘密可能被侵犯后,其采取的系列维权措施也逐渐指向王龙集团公司、王龙科技公司、喜孚狮王龙公司、傅某根及王某军,但王龙集团公司、王龙科技公司及王某军毫无收敛,继续实施侵害涉案技术秘密的行为。特别是,在原审法院作出行为保全裁定,责令立即停止侵害涉案技术秘密后,王龙集团公司、王龙科技公司、喜孚狮王龙公司等依然无动于衷,继续实施侵害涉案技术秘密的行为,不仅表明其主观恶意极深,也显属对法律与司法权威的蔑视。

第四,涉案技术秘密具有较高的商业价值。涉案技术秘密是嘉兴中华化工公司与上海欣晨公司共同自主研发的乙醛酸法制备香兰素新工艺,创造性地采用了化学氧化法。相对于传统的"催化氧化法",上述新工艺具有反应条件温和、反应终点更易控制、副反应少的优点,属于创新技术。涉案技术秘密研发完成后,嘉兴中华化工公司于2005年完成了3000吨产能香兰素项目的投产,2007年生产规模扩建到年产1万吨。可见,涉案技术秘密对嘉兴中华化工公司的香兰素生产贡献巨大。王龙集团公司、王龙科技公司在非法获取并实际使用涉案技术秘密后,才成功实现了以极低成本生产香兰素,且其香兰素生产线的设计年产量和实际年产量已达数千吨,产品遍销全球市场并已占据10%左右的市场份额,并从中攫取了巨大的商业利益,其中涉案技术秘密的非法使用是其获取巨大商业利益的核心和关键。因此,无论对于嘉兴中华化工公司来说,还是对王龙集团公司、王龙科技公司、喜孚狮王龙公司来说,涉案技术秘密均是其香兰素产品占据全球市场份额并创造巨额利润的重要因素。

第五,喜孚狮王龙公司、王龙科技公司均系实际上以侵权为业的公司。自王龙科技公司实施侵害涉案技术秘密生产香兰素以来,嘉兴中华化

## 第三章 侵害商业秘密责任

工公司开始了持续的维权行为。2015年11月20日，王龙科技公司以实物方式出资8000万元成立宁波王龙香精香料有限公司，主要生产香兰素。2017年6月22日，王龙科技公司将其所持有的宁波王龙香精香料有限公司51%股权出售给凯美菱科学公司、喜孚狮欧洲股份公司，王龙科技公司以设备和专利等出资占注册资本的49%，宁波王龙香精香料有限公司的经营范围亦变更为香兰素的研发、生产、销售和交易等。随后宁波王龙香精香料有限公司于2017年7月26日更名为喜孚狮王龙公司。无论是名称变更前的宁波王龙香精香料有限公司，还是名称变更后的喜孚狮王龙公司，均系王龙集团公司、王龙科技公司为实施涉案技术秘密生产、销售香兰素而成立的实际上以侵权为业的公司。此外，如本院在认定王某军构成侵权时所述，王龙科技公司亦系实际上以侵权为业的侵权人。

第六，王龙集团公司等被诉侵权人侵害涉案技术秘密的行为对全球市场形成严重冲击。在王龙集团公司等被诉侵权人实施侵害涉案技术秘密行为前，全球市场上两大公司占据了90%左右的市场，香兰素价格也维持了一个相对稳定的水平。王龙集团公司、王龙科技公司等非法获取涉案技术秘密后，从2011年6月开始生产香兰素并持续至今，其侵害涉案技术秘密的香兰素生产设备具备年产5000吨以上的生产能力，其实际年生产香兰素至少为2000吨，可以满足全球10%的市场需求。同时，王龙集团公司、王龙科技公司、喜孚狮王龙公司对标嘉兴中华化工公司争夺客户和市场，以较低价格销售香兰素产品，对国际、国内的香兰素市场特别是嘉兴中华化工公司的原有市场形成了较大冲击。

第七，王龙集团公司等被诉侵权人拒绝提交侵权产品销售数量等证据，存在举证妨碍、不诚信诉讼等情节。原审法院在审理过程中，曾通知王龙集团公司、王龙科技公司、喜孚狮王龙公司、傅某根、王某军提交侵权产品销售数量方面的证据，但其拒不提交相关证据。在本院二审过程中，王龙集团公司等被诉侵权人仍未提交相关证据。无论在原审诉讼还是在二审诉讼中，当法院要求王龙集团公司等被诉侵权人提交其定制生产香兰素产品专用设备的图纸时，其始终声称除了公安机关查获的部分图纸外，并未向相关设备生产方提供图纸。作为一个年产数千吨香兰素的生产线，如果没有完整的图纸几乎不可能够建成完整的生产线。特别是，考虑到涉案香兰素生产线还涉及大量非标设备及王龙科技公司香兰素生产线在短期内完成制造、安装、报检报备、试运行及正式运行投产的事实，王龙集团公司、王龙科技公司、喜孚狮王龙公司、傅某根、王某军有关即便没有设备图纸仍可在短期内制造香兰素相关生产设备的主张，明显不合常理。同时，王龙集团公司、王龙科技公司、喜孚狮王龙公司、傅某根、王某军虽还主张被诉香兰素生产工艺系其自行研发，但始终亦未提供任何有效证据证明该主张。因此，本院认定王龙集团公司、王龙科技公司、喜孚狮王龙公司、傅某根及王某军在本案诉讼中存在举证妨碍及不诚信诉讼情节。

第八，王龙集团公司、王龙科技公司、喜孚狮王龙公司、傅某根拒不执行原审法院的生效行为保全裁定。由于喜孚狮王龙公司已经通过非法手段掌握并实际实施了涉案技术秘密，为及时制止侵害涉案技术秘密的行为，原审法院在作出原审判决的同时，还裁定王龙集团公司、王龙科技公司、喜孚狮王龙公司、傅某根立即停止涉案侵权行为。王龙集团公司、王龙科技公司、喜孚狮王龙公司、傅某根在收到该裁定后既未依法申请复议，也未停止侵害涉案技术秘密行为，其在二审庭审时亦承认被诉侵权行为仍在持续。

(3) 本案因当事人的诉讼请求等原因难以适用惩罚性赔偿。

从本院查明事实来看，涉案侵权行为本可适用惩罚性赔偿，但因当事人的诉讼请求及新旧法律适用衔接的原因，本案不宜适用惩罚性赔偿。具体理由是：

第一，嘉兴中华化工公司与上海欣晨公司在原审及本案二审中所主张的损害赔偿数额仅计算至2017年底，并未包括自2018年以来仍在持续的被诉侵权行为给其造成的损失。

第二，在嘉兴中华化工公司与上海欣晨公司所主张计算损害赔偿数额的侵权行为期间之后，我国相关法律才明确规定符合特定条件的侵害技术秘密行为可以适用惩罚性赔偿。2019年反不正当竞争法明确规定侵害商业秘密案件可以主张惩罚性赔偿，该法于2019年4月23日起施行；《民法典》明确规定侵害知识产权案件可以主张惩罚性赔偿，该法于2021年1月1日起施行。

基于上述事实和理由，本案不宜适用惩罚性损害赔偿。但需要指出的是，对于2018年以来仍在持续的侵害涉案技术秘密行为，嘉兴中华化工公司与上海欣晨公司可以依法另行寻求救济。

（4）关于本案赔偿数额的确定。

在本案中，嘉兴中华化工公司与上海欣晨公司主张根据涉案技术秘密被侵犯给其造成的损失确定赔偿数额，并提供了三种计算方式分别计算赔偿数额，即按营业利润计算出赔偿数额为 116 804 409.00 元、按销售利润计算出赔偿数额为 155 829 455.20 元、按价格侵蚀计算出损害赔偿额为 790 814 699.00 元。其中，第一种计算方式和第二种计算方式采用的嘉兴中华化工公司原审证据78等证据真实可靠，计算出的赔偿数额均有一定合理性；第三种计算方式中相关数据和计算方法的准确性受制于多种因素，本院仅将其作为参考。根据本院查明的事实，王龙科技公司2011年获准投产的年产量为5000吨的香兰素，四年后即2015年再次申报并获准新建2套共6000吨香兰素生产装置；王龙集团公司、王龙科技公司曾自述其2013年的香兰素产量为2000吨；王龙集团公司、王龙科技公司、喜孚狮王龙公司2018年4月1日至2019年3月1日以及2019年香兰素产量均超过2000吨。基于上述情况，嘉兴中华化工公司与上海欣晨公司在本案中主张2011—2017年王龙集团公司、王龙科技公司及喜孚狮王龙公司实际利用涉案技术秘密每年生产和销售香兰素2000吨具有事实依据。本院亦据此认定王龙集团公司、王龙科技公司及喜孚狮王龙公司于2011—2017年实际利用涉案技术秘密每年生产和销售香兰素至少2000吨，并据此计算侵权损害赔偿额。同时，嘉兴中华化工公司与上海欣晨公司提供了其营业利润率、销售利润率和价格等基础数据。在上述事实和数据的基础上，本案具备按照实际损失或者侵权获利计算赔偿数额的基本条件。原审法院以嘉兴中华化工公司与上海欣晨公司提交的证据不足以证明其因侵权行为受到的实际损失为由，以法定赔偿方式计算本案赔偿数额，认定事实和适用法律均有错误。

综合考虑前述本案确定损害赔偿责任需要考虑的八项因素，特别是王龙集团公司等被诉侵权人侵权恶意较深、侵权情节恶劣、在诉讼中存在妨碍举证和不诚信诉讼情节,以及王龙科技公司、喜孚狮王龙公司实际上系以侵权为业的公司等因素,本院依法决定按照香兰素产品的销售利润计算本案侵权损害赔偿数额。由于王龙集团公司、王龙科技公司及喜孚狮王龙公司在本案中拒不提交与侵权行为有关的账簿和资料,本院无法直接依据其实际销售香兰素产品的数据计算其销售利润。考虑到嘉兴中华化工公司香兰素产品的销售价格及销售利润率可以作为确定王龙集团公司、王龙科技公司及喜孚狮王龙公司香兰素产品相关销售价格和销售利润率的参考,为严厉惩处恶意侵害技术秘密的行为,充分保护技术秘密权利人的合法利益,本院决定以嘉兴中华化工公司香兰素产品2011—2017年的销售利润率来计算本案损害赔偿数额,即以2011—2017年王龙集团公司、王龙科技公司及喜孚狮王龙公司生产和销售的香兰素产量乘以嘉兴中华化工公司香兰素产品的销售价格及销售利润率计算赔偿数额。

按照上述方法计算,王龙集团公司、王龙科技公司及喜孚狮王龙公司2011—2017年因侵害涉案技术秘密获得的销售利润为155 829 455.20元。该销售利润数额虽高于按照嘉兴中华化工公司营业利润率计算得出的实际损失,但仍大幅低于嘉兴中华化工公司因被诉侵权行为造成价格侵蚀所导致的损失数额,且与本案各侵权人侵害涉案技术秘密的恶性程度、危害后果等具体情节相适应,具有合理性和适当性。

此外,原审法院认定嘉兴中华化工公司与上海欣晨公司为本案原审诉讼支付律师代理费200万元,为完成涉案损害赔偿经济分析报告支付7万美元,折算为人民币483 196元,两项合计2 483 196元。嘉兴中华化工公司与上海欣晨公司有关其为制止侵害涉案技术秘密行为原审合理支出2 483 196元的主张具有事实依据,本院予以确认。嘉兴中华化工公司与上海欣晨公司二审主张其为该案支出了律师代理费100万元及公证费用9020元,合计1 009 020元,并提交了诉讼代理合同、转账凭证及发票等证据。经审查,上述1 009 020元确系嘉兴中华化工公司与上海欣晨公司为本案二审支出的费用,客观真实,且与本案诉讼标的额、案件复杂程度等相称,具有合理性,本院一并予以确认。

综合原审及二审情况,嘉兴中华化工公司与上海欣晨公司为本案支出的合理费用共计为 3 492 216 元。将本院已经确定的损害赔偿数额 155 829 455.20 元再加上上述为本案支出合理的费用 3 492 216 元，合计为 159 321 671.20 元，尚未超出嘉兴中华化工公司与上海欣晨公司上诉主张的 177 770 227.92 元赔偿总额，故本院确定本案损害赔偿总额为 159 321 671.20 元。同时，鉴于喜孚狮王龙公司成立时间较晚，嘉兴中华化工公司与上海欣晨公司仅请求其在 7% 的范围内承担损害赔偿责任具有一定合理性，本院对此予以支持。

最高人民法院知识产权法庭通过该案判决，依法保护了重要的产业核心技术，切实加大了对恶意侵权的打击力度，明确了侵权公司的法定代表人的连带责任，依法将涉嫌犯罪线索移送公安机关，推进了民事侵权救济与刑事犯罪惩处的衔接，彰显了人民法院严格依法保护知识产权、严厉打击恶意侵权行为的鲜明司法态度。

## 三、惩罚性赔偿

1993 年《反不正当竞争法》第 20 条规定："经营者违反本法规定，给被侵害的经营者造成损害的，应当承担损害赔偿责任，被侵害的经营者的损失难以计算的，赔偿额为侵权人在侵权期间因侵权所获得的利润；并应当承担被侵害的经营者因调查该经营者侵害其合法权益的不正当竞争行为所支付的合理费用。"可以看出，该条中所隐含的商业秘密侵权赔偿责任是一种补偿性损害赔偿责任。2007 年《最高人民法院关于审理不正当竞争民事案件应用法律若干问题的解释》第 17 条规定，"确定反不正当竞争法第十条规定的侵犯商业秘密行为的损害赔偿额，可以参照确定侵犯专利权的损害赔偿额的方法进行"。2008 年《专利法》第 65 条规定，"权利人的损失或者侵权人获得的利益难以确定的，参照该专利许可使用费的倍数合理确定"。2017 年《反不正当竞争法》第 17 条规定，"因不正当竞争行为受到损害的经营者的赔偿数额，按照其因被侵权所受到的实际损失确定；实际损失难以计算的，按照侵权人因侵权所获得的利益确定""权利人因被侵权所受到的实际损失、侵权人因侵权所获得的利益难以确定的，由人民法院根据侵权行为的情节判决给予权利人三百万元以下的赔偿"❶。反不正当竞争法修订后，明确规定侵害商业秘密赔偿数额依据实际损失、侵权获利、300万元以下法定赔偿的方法予以确定。修法前后相比较，除了法定赔偿上限数额得到较大提高之外，依据实际损失和侵权获利确定赔偿数额的方法没有发生实质性变化。

以上法律明确了法院用于确认损害赔偿数额的方法主要有以下几种：第一，按照权利人因被侵权所受到的实际损失确定；第二，实际损失难以计算的，按照侵权人因侵权所获得的利益确定；第三，以商业秘密许可使用费来确定；第四，法定赔偿。上述四种赔偿标准，尽管在形式上有所差别，但在本质上都是私法中补偿性赔偿责任的具体化。应当承认，商业秘密侵权损害赔偿中的补偿性赔偿责任规定，对于保障权益人的合法权益和遏制商业秘密侵权行为发生起到了一定的积极作用。❷

2019年《反不正当竞争法》第17条规定，"经营者恶意实施侵犯商业秘密行为，情节严重的，可以在按照上述方法确定数额的一倍以上五倍以下确定赔偿数额"。继2013年修订的《商标法》引入惩罚性赔偿条款后，恶意实施侵犯商业秘密行为的惩罚性赔偿条款也被纳入2019年修订的《反不正当竞争法》中，这确立了补偿性损害赔偿与惩罚性赔偿并行的制度，加大了对商业秘密侵权行为的惩罚力度。根据法律规定，"按照上述方法确定数额"是指权利人因被侵权所受到的实际损失或侵权人因侵权所获得的利益，即原有的补偿性损害赔偿；"一倍以上五倍以下确定赔偿数额"即惩罚性损害赔偿。若经营者存在恶意侵害他人商业秘密的行为且情节严重的，权利人可请求侵权人承担赔偿金额相应倍数的惩罚性赔偿。因此，商业秘密侵权案件应在判断侵权人是否存在恶意侵权、情节是否严重的基础上确定是否适用惩罚性赔偿。根据《最高人民法院关于审理侵犯商业秘密民事案件适用法律若干问题的规定》第20条第2款"人民法院依照反不正当竞争法第十七条第四款确定赔偿数额的，可以考虑商业秘密的性

---

❶ 2019年《反不正当竞争法》将上述金额调整为五百万元以下的赔偿。
❷ 韩俊英. 商业秘密侵权惩罚性赔偿问题研究[J]. 情报杂志，2017(5).

质、商业价值、研究开发成本、创新程度、能带来的竞争优势以及侵权人的主观过错、侵权行为的性质、情节、后果等因素"的规定，行为人故意侵犯商业秘密，情节严重的，可以按照以上述方法确定数额的1~5倍确定赔偿数额。据此，适用惩罚性赔偿需要注意以下几点。

(一)"故意"的认定

《民法典》第1185条规定："故意侵害他人知识产权，情节严重的，被侵权人有权请求相应的惩罚性赔偿。"在侵权法理论上"故意"又可分为直接故意与间接故意，二者相同点在于行为人明知自己的行为导致损害结果发生的可能性，不同点在于前者表现出的心理状态是积极追求，后者则是放任损害结果发生。2021年3月3日起施行的《最高人民法院关于审理侵害知识产权民事案件适用惩罚性赔偿的解释》中明确，针对故意侵权可以请求惩罚性赔偿、故意包括恶意。❶ 就2019年《反不正当竞争法》第17条的适用而言，应认为恶意与故意内涵相同，恶意即故意。不宜将恶意界定为直接故意，也应当包括间接故意即放任损害结果发生故意，否则将不当限缩惩罚性赔偿的适用。❷ 权利人需要提交客观化的证据对商业秘密侵权行为人的故意进行举证，行为人的故意是适用惩罚性赔偿的先决条件。

"故意"作为一种主观心理状态，是否具有故意应采取主观标准，即依据行为的主观状态判断其是否具有过错。但人的内心活动无法直接、准确地被识别，须通过行为人一定的行为来进行认定。在民事诉讼中对于"故意"的查明难度较大，往往只能通过客观证据加以认定。权利人需要提交客观化的证据对商业秘密侵权人的故意进行举证。在司法实践中，如果存在下列情形，可以初步认定被告具有侵犯商业秘密的故意：①被告或其法定代表人、管理人是原告或者利害关系人的法定代表人、管理人、实际控制人；②被告与原告或者利害关系人之间存在劳动、劳务、合作、许

---

❶ 《最高人民法院关于审理侵害知识产权民事案件适用惩罚性赔偿的解释》第1条规定："原告主张被告故意侵害其依法享有的知识产权且情节严重，请求判令被告承担惩罚性赔偿责任的，人民法院应当依法审查处理。本解释所称故意，包括商标法第六十三条第一款和反不正当竞争法第十七条第三款规定的恶意。"

❷ 徐卓斌，张钟月. 商业秘密侵权案件惩罚性赔偿的适用[J]. 法律适用，2021(4).

可、经销、代理、代表等关系，且接触过或知悉被侵犯的商业秘密；③被告与原告或者利害关系人之间有业务往来或者为达成合同等进行过磋商，且接触过或知悉被侵犯的商业秘密；④被告以盗窃、贿赂、欺诈、胁迫、电子侵入或者其他不正当手段获取原告的商业秘密；⑤被告经原告或者利害关系人通知、警告后，仍继续实施侵权行为。

当然，上述列举的方式仅仅是故意的几种情形，在司法实践中，一般应综合考虑被告与原告或者利害关系人之间的关系、侵犯商业秘密行为和手段的具体情形、从业时间、受保护记录等因素具体认定被告主观上是否存在故意。

(二) 情节严重的认定

故意侵权这一主观要件满足后，确定情节严重与否，是衡量是否适用惩罚性赔偿、惩罚倍数如何确定的主要因素。适用惩罚性赔偿需要判断侵权情节是否严重，《民法典》和各知识产权单行法皆将"情节严重"作为惩罚性赔偿适用的客观要件。在对商业秘密侵权人主观过错程度进行衡量后，结合具体案情分析侵权情节的轻重，进一步可以确定惩罚性赔偿是否适用以及确定惩罚性赔偿的倍数。

在司法实践中，如果存在下列情形，可以初步认定被告具有情节严重的情形：①因侵犯商业秘密被行政处罚或者法院裁判其承担责任后，再次实施相同或者类似侵权行为；②以侵犯商业秘密为业；③伪造、毁坏或者隐匿侵权证据；④拒不履行保全裁定；⑤侵权获利或者权利人受损巨大；⑥侵权行为可能危害国家安全、公共利益或者人身健康；⑦侵权行为持续时间长；⑧诉讼中被告构成举证妨碍等。《北京市高级人民法院关于侵害知识产权及不正当竞争案件确定损害赔偿的指导意见及法定赔偿的裁判标准》第1.17条规定："具有下列情形之一的，可以认定为侵犯商业秘密的情节严重：（1）完全以侵权为业；（2）被诉行为持续时间长；（3）被诉行为导致商业秘密为公众所知悉；（4）侵权获利数额巨大；（5）被告多次侵犯他人商业秘密或侵犯他人多项商业秘密；（6）被诉行为同时违反了食品、药品、医疗、卫生、环境保护等法律法规，可能危害人身安全、破坏环境资源或者严重损害公共利益；（7）其他情形。"

在司法实践中，对于"情节严重"的判断由法官根据案件事实进行裁量。作为分析惩罚性赔偿是否适用以及后续惩罚性赔偿的合理数额确定的重要环节，"情节严重"是综合性考量因素，可以考虑案件的整体情况，从侵权行为的手段、规模、次数、性质、持续时间、地域范围、规模、后果，消极影响（包含直接影响与潜在影响），权利人遭受的实际损失或侵权人获得的经济收益，侵权人在整个行为过程中表现出的过错程度以及是否采取补救措施等方面进行综合分析。

（三）计算基数

原告主张惩罚性赔偿的，以原告因被侵权所受到的实际损失或者按照侵权人因侵权所获得的利益作为计算基数。该基数不包括原告为制止侵权所支付的合理开支。原告的实际损失数额或者被告因侵权所获得的利益均难以计算的，法院依法参照许可使用费的合理倍数确定计算基数。适用惩罚性赔偿确定具体赔偿基数时，侵权人拒不提供相关财务账册以证明被诉侵权商品销售数量及利润率的，可以适用举证妨碍制度，采信权利人主张的计算方式，结合在案证据综合认定被诉侵权商品的销售数量，并参考权利人注册商标商品的利润率予以确定。《北京市高级人民法院关于侵害知识产权民事案件适用惩罚性赔偿审理指南》3.2条中规定："权利人请求惩罚性赔偿的，可以选择按照下列方法确定赔偿基数：（1）权利人因侵权行为所受到的实际损失；（2）侵权人因侵权行为所获得的利益；（3）许可使用费的合理倍数或者权利使用费。法定赔偿数额不得作为计算惩罚性赔偿的基数。侵权人因侵权行为所获得的利益，是指侵权人因侵害知识产权所获得的财产性收益，通常是指侵权人因侵权所获得的营业利润，但对于主要以侵权为业的侵权人可以计算其销售利润。"

（四）倍数的确定

法院依法确定惩罚性赔偿数额的倍数时，应当综合考虑被告主观过错程度、侵权行为的情节严重程度等因素。因同一侵权行为已经被处以行政罚款或者刑事罚金且执行完毕，被告主张减免惩罚性赔偿责任的，法院不予支持，但在确定上述所称倍数时可以综合考虑。为便于司法适用、限制自由裁量的滥用，侵权情节被认定为严重时适用两倍惩罚性赔偿；情节比较严重适用三倍惩罚性赔偿；特别严重时采用四倍；情节极其严重时，如满足"直接故意、完全以侵权为业、侵权规模大、持续时间长、损失或获利巨大、举证妨碍"等认定要件，则可以适用五倍惩罚性赔偿。通过司法量化的方式，可以构建惩罚性赔偿倍数与侵权情节严重程度之间的一般对应关系。故意侵权和情节严重分别是惩罚性赔偿的主观要件和客观要件，对惩罚性赔偿倍数的确定均有意义。因此在确定惩罚性赔偿倍数时，将行为人主观故意的程度及类型加以考虑，也是合适的。由于间接故意的过错程度相较于直接故意轻，可以在确定惩罚性赔偿倍数时予以考量。一般而言，直接故意应当较间接故意确定更高的惩罚性赔偿倍数。❶ 法官在适用知识产权侵权惩罚性赔偿制度时，要有民法典体系化思维，不能把惩罚性赔偿从民事责任体系中割裂出来。同时，由于个案案情千差万别，在认定故意、情节严重和确定赔偿基数和倍数时，还要有个案思维和过罚相当思维。提高侵权赔偿数额仅仅是加大侵权惩处力度的手段之一，不能简单地认为赔偿数额越高则知识产权保护力度越大、效果越好，惩罚性赔偿责任必须根据在案证据依法合理确定。❷

在重庆慢牛工商咨询有限公司与重庆亿联金汇管理咨询有限公司侵害商业秘密纠纷一案❸中，法院认为："鉴于二被告买卖原告商业秘密，通过非法交易从中牟利，共同实施侵犯原告商业秘密的不正当竞争行为的主观恶意明显，本院决定对二被告适用惩罚性赔偿标准，即以二被告买卖原告商业秘密交易金额 24 710 元作为被告因侵权所获利益，并以此为基数的三倍，确定二被告连带赔偿原告经济损失 74 130 元。"

在上诉人广州天赐高新材料股份有限公司（以下简称广州天赐公司）、九江天赐高新材料有限公司（以下简称九江天赐公司）与上诉人华某、刘某、安徽纽曼精细化工有限公司（以下简称安徽纽曼公司）、被上诉人吴某金、彭某、胡某春、朱某良侵害技术秘密纠纷一案❹中，法院认

---

❶ 徐卓斌，张钟月. 商业秘密侵权案件惩罚性赔偿的适用 [J]. 法律适用，2021(4).
❷ 秦元明. 对知识产权侵权适用惩罚性赔偿的两点思考 [J]. 人民司法，2021(29).
❸ 重庆市第五中级人民法院（2019）渝 05 民初 1225 号民事判决书。
❹ 最高人民法院（2019）最高法知民终 562 号民事判决书。

为："安徽纽曼公司自成立以来，便以生产卡波产品为经营业务，庭审中其虽辩称生产其他产品，但并未提交证据加以佐证，且其所生产的卡波产品名称虽有差别，但均由同一套设备加工完成。此外，当其前法定代表人刘某因侵害商业秘密行为被追究刑事责任，相关生产工艺、流程及设备涉嫌侵害权利人技术秘密后，安徽纽曼公司仍未停止生产，销售范围多至二十余个国家和地区，同时在本案原审阶段无正当理由拒不提供相关会计账册和原始凭证，构成举证妨碍，足见其侵权主观故意之深重、侵权情节之严重。依据所认定的安徽纽曼公司侵权获利的五倍确定本案损害赔偿数额。"

在上述案件中，广州天赐公司主要从事卡波产品技术的自主研发。2007年12月30日，华某与广州天赐公司签订《劳动合同》及《商业保密、竞业限制协议》，并签收了公司的《员工手册》，就商业秘密的保密义务、竞业限制等方面进行了约定。广州天赐公司《离职证明》显示，华某离职生效日期是2013年11月8日。2012—2013年华某利用其卡波产品研发负责人的身份，以撰写论文为由索取了卡波生产工艺技术的反应釜和干燥机设备图纸，还违反广州天赐公司管理制度，多次从其办公电脑里将广州天赐公司的卡波生产项目工艺设备的资料复制到外部存储介质中。华某非法获取广州天赐公司卡波生产技术中的生产工艺资料后，先后通过U盘复制或电子邮件发送的方式发送给安徽纽曼公司的刘某等人。安徽纽曼公司利用华某从广州天赐公司非法获取的卡波生产工艺、设备技术生产卡波产品并向国内外销售。

在该案之前，2018年1月19日江西省湖口县人民法院作出（2017）赣0429刑初49号刑事判决，认定华某、刘某等人的行为构成侵犯商业秘密罪。后江西省九江市中级人民法院作出（2018）赣04刑终90号刑事判决，确认原审判决认定的事实，除改判其中一人的刑事处罚外，其余维持原判。

天赐公司于2017年10月向广州知识产权法院提起诉讼，主张华某、刘某、安徽纽曼公司等共同侵害了天赐公司卡波配方、工艺、流程、设备的技术秘密，且侵权行为给天赐公司造成了巨大的经济损失，要求华某、刘某、安徽纽曼公司等立即停止侵害技术秘密，销毁生产卡波的原材料、专用生产设备、配方及工艺资料，共同赔偿天赐公司经济损失及维权费用。

一审法院根据天赐公司申请向海关调取了安徽纽曼公司自2016年8月至2019年1月出口卡波产品的数据。由于天赐公司已初步举证证明安徽纽曼公司卡波产品获利巨大，为切实查清获利情况，一审法院根据申请于庭审时责令安徽纽曼公司限期提供2014年至庭审当日卡波产品获利数据，并附相应财务账册和原始凭证。安徽纽曼公司虽按期提交2014年1月—2019年3月其自行编制的年度及月度资产负债表和利润表，但以数量庞大且路途遥远为由未提交相应财务账册和原始凭证。广州知识产权法院经审理后于2019年7月19日作出（2017）粤73民初2163号民事判决：（1）华某、刘某、安徽纽曼公司等于判决生效之日起立即停止侵害天赐公司涉案技术秘密，并销毁记载涉案技术秘密的工艺资料；（2）安徽纽曼公司于判决生效之日起十日内赔偿天赐公司经济损失3000万元及合理开支40万元，华某、刘某等人对前述赔偿数额分别在500万元、100万元范围内承担连带责任；（3）驳回天赐公司其他诉讼请求。

一审判决后，天赐公司、华某、刘某、安徽纽曼公司均不服，向最高人民法院提起上诉。最高人民法院经审理后于2020年11月24日作出（2019）最高法知民终562号民事判决：（1）维持原判第一、三项；（2）变更原判第二项为：安徽纽曼公司于判决生效之日起十日内赔偿天赐公司经济损失3000万元及合理开支40万元，华某、刘某、胡某、朱某对前述赔偿数额分别在500万元、3000万元、100万元、100万元范围内承担连带责任；（3）驳回天赐公司的其他上诉请求；（4）驳回华某、刘某、安徽纽曼公司的全部上诉请求。

最高人民法院在判断安徽纽曼公司等是否存在恶意侵权、情节是否严重的基础上对是否适用惩罚性赔偿进行了考量：

1. 侵权人构成恶意侵权。本案中，华某分别介绍朱某、胡某担任安徽纽曼公司生产安全、环保顾问及负责生产工艺设计；华某利用广州天赐公司卡波研发负责人身份，以撰写论文为由获取九江天赐公司卡波设备图纸，并违反广州天赐公司管理制度，将其掌握的卡波工艺设备资料，披露给刘某、朱某、胡某；华某、刘某、朱某、胡某对卡波生产工艺原版图纸进行了使用探讨，期间朱某和胡某均提出是否侵犯天赐公司相关权利的问题，华某遂指示胡某设计时不要做得跟天赐公司一模一样；胡某按华某要求对图纸进行了修改，并委托案外人设计、制造出相关设备；安徽纽曼公司利用天赐公司工艺设备技术生产出卡波产品并进行销售。从上述事实可以看出，相关被告明知其行为侵害天赐公司涉及卡波产品的技术秘密而仍实施，显然属于故意侵权。

2. 侵权情节极其严重。安徽纽曼公司生产规模巨大，自认的销售额已超过3700万元，销售范围多至二十余个国家和地区；且安徽纽曼公司侵害的天赐公司技术秘密涉及卡波产品生产工艺、流程和设备，这些技术秘密对产品的生产起到关键作用，可见安徽纽曼公司通过侵害技术秘密的行为获利极高，对天赐公司造成极大的损失。安徽纽曼公司自成立以来便以生产卡波产品为经营业务，庭审中其虽辩称生产其他产品，但并未提交证据加以佐证，且所生产的卡波产品名称虽有差别，但均由同一套设备加工完成，足以认定其完全以侵权为业，长期恶意从事侵权活动。当一审法院责令安徽纽曼公司限期提供获利数据并附财务账册和原始凭证时，安徽纽曼公司虽提交资产负债表和利润表，但无正当理由拒不提供财务账册和原始凭证，导致本案最终无法查明全部侵权获利，构成举证妨碍。当安徽纽曼公司前法定代表人刘某因侵害商业秘密行为被追究刑事责任，相关生产工艺、流程及设备涉嫌侵害技术秘密后，安徽纽曼公司仍未停止生产，天赐公司提交的二审证据显示其在一审判决之后并未停止侵权行为，其行为具有连续性，侵权规模巨大，持续时间长。综合以上因素，足见安徽纽曼公司等侵权情节之严重。

审理该案的法官认定，界定行为人是否以侵权为业，可从主客观两方面进行判断。就客观方面而言，行为人已实际实施侵害行为，并且系其公司的主营业务、构成主要利润来源；从主观方面看，行为人包括公司实际控制人及管理层等，明知其行为构成侵权而仍予以实施。该案中安徽纽曼公司以及刘某等人的行为，即属此类情形。法院最终按顶格五倍确定惩罚性赔偿数额。基于侵权人在直接故意侵权的基础上，其侵权情节极其严重，无论是侵权的规模、持续时间、获利金额，此种情况如不施以严厉的民事

救济制裁措施，则惩罚性赔偿制度再无用武之地。❶

总之，惩罚性赔偿制度对于打击恶意侵权行为、有效保护基于商业秘密产生的竞争优势，进而维护市场竞争秩序，具有明显的现实作用。在商业秘密侵权案件中，主观要件恶意即主观故意，客观要件情节严重是对行为与整体案件事实的综合考量。赔偿金额的确定应坚持适度原则、比例原则，惩罚性赔偿的倍数与情节严重程度应具有对应关系。❷可以看出，侵害商业秘密案件是否适用惩罚性赔偿，应同时考虑主观和客观要件。就主观要件而言，无论是直接故意还是间接故意，均可适用惩罚性赔偿。在客观要件情节严重时，被诉侵权人是否以侵权为业、侵权行为是否构成刑事犯罪、诉讼中是否存在举证妨碍行为、侵权受损或者侵权获利额以及侵权规模等均可以作为考量因素。

（五）提出时机

原告主张被告恶意侵犯其商业秘密且情节严重，请求惩罚性赔偿的，应当在起诉时明确赔偿数额、计算方式以及所依据的事实和理由。

（六）侵权时间

适用惩罚性赔偿要求侵权行为发生在或持续至 2019 年反不正当竞争法修订之后。由于商业秘密惩罚性赔偿规定于 2019 年 4 月 23 日生效的反不正当竞争法，根据法不溯及既往的原则，对于发生在 2019 年 4 月 23 日之前的商业秘密侵权行为，一般不适用惩罚性赔偿。

## 四、返还财产、排除妨碍

商业秘密本身是一种无形的、精神之产物，但其存在往往离不开有形的物体，这些记载着商业秘密内容的有形物便是商业秘密的载体。一般而

---

❶ 徐卓斌,张钟月.商业秘密侵权案件惩罚性赔偿的适用［J］.法律适用,2021(4).
❷ 周雷.侵害技术秘密纠纷案件适用惩罚性赔偿的考量因素［J］.人民司法,2021(26).

言，记载商业秘密的图纸、模型等都是商业秘密的载体。区分商业秘密及其载体的意义在于：第一，以非法获取商业秘密的故意，实施了同时侵犯商业秘密载体的行为，可能涉及对其他法益的侵犯，比如侵占、盗窃等，这时存在法律竞合的问题；第二，侵犯商业秘密载体并不必然侵犯商业秘密，比如不知载体上存在商业秘密，也未对该商业秘密进行实际上的获知。常见的商业秘密救济方式包括返还商业秘密载体。❶

《最高人民法院关于审理侵犯商业秘密民事案件适用法律若干问题的规定》第18条规定，"权利人请求判决侵权人返还或者销毁商业秘密载体，清除其控制的商业秘密信息的，人民法院一般应予支持"，以剥夺侵权人实施侵权行为的能力，减少、消除再次发生侵犯商业秘密行为的风险。上述规定的"返还或者销毁商业秘密载体，清除其控制的商业秘密信息"中的"返还商业秘密载体"应属于民法典规定的民事责任承担方式中的"返还财产"范畴，"销毁商业秘密载体，清除其控制的商业秘密信息"属于民法典规定的民事责任承担方式中的"排除妨碍"的范畴。❷ 从商业秘密载体所载信息来看，权利人请求返还商业秘密载体，并不仅仅是返还载体原物，更重要的是载体里包含的商业信息。载体原物或者载体中的商业信息均属于民法意义上的返还财产。"销毁商业秘密载体，清除其控制的商业秘密信息"目标系清除被诉侵权人控制的商业信息，无论是销毁或者是清除均具有恢复到商业信息不被侵权人控制的原始状态，即"排除妨碍"。销毁的侵权产品应当是主要利用他人商业秘密制造出来的产品，也就是说，该产品的核心价值或者大部分价值来源于该商业秘密，涉案商业秘密是该产品的核心技术和重要组成。

在莱恩斯（中山）自动化设备科技有限公司、唐某南等侵害商业秘密纠纷一案❸中，法院在判决中依据最高人民法院《关于审理商业秘密民事案件适用法律若干问题的规定》第18条，判决被告立即停止侵犯精量公司

---

❶ 苏灿. 商业秘密民事救济制度的体系化研究［M］. 北京：中国政法大学出版社，2018：127.

❷ 吴汉东. 知识产权法［M］. 北京：法律出版社，2022：683.

❸ 广东省中山市中级人民法院（2021）粤20民终7777号民事判决书。

商业秘密的行为，销毁有报价方案、客户需求内容的客户信息。

商业秘密权利人主张侵权人应返还、销毁涉案商业秘密的资料、设备、产品，应明确其具体内容，并且应当举证证明侵权人实际持有上述物品、存在涉案侵权库存产品或已销售产品，或者在诉讼程序中已对这些物品采取了证据保全。关于销毁侵权产品或工具的诉讼请求是否应该支持，一般来说，法院在审理知识产权侵权案件中认定侵权行为成立的，可以依权利人的请求判令侵权人将载有商业秘密的图纸、软件及其他有关资料返还权利人，责令销毁侵权产品或侵权工具等。但是在司法实践中，对权利人销毁侵权物品❶的诉讼请求，法院总体呈现出审慎的态度，若判令被告停止侵害足以制止侵权行为继续的，一般出于避免社会资源浪费等的考虑，不再判令销毁侵权产品或工具。在确定是否支持权利人销毁侵权物品的诉讼请求时，不仅要从避免侵权物品进一步扩散给权利人造成二次损害的角度考量，同时也应考虑侵权物品的处置是否给侵权人造成不必要的损失，或者有损社会公共利益，造成不必要的社会资源浪费。此外，在司法实践中，是否支持权利人销毁侵权物品的诉讼请求，还会综合考量侵权工具是否属于生产侵权产品的专用模具、销毁侵权物品的实际可执行性、侵权物品能否移交权利人处理、有无其他替代性措施等方面的因素。❷

例如，在原告中国科学院沈阳科学仪器研制中心有限公司诉被告沈阳博远科学仪器有限公司、苏某岭、陈某政等侵犯商业秘密纠纷一案❸中，原告主张销毁被告生产的包含原告技术秘密的产品和半成品，法院认为，"被告制造的涉案产品除包含原告的技术秘密外，其余部分应属于合法产品，具有一定的价值，不宜销毁，将涉案产品中涉及技术秘密点的部分拆除即可达到保护原告技术秘密的目的，因此对原告有关销毁的诉请未予支持"。

在司法实践中应注意，若生产线中仅部分设备侵犯涉案技术秘密的，判决责令停止披露、使用或允许他人使用他人商业秘密足以对其进行保护的，

---

❶ 侵权物品是指含有商业秘密信息的设备、原材料、半成品和样品等。
❷ 北京市高级人民法院知识产权庭课题组.《反不正当竞争法》修改后商业秘密司法审判调研报告［J］. 电子知识产权，2019(11).
❸ 辽宁省沈阳市中级人民法院（2007）沈民四知初字第189号民事判决书。

无须销毁全部生产线。将产品中涉及技术秘密点进行拆除即可达到保护商业秘密的目的时，不宜将产品整体一并销毁。从侵权产品衍生的其他产品可通过公开技术方案获得时，不应判令侵权人停止使用、销毁该衍生产品。❶

因商业信息具有易复制性、隐蔽性，对于侵权人是否还有备份，权利人无从考查。笔者建议，针对此项诉求可以适用惩罚性赔偿机制，假如商业信息被再次利用或者披露，可以推定侵权人没有完全履行销毁或者清除的义务，除非侵权人可以举证其已经清除，否则应承担惩罚性赔偿责任。

## 五、消除影响

消除影响责任承担的前提是被告的侵权行为给原告的商誉造成了相关负面影响，在此种情况下可以判令被告在一定期限内以一定的方式消除涉案侵权行为给原告造成的不良影响，通常采取在相关报刊和网站上刊登声明等方式。《江苏省高级人民法院关于审理商业秘密案件有关问题的意见》第19条规定："商业秘密侵权案件一般不适用赔礼道歉、消除影响的民事责任形式。"《江苏省高级人民法院侵犯商业秘密民事纠纷案件审理指南（修订版）》第4.1条规定："由于此类侵权行为一般不会导致原告商誉损害，因此对于原告要求被告赔礼道歉的诉讼主张一般不应当支持。"由上述规定变化可见，江苏省高级人民法院对于商业秘密侵权案件有关消除影响责任承担形式采取包容态度。

在曹某等与南京环正企业管理咨询有限公司（以下简称环正公司）侵害商业秘密纠纷一案❷中，法院认为，两被告曹某和海阔公司的侵权行为影响了环正公司在部分客户中的信誉，扰乱了环正公司的正常经营秩序，应当向环正公司出具书面道歉函、消除影响。

在上诉人优铠（上海）机械有限公司（以下简称优铠公司）与被上诉人曹某、李某、周某、上海路启机械有限公司（以下简称路启公司）、寿

---

❶ 唐青林. 商业秘密案件裁判规则 [M]. 北京：中国法制出版社，2022：274-275.
❷ 一审：江苏省南京市中级人民法院（2009）宁民三初字第434号民事判决书，二审：江苏省高级人民法院（2010）苏知民终字第0154号民事判决书。

光市鲁丽木业股份有限公司（以下简称鲁丽公司）侵害技术秘密纠纷一案❶中，最高人民法院认为："对于优铠公司要求路启公司在《木材工业》杂志和中国木业网首页就其侵权行为刊登声明，消除影响的诉讼请求。法院认为，消除影响作为民事责任的承担方式，在一般情况下适用于因侵权行为造成商业信誉、商品声誉等受损的情形。而本案中，并无证据表明路启公司的前述侵权行为使优铠公司的商业信誉、商品声誉受到了损害，故法院对于优铠公司的该项诉讼请求不予支持。"

在广州天赐高新材料股份有限公司、九江天赐高新材料有限公司侵害技术秘密纠纷一案❷中，最高人民人民法院认为："侵害技术秘密案件并不涉及侵害商业声誉或信誉，现有证据也不足以证明华某、刘某、安徽纽曼公司等的侵权行为给两天赐公司的声誉或信誉造成损害，故两天赐公司的该项上诉请求依据不足，本院不予支持。"

笔者认为，商业秘密侵权案件中基本不涉及商誉影响，在司法实践中支持消除影响诉求判例非常少，司法对于消除影响责任形式的使用持谨慎态度。

## 六、合理开支

2019年《反不正当竞争法》第17条规定："因不正当竞争行为受到损害的经营者的赔偿数额还应当包括经营者为制止侵权行为所支付的合理开支。"《最高人民法院关于审理专利纠纷案件适用法律问题的若干规定》第16条规定："权利人主张其为制止侵权行为所支付合理开支的，人民法院可以在专利法第六十五条确定的赔偿数额之外另行计算。"2018年北京市高级人民法院《侵害著作权案件审理指南》第8.13条规定："被告应当赔偿原告为制止侵权支出的合理开支，该项内容应在损失赔偿数额之外单独列出。适用法定赔偿方法确定赔偿数额的，被告应当赔偿原告为制止侵权支

---

❶ 最高人民法院（2019）最高法知民终7号民事判决书。
❷ 最高人民法院（2019）最高法知民终562号民事判决书。

## 第三章 侵害商业秘密责任

出的合理开支，不计入法定赔偿数额之内。"北京市高级人民法院《关于侵害知识产权民事案件适用惩罚性赔偿审理指南》第3.1条规定："适用惩罚性赔偿确定的赔偿总额为基数及基数与倍数乘积之和。权利人为制止侵权行为所支付的合理开支另行计算。"可见对于合理开支，法院可以在赔偿额之外另行计算、单独列出。建议原告在提起侵害商业秘密之诉时，将合理开支列为单独一项提出，并提供翔实的证据支持和说明合理开支产生的必要性和金额的合理性。

原告主张为制止侵权行为所支付的合理开支的，可以在确定的赔偿额之外要求被告承担。合理开支一般包括以下费用：（1）公证费；（2）因调查取证或出庭而发生的交通费、食宿费、误工费等；（3）档案查询费、材料印制费；（4）翻译费；（5）律师代理费；（6）原告为制止侵权行为支付的其他合理费用。法院在确定合理开支时，应当审查原告合理开支发生的实际可能性、必要性、与本案的关联性、数额的合理性等因素。原告聘请律师的费用要根据案件的性质及难易程度、律师付出的必要劳动、律师费是否实际支出、正常的收费标准等因素确定。原告虽未能提交发票等证据证明其维权支出，但根据案件查明的事实，能够推定该项支出确已发生且系维权必要的，可以计入合理费用范围。

# 第四章 商业秘密诉讼中的举证责任

根据《民事诉讼法》第 67 条的规定,"当事人对自己提出的主张,有责任提供证据",这也就是通常所说的"谁主张、谁举证"。但这一说法无法解决在具体某种类型的民事诉讼案件中某一构成要件应当由谁举证的问题。在我国司法实践中,通说认为采用法律构成要件举证责任分配说,即除非法律有明确的举证责任倒置的规定,否则诉讼案件构成要件的举证责任由原告承担。

迄今我国相关法律均未将侵犯商业秘密行为规定为适用举证责任倒置的情形。这就意味着,商业秘密侵权案件中的原告需要对构成要件(包括被告从事的侵权行为)进行证明,然而,侵犯商业秘密行为一般均是秘密行为,权利人无法确切了解侵权人获取商业秘密的途径和手段,只能依赖推测和估计。在提起诉讼时,权利人只能对自己能控制的事实予以证明,如商业秘密本身、采取的保密措施、对方有接触商业秘密的条件。要求商业秘密权利人证明侵权人获取商业秘密的途径和手段是难以实现的。

## 第一节 侵害商业秘密行为举证责任概述

《最高人民法院关于适用〈中华人民共和国民事诉讼法〉的解释》第

## 第四章　商业秘密诉讼中的举证责任

90条规定:"当事人对自己提出的诉讼请求所依据的事实或者反驳对方诉讼请求所依据的事实,应当提供证据加以证明,但法律另有规定的除外。在作出判决前,当事人未能提供证据或者证据不足以证明其事实主张的,由负有举证证明责任的当事人承担不利的后果。"第91条规定:"人民法院应当依照下列原则确定举证证明责任的承担,但法律另有规定的除外:(一)主张法律关系存在的当事人,应当对产生该法律关系的基本事实承担举证证明责任;(二)主张法律关系变更、消灭或者权利受到妨害的当事人,应当对该法律关系变更、消灭或者权利受到妨害的基本事实承担举证证明责任。"

通说认为,上述规定所确立的规则即为"法律构成要件举证责任分配"规则,亦即凡主张权利的当事人,应就权利发生法律要件存在的事实负举证责任,否认权利存在的当事人,应就权利妨碍法律要件、权利限制法律要件、权利消灭法律要件的存在事实负举证责任。

这一理论得到了我国司法界及理论界的普遍认可。民事诉讼的证明责任分配一般由法律直接规定,法院在个案中不能自由裁量或倒置。根据这一学说,在具体诉讼中,除非法律对举证责任进行了倒置性规定,否则,案件的构成要件待证事实的举证责任由原告承担;在原告完成举证责任之后,被告提出权利阻却抗辩的,由被告就此承担举证责任。

在司法实践中,举证责任倒置与举证责任转移规则易于混淆。举证责任转移,是指在法院在诉讼过程中根据出现的可能导致举证责任分配失衡的情形而裁定的转移,即根据"谁主张,谁举证"的原则,当事人为了证明自己的主张或反驳对方的主张,举证责任由一方向另一方转换的情况;而举证责任倒置则是由法律规范明确规定,在特定情形下把原告承担的举证责任倒置给被告方,如被告不能举证或举证不足,就应承担败诉风险。由此观之,举证责任倒置基于法律规定而确定,而举证责任转移则属于法院基于原告的证据优势而将证明责任转移给被告的司法裁定。可见,举证责任倒置与举证责任转移规则具有以下明显区别:(1)举证责任转移,当事人需要证明的是自己的主张;举证责任倒置,被告需要证明的是自己没有过错或过错在原告方。(2)举证责任转移,并不免除任何一方的举责任;

举证责任倒置，在法律规定的特定情形下，对原告的举证责任予以免除。（3）举证责任转移的适用范围较大，在任何案件中均可适用；而举证责任倒置的适用必须依据法律的明确规定。

# 第二节　"不为公众所知悉"的举证规则

## 一、举证规则的变化

"不为公众所知悉"作为消极事实，采用何种证明举证责任及证明标准系司法判断的难点。在侵害商业秘密民事侵权纠纷案件中，目前形成的司法实践共识是要求商业秘密权利人先明确划定其要求保护的商业秘密客体范围，也就是所谓的秘密点，然而在这一过程中，原告与被告之间关于秘密性的证明责任应如何划分，原告应承担多大的证明责任，各地的司法实践尚没有形成统一的认识。有观点主张被告承担相关信息已经为公众所知悉的证明责任，即实行举证责任倒置；也有观点主张应由权利人承担不为公众所知悉的证明责任，即谁主张，谁举证；另有观点主张应由原告承担初步证明非公知性的举证责任后，被告证明涉案商业秘密不符合商业秘密的构成要件的举证责任，即举证责任的转移。

有观点认为："2019年修订的《反不正当竞争法》第32条明确商业秘密侵权案件中的举证责任倒置，将原本应由原告承担的部分举证责任分配给被告，做到立法规定与实践操作的统一，使得法院在审理商业秘密案件时可以适用举证责任倒置。"❶由于商业秘密侵权手段的隐蔽性和复杂性，商业秘密侵权诉讼的举证责任分配问题历来是学界和业界关注的重点。"在中美贸易谈判背景下修订的《反不正当竞争法》新增商业秘密侵权诉

---

❶ 林文翟.论商业秘密侵权案件中的举证责任倒置——兼评《反不正当竞争法》第三十二条[J].吉林工商学院学报，2021，37(2).

## 第四章　商业秘密诉讼中的举证责任

讼举证规则即第三十二条，将权利基础要件和侵权行为要件的举证责任倒置给涉嫌侵权人。"❶

举证责任倒置虽然能够解决原告因举证困难而难获支持的问题，但同时也因缺乏明确的法律依据以及容易导致举证责任分配不平衡而备受质疑。反对观点认为，在商业秘密案件中适用举证责任倒置并无法律依据，并且，主张权利的一方应对其享有该权利的基本事实负有举证责任。

"权利人主张权利，首先必须证明其权利的存在。在证明存在权利之前，所谓的权利人只是提出权利主张的人，还不是已经确定的权利人，因而不存在对其权利进行倾斜性保护问题。此时如果推定其权利存在和进行倾斜性保护，显然是无的放矢和破坏权利保护上的基本平衡的。"❷ 2019年《反不正当竞争法》第32条第2款规定，"商业秘密权利人提供初步证据合理表明商业秘密被侵犯，且提供以下证据之一的，涉嫌侵权人应当证明其不存在侵犯商业秘密的行为"。在"接触加相似"推定规则中，原告在证明自己拥有某项商业秘密，被告所使用的信息与其商业秘密相同、实质相似或具有实质来源关系，被告有接触原告商业秘密的条件后，转由被告就其获得或者使用该信息的合法性提出反证。这一举证责任分配过程，并非举证责任倒置，而是举证责任转移。❸ 在侵犯商业秘密诉讼中适用举证责任倒置，没有理论依据和法律依据，"举证责任的转换显然不同于举证责任倒置"❹。举证责任倒置规则，"不仅包括提供证据责任的转移，而且包括败诉后果的承担的转移"，这与我国在司法实践中商业秘密侵权诉讼举证责任的分配规则并不符合。❺

更有学者认为商业秘密案件中原告举证难度并不算高，即使商业秘密的秘密性是消极事实，对其进行初步证明也并不复杂，因此反对将2019年

---

❶ 张泽吾. 浅析侵害商业秘密纠纷的举证责任分配——以《反不正当竞争法》第三十二条为视角 [J]. 法制与社会，2020(4).

❷ 孔祥俊. 商业秘密保护的"本"与"道" [EB/OL]. [2022-12-08]. https://hfi-plaw.cn/details/20071.html.

❸ 黄武双. 商业秘密保护的合理边界研究 [M]. 北京：法律出版社，2018：242.

❹ 孔祥俊. 商标与不正当竞争法：原理与判例 [M]. 北京：法律出版社，2009：844.

❺ 黄武双. 商业秘密保护的合理边界研究 [M]. 北京：法律出版社，2018：242.

《反不正当竞争法》第32条理解成"举证责任"倒置。对于初步证明，在被告没有提供相反证据的情况下，原告为了初步证明自己的商业秘密具有秘密性，仅仅需要从如下方面努力：委托相关领域具有代表性的技术人员（包括自己的工作人员）说明诉争的商业秘密的获取或研发过程，提供初步的独立研发或收集的证据；基于上述人员所熟悉的行业实践，说明诉争信息通常所处的状态；检索相关人员常用的数据库或网站，确认没有检索到相同的信息；基于上述人员所熟悉的商业实践，确认该信息未被公开使用；基于上述人员所熟悉的研发或反向工程思路，说明研发或反向工程的难度，排除很容易就获得该商业秘密的可能性；等等。在多数情况下，原告无须大费周章就能完成任务。比如，产品配方是典型的商业秘密，只要原告能够举证证明自己所在的行业具有不公开新产品配方的习惯，而自己有实质性的研发投入和明确的商业计划，并在经营中将它确认为秘密并采取保密措施，在没有相反证据的情况下，法院就应该确认该产品配方属于商业秘密。这时候，原告甚至无须进行复杂的公开媒体或专业数据库的检索工作，就能够完成自己的初步证明责任。如果被告提出异议，再由被告来质疑。可见，证明商业秘密的秘密性的困难程度是否达到了应该代之以法律推定或倒置证明责任的程度，存在很大的疑问。同时，法律推定或倒置证明责任对于被告利益和公共政策目标的影响也被低估。❶

最高人民法院对商业秘密案件证明责任分配的认识有一个逐步演化的过程。在早期的司法文件中，最高人民法院在一定程度上接受法律推定或证明责任倒置的安排。比如，最高人民法院在1998年《关于全国部分法院知识产权审判工作座谈会纪要》中指出："人民法院对于当事人的某些主张，应当根据法律并从实际情况出发，实行举证责任倒置的原则，即一方对于自己的主张，由于证据被对方掌握而无法以合法手段收集证据时，人民法院应当要求对方当事人举证。例如，在方法专利和技术秘密侵权诉讼中的被告，应当提供其使用的方法的证据，被告拒不提供证据的，人民法院可以根据查明的案件事实，认定被告是否构成侵权。"不过，在2011年

---

❶ 崔国斌. 商业秘密侵权诉讼的举证责任分配[J]. 交大法学, 2020(4).

## 第四章　商业秘密诉讼中的举证责任

具有代表性的商业秘密侵权案例中，最高人民法院又要求权利人承担证明责任，即权利人必须对诉争信息构成商业秘密；被告获取、利用或披露行为；被告行为违法负有证明责任。❶ 2007 年《最高人民法院关于审理不正当竞争民事案件应用法律若干问题的解释》第 14 条中正式规定，当事人指称他人侵犯其商业秘密的，应当对其拥有的商业秘密符合法定条件、对方当事人的信息与其商业秘密相同或者实质相同以及对方当事人采取不正当手段的事实负证明责任。当时负责这一司法解释的数位法官专门撰文指出，"《最高人民法院关于审理不正当竞争民事案件应用法律若干问题的解释》（2007）未采纳有关设定商业秘密证明责任倒置的建议"❷。不过，该文认为，"对于是否拥有商业秘密，原告举证出商业秘密的载体、具体内容、商业价值和采取的具体保密措施后，一般就可以认为其完成了此项举证责任"。❸

《最高人民法院关于充分发挥知识产权审判职能作用推动社会主义文化大发展大繁荣和促进经济自主协调发展若干问题的意见》第 25 条规定："根据案件具体情况，合理把握秘密性和不正当手段的证明标准，适度减轻商业秘密权利人的维权困难。权利人提供了证明秘密性的优势证据或者对其主张的商业秘密信息与公有领域信息的区别点作出充分合理的解释或者说明的，可以认定秘密性成立。商业秘密权利人提供证据证明被诉当事人的信息与其商业秘密相同或者实质相同且被诉当事人具有接触或者非法获取该商业秘密的条件，根据案件具体情况或者已知事实以及日常生活经验，能够认定被诉当事人具有采取不正当手段的较大可能性，可以推定被诉当事人采取不正当手段获取商业秘密的事实成立，但被诉当事人能够证明其通过合法手段获得该信息的除外。"这一意见并未规定倒置证明责任，但是适当降低了秘密性的证明标准（以"证据优势"标准替代"高度盖然性"要求），并接受不当行为的法律推定。因此，在 2019 年立法者修改

---

❶ 佳灵电气制造有限公司与希望电子研究所、希望森兰变频器制造有限公司侵犯商业秘密纠纷案，最高人民法院（2001）民三终字第 11 号民事判决书。
❷❸ 蒋志培，孔祥俊，王永昌.《关于审理不正当竞争民事案件应用法律若干问题的解释》的理解与适用[J]. 法律适用，2007(3)：27-28.

《反不正当竞争法》之前，在商业秘密侵权诉讼中，我们还是可以说，原告对于商业秘密的秘密性、被告的不当行为负有证明责任。❶

2019年《反不正当竞争法》修正时增加了第32条。《反不正当竞争法》第32条的规定包含两款内容，第1款规定的是商业秘密本身的证明问题，第2款规定的是侵害商业秘密行为的证明问题。对于第32条的性质，立法者在修订草案说明中对其定位为举证责任的转移。❷有的地方法院更加明确规定："由于商业秘密本身具有秘密属性，侵权行为一般具有秘密、隐蔽的特点。原告举出直接证据证明被告实施了侵权行为非常困难，因此可以合理运用举证责任转移，适当降低原告的举证难度。"❸《反不正当竞争法》第32条规定的"合理表明"与"证明"存在相当程度上的不同："证明"所要达到的是《民事诉讼法》中规定的证明标准，需达到高度盖然性，即所提出的证据能够证明该事实的发生是具有极高的可能性的；而"合理表明"则并没有相应的规定。因缺乏一个明确的区间限制，自由裁量权将有可能因为失去制约而过大，甚至许多法官可能因为缺乏法律的明示而继续依照原有的证明标准来要求权利人进行举证。如此一来就违背了本次修法的目的，未能合理分配举证责任。笔者认为"合理表明"中的表明应与说明、释明、疏明类同，举证责任者仅承担低强度的举证责任，这也与此次反不正当竞争法修订意在降低权利人在商业秘密侵权诉讼中的举证责任的立法目的相符。

2019年《反不正当竞争法》第32条第1款规定："在侵犯商业秘密的民事审判程序中，商业秘密权利人提供初步证据，证明其已经对所主张的商业秘密采取保密措施，且合理表明商业秘密被侵犯，涉嫌侵权人应当证明权利人所主张的商业秘密不属于本法规定的商业秘密。"结合《中美经贸协议》原文的内容，《反不正当竞争法》第32条第1款应当解释为：原

---

❶ 崔国斌. 商业秘密侵权诉讼的举证责任分配［J］. 交大法学，2020（4）.
❷ 中国人大网. 恶意侵犯商标专用权赔偿上限拟提高到五百万元［EB/OL］. ［2022-12-13］. http：//www.npc.gov.cn/zgrdw/npc/cwhhy/13jcwh/2019-04/21/content_2085549.htm.
❸ 《江苏省高级人民法院侵犯商业秘密民事纠纷案件审理指南（修订版）》第3.5条。

## 第四章　商业秘密诉讼中的举证责任

告承担如下举证义务后,举证责任即转移至被告:一是对其主张的商业秘密采取了保密措施,二是合理表明商业秘密被侵犯,即被告采取不正当手段获取、使用或者披露了其商业秘密。被告否认的,由被告证明原告主张的商业秘密不具有秘密性。言下之意,便是将秘密性与价值性的证明责任都转移给了被告。"具备何种条件才合理表明商业秘密被侵犯?一般需要满足以下证据条件:一是需要提供商业秘密成立和归属的基本证据,即表明请求保护的商业秘密的客体、载体及其来源;对请求保护的商业秘密所采取的保密措施;请求保护的商业秘密所体现的商业价值。二是需要表明被告非法获取商业秘密的基本事实,即原告在起诉时必须就其请求权成立的所有要件涉及的事实作具体陈述,否则如未能达到合理表明商业秘密被侵犯的具体化界限,则不发生提供证据责任转移的效果。"❶

在上诉人济南思克测试技术有限公司(以下简称思克公司)与被上诉人济南兰光机电技术有限公司(以下简称兰光公司)侵害技术秘密纠纷一案❷中,法院认为:"由于商业秘密具有保护客体不为公众所知悉的秘密属性,其天然地不具备'可对抗不特定第三人的绝对权应予公示'的法律属性,加之'不为公众所知悉'这一事实为消极事实,需要证明'不存在'是一件非常困难的事,商业秘密权利人难以证明,因此,为了适当减轻商业秘密权利人的举证责任,反不正当竞争法修改了上述举证责任分配的一般原则,其第三十二条第一款作出特别规定:'在侵犯商业秘密的民事审判程序中,商业秘密权利人提供初步证据,证明其已经对所主张的商业秘密采取保密措施,且合理表明商业秘密被侵犯,涉嫌侵权人应当证明权利人所主张的商业秘密不属于本法规定的商业秘密。'根据这一规定,在侵害商业秘密民事案件中,商业秘密权利人应当首先提供初步证据证明其对主张保护的商业秘密采取了'相应保密措施'以及被诉侵权人存在'侵犯行为',在此基础上,商业秘密权利人无须举证证明其主张保护的商业秘密'不为公众所知悉',而转由被诉侵权人举证证明权利人主张保护的商

---

❶ 宋建立.商业秘密案件办理的若干热点和难点[J].人民司法,2022(34).
❷ 最高人民法院(2020)最高法知民终538号民事判决书。

业秘密不具备'不为公众所知悉'这一要件,进而不属于反不正当竞争法规定的商业秘密。"

在赵某姣与北京智源享众广告有限公司等侵害商业秘密纠纷一案[1]中,原告融七牛公司认为被告赵某(为原告旧员工)将其所掌握的融七牛公司的相关"信用卡业务线"渠道商有关经营信息这一商业秘密,透露给了另一被告北京智源享众广告有限公司(以下简称"智源公司")。该信息的excel表格中列明了融七牛公司从事金融业务推广营销服务所合作的渠道商名单,而智源公司未经许可使用该商业秘密与这些渠道商进行了沟通联系,严重侵犯了融七牛公司的利益。北京知识产权法院引用了2019年《反不正当竞争法》第32条第1款相关规定,认为原告融七牛公司通过举证《劳动合同》《商业秘密及知识产权协议》《员工手册》表明其已经明确对赵某提出保密义务,法院认定其已经采取了保密措施。后又根据融七牛公司举证认定智源公司作为同行业竞争者,在明知赵某系融七牛公司员工且实际掌握融七牛公司涉案商业秘密的情况下,通过见面方式创造了直接接触赵某的电脑和手机的机会。智源公司在获悉涉案商业秘密后,存在主动联系其中记载的渠道商寻求商务合作的行为,构成对于其获取的涉案商业秘密的使用。而智源公司无法对其掌握的涉案商业秘密说明其他合理来源,结合智源公司与赵某同时期的实际接触情况,原审法院认定智源公司获取的融七牛公司的商业秘密来自赵某。综上,北京知识产权法院认定该案中融七牛公司已经提供初步证据证明其商业秘密被侵犯,智源公司应当就其不存在侵害商业秘密的行为进行举证。

2019年《反不正当竞争法》第32条第2款规定:"商业秘密权利人提供初步证据合理表明商业秘密被侵犯,且提供以下证据之一的,涉嫌侵权人应当证明其不存在侵犯商业秘密的行为:(一)有证据表明涉嫌侵权人有渠道或者机会获取商业秘密,且其使用的信息与该商业秘密实质上相同;(二)有证据表明商业秘密已经被涉嫌侵权人披露、使用或者有被披露、使用的风险;(三)有其他证据表明商业秘密被涉嫌侵权人侵犯。"按

---

[1] 北京知识产权法院(2020)京73民终2581号民事判决书。

## 第四章　商业秘密诉讼中的举证责任

照《反不正当竞争法》第 32 条第 2 款第 1 项，原告举证证明被告有接触或者获取其商业秘密的可能性，且被告使用的信息与该商业秘密实质上相同，则举证责任发生转移，被告应当从独立研发、反向工程、获得许可、自己使用的信息与原告主张商业秘密保护的信息不同、原告主张保护的商业秘密不是商业秘密等方面，"证明其不存在侵犯商业秘密的行为"，否则推定侵害行为成立。按照《反不正当竞争法》第 32 条第 2 款第 2 项和第 3 项，原告不必证明被告使用的信息与其商业秘密实质上相同，只要提供证据证明其商业秘密被被告披露、使用或者有披露、使用的风险，或者有其他证据证明被告侵犯其商业秘密的，举证责任发生转移，被告同样需要从独立研发等角度，证明其不存在侵害商业秘密的行为。这样规定主要考虑到，如果让商业秘密权利人每次都必须等到商业秘密已经遭到泄露才亡羊补牢，恐怕为时晚矣。而此根据 2019 年《反不正当竞争法》第 32 条第 2 款第 2 项和第 3 项的规定，只需能证明存在商业秘密遭到披露或使用的风险即可采取措施。这样有利于防患于未然，全方面保护权利人的商业秘密。

由此可见，2019 年《反不正当竞争法》第 32 条第 2 款与第 1 款一样，为被告创设了积极否认义务。差别在于，按照第 1 款，被告积极否认的是，原告主张商业秘密保护的信息不属于商业秘密，是从商业秘密本体方面为被告设定的积极否认义务。按照第 2 款，被告积极否认的是，原告指控的侵害行为不存在，是从行为方面为被告设定的积极否认义务。❶

2019 年《反不正当竞争法》第 32 条规定的举证责任的转移规则得到了法律的认可，在权利人和侵权人的举证义务分配中，降低了权利人的举证难度，增加了涉嫌侵权人的举证义务。这一重大改变更加突显了对商业秘密保护的政策性倾向，契合了当前严厉打击知识产权侵权、优化营商环境的大背景，然而，《反不正当竞争法》第 32 条关于举证责任分配的变革，并没有彻底解决原告举证责任过重的问题，其突出表现为第 32 条第 2 款第 1 项的规定。按照该款项规定，原告仍需负担证明被告使用的信息与其商业秘密具有实质上相同的义务，证明负担依然沉重，而这恰恰是以往在实

---

❶ 李扬. 反不正当竞争法基本原理［M］. 北京：知识产权出版社，2022：167.

践中商业秘密权利人最头疼的问题，也是商业秘密未能得到有力保护的重要原因之一。在实践中如何具体把握和适用，如何平衡各方当事人的利益，仍有待在案件审理过程中进一步探索研究。对于原告应承担的举证责任，应针对商业秘密案件的特点，区分不同情形对待。

在司法实践中，法院通常采取的做法是：在适用"谁主张、谁举证"这一原则的同时，根据案件的具体情况灵活把握证明标准，即由原告就其主张的秘密区别于公众所知悉的信息进行初步举证，在此基础上，法院结合被告的抗辩以及社会公知常识、行业普遍认知等进行综合认定。一般而言，原告能够明确商业秘密具体的范围、内容、载体，且信息的具体内容并非所属领域的一般常识，不能从公开渠道轻易（即未付出一定的时间、精力、金钱等）获得，即可视为其已就"秘密性"尽到了初步举证责任。例如，在技术秘密案件中，原告可以通过提供检索报告、技术图纸、工艺流程、技术人员关于研发过程的说明、涉案技术所取得的技术效果等证据以说明其所主张的技术信息与公知技术的区别点、进步点等，进而证明涉案信息"不为公众所知悉"。❶

商业秘密是由反不正当竞争法规制的，而反不正当竞争法是行为法，其目的是制止不正当竞争行为。针对商业秘密的认定，旧法总是过于强调其权利属性，要求权利人必须先行完成"不为公众所知悉"的证明责任，然后才能进行侵权比对。这一做法明显为权利法的思维，缺乏对不正当竞争行为规制的强调。出于利益平衡的需要，笔者赞同权利人仍需要对商业秘密的范围进行初步举证，但不应该对权利人苛以过高的证明责任，而只需权利人能够合理证明其要求保护的商业秘密信息与公知信息存在区别即可，而能否满足"不为公众所知悉"的构成要件，则应当在原被告的诉辩对抗中完成，即被告也应承担相应的举证责任。❷ 原告需要证明的全部内容是一个体系，可以自动实现制衡，而无须法院在商业秘密的确定阶段刻意加重原告的证明责任。原告初步举证后，由被告承担原告所称的商业秘

---

❶ 北京市高级人民法院知识产权庭课题组. 《反不正当竞争法》修改后商业秘密司法审判调研报告 [J]. 电子知识产权, 2019(11).

❷ 罗云. 商业秘密民事侵权案中秘密点及举证责任 [J]. 中国律师, 2021(4).

密是公知信息的证明责任，将公知信息从原告的主张内容中剔除，从而在双方当事人的诉辩对抗中完成事实证明的过程。❶这一对抗过程并没有免除原告和被告任何一方的举证责任，且对举证责任的分配没有进行任何改变，只是负有法定举证责任的一方完成举证责任后，举证责任转移给提供反驳证据的一方。法官在审判时，应通过实时比较双方证据的优势来认定案件事实。

## 二、权利人的举证责任

2019年《反不正当竞争法》第32条确定了举证责任转移规则，但是包括秘密性在内的商业秘密构成要件的"初步证明"的举证责任仍由原告承担。侵害商业秘密的前提是存在商业秘密，确定商业秘密具体的范围是侵害商业秘密的基础，即权利人的权利基础。

（一）"秘密点"概述

商业秘密一般包括技术信息和经营信息等商业信息，其中，技术信息主要包括：(1)公司产品设计方案、技术方案；(2)公司产品生产工艺、生产技术参数、生产工艺流程；(3)公司产品制造方法、产品配方；(4)公司产品研发成果、科研数据库；(5)公司产品试验记录、试验结果数据；(6)公司新产品、新技术、新设备的研发进度与情况；(7)计算机软件、产品设计图纸；(8)公司各种产品样品、原材料标准、成品检测报告数据；(9)与技术有关的结构、原料、组分、材料、样品、样式；(10)植物新品种繁殖材料；(11)技术设计、质量控制、工艺流程、设计图纸（含草图）、制作方法及其步骤、算法、数据；(12)公司重要技术研讨会议、技术交流会议的会议纪要；(13)公司对外技术交流与业务活动中的秘密信息；(14)公司对外承担保密义务而需要保密的技术信息；(15)公司其他需要保密或标明保密的技术信息。技术信息可以是一项完整的技术方案，也可以是一项完整技术方案中的一个或若干个相对独立的

---

❶ 李锐. 商业秘密侵权纠纷案件实证研究［J］. 人民司法，2022(34).

技术要点。

经营信息主要包括：（1）公司就经营管理作出的重大决策中的秘密信息；（2）公司总体发展规划、经营战略、营销策略相关秘密信息；（3）公司采购计划、采购渠道、采购价格、产品定价、供应商信息、招投标信息；（4）公司客户和潜在客户（准客户）的名称、姓名、联系方式、交易意向、客户需求、客户报价资料、客户到货时间规律、成交的价格底线；（5）公司作为商业秘密的商务谈判内容信息；（6）公司作为商业秘密的合同/协议内容信息；（7）公司作为商业秘密的财务信息；（8）公司对外业务交流活动中作为商业秘密的经营信息；（9）公司对外承担保密义务而需要保密的经营信息；（10）公司员工人事档案、薪金信息，尚未确定的公司重要人事调整及安排信息；（11）公司市场调查报告、品牌或产品策略、营销计划或方案内容信息；（12）与经营活动有关的创意、管理、销售、样本、数据；（13）管理方案、管理诀窍、货源情报、产销策略、投融资计划；（14）公司其他需要保密或标明保密的经营信息。经营信息可以是一个完整的经营方案，也可以是经营方案中若干相对独立的信息要素个体或组合。

原告通常不知道也不愿意区分哪些信息属于商业秘密，哪些信息不属于商业秘密，而是概括性认为其拥有的全部信息均属于商业秘密，均能通过商业秘密方式进行保护，然而，不区分公知信息和非公知信息、不明确商业秘密保护范围，通常会导致权利边界不清楚。如要求保护的范围包含了公知信息，那么相关信息不构成商业秘密，无法获得法律保护。所以在商业秘密案件中需要原告证明其拥有商业秘密权并明确权利的边界，这就要求权利人必须明确商业秘密的保护范围，并提交相应证据。商业秘密的保护范围明显不同于专利权、商标权。专利权、商标权具有主管部门授权的权利凭证，在授权时已经向公众公示了权利的内容，划分了权利边界，但商业秘密由于不为公众所知悉，事先不具有公示性，故其在主张权利时，必须确定商业秘密的内容，即秘密点，根据秘密点来确定商业秘密的保护范围。权利人应对商业秘密保护范围有明确的认识，区分公知信息和非公知信息，不能将公知信息纳入商业秘密的保护范围，并且要将具体的商业

## 第四章 商业秘密诉讼中的举证责任

秘密保护范围记载在相应载体中。否则，相关信息有可能无法获得商业秘密保护。如主张涉及图纸或生产工艺构成商业秘密的，应具体指出涉及图纸或生产工艺中的哪些部分、环节、步骤构成商业秘密，并应提出上述信息与一般公知信息的区别所在。商业秘密不为公众所知悉，在一审程序中，只有在权利人确定其请求保护的商业秘密具体内容（秘密点）后，被诉侵权人才能有针对性地答辩和举证，人民法院才能相应地确定审理范围，安排好审理进度。在司法实践中，权利人在诉讼程序中反复变更其主张的商业秘密具体内容，或者在二审甚至再审程序中仍然主张变更的情况并不鲜见。

需要注意的是，商业秘密作为知识产权的客体，其具有无形性，故商业秘密的内容必须通过有形的载体予以呈现。但是，商业秘密只是某种信息，而不是载体，因此应当将某种信息认定为商业秘密，而不能将承载该信息的载体认定为商业秘密。如化合物为公众所知悉，其本身可能是商业秘密的载体，而不可能成为商业秘密的保护对象，可以作为商业秘密保护的只能是该物质的配方、制造、加工或者储藏的工艺等。但是，商业秘密载体是体现商业信息的具体形式，商业秘密的内容应固定在相应的载体上，"思想""经验"等没有载体的商业秘密不构成商业秘密。在诉讼过程中，当事人除了应明确商业秘密的具体内容，还应当提供与商业秘密内容相致的载体。

在很多情况下，原告出于尽量扩大保护范围的需要，或者对法律规定、涉案技术背景不熟悉等原因，往往在起诉时会主张一个较为抽象、宽泛的商业秘密范围，可能会包括一些为公众所知悉的信息。对此情况，法院一般会在审理案件过程中对原告进行释明，让原告明确合理确定商业秘密范围。在通常情况下，保护范围的确定过程相对复杂且当事人争议较大，一般需要经过多次释明和举证、质证才能最终确定。如果在一审法院法庭辩论结束前原告拒绝或无法明确其主张商业秘密保护的信息具体内容的，法院可以驳回起诉。如原告在一审法庭辩论终结前仅能明确部分的，法院一般应对该明确部分进行审理和认证。在二审中，原审原告另行主张其在一审中未明确的商业秘密具体内容的，二审法院可以根据当事人自愿的原则就与该商业秘密具体内容有关的诉讼请求进行调解；调解不成的，告知原审原告另行起诉，双方当事人均同意由二审法院一并审理的，二审法院可以一并裁判。❶

（二）秘密点的寻找与确定

1. 秘密点要具体、明确

秘密点又称"秘点"，其本身并非法律用语，在相关法律法规及司法解释中并无"秘密点"一词。秘密点其实是一个俗称，用来指代商业秘密的范围，虽称为"秘密点"，但不能理解为单个信息或信息的某个点。具体而言，技术秘密案件的秘密点是指具体的技术方案或技术信息。技术信息由两部分组成，现有技术和特有技术（即公知信息和非公知信息），商业秘密的保护往往是其中的特有部分。因为这部分特有信息才是权利人通过一定努力所取得的智力成果，而这也正是商业秘密诉讼中的"秘密点"。秘密点必须是明确和具体的，不能是纯粹的理论或空洞的概念。《江苏省高级人民法院侵犯商业秘密民事纠纷案件审理指南（修订版）》第2.3条规定："商业秘密案件审理中，原告必须先行明确其主张商业秘密保护的范围，并提交相应证据。"这就要求权利人在维权时不仅要提出权利保护的诉求，还有义务明确其保护的技术秘密点名称和范围，并予以明确表述。技术秘密就是技术信息中不为公众所知悉的能够带来较大技术效果的那部分信息，如技术参数及其组合、技术诀窍等。在一个技术秘密案件中，秘密点是技术秘密案件维权的基础，是权利人据以主张权利的依据。在司法实践中常见的秘密点有：图纸中的尺寸公差、形位公差、粗糙度、图样画法（表达方法）、局部放大视图、尺寸标法、明细表内容、技术要求；产品配方中的配料、成分比例；工艺流程中的材料配比、数值、环节、步骤

---

❶ 《最高人民法院关于审理侵犯商业秘密民事案件适用法律若干问题的规定》第27条："权利人应当在一审法庭辩论结束前明确所主张的商业秘密具体内容。仅能明确部分的，人民法院对该明确的部分进行审理。权利人在第二审程序中另行主张其在一审中未明确的商业秘密具体内容的，第二审人民法院可以根据当事人自愿的原则就与该商业秘密具体内容有关的诉讼请求进行调解；调解不成的，告知当事人另行起诉。双方当事人均同意由第二审人民法院一并审理的，第二审人民法院可以一并裁判。"

## 第四章　商业秘密诉讼中的举证责任

等。权利人不仅要明确具体的"秘密点",还要提供商业秘密的载体,即证据材料,载体包括电子文档、合同、账册、文件等形式,一个载体上可能包含很多信息,其中可能只有很少一部分才具有秘密性。秘密点应当是客观存在的,有明确的载体和具体的内容。在司法实践中,侵害商业秘密纠纷案件的"秘密性"具体表现为"秘密点"的寻找与确定,商业秘密权利人在起诉前应当明确自身商业秘密的"秘密点"所在是商业秘密的核心部分,是胜诉的基本保证。❶技术秘密点不在于多,而在于能够准确地凸显出技术的核心。这既与所指控的具体侵权行为及其行为的法定类型有关,也与侵权行为所产生的损害后果有关。

2. "秘密点"要排除公知技术

笔者在代理侵害商业秘密纠纷案件中经常发现,个别商业秘密权利人往往图省事或贪大求全,没有考虑自己到底有哪些秘密点被侵权,抱着"撒网抓鱼"的观点,将所有的信息都作为秘密点起诉到法院,主张其掌握的某项技术所有的内容均是"秘密点"。笔者提示如果秘密点过于宽泛,一则含有大量公知信息,难以证明具有秘密性,达不到认定被告侵权的目的;二则整体上较难与被诉侵权的信息进行比对,可能被认为两者存在明显差异。上海知识产权法院发布的《侵害商业秘密纠纷审理指引》规定,在商业秘密纠纷案件中,法院需审查原告主张商业秘密的范围(即秘密点);原告有义务明确商业秘密的具体内容并指出与公知信息的区别,原则上不能笼统地主张某份资料或某份证据系商业秘密;对于技术秘密,应该明确载体中哪些数据、指标、尺寸或技术方案等构成技术信息。《江苏省高级人民法院侵犯商业秘密民事纠纷案件审理指南(修订版)》第2.3.1规定:"如原告主张设计图纸或生产工艺构成技术秘密的,应当具体指出设计图纸或生产工艺中的哪些内容、环节、步骤构成技术秘密。原告坚持其主张的技术信息全部构成商业秘密的,应当要求其明确该技术秘密的具体构成、具体理由等。"当然秘密点也不能过窄,相对而言,秘密点过窄容

---

❶ 王现辉. 守护IP——知识产权律师实务与案例指引[M]. 北京:知识产权出版社,2018:63.

易证明相关信息具有秘密性,但是,如秘密点过窄,可能会存在侵权人未使用该秘密点的风险,对于价值评估也会产生影响。确定秘密点不是扩大或缩小商业秘密的范围,而是更精准地确定商业秘密。秘密点的确定过程,是抽丝剥茧鉴别商业秘密载体中包含的公知信息和非公知信息的过程。商业秘密一经公开就进入公共领域,即失去商业秘密的属性,所以确定秘密点时,权利人应仔细分析拟作为秘密点保护的信息是否被公开过,应当认真筛选其主张保护的秘密范围,通过自行缩小秘密点来解决秘密点范围过于宽泛的问题,将已公开的信息排除在秘密点之外。常见的公开途径主要有三种:一是通过公开出版物公开,典型如专利公告、论文等。二是通过使用公开,如果某一信息仅表现为产品的尺寸、结构、材料、部件的简单组合等,通过观察产品本身就可以直接获得该信息的,该产品进入市场后,其所涉及的信息可以认为通过使用而公开;如果某一信息表现为一种产品的配方、制造方法等,该产品进入市场后,不通过复杂的检测或者试验分析等就难以从产品本身直接获得该信息的,不认为该信息通过使用而公开。三是通过公开的报告会、展览等方式公开,报告会公开与出版物公开类似,展览公开与通过使用公开类似,该种公开方式容易被忽略,不少商业秘密都是因为报告会、展览会失密的。

3. "秘密点"要与侵权人相关联

在商业秘密侵权案件中,权利人与侵权人往往具有一定的关联点,因此在诉讼准备时原告就应当确定需要保护的信息的范围。这个范围必须适当,应根据被告的被诉侵权信息情况确定。寻找商业秘密点的原则是,预判侵权行为的类型并针对可能的侵权行为结合被侵权产品确定技术秘密点,尽可能覆盖被侵权产品各功能模块,分别选择不同的技术秘密类型、合理分布确定数量,能够涵盖被告所使用的技术信息或经营信息,同时该秘密点在公开渠道无法获得。建议要充分地考虑如下几个方面:第一,所选择的秘密(点)必须符合"真实性"的要求,这是前提也是最基本的要求;第二,主张秘密点多少直接影响撰写说明、准备相应载体文件的工作量和鉴定费用;第三,与侵权行为无直接关联的秘密点起不到作用且可能泄密导致更大的损失;第四,应当将涉嫌被侵权的秘密点选择在内,避免

无法进一步举证或查证犯罪事实;第五,所选择的秘密点能够满足许可评估的要求并为评估方法的合理性提供必要的支持等。❶

4."秘密点"要有适当的数量

在正确寻找秘密点的前提下,还要合理确定秘密点的数量。很显然选择确定的秘密点并不是越多越好,当然也不是越少越好。在正确寻找的前提下,还需进一步对其成本核算和贡献度进行综合评价,从创造性的多少、贡献度的大小、成本的高低等多个维度进行比较,最后确定用以维权的秘密点数量,在一般情况下以3~5个秘密点为佳。在确定技术(点)的数量时,需要做到:(1)针对具体的侵权行为和类型;(2)结合被侵权产品的设计与制造;(3)涵盖各大主要功能;(4)保证技术秘密的类型具有代表性;(5)充分考虑对维权成本与工作效率的影响;(6)兼顾合理许可使用费价值评估和损失认定等。❷

5."秘密点"要考虑时间因素

确定秘密点需要注意几个时间点:一是商业秘密的形成时间,二是商业秘密的失密时间,三是侵权人的侵权时间,四是立案时间。侵权时间必须在失密时间之前,即使失密之后,相关部门仍可对失密之前的侵权行为立案调查,侵权时间和立案时间的间隔不能超过三年的案件追诉时效。秘密点的寻找与确定一般在立案之前完成,"秘密点"的寻找与确定如不事先完善,原告在法庭上面对被告一项项的公知技术抗辩,效果和结果可想而知。《江苏省高级人民法院侵犯商业秘密民事纠纷案件审理指南(修订版)》第2.3.3规定:"一审法院应当要求原告在一审法庭辩论结束前明确所主张的商业秘密具体内容。仅能明确部分的,对该明确的部分内容进行审理与认定。"

6."秘密点"要技术与法律相结合

寻找秘密点通常采取如下步骤:第一步是法律人士和/或商业秘密权利人技术人员共同确定秘密点。由于企业更熟悉自身产品的特点,所以作

---

❶❷ 李德成,白露. 科创板技术秘密审查与技术秘密刑事保护[M]. 北京:法律出版社,2022:153.

为权利人要积极参与确定秘密点的过程，为自身主张适当的秘密点。在此基础上，秘密点的确定仍需要权利人、技术人员、法律人士不断互动、逐步明晰；第二步是在立案或者控告前进行鉴定。秘密点的确定具有很高的难度，直接关系案件的成败，必要时还需要借助专业的鉴定机构进行确定，进行技术查新并分析秘密点的不为公众所知悉的情况。

（1）法律人士和/或商业秘密权利人。"秘密点"的质量至关重要，法律人士和/或商业秘密权利人技术人员寻找秘密点是常见方式之一，一般分以下步骤进行。第一步，提炼技术特征。整理技术方案，根据技术方案解决了什么技术问题、采取什么样的技术手段、该手段达到什么样的技术效果，一一推导，提炼出技术特征[1]；第二步，提炼"区别技术特征"。应对涉案技术方案做整体把握，剥离出其中已为专利等公开文献披露过的公知技术信息，当然认为包含公知信息与非公知信息在内的整体方案构成技术秘密的除外，对剩下的"区别技术特征"重点关注；第三步，技术秘密"三性"检验。案件准备时应从最小技术点向最大技术方案方向整理，但主张时则反其道行之，从较大的技术方案向最小的技术点主张。对所有的技术点进行商业秘密"三性"检验。在选择"秘密点"时，要结合法律要求，对涉案信息做由表及里、去粗取精、去伪存真的分析、梳理；第四步，合理确定"秘密点"数量。在"秘密点"数量较多时，应根据被告使用的概率划分优先级，最有可能为被告使用到的技术点作为第一层级的"秘密点"进行主张。在主张第一层级"秘密点"的同时，应注意保留继续主张其他秘密点的权利，并做好第二、第三层级"秘密点"梯队的整理与准备工作。

需要注意的是，为应对被告抗辩以及法庭的审查，原告在筛选"秘密点"时应尽量多层次准备，并将其与该领域公知技术信息进行区分。虽然在商业秘密案件维权中没有要求创造性的评价，但对于技术秘密，笔者建议还是对整个技术方案进行创造性评价，以提高技术秘密维权的成功率，

---

[1] 参照 2017 年《北京市高级人民法院专利侵权判定指南》第 8 条规定，技术特征应该是根据技术方案所解决的技术问题，再结合整体技术方案，考虑能够相对独立地实现一定技术功能并产生相对独立的技术效果的技术单元。

## 第四章　商业秘密诉讼中的举证责任

具体可以借鉴专利法中专利申请人提供书面文件的方式，为自己的技术秘密撰写"权利要求书"，清楚、简要地描述技术秘密的具体内容。如主张设计图纸或生产工艺构成技术秘密的，应具体指出设计图纸或生产工艺中的哪些内容、环节、步骤构成技术秘密。"秘密点"的确定既依赖事前对于侵权情况的了解，从而寻找到侵权人较有可能使用的商业秘密信息；也依赖在诉讼过程中对于秘密点内容的进一步阐明，即依据被诉侵权人的证据及抗辩，对"秘密点"的内容进行进一步明确。值得注意的是，技术秘密的范围划定、"秘密点"的梳理确定工作并非"一劳永逸"，而是动态、持续的，根据技术的进步、维权的需要而不断调整。在技术秘密维权实务过程中，往往会根据案件情况扩大或者限缩技术"秘密点"，甚至会对技术"秘密点"个数进行增减。涉案"秘密点"往往都有一个由大变小或者由多变少的过程，这也是一个准确适用法律、依法保护涉案人合法权益的过程。

（2）司法鉴定。商业秘密侵权纠纷不断增多，在司法实践中，许多商业秘密侵权案件都与专业技术有关，为了准确认定案件事实和正确适用法律，必须借助司法鉴定制度来查明案件事实，作出公正的裁判，而"秘密点"的划分在司法鉴定中显得尤其重要。司法鉴定是由国家有关部门认可的鉴定机构就委托鉴定的涉案技术等专业问题提供咨询服务的过程。代理律师在涉及司法鉴定的问题上应当给予足够重视，因为，在法官普遍缺乏相关技术背景以及专家证人制度尚不健全的情况下，鉴定意见在一定程度上可以决定法官的判断以及整个案件的走向。除了客户名单这种特殊的信息可以通过权利人自己举证证明外，其他的信息一般都要经过专业机构的认定，由知识产权司法鉴定机构出具非公知性鉴定报告，更准确地确定其秘密性。需要注意的是，司法鉴定需要在报案或者立案之前就准备齐全。正常顺序一般是由权利人先确定技术"秘密点"，形成文稿提交给鉴定机构；由鉴定机构委托科技查新机构检索国内外公开文献，以确定在委托方确认的时间基准日前有无公开文献记载与权利人主张的"技术秘密点"相同、相似的信息并出具《技术查新报告》；鉴定机构再根据查新报告出具《非公知性鉴定意见》。笔者提示，在当下商业秘密案件权利人维权成功率不高的情况下，专业的商业秘密律师更应当保持与知名的鉴定机构及鉴定机构专家沟通机制,多听取专家的意见,在立案前做到心中有数,争取立于不败之地。在正式立案前,需要遵照"明确""具体"且"真实"的原则完成涉案技术秘密(点)保密范围的撰写工作并组织相应的载体和说明文件,形成"非公知性"或"不为公众所知悉"的鉴定材料,委托鉴定机构针对所主张的每个技术"秘密点"进行鉴定,出具是否属于不为公众所知悉的《鉴定意见》,为立案做好充分的准备。这里所讲的"明确"是指保护的范围要明确,"具体"是指保护范围的技术特征要具体,"真实"是指秘密点有载体能够证明是真实的。❶上述准备对于技术秘密侵权纠纷立案,尤其是侵犯商业秘密罪立案控告非常重要。当然,可能在侵权案件审理过程中,或者公安机关立案期间或者立案后侦查终结前,办案机关会因多种原因再次或多次委托鉴定机构就技术秘密(点)保护范围的非公知性进行鉴定,但这是商业秘密案件当中的正常现象,商业秘密的固定,往往要经过若干回合的主张与抗辩以及法庭的适时指导才能够完成。

例如,在"香兰素"商业秘密一案❷中,一审、二审法院对于技术秘密"秘密点"的研发过程及"秘密点"梳理与确定给出了非常好的指引,具有较强的指导意义。

一审法院对于研发过程认定如下事实:2002年11月22日,嘉兴中华化工集团公司作为甲方与上海欣晨公司作为乙方签订《技术开发合同》《技术转让合同》及补充合同,主要内容包括:乙方以交钥匙方式向甲方交付年产3000吨香兰素新工艺的工艺配方、操作规程、质量控制要求、原材料质量要求、生产装置的设计技术要求和参数等的技术资料;技术成果归属乙方;专利权归甲方共同申请并所有;项目中的技术资料由双方共有;工业化项目工程设计、设备非标设计由双方协商指定相当资质的设计单位进行正规系统设计,设计费由甲方支付。合同约定的研究开发经费及报酬500万元由嘉兴中华化工集团公司、嘉兴中华化工公司先后付清。

---

❶ 李德成,白露. 科创板技术秘密审查与技术秘密刑事保护[M]. 北京:法律出版社,2022:153.

❷ 一审:浙江省高级人民法院于2020年4月24日作出的(2018)浙民初25号民事判决书。二审:最高人民法院(2020)最高法知民终1667号民事判决书。

## 第四章　商业秘密诉讼中的举证责任

2005—2006 年，嘉兴中华化工公司为其技改项目购买设备、工程安装支付了相关费用。2006 年 9 月 26 日，嘉兴中华化工公司与上海欣晨公司签订《技术转让合同》，嘉兴中华化工公司委托上海欣晨公司在已有研发成果基础上，设计采用乙醛酸法生产香兰素新工艺的生产线。该合同还约定：由上海欣晨公司在合同签订 240 天内向嘉兴中华化工公司交付可行性研究报告、工艺流程图、设备布置图、设备一览表、非标设备条件图、土建基础施工图，以及工艺、土建、仪表、电器、公用工程等全套工程设计文件；相关技术仅在甲方（嘉兴中华化工公司）用乙醛酸法生产甲基香兰素车间内使用；相关技术属双方共有。2007 年 2 月 8 日，浙江省嘉兴市南湖区经济贸易局批复同意嘉兴中华化工公司扩建年产 10 000t/a 合成香料（乙醛酸法）新技术技改项目，项目建设期 1 年。同年 6 月 19 日，浙江省嘉兴市环境保护局批准嘉兴中华化工公司 1 万吨合成香料（乙醛酸法）新技术技改项目，新建甲基香兰素生产装置 2 套，乙基香兰素生产装置 1 套及配套设施，项目建成后产能达到甲基香兰素 9000 吨/年，乙基香兰素 1000 吨/年。同年 10 月，嘉兴中华化工公司委托通州市平潮压力容器制造有限公司制造香兰素生产所需非标设备共 199 种，合同约定两个月内交货。设备图由南通职大永泰特种设备设计有限公司根据嘉兴中华化工公司提供的条件图设计完成。华东理工大学工程设计研究院接受嘉兴中华化工公司与上海欣晨公司委托，设计完成项目所需工艺管道及仪表流程图。2007 年 12 月，嘉兴中华化工公司新技术技改项目土建、安装工程竣工。嘉兴中华化工公司于 2007 年 12 月 29 日前向上海欣晨公司支付了技术转让款 350 万元。2008 年 7 月 16 日，嘉兴中华化工公司与上海欣晨公司签订《关于企业长期合作的特别合同》，约定：上海欣晨公司放弃对外一切经营业务，仅作为一家为嘉兴中华化工公司进行技术研发的企业，在合同规定的合作期间研发的所有技术成果知识产权归嘉兴中华化工公司所有，合同期十年；双方合作之前签署所有技术合同履行、结算与新的合作合同无关。

一审法院对于"秘密点"认定如下事实：嘉兴中华化工公司与上海欣晨公司主张其共同研发了乙醛酸法制备香兰素的新工艺，包括缩合、中和、氧化、脱羧等反应过程，还包括愈创木酚、甲苯、氧化铜和乙醇的循环利用过程。嘉兴中华化工公司与上海欣晨公司主张的技术秘密包括六个"秘密点"：(1) 缩合塔的相关图纸，主要包括缩合塔总图以及部件图，还包括缩合液换热器、木酚配料釜、缩合釜、氧化中间釜。(2) 氧化装置的相关图纸，主要包括氧化釜总图及部件图，还包括亚铜氧化釜、氧化液槽、氧化亚铜料斗、填料箱。(3) 粗品香兰素分离工艺及设备，主要设备包括甲苯回收塔、甲苯蒸馏塔、脱甲苯塔、脱苯塔、苯脱净分层器、香兰素溶解槽/废水中和槽/甲醇回收溶解槽、脱苯塔再沸器、甲苯冷凝器、二结冷凝器、甲苯回收冷凝器、甲醇回收冷凝器、脱甲苯冷凝器。在原审庭审中，嘉兴中华化工公司与上海欣晨公司明确放弃该"秘密点"中关于工艺部分的权利主张。(4) 蒸馏装置的相关图纸，主要包括蒸馏装置总图及部件图，还包括甲醇塔、冷水槽/热水槽/洗涤水槽、香油萃取甲苯分层塔、水洗槽、头结过滤器/香油头结过滤器、蒸馏成品槽、蒸馏接收器。(5) 愈创木酚回收工艺及相应设备，包括甲苯回收塔、甲苯蒸馏塔、脱水塔再沸器、脱甲苯塔、木酚塔、脱低沸物塔、托苯塔、脱水塔、汽水分离器、苯脱净釜、木酚脱净釜、甲苯脱净槽、木酚脱净釜、甲苯脱净釜、木酚萃取分层塔、苯脱净分层器、木酚熔解釜、低沸物冷凝器、低沸塔再沸器、甲苯冷凝器、二结冷凝器/甲苯回收冷凝器/甲醇回收冷凝器、脱甲苯冷凝器。嘉兴中华化工公司与上海欣晨公司在诉讼中明确放弃本"秘密点"中关于工艺部分的权利主张。(6) 香兰素合成车间工艺流程图，包括：缩合、木酚萃取、氧化、木酚回收工段（一）、木酚回收工段（二）、亚铜分离、亚铜氧化、脱羧、香兰素萃取、头结、头蒸、水冲、二蒸、二结及甲醇回收、香油头蒸、甲苯结晶、甲苯回收、香油二蒸、醇水结晶、甲醇回收、干燥包装、硫酸配置工段的工艺管道及仪表流程图。

上述技术秘密载体为：涉及58个非标设备的设备图287张（包括主图及部件图）、工艺管道及仪表流程图（第三版）25张。其中，设备图的技术内容包括：设备及零部件的尺寸、大小、形状、结构，零部件位置和连接关系，设备进出口位置、尺寸、型式，搅拌器型式和电功率，设备、零部件和连接件的材质、耐压性、耐腐蚀性、耐高温性能、耐低温性能等技术信息。嘉兴中华化工公司与上海欣晨公司明确表示，设备图涉密信息范围仅限于其上直接记载的技术信息，不包含对应的工艺等其他技术信息。工艺管道及仪表流程图的技术内容包括：各设备之间的位置关系和连接关系，物料和介质连接关系，控制点位置、控制内容和控制方法，标注的反应条件，基于上述连接关系形成的物料、介质的流向、控制参数等技术信息。

二审法院针对"秘密点"部分认定：嘉兴中华化工公司与上海欣晨公司涉案技术信息的载体为287张设备图和25张工艺管道及仪表流程图均构成技术秘密。第一，嘉兴中华化工公司和上海欣晨公司的设备图（包括部件图）承载了具有特定结构、能够完成特定生产步骤的非标设备或者设备组合的参数信息，构成相对独立的技术单元，属于技术信息。工艺管道及仪表流程图记载了相关工序所需的设备及其位置和连接关系、物料和介质连接关系、控制点参数等信息，亦为相对独立的技术单元，同样属于技术信息。第二，嘉兴中华化工公司和上海欣晨公司的设备图和工艺管道及仪表流程图属于不为公众所知悉的技术信息。首先，涉案技术信息是企业自行设计的非标设备及工艺流程参数信息，主要为计算机应用软件绘制、表达的工程图形信息，现有证据不能证明其已经在先公开。其次，对于不同香兰素生产企业而言，其使用的生产设备及连接方式、工艺流程的步骤和控制方法往往基于企业的规模、技术实力、实践经验等各自的特点。嘉兴中华化工公司的设备图、工艺管道及仪表流程图的尺寸、结构、材料信息是根据自身生产工艺对参数优选数值的有机组合，需要经过大量技术研发、检验筛选才能够获得。市场上并不存在标准化的成套香兰素工业化生产设备技术图纸以及工艺流程图，涉案技术信息无法从公开渠道获取，也无法通过观察香兰素产品直接获得。最后，根据〔2017〕沪科咨知鉴字第48-1号《知识产权司法鉴定意见书》的鉴定结论，涉案香兰素生产设备技术图纸在2015年5月30日和2017年8月21日之前分别构成不为公众所知悉的技术信息。当然，时至今日也没有证据证明上述涉案香兰素生产设备技术图纸已经被公开并为相关公众所普遍知悉。

（三）技术信息秘密性常见证据

1. 生产工艺、生产流程、操作规程图纸和说明

技术秘密往往涉及企业的核心技术,一项技术秘密的形成往往经过小试、中试、试生产等多个步骤、多年技术革新方能完成,即使投入生产,仍可能会对部分生产工艺进行改进,频繁进行升级,使之趋于完善。在具体操作过程中,还要制定具体的操作工艺规程,更便于员工操作。因此,技术秘密往往是不断积累的过程,能够证明商业秘密载体的最直接的依据就是这些生产工艺、生产流程、操作规程图纸和说明。

生产工艺不仅涉及技术原理、相关专利,还包括各种经过不断实验得到的最佳数据、详细流程图、设备具体尺寸、各种技术信息的配比配套。这些图纸和说明的保存、归档往往是权利人自行完成的,证明这些图纸的形成时间是权利人面临的难题,需要结合后文所提的备案资料、第三方掌握的信息资料、被告的自认等综合认定。在"香兰素"商业秘密纠纷一案[1]中,法院认为,嘉兴中华化工公司的设备图、工艺管道及仪表流程图的尺寸、结构、材料信息是根据自身生产工艺对参数优选数值的有机组合,需要经过大量技术研发、检验筛选才能够获得。市场上并不存在标准化的成套香兰素工业化生产设备技术图纸及工艺流程图,涉案技术信息无法从公开渠道获取,也无法通过观察香兰素产品直接获得。也没有证据证明上述涉案香兰素生产设备技术图纸已经被公开并为相关公众所普遍知悉。

2. 研发合同、项目验收和支付凭证

大型涉商业秘密的项目往往需要高等院校的专业团队的技术支持,并非企业研发团队独自完成。技术开发、服务等合同是常见证据,此类合同往往在商业秘密正式形成之前已经发生,合同的订立、履行、支付凭证可以作为商业秘密权利人研发商业秘密的凭证。在上述"香兰素"商业秘密纠纷一案中,针对商业秘密的研发过程原告提交了(1)嘉兴中华化工集团和上海欣晨公司在 2002 年签署的《技术开发合同》《技术转让合同》及补充合同,主要内容为:嘉兴中华化工集团委托上海欣晨公司研发年产 3000 吨香兰素新工艺的工艺配方、操作规程、质量控制要求、原材料质量

---

[1] 最高人民法院(2020)最高法知民终 1667 号民事判决书。

要求、生产装置的设计技术要求和参数等的技术资料;项目中技术资料由双方共有,研发经费及报酬500万元由嘉兴中华化工集团先后支付给了上海欣晨公司。(2) 2005年、2006年为香兰素新工艺生产线进行技术改造、工程安装的相关合同和款项支付证明。(3)上述技术信息的载体:涉及58个非标设备的设备图287张,工艺管道及仪表流程图25张。

3. 行政机关备案资料

在商业秘密形成过程中,对于一些科技成果经常向行政机关申报相关材料,如科技厅、发改委等部门。商业秘密的取得虽不以行政机关的授权作为依据,但行政机关在安监、环保等方面仍有广泛的行政管理职权,权利人需要将其成熟的技术方案向这些行政部门报备,而且在实际生产过程中应按报备方案进行,否则可能会面临行政处罚。在此过程中,行政机关保存了可能载有商业秘密信息的资料,这些资料可以作为商业秘密的形成时间和内容的证据。在石家庄泽兴氨基酸有限公司、河北大晓生物科技有限公司等侵害技术秘密纠纷一案[1]中,法院查明事实,君德同创公司经过长期试验和探索,通过其独家工艺稳定控制了产品中三聚氰胺等对动物体有害杂质的含量,首创中国饲料添加剂胍基乙酸检测方法,该方法于2014年在农业部完成备案工作,并于2014年10月获得农业部颁发的新饲料添加剂证书[新饲证字(2014)04号],填补了国内饲料级胍基乙酸的生产工艺、产品指标和检测规范的空白。君德同创公司向石家庄泽兴氨基酸有限公司提供的《单氰胺法生产胍基乙酸》记载的内容构成技术秘密。

4. 设计、施工主体的合同、技术附件及履行凭证

随着社会分工越来越细,技术的研发主体和设备的制造主体、施工主体也往往并非同一主体,研发主体将其技术图纸和设计目的交由设计单位进行设备设计,设计单位完成设计后由施工主体负责安装。由于设计主体、施工主体与研发主体分离,设计、施工单位与研发主体的合同、技术附件和履行凭证具有一定的证据效力,可以佐证商业秘密的形成时间和内容。在中冶焦耐(大连)工程技术有限公司(简称中冶焦耐大连公司)等与河

---

[1] 最高人民法院(2020)最高法知民终621号民事判决书。

北旭阳焦化有限公司等侵害技术秘密纠纷一案[1]中，权利人便提交了中冶焦耐公司与徐州天安化工有限公司（简称天安公司）工程名称为"徐州天安化工有限公司年产80万吨焦化工程"（简称天安项目）的建设工程设计合同；中冶焦耐大连公司与徐州天顺化工有限公司（简称天顺公司）工程名称为"徐州天顺化工有限公司130万吨/年焦化工程"（简称天顺项目）的建设工程设计合同；中冶焦耐大连公司与旭阳公司"河北旭阳焦化有限公司新建7#~8#焦炉工程"的建设工程设计合同等以证实相关设计图纸具有秘密性。

（四）"初步证明"的程度

2019年《反不正当竞争法》第32条规定的举证责任转移，即当原告提供初步证据证明其商业秘密具有秘密性时，由被告为否定该事实承担举证责任。因案件所涉商业秘密类型的不同及不同法院审理方式的差异，我国司法实践并未形成原告证据达到"初步证明"程度的统一标准。在一些案件中，原告明确说明其秘密点后则完成了初步举证责任，此时否定秘密性要件的举证责任转移至被告；而在更多情况下，法院会要求原告在明确秘密点的基础上，进一步提供查新报告等证明非公知性的证据。此外，因"不为相关人员容易获得"也是秘密性要件的特征，所以原告的保密措施也会影响法院对秘密性要件的审查，尤其是对于有可能从公开渠道获得的信息，是否采取足以防止相关人员获知相关信息的保密措施直接决定了秘密性要件是否成立。

当然，基于商业秘密尤其是技术秘密的复杂性以及侵权行为的隐蔽性，明确商业秘密内容并不要求达到精确无误的程度。例如，在新发药业有限公司（简称新发公司）与被申请人亿帆鑫富药业股份有限公司（简称鑫富公司）、姜红海、马吉锋侵害商业秘密纠纷一案[2]中，被诉侵权人新发公司提出鑫富公司没有明确案涉商业秘密的内容，导致其无法有针对性地举证和应诉抗辩。最高人民法院认为："一般来说，在商业秘密侵权纠

---

[1] 北京知识产权法院（2018）京73民初1242号民事判决书。
[2] 最高人民法院（2015）民申字第2035号民事裁定书。

纷中，权利人应当描述商业秘密的具体内容，但是，由于请求作为商业秘密保护的技术信息或者经营信息的类型、所涉领域不同以及侵权行为方式不同，不能将商业秘密的具体内容仅仅理解为是一段文字的集中体现，不能对商业秘密具体内容的描述提出过于严苛的要求。"

另外，在司法实践中，被告抗辩原告起诉时的秘密点与开庭时的秘密点不一致，或者在庭审过程中原告主张的秘密点又多次调整，法院裁决并非根据原告第一次诉求而作出。对此，最高人民法院在新发药业有限公司与被申请人亿帆鑫富药业股份有限公司、姜红海、马吉锋侵害商业秘密纠纷一案❶中认为，在商业秘密侵权纠纷审判实践中，参加诉讼的商业秘密权利人内部的技术人员、法务人员、管理人员或者外请的代理律师会对商业秘密范围有不同的理解，甚至同一诉讼参加人随着诉讼进程的推进，对商业秘密范围也会有不同的认识。人民法院审理商业秘密侵权纠纷首先需要做的工作就是由商业秘密权利人固定商业秘密的范围。这是商业秘密侵权纠纷不同于其他知识产权侵权纠纷的特殊之处。人民法院根据固定后的商业秘密范围进行审理和裁判，只要不影响被诉侵权或者不正当竞争行为人的程序权利，法院应当允许，不构成超出诉讼请求裁判。

通过研究最高人民法院的案例我们也可以发现，被诉侵权人获取商业秘密方式的不同会影响法院对权利人明确秘密性的要求。对于非法获取商业秘密的案件，法院对权利人明确秘密性的要求相对宽容。如在上文提及的案例中，最高人民法院便认为，新发公司采取明显不正当的手段有针对性地非法获取鑫富公司的商业秘密，表明新发公司对商业秘密的内容是明知的，而权利人鑫富公司已从大量技术信息和材料中选出了特定鉴定材料，并以其中部分鉴定材料作为商业秘密的主要载体，在此情况下其已完成明确秘密性的义务。

在维谛公司诉李某亮、贝尔公司侵害技术秘密纠纷一案❷中，法院认为，维谛公司提交充分证据证明其对涉案软件源代码通过硬件物理隔离及

---

❶ 最高人民法院（2015）民申字第2035号民事裁定书。
❷ 2022年4月21日，广东高级人民法院发布保护商业秘密典型案例之四。

软件技术手段采取了保密措施，并充分陈述该技术信息与公知领域相关信息的区别所在，同时通过大量证据合理表明其商业秘密被侵犯。李某亮、贝尔公司虽抗辩主张涉案技术信息不具有非公知性，但并未就此提交证据。因此，应当根据反不正当竞争法关于商业秘密举证责任的特别规定，认定涉案技术信息在被诉侵权行为发生时不为所属领域的相关人员普遍知悉和容易获得，具有非公知性，构成反不正当竞争法所保护的商业秘密。

在再审申请人合肥鼎蓝贸易有限公司（以下简称鼎蓝公司）、仰某某与被申请人安徽中医药大学（以下简称中医药大学）侵害商业秘密纠纷一案❶中，最高人民法院认为：根据鼎蓝公司、仰某某的自述，并结合一审、二审法院查明的事实可知，在被诉侵权行为发生之前的2012年11月，鼎蓝公司、仰某某已经与某大学签订了根据涉案图纸生产的公寓床的销售合同，并在同年12月向某大学交付了公寓床实物及产品图纸。经查，在该销售合同之中并无任何保密条款，且在合同附件中清晰显示了涉案公寓床的技术参数。由此可知在被诉侵权行为发生前，鼎蓝公司、仰某某请求作为商业秘密保护的涉案图纸已经通过销售而处于公开状态。

在上诉人宜兴市飞舟高新科技材料有限公司（以下简称飞舟公司）与被上诉人江苏新力科技实业有限公司（以下简称新力公司）等侵害技术秘密纠纷一案❷中，最高人民法院认为："飞舟公司对主张的技术信息内容作了详细解释和说明。同时，飞舟公司也提供初步证据证明其已经对所主张的商业秘密采取了保密措施。上述事实和证据可以初步证明飞舟公司所主张的商业秘密具有秘密性。但是，本案及关联案件存在相反证据，很大程度上削弱了飞舟公司提供的初步证据的证明力。第一，关于飞舟公司所主张的特有网胎设备。首先，另案中华恒公司提交的证据表明，该相关设备可以从公开渠道购买。其次，飞舟公司与案外人签订的购销合同中质量要求技术标准一栏标注'按供方厂标'或'厂标'，尚不足以证明相关设备具有不为公众所知悉的特殊结构。最后，相关设备可以从公开渠道购买的

---

❶ 最高人民法院（2016）最高法民申3774号民事裁定书。
❷ 最高人民法院（2019）最高法知民终340号民事判决书

事实表明，即便飞舟公司所主张的相关设备具有特殊结构，该特殊结构所承载的技术信息亦可以从公开渠道获得。第二，关于针刺过程中所使用的针刺针所具有的特殊针型。首先，现有证据表明，前述特殊针型的针刺针可以从第三方公开采购。其次，飞舟公司认可其主张的该特殊针型可以从市场上公开购买到，并非其自身研发生产。最后，涉案针刺针可以从公开渠道购买的事实表明，即便飞舟公司所主张的针刺针具有特殊针型，该特殊针型所承载的技术信息及其用途亦可以从公开渠道获得。综合全案证据和事实，尚不足以证明飞舟公司所主张的技术信息不为公众所知悉，其所主张的技术秘密证据不足。在本案现有证据的基础上，已经可以对飞舟公司所主张的技术秘密作出判断，原审法院未同意飞舟公司的鉴定申请，并无不当。鉴此，对于本案其他争议问题，本院不再予以评判。当然，如果飞舟公司另有新证据能够进一步增强其证据的整体证明力，其可以依据新证据另行起诉维护其合法权益。"

从上述案例可知，对于深度性较为欠缺的信息，如产品结构、尺寸、部件组合、来源于公知领域的经营信息等，原告除明确秘密点之外，还需要进一步提供补强证据以证明其诉请保护的信息不为相关人员容易获得。

（五）权利人要对主张的商业秘密享有权利

商业秘密作为民事权益的一种，其产生方式与其他民事权益一样，具有原始取得和继受取得两种方式。但由于商业秘密没有权利凭证，故权利人对于其所主张的商业秘密，应提供证据证明其系原始取得或继受取得而成为合法的权利人。

## 第三节 价值性举证责任

在商业秘密案件中，原告同样必须先行明确其主张商业秘密具有价值性，并提交相应证据。商业环境是商业秘密这一信息存在的背景，其价值性体现于——通过现在或将来的使用，能够带来现实的或潜在的经济价值，最本质的特征是所有人因掌握该商业秘密而具备竞争优势。

就证据角度而言，价值性在一般情况下无须专门的证据来证明。商业秘密的开发成本、现实的经济效益、生产安全性提高、经营成本的减少或收益的增加、现在和将来的竞争优势、保密成本（为维护商业秘密不为公众所知悉付出的物质和劳务）等几个方面的证据均可以佐证商业秘密的价值性。

（1）开发成本投入。在北京元鼎时代科技股份有限公司、屈某斌等侵害技术秘密纠纷一案❶中，法院认为，计算机软件属于一种重要的技术信息，开发者为其投入了大量人力财力，软件可为开发者带来经济利益，具有商业价值，研发资料、研发费用信息已具有一定商业价值。在洛阳瑞昌环境工程有限公司（原洛阳瑞昌石油化工设备有限公司）、洛阳明远石化技术有限公司等侵害商业秘密纠纷一案❷中，法院认为，瑞昌公司成立燃烧器设计组长期进行燃烧器实验测试，证明涉密技术信息需要经过技术研发、测试才能获得，需要付出一定的研发代价，因此涉密技术信息具有价值性。

（2）现实的经济利益。在广州天赐高新材料股份有限公司、九江天赐高新材料有限公司侵害技术秘密纠纷一案❸中，法院认为，结合两天赐公司原审阶段提交的审计报告、年度报表等证据，可知根据涉案技术信息生产的卡波产品所带来的经济效益，即涉案技术信息具备价值性。

（3）生产安全性提高。安全性提高虽无法直接反映在利润上，但其能为权利人带来竞争优势，减少事故发生，是一种对权利人有益的"消极信息"，可以认定具有价值。在绍兴市××高温晶体纤维材料有限公司与侯某某侵害技术秘密纠纷一案❹中，法院认为，用乙醇取代甲醇作为反应溶剂，系因为乙醇没有毒性，在此点上原、被告意见一致；用丙酮替代四氢呋喃作为提纯溶剂，系因为丙酮可以提高产品的安全性，降低生产成本，被告对此点未提出异议。因此，该两种溶剂的替换具有经济价值。

---

❶ 最高人民法院（2021）最高法知民终 2389 号民事判决书。
❷ 最高人民法院（2020）最高法知民终 726 号民事判决书。
❸ 最高人民法院（2019）最高法知民终 562 号民事判决书。
❹ 浙江省绍兴市中级人民法院（2010）浙绍知初字第 17 号民事判决书。

（4）经营成本的减少或收益的增加。在浙江新和成与福建海欣等商业秘密纠纷一案❶中，法院认为，涉案工艺和专用设备系原告多年研究、多次试验、反复实践而来，能够减少副产品的形成，使产品脚料率大幅度下降，控制简单，节约能耗，回收能量，因而能大幅度提高产品收率，降低生产成本，从而为企业带来巨大市场价值和潜在利益。在大连倍通数据平台管理中心（简称倍通数据）、崔某吉侵害技术秘密纠纷一案❷中，法院认为，涉案技术信息是倍通数据为了向医药企业提供技术支持，针对该特定目的和行业要求而开发的计算机程序及所包含的技术信息，对于相关行业从业人员能够降低工作成本，缩短工作时间，增强竞争优势。虽然该技术尚未投入市场应用，但是从该技术的开发目的、技术功能、投入成本等方面来看，其具有潜在的商业价值。

（5）在同类产品中有相对优势。具体表现为商业秘密能给权利人带来竞争优势，使经营者在竞争中处于强势地位，而竞争对手因此处于劣势或者为获取该信息必须付出很高的代价。这种竞争优势既不能用其生产所花费的成本来计算，也不能通过以合法手段获取该商业秘密的成本来计算，因为有时花费很小的商业秘密可能会带来巨大的商业收益。商业秘密要求涉密信息具有"秘密性"，但不要求具有创造性，不要求一定是最先进的技术。因此，商业秘密的价值性范围相对较宽。例如，在石家庄泽兴氨基酸有限公司、河北大晓生物科技有限公司等侵害技术秘密纠纷一案❸中，法院认为："胍基乙酸并非新物质，如果生产纯度不高，多作为化工产品销售。君德同创公司通过不断改进胍基乙酸生产工艺，研发形成涉案技术信息，提高了胍基乙酸制品中胍基乙酸纯度，降低了杂质、重金属含量，使得胍基乙酸符合饲料添加剂要求。显然，涉案技术信息能够生产出可以

---

❶ 一审判决：浙江省绍兴市中级人民法院（2014）浙绍知初字第500号民事判决书。二审判决：浙江省高级人民法院（2017）浙民终123号民事判决书。再审裁定：最高人民法院（2019）最高法民申385号民事裁定书。再审判决：江苏省高级人民法院（2020）苏民再12号民事判决书。

❷ 最高人民法院（2021）最高法知民终1687号民事判决书。

❸ 最高人民法院（2020）最高法知民终621号民事判决书。

作为饲料添加剂的胍基乙酸,提升了君德同创公司市场竞争力,应当认定涉案信息具有商业价值。"在程某中、山东绿城房地产营销策划有限公司与虹亚房地产开发(集团)有限公司、虹亚集团等侵害商业秘密纠纷一案❶中,法院认为,由于房地产开发市场的信息是海量的,掌握含有土地价、优惠政策及预期利润额等重要数据的房地产项目利润分析信息,能够为信息拥有者作出是否关注及投资开发该房地产项目的决策提供信息服务,使其在海量信息中快速锁定特定的房地产开发项目、降低工作成本、缩短决策的时间及投入,从而获得相应商机,为其带来一定的竞争优势,故应当从上述意义来理解程某中、绿城公司所主张信息具有的"商业价值性"。

## 第四节 保密性举证责任

如果说秘密性是商业秘密最核心的属性,那么保密性则是商业秘密最基础的属性。❷原告主张对商业秘密采取了相应保密措施,可以根据商业秘密及其载体的性质、存在形态、商业秘密的商业价值、保密措施的可识别程度、保密措施与商业秘密的对应程度及原告保密意愿等因素,举证证明其为防止商业秘密泄露,在被诉侵权行为发生以前采取了与商业秘密相适应的合理保密措施。

下列证据可以证实原告采取了保密措施:(1)签订保密协议或者在合同中约定保密义务的;(2)通过章程、培训、规章制度、书面告知等方式,对能够接触、获取商业秘密的员工、前员工、供应商、客户、来访者等提出保密要求的;(3)对涉密的厂房、车间等生产经营场所限制来访者或者进行区分管理的;(4)以标记、分类、隔离、加密、封存、限制能够接触或者获取的人员范围和权限等方式,对商业秘密及其载体进行区分和管理的;(5)对能够接触、获取商业秘密的计算机设备、电子设备、网络设备、

---

❶ 最高人民法院(2013)民三终字第6号民事判决书。
❷ 北京市高级人民法院知识产权庭课题组.《反不正当竞争法》修改后商业秘密司法审判调研报告[J].电子知识产权,2019(11).

存储设备、软件等，采取禁止或者限制使用、访问、存储、复制等措施的；（6）要求离职员工登记、返还、清除、销毁其接触或者获取的商业秘密及其载体，继续承担保密义务的；（7）采取其他合理保密措施的。

保密性的证明标准参考第一章第四节关于"保密措施'合理性'的判断标准"小节。不再赘述。

## 第五节　原告证明侵权人侵权行为的路径

原告主张被告实施了侵犯商业秘密的行为，可以举证证明存在以下事实：（1）以盗窃、贿赂、欺诈、胁迫、电子侵入或者其他不正当手段获取原告的商业秘密；（2）披露、使用或者允许他人使用以前项手段获取的原告的商业秘密；（3）违反保密义务或者违反原告有关保守商业秘密的要求，披露、使用或者允许他人使用其所掌握的商业秘密；（4）教唆、引诱、帮助他人违反保密义务或者违反原告有关保守商业秘密的要求，获取、披露、使用或者允许他人使用原告的商业秘密。原告主张被告的行为属于以其他不正当手段获取权利人的商业秘密的，可举证证明被告获取商业秘密的方式违反法律规定或者商业道德。

原告主张被告实施了侵犯商业秘密的具体行为，可以提供以下证据：（1）被告生产的含有原告商业秘密的产品、产品手册、宣传材料、计算机软件、文档；（2）被告与第三方订立的含有原告商业秘密的合同；（3）被告所用被诉侵权信息与原告商业秘密相同或实质上相同的鉴定报告、评估意见、勘验结论；（4）被告与披露、使用或允许他人使用商业秘密的主体存在合同关系或其他关系的材料；（5）针对原告商业秘密的密钥、限制访问系统或物理保密装置等被破解、规避的记录；（6）能反映原告商业秘密被窃取、披露、使用的证人证言；（7）包含原告商业秘密的产品说明书、宣传介绍资料；（8）被告明知或应知他人侵犯商业秘密仍提供帮助的相关材料；（9）被告教唆、引诱、帮助他人侵犯商业秘密的录音录像、聊天记录、电子邮件；（10）可以证明被告实施侵犯商业秘密行为的其他证据。

原告主张被告违反保密义务的，可以举证证明根据法律规定或者合同约定等被告应承担保密义务。若未在合同中约定保密义务，可以举证证明根据诚信原则以及合同的性质、目的、缔约过程、交易习惯等，被告知道或者应当知道其获取的信息属于原告的商业秘密。

原告主张被告为员工、前员工的，可以举证证明被告为其经营、管理人员以及具有劳动关系的其他人员。原告主张员工、前员工有渠道或者机会获取原告商业秘密的，可以举证证明存在以下事实：（1）职务、职责及权限与涉案商业秘密相关；（2）承担的本职工作或者单位分配的任务与涉案商业秘密相关；（3）参与和商业秘密相关的生产经营活动；（4）曾保管、使用、存储、复制、控制或者以其他方式接触、获取商业秘密及其载体；（5）有渠道或者机会获取商业秘密的其他事实。

原告主张被诉侵权信息与其商业秘密构成实质相同，可以围绕被诉侵权信息与商业秘密的异同程度、所属领域的相关人员在被诉侵权行为发生时是否容易想到被诉侵权信息与商业秘密的区别、被诉侵权信息与商业秘密的用途、使用方式、目的、效果等是否具有实质性差异、公有领域中与商业秘密相关信息的情况等因素进行举证，具体可以提供以下证据：（1）有资质的鉴定机关、评估机构出具的鉴定意见、评估意见，相关专家辅助人意见；（2）能体现与原告商业秘密实质相同的信息的产品、合同、意向书；（3）前述证据来自与被告有关的第三方；（4）可以证明被诉侵权信息与原告商业秘密构成实质相同的其他证据。

原告主张被告使用商业秘密的，可举证证明存在以下事实：（1）被告在生产经营活动中直接使用商业秘密；（2）被告对商业秘密进行修改、改进后使用；（3）被告根据商业秘密调整、优化、改进有关生产经营活动。

原告提供初步证据合理表明商业秘密被侵犯，且提供以下证据之一的，被告应当证明其不存在侵犯商业秘密的行为：（1）有证据表明被告有渠道或者机会获取商业秘密，且其使用的被诉侵权信息与该商业秘密实质相同；（2）有证据表明商业秘密已经被被告披露、使用或者有被披露、使用的风险；（3）有其他证据表明商业秘密被被告侵犯。

原告能够举证证明经营者以外的其他自然人、法人和非法人组织侵犯其商业秘密的,可以依据相关规定提起诉讼并主张侵权人承担的民事责任。

## 第六节 侵犯商业秘密案件中的抗辩事由

通过对原告败诉案件进行统计分析发现,案件中认定被告不构成侵犯商业秘密的原因主要有以下几种情形:一是原告主张的信息权属不明;二是原告未说明其主张信息的秘密点及载体;三是原告主张的信息不符合商业秘密的法定要件;四是被告使用的信息与原告主张的商业秘密不构成相同或实质性相同;五是无证据证明被告与原告有接触,或是无证据证明被告使用不正当手段获取原告的商业秘密;六是被告使用信息有合法来源。换而言之,以上即为被告抗辩事由成立的六种情形。

### 一、商业秘密的权属不明

商业秘密是经营者在生产经营过程中通过人力、物力、财力的投入而获得的对其经营有商业价值和竞争优势的信息,并且其为持续享有这种竞争优势而采取了合理的保密措施。在司法实践中,经营者除了普通企业、个体经营者外,还可能是关联企业、企业集团(其中既有总公司、母公司,又有分公司、子公司等),甚至跨国企业及其在中国境内的代理人、被许可人、全资子公司等,由于这些关联企业在经营活动中共同投入、共同获得、共同维护其商业秘密,故无法明确区分到底是哪个主体对于哪部分的商业秘密享有单独的权利。那么在这种情况下,企业集团的商业秘密应当归谁所有,应由谁来主张权利是一个需要探讨的问题。

### 二、原告主张商业秘密的客体和载体不明

《最高人民法院关于审理不正当竞争民事案件应用法律若干问题的解释》第14条规定:"当事人指称他人侵犯其商业秘密的,应当对其拥有的

商业秘密符合法定条件、对方当事人的信息与其商业秘密相同或者实质相同以及对方当事人采取不正当手段的事实负举证责任。"其中,商业秘密符合法定条件的证据,包括商业秘密的载体、具体内容、商业价值和对该项商业秘密所采取的具体保密措施等。因此,在商业秘密纠纷案件中,原告说明并举证其主张的商业秘密的具体内容和载体,就成为其拥有该商业秘密的前提条件。但在实践中,由于原告方的诉讼策略不同,诉讼能力也参差不齐,很多案件中原告对其主张的商业秘密是什么往往陈述不清、举证不足,这时被告通常会提出关于原告秘密点和载体的抗辩。

### 三、原告主张不符合"三性"

秘密性、价值性和保密性是商业秘密构成的三大法定要件,这三大要件缺一不可,只要其中一条不满足,就会被法院认定不构成商业秘密。换而言之,被告只要提出其中之一作为抗辩事由,即可能导致原告败诉。

被告主张原告商业秘密不符合商业秘密法定条件的,可以举证证明存在以下事实:(1)商业秘密在被诉侵权行为发生时已为公众所知悉;(2)原告未采取相应保密措施;(3)商业秘密不具有商业价值;(4)商业秘密不符合法定条件的其他情形。

(一)不具有秘密性

对被告而言,否定秘密性要件的思路主要是举证证明在被诉行为发生前,公知领域存在与原告信息实质相同的信息,或者原告的信息已经因销售行为而使其处于容易为公众获得的状态。被告提供证据证明存在下列情形之一的,可以认定有关信息为公众所知悉:(1)该信息在所属领域属于一般常识或者行业惯例的;(2)该信息仅涉及产品的尺寸、结构、材料、部件的简单组合等内容,所属领域的相关人员通过观察上市产品即可直接获得的;(3)原告商业秘密已经在公开出版物或者其他媒体上公开披露的,包括文献资料、宣传材料、网页等;(4)该信息已通过公开的报告会、展览等方式公开的;(5)所属领域的相关人员从其他公开渠道可以获得该信息的。在审判实践中,如果原告主张构成商业秘密的信息是其通过投入大量人力、物力才获得的信息，或者被告不惜花费巨大人力、物力来获得原告的信息，则该信息多会被认定具有秘密性。在秘密性方面，被告的抗辩事由主要有以下几种。

一是属于行业内公知常识。例如，在广东美的暖通设备有限公司与刘某斌侵害技术秘密纠纷一案❶中，被告抗辩原告所主张的技术信息不具有秘密性，并提交了百度文库相关文章，法院经核实文章披露了原告的技术秘密点，公开时间早于原告所称涉案项目的研发完成时间。法院认为，在原告没有证据足以反证百度文库、道客巴巴网站所显示的文档上传时间与涉案文档的真实上传公开时间存在不一致的前提下，本院采信百度文库、道客巴巴网站所显示文档的上传时间为涉案文档的上传公开时间。法院最终认定，在被诉行为发生前甚至在原告涉案项目研发完成前，涉案技术信息已经在互联网上公开披露，不构成不为公众所知悉的技术信息，不符合秘密性的构成要件。因此，对于原告主张涉案技术信息构成技术秘密，法院不予支持。

在原告北京威拓国际投资顾问有限公司与被告张某、北京普询商务有限公司不正当竞争纠纷一案❷中，原告主张其业务推广模式及客户名单为其商业秘密。法院认为，登门拜访、电话拜访、网络推广、参加使馆举办的活动等方式均属于常用的业务推广方式，通过制作刊物收取广告费的盈利模式亦属于常见的经营模式，以上均不属于"不为公众所知悉"的信息。原告主张的客户名单系从事对外投资咨询服务公司的主要目标客户，原告未举证证明其通过努力掌握了关于上述客户的"不为公众所知悉"并且可以为其带来经济利益的特殊信息，亦未证明其与上述客户建立了长期稳定的交易关系。因此，原告所主张的业务推广模式和客户名单均不符合法律规定的商业秘密构成要件。

二是在先专利已经公开。在技术秘密案件中，原告所主张的技术是否为现有技术，是否被在先专利所公开也系常见的抗辩理由。在原告北京九

---

❶ 广州知识产权法院（2017）粤 73 民初 313 号民事判决书。
❷ 北京市朝阳区人民法院（2016）京 0105 民初 17538 号民事判决书。

强生物技术股份有限公司诉被告北京欧锦生物技术有限公司、姜某军侵犯商业秘密纠纷一案[1]中,原告主张其持有的同型半胱氨酸产品配方以及生产工艺属于技术秘密,二被告则抗辩该配方已经被在先专利公开。法院认为,首先,被告举证的在先专利权利要求书中描述过于宽泛,并不能直接获得与原告相同的配方;其次,原告的产品配方是否落入专利的保护范围与其是否为公众所知悉并无必然因果关系,即使在一个已知的大范围内进行产品组成的筛选优化,也可能会获得一种不为公众所知悉的具体产品配方;最后,二被告并未提交任何证据证明或者说明,如何通过在先专利披露的技术方案获得与原告所主张的产品配方相同的同型半胱氨酸产品配方。据此,原告主张的技术信息并未被在先专利所公开,符合商业秘密关于秘密性的条件。

对于非公知性举证方法,在实践中常见方式为"科技查新"和"非公知性鉴定"。原告主张非公知性进行查新的材料应在被诉侵权行为发生之前。被告抗辩不具有公知性的查新材料应在原告秘密点形成或者被诉侵权行为发生之前,否则即便得出内容相同的结论也不能否定原告信息在被诉侵权行为发生时具有秘密性。

比对信息的检索范围也会影响查新机构或鉴定机构对原告信息是否具有非公知性的结论。比对信息的检索范围越小对原告越有利,反之则对被告越有利。由此可见,对公知信息检索的范围和深度很大程度上决定着商业秘密诉讼的胜败。原告和被告均应重视"非公知性鉴定"或"非公知性调查"的重要意义。毕竟,一篇百度文档就足以毁掉一个价值百万元甚至更高的商业秘密。

对于非公知性的定性、证明方法、证明标准等深度问题,请结合本书"商业秘密构成要素""商业秘密诉讼中技术问题的证明"等章节阅读。

### (二) 不具有商业价值

尽管不具有商业价值也是常见的一种抗辩事由,但在司法实践中,法院对于"价值性"要件的把握较为宽松,通常只要是能够为经营者带来一

---

[1] 北京知识产权法院(2015)京知民初字第1605号民事判决书。

定的竞争优势，甚至潜在竞争优势的信息，即被认为具有商业价值。因此，鲜有案件被告仅以商业价值作为抗辩理由而获得支持。

(三) 未采取合理保密措施

在涉及商业秘密的案件中，原告未采取合理保密措施是被告最常用的抗辩事由之一。被告主张原告商业秘密未采取相应保密措施的，可以通过保密措施的可识别程度、保密措施与商业秘密价值相对应程度、所涉信息载体的特性、他人通过正当方式获得的难易程度等方面进行举证。保密措施既与"保密性"要件相关，又与"秘密性"要件相关，如果保密措施不到位，泄密就成了必然结果，在达不到"保密性"要件的同时又丧失了"秘密性"要件。在上诉人株式会社晓星与被上诉人郑州中远氨纶工程技术有限公司、郑州中远氨纶机械设备有限公司等侵犯商业秘密纠纷一案[1]中，上诉人主张二次反应器及其技术图纸系其商业秘密，其对该商业秘密采取了严格的保密措施。被上诉人提出抗辩称，从上诉人与案外人韩国一津机械公司（简称一津公司）签订的制作加工合同可以看出，上诉人并没有针对其所称的重要技术秘密采取合理的保密措施；同时，一津公司提供了与其他案外人签订的保密合同，却无法提供与被诉侵权行为直接相关的行为人签订的保密合同。对此，最高人民法院认为，上诉人对于被上诉人所提异议没有作出合理解释，难以证明其对请求作为商业秘密保护的图纸采取了合理的保密措施，最终对于上诉人主张的商业秘密未予保护。

## 四、被告使用的信息与原告主张的商业秘密不构成相同或实质相同

根据《最高人民法院关于审理侵犯商业秘密民事案件适用法律若干问题的规定》，被告使用的信息与原告主张的商业秘密相同或者实质相同是原告需要证明的事实。与此相对应，被告使用信息与原告主张的商业秘密不相同或者不实质相同，也就成为被告的抗辩事由之一。侵犯商业秘密案

---

[1] 北京市高级人民法院（2013）民三终字第 3 号民事判决书。

件的审理一般应当由原告首先承担证明二者相同的举证责任，原告要证明被告使用的信息与其主张的商业秘密相同，首先必须明确其商业秘密的具体信息，同时还要知晓并向法院证明被告使用了何种信息，并且通过比对证明二者相同或实质相同。但是，在实践中，原告往往对于被告使用的信息进行取证极为困难，很多时候原告对于被告使用了何种信息，以及在多大范围、多深程度上使用，无法通过普通的调查手段获取。因此，在部分案件中，权利人会选择首先向公安机关报案，借助公安机关侦查的强制性手段来获取一定的证据。即使其报案并未最终通过刑事案件解决，但仍可能据此获得一定的证据在民事诉讼中使用。在原告能够提供被告使用的信息的情况下，被告则可能会对其使用信息与原告主张商业秘密的比对结果进行抗辩。

### 五、无证据证明被告使用不正当手段获取原告的商业秘密

鉴于"接触+实质性相同-合法来源"作为判断是否构成侵犯商业秘密的公式在司法实践中被广泛采用，因此，有无"接触"就成为原告举证证明被告是否使用不正当手段的首要内容，而"无接触"则成为被告抗辩的理由之一。但是，在原告同时起诉前员工及其现所在公司的案件中，由于被告公司的员工或股东与原告之间存在交集，在原、被告之间的信息已经构成相同或实质性相同的情况下，被告"无接触"的抗辩很难成立。因此，在实践中鲜有被告单独以"无接触"进行抗辩获得支持的案件。

### 六、被告使用信息有合法来源

相关答辩参考本书第五章"不构成侵害商业秘密的合法行为"相关论述。

第四章　商业秘密诉讼中的举证责任

## 第七节　"举证妨碍"制度

举证妨碍是指不负有证明责任的一方当事人，通过作为或者不作为阻碍负有证明责任的一方当事人对其事实主张的证明。❶ 如果造成案件事实处于真伪不明状态的原因，并非负有证明责任的一方，而是对方当事人的各种妨碍行为，导致负有证明责任的一方陷入举证不能，使待证事实无证据可资证明，形成待证事实存否不明的状态，那么对于有举证责任当事人就事实主张，应作出对举证责任当事人有利的调整。

1998年《最高人民法院关于民事经济审判方式改革问题的若干规定》第1次规定"妨碍举证的推定"。该司法解释第30条规定：有证据证明持有证据的一方当事人无正当理由拒不提供，如果对方当事人主张该证据的内容不利于证据持有人，可以推定该主张成立。2001年《最高人民法院关于民事诉讼证据的若干规定》第75条沿袭了这一规定。这一规定的实质就是，根据已被证明的一方当事人有证据拒不向对方和法庭出示的事实，推定其持有的证据能够证明对方当事人的主张。

2020年《最高人民法院关于审理侵犯商业秘密民事案件适用法律若干问题的规定》第24条规定："权利人已经提供侵权人因侵权所获得的利益的初步证据，但与侵犯商业秘密行为相关的账簿、资料由侵权人掌握的，人民法院可以根据权利人的申请，责令侵权人提供该账簿、资料。侵权人无正当理由拒不提供或者不如实提供的，人民法院可以根据权利人的主张和提供的证据认定侵权人因侵权所获得的利益。"《江苏省高级人民法院侵犯商业秘密民事纠纷案件审理指南（修订版）》第4.4.5条规定："法院依法责令被告提供其掌握的与侵权行为相关的账簿、资料，被告无正当理由拒不提供或者提供虚假账簿、资料的，可以参考原告的主张和证据认定被

---

❶ 张卫平. 证明妨害及其对策探讨［M］∥何家弘. 证据法学论坛：第7卷. 北京：中国检察出版社，2004：157.

告因侵权所获得的利益。构成《民事诉讼法》第一百一十四条规定情形的，依法追究法律责任。"2021年《北京知识产权法院侵犯商业秘密民事案件诉讼举证参考》第29条规定："原告已经提供被告因侵权所获得的利益的初步证据，但与侵犯商业秘密行为相关的账簿、资料由被告掌握的，原告可以请求法院责令被告提供该账簿、资料。被告无正当理由拒不提供或者不如实提供的，原告可以请求法院根据其主张和提供的证据认定被告因侵权所获得的利益。"

在我国，侵害商业秘密行为与侵犯其他类型知识产权案件一样，在缺乏类似于英美法系证据开示威慑力的情况下，要求实际控制证据之人提供对自己不利的证据，几乎不可能实现。因而，举证妨碍推定规则对我国审判商业秘密案件具有积极的重要意义。适用举证妨碍推定规则的前提是权利人已尽初步举证义务。以损害赔偿计算为例，如果权利人可以从市场买到侵权产品，但无法获得该产品的行业资料或侵权人的宣传手册等能反映侵权人销售侵权产品收入、利润等资料时，权利人只需阐述侵权人的财务账册、会计报表等资料对计算损失或侵权获益必不可少，就可以认定原告已尽最初步举证义务。

# 第五章 不构成侵害商业秘密的合法行为

知识产权是法律拟制的权利,是"人脑中构想出来的",不像对具有物理特征的有体物所设的权利具有"物理刹车器",缺少"刹车器"会导致无节制的权利。[1]与其他知识产权一样,商业秘密权也需要进行限制,从而防止权利的滥用。在商业秘密侵权诉讼中,常见的抗辩事由有以下几种:独立研发,反向工程,权利人许可使用,通过对公开出售、使用或公开展出的产品观察所得,从出版物中获得,通过商业谈判或其他合法渠道获得,客户个人信赖,以及没有主观过错,如善意第三人的善意使用等。

商业秘密并不像专利一样以"公开换垄断",其处于相对保密的状态,故多个主体有可能对同一项商业秘密同时进行研发,并各自采取保密措施,谁也不知道谁的商业秘密,因此,独立研发抗辩的合理性在商业秘密领域有其独特的价值存在,这也需要提醒各商业秘密权利人注意留存研发的证据材料,可以进行有效、有针对性的抗辩。

如果产品上市后,市场主体可以通过拆解、测绘等获得相关技术特征,并进行产品制造,此项行为称为"反向工程",可见商业秘密保护的方式并不是所有技术信息的最佳保护路径。例如,机械领域相关部件、构造等

---

[1] 田村善之. 田村善之论知识产权[M]. 李扬,等译. 北京:中国人民大学出版社,2013:30-49.

技术特征因反向工程的可能性大，在司法实践中，权利人一般通过专利的方式进行保护。

上述各种抗辩事由可以单独使用，也可以组合使用。从不构成侵害商业秘密抗辩的角度，提示权利人以更加有效的方式进行技术信息的保护。

# 第一节　商业秘密诉讼中被告抗辩不侵权的情形概述

## 一、个人信赖抗辩

在经营信息类商业秘密纠纷中，以"个人信赖"作为抗辩事由在以离职员工作为被告的案件中十分常见，一般发生在医疗、法律服务等较为强调个人技能的行业领域。对于技术信息类商业秘密不宜提出此类抗辩。《最高人民法院关于审理侵犯商业秘密民事案件适用法律若干问题的规定》第2条第2款规定："客户基于对员工个人的信赖而与该员工所在单位进行交易，该员工离职后，能够证明客户自愿选择与该员工或者该员工所在的新单位进行交易的，人民法院应当认定该员工没有采用不正当手段获取权利人的商业秘密。"该条的立法本意在于，鉴于诸如律师、医生这类职业的特殊性，其客户往往是基于对律师、医生个人能力和品德的信赖，而且流动性也很强，他们离开原单位，如其原先的客户不能再与其有业务往来有失公平。因此，司法需要在保护商业秘密权利人的利益与保护劳动者的自由择业权利之间取得平衡。

根据该条可知，如果客户是基于对于原告的前员工个人的信赖而自愿与该员工或者该员工现在职的公司进行交易的，则该员工以及其现公司不构成侵害原告商业秘密。客户信赖这一侵权抗辩成立的要件包括两点：一是客户与原单位发生业务往来系基于对其个人的信赖。客户与原单位发生过业务往来，但该业务往来不是看重单位本身的资质和条件，而是单位员

## 第五章　不构成侵害商业秘密的合法行为

工的专业技能，且该专业技能不受单位物质条件的制约；二是客户与离职个人的新单位发生业务往来属于自愿行为。客户与新单位发生业务往来是看重离职个人的业务能力，自愿与其发生业务关系，没有受到离职个人或新单位的诱导或其对原单位的负面评价而作出错误决定。❶ 否则，个人信赖抗辩不能成立。例如，在北京猿力教育科技有限公司与王某、北京网易有道计算机系统有限公司、网易有道信息技术（北京）有限公司不正当竞争纠纷一案❷中，法院认为，被告并未证明涉案学员报名猿辅导课程系基于对王某的信赖，亦未证明其退出猿辅导课程系出于对王某个人信赖而自愿转报有道课程，相反，在案证据显示王某以向猿辅导学员承诺报名优惠券的方式吸引学员转报有道精品课。据此，被告该项抗辩缺乏事实依据，不予采纳。

在上海多巨信息科技有限公司、岳某丽与上海拓软计算机科技有限公司侵害商业秘密纠纷一案❸中，法院认为："关于两上诉人主张的个人信赖抗辩，《最高人民法院关于审理不正当竞争民事案件应用法律若干问题的解释》第十三条第二款规定，'客户基于对职工个人的信赖而与职工所在单位进行市场交易，该职工离职后，能够证明客户自愿选择与自己或者其新单位进行市场交易的，应当认定没有采用不正当手段，但职工与原单位另有约定的除外'。这种抗辩的适用一般发生在医疗、法律服务等较为强调个人技能的行业领域，除非职工与原单位另有约定外，还需同时满足如下两个条件：（1）客户是基于与职工个人之间的特殊信赖而与职工所在单位发生交易。如果职工是利用所在单位所提供的物质条件、交易平台，才获得与客户进行交易机会的，则不适用个人信赖抗辩。（2）该职工从权利人处离职后，客户系自愿与其或其所属新单位发生交易，该职工不得主动联络客户，将自己在原单位服务的客户撬到自己的新单位。就本案而言，首先，岳某丽主张涉案客户名单中有 27 家系由其带入拓软公司的，并无证据予以印证。其次，根据一审查明的事实，岳某丽与拓软公司签订的劳动合同中约定，岳某丽对拓软公司自签订合同时已有效的各项规章、规则表示

---

❶ 秦善奎. 知识产权民事审判证据实务研究［M］. 北京：知识产权出版社，2018：294.
❷ 北京市海淀区人民法院（2020）京 0108 民初 15679 号民事判决书。
❸ 上海知识产权法院（2018）沪 73 民终 79 民事判决书。

已知，拓软公司存在关于保护商业秘密的内部规章制度和公告，岳某丽应当在受聘期间或者聘用终止后，都不得使用拓软公司的任何商业秘密。最后，岳某丽称系客户主动自愿选择与其进行交易，但未能提供证据予以证明。综上，两上诉人主张的个人信赖抗辩，本院不予采纳。"

在上海豪申化学试剂有限公司、上海美墅化学品有限公司与上海黎景贸易有限公司、朱佳佳侵害经营秘密纠纷一案[1]中，法院认为："至于两被告提供的部分客户的情况说明，以此主张客户是基于对朱某佳的信任，自愿与朱某佳和上海黎景贸易有限公司发生交易往来。对此本院认为，《最高人民法院关于审理不正当竞争民事案件应用法律若干问题的解释》中明确，'客户基于对职工个人信赖而与职工所在单位进行市场交易，该职工离职后，能够证明客户自愿选择与自己或其新单位进行市场交易的，应当认定没有采用不正当竞争手段，但职工与原单位另有约定的除外'。本案中，首先被告朱某佳与两原告有相关保密期限至商业秘密公开时止，无论朱某佳是否在职，不影响其承担保密义务，以及朱某佳不得协助不承担保密义务的任何第三人使用两原告商业秘密的约定；其次被告方亦无证据证明涉案客户是因朱某佳的个人投入和付出才与两原告建立的交易关系，事实上这些客户亦系朱某佳在原告处入职后，由两原告分配给朱某佳负责管理的，朱某佳是因两原告所提供的物质和其他条件才获得了与客户进行联络和交易的机会；再次从两被告提供的《情况说明》证据内容看，亦无法证明黎景公司与这些客户之间的交易是由客户主动发起的，因此两被告主张个人信赖的有关抗辩，本院不予采纳。"在该案中，法院在审查个人信赖抗辩时需综合考虑如下因素：一是离职员工与原公司之间是否签订过保密协议和竞业限制协议，离职员工是否违反有关协议；二是客户交易关系的建立是基于离职员工自己的付出和投入获得，还是基于单位提供的物质和其他条件获得；三是离职员工及其关联人是否以主动联络方式获得了这些客户的交易机会。

按照"谁主张，谁举证"的原则，在实践中，在客户信赖抗辩案件中应当根据《最高人民法院关于审理侵犯商业秘密民事案件适用法律若干问

---

[1] 上海市杨浦区人民法院（2019）沪0110民初1662号民事判决书。

题的规定》第2条分配举证责任，原告只需证明离职员工或其新单位与原告的客户进行了交易即可，至于是离职员工主动引诱该客户，还是该客户因信赖而始终追随离职员工，原告不知情也难以举证，而被告知情，也容易举证，故理所应当由被告举证。被告对于"个人信赖"抗辩主要有两种举证方式：一是客户出具相关的书面说明，二是客户出庭作证。如果被告能够证明客户系基于对职工个人的信赖而自愿与职工所在单位进行市场交易的，从平衡人才的自由流动、劳动者的就业权利与企业的竞争优势保护的角度出发，法院不宜对劳动者自由择业作出过高限制。如果客户仅出具证明证实客户系自愿与职工离职后所在新单位进行交易，因无法证实客户与职工离职前所在单位进行交易时，职工对于交易的发生、持续起决定性作用，则职工无法主张个人信赖抗辩。

《北京知识产权法院侵犯商业秘密民事案件诉讼举证参考》第22条规定，被告主张被诉侵权信息系基于个人信赖获取的，可以提供以下证据：（1）所涉行业领域强调个人技能的行业特点说明；（2）客户明确其系基于对员工个人的信赖自愿选择交易的声明、说明或者聊天记录、往来电子邮件；（3）与相关客户的交易未利用原告所提供的物质条件、交易平台的文件、沟通记录；（4）能够证明被诉侵权信息系基于个人信赖获取的其他证据。

另外，有法院认为，虽然商业秘密相关司法解释规定，被诉侵权人举证证明客户系基于对员工个人的信赖而自愿与员工离职后入职的新单位进行交易的，可认定员工不构成不正当竞争。但是，如果员工在任职期间即参股、成立与原单位有同业竞争关系的公司，对员工不侵权的认定应当从严把握。员工在职期间成立与所在单位有同业竞争关系的公司，如果不能举证证明公司交易机会的具体来源，结合相关事实，可以推定该交易系剥夺了所任职单位的交易机会，构成侵害公司客户名单的不正当竞争行为。❶

需要注意的是，《最高人民法院关于审理侵犯商业秘密民事案件适用法律若干问题的规定》删除了原来司法解释规定的"但职工与原单位另有约定的除外"的除外情形，若被诉侵权人与原告诉请保护的客户名单中的

---

❶ 浙江省嘉兴市中级人民法院（2020）浙04民终512号民事判决书。

客户进行商事交易是基于该客户对原告前员工的信赖,那么不构成对原告商业秘密的侵犯,而且,该抗辩并不会因员工与前单位之间的约定而排除。

应注意的是,个人信赖抗辩不适用于"飞单"的情况。"飞单"是指业务人员以谋求经济利益为目的,将自己所在公司的客户订单通过某种手段转移至其他公司的行为,这样的行为具有明显的不正当竞争目的。在实践中,是否构成"飞单",要结合业务人员与客户沟通时所使用的身份、电子邮箱、电话,客户对于其交易对象是谁的认知等因素进行判断。❶

## 二、反向工程抗辩

我们知道商业秘密的拥有人只要能够保持其秘密性就可以永远保持事实上的独占,但是不能禁止他人以独立开发和反向工程等合法手段获取该商业秘密,即"商业秘密制度不排除反向工程,在一定的意义上可以认为是它鼓励以反向工程的形式扩散竞争"❷。因此,在商业秘密侵权认定中,反向工程的例外是被告最常用的不侵权抗辩理由之一。并且,"反向工程"是侵犯商业秘密案件中被告所独有的不侵权抗辩事由,而其他知识产权案件中均不成立"反向工程"之抗辩。反向工程仅适用于技术信息,对于经营信息等商业信息,则不适用反向工程。

反向工程又称逆向工程或者逆向技术,系指行为人通过对合法取得的产品进行拆卸、解剖、测试、研究与分析,从而获知该产品的构造、成分以及制造方法或工艺的行为。❸在科学技术领域中,随着科学技术的发展,反向工程已经形成了一项专门的研究学科。2007 年《最高人民法院关于审理不正当竞争民事案件应用法律若干问题的解释》第 12 条规定:"通过自行开发研制或者反向工程等方式获得的商业秘密,不认定为反不正当竞争法第十条第(一)、(二)项规定的侵犯商业秘密行为。前款所称'反向工程',是指通过技术手段对从公开渠道取得的产品进行拆卸、测绘、分

---

❶ 陶乾. 商业秘密保护法的规范构造研究[M]. 北京:法律出版社,2022:88.
❷ 冯晓青. 知识产权法哲学[M]. 北京:中国人民公安大学出版社,2003:302.
❸ 张玉瑞. 详解商业秘密管理[M]. 北京:金城出版社,1997:108.

## 第五章　不构成侵害商业秘密的合法行为

析等而获得该产品的有关技术信息。当事人以不正当手段知悉了他人的商业秘密之后，又以反向工程为由主张获取行为合法的，不予支持。"由于商业秘密权利的效力相对性，其并不能排除一切与之相同的信息，不同经营者均可以通过自己正当的劳动、经营来获得内容相同的有关信息，商业秘密制度对这些各自独立产生的商业秘密信息均提供同等保护。

目前各国法律规定基本一致，在商业秘密的侵权认定中是允许反向工程例外的，即通过反向工程获得他人商业秘密的，不属于商业秘密侵权行为。因为反向工程本身是一项复杂的技术劳动，是通过合法途径取得商业秘密拥有人的技术秘密。反向工程虽然利用了商业秘密拥有人的产品，但行为人是通过自己独立的劳动所获取的秘密信息。通过反向工程，行为人完全可以获得和商业秘密拥有人同样的秘密技术并加以利用，从而构成和商业秘密拥有人竞争的局面。反向工程是破解秘密技术的一种重要合法手段，而且能成为发明创造的合法方法。

（一）反向工程成立要件

第一，被告系从公开、合法渠道获得有关产品。反不正当竞争法项下的反向工程的定义与技术领域的反向工程定义存在一定差异。法律项下的反向工程的前提条件是，反向的产品应当从公开渠道取得，最常见的方式就是通过承载有关技术信息产品的市场流通取得，强调获得产品的渠道的"公开性"，此公开渠道包括两种情形：一是原告自己的产品在市场上公开销售而为被告所得或者是原、被告之外的其他相同产品经营者的产品公开在市场上销售而为被告所得；二是获得实施产品的手段正当诚实，符合一般商业道德标准和合理行为准则。基于盗窃、欺骗等手段获取的产品实施的反向工程是不合法的。另外，进行反向工程的产品虽然属于占有人合法占有，但并未取得所有权，这时合法占有人也不得对该产品进行反向工程。例如，体现商业秘密的产品被租用、寄存或修理时，租用人、受托人和修理人也不得对该产品进行反向工程。[1]

---

[1] 冯晓青，杨利华，等.商业秘密侵权及其民事司法救济探讨[M]//冯晓青.知识产权法热点问题研究.北京：中国人民公安大学出版社，2004：536.

在北京零极中盛科技有限公司（简称零级公司）、周某等侵害技术秘密纠纷一案❶中，最高人民法院认为，市场流通产品属于外部载体，零极公司为实现保密目的所采取的保密措施，应能对抗不特定第三人通过反向工程获取其技术秘密。此种对抗至少可依靠两种方式实现：一是根据技术秘密本身的性质，他人即使拆解了载有技术秘密的产品，亦无法通过分析获知该技术秘密；二是采取物理上的保密措施，以对抗他人的反向工程，如采取一体化结构，拆解将破坏技术秘密等。零极公司主张相应保密措施为对其产品内部电路板及元件覆胶处理、部分秘密点相应元件无标识。零极公司认可其产品与被诉侵权产品是同类产品，无论是鼎源公司成立后即生产同类产品的时间，还是零极公司所称的在市场上发现同类产品的时间，零极公司产品均已上市，不特定公众可以与原审法院现场勘验相同的方式拆解观察零极公司产品，对无法直接观察的元器件参数、元器件间的连接关系，可以使用数字电桥、数显卡尺、万用表测量获得，其中，数字电桥用于测量电容、电感、电阻数值；数显卡尺用于测量线径、元件尺寸（封装形式），万用表用于测量连接关系、二极管特性，变压器绕线组可以直接观察计数。再次，原审现场勘验亦表明，针对被诉侵权产品，对无法直接观察的元器件参数、元器件间的连接关系，使用数字电桥、数显卡尺、万用表测量获得的部分数值，与零极公司主张秘密点不同或者存在差异，个别数值无法测量，一方面表明通过市场流通产品获得的技术信息达不到技术图纸的标准，另一方面可以印证被诉侵权产品并非以零极公司技术图纸制造。据此，原审判决认定，涉案技术信息通过去除覆胶、拆解后，使用常规仪器测量可以获得的技术信息，构成所属领域的相关人员容易获得并无不当。

在浙江三泉智能科技有限公司与余姚市市场监督管理局工商行政处罚纠纷一案❷中，法院认为，被诉侵权人在制作涉案技术材料时参考了权利人的相关技术材料，故被诉侵权人在离职后带着此前在权利人处工作时得

---

❶ 最高人民法院（2021）最高法知民终 1302 号民事判决书。
❷ 浙江省宁波市中级人民法院（2020）浙 02 行终 293 号行政判决书。

## 第五章　不构成侵害商业秘密的合法行为

到的技术资料在另一被诉侵权人处制作同类技术资料,则被诉侵权人就不能再以反向工程主张其公司技术资料的合法取得。

第二,被告通过技术手段对获得的产品进行了拆卸、测绘、分析等劳动。强调被告的劳动付出或者对价支付,而不是未加任何努力直接从他人处获取。以单片机产品中的反向工程抗辩为例,如果犯罪嫌疑人通过反向工程制造了实现相同功能的单片机产品,其硬件电路布线、元器件的选取可以通过观察、测量、测试而得到,但其控制程序中必然存在大量的区别点,特别是对具体函数的表达,变量、特征值的选取,不可能存在大量的相似。在一般情况下,产品的尺寸、外观、化学成分等可以通过反向工程获得,而工艺流程、合成条件及材料的特殊处理方式等则不易获得。另外,应当举证证明其实施反向工程过程的证据材料,以证明其实施了反向行为。如果仅提出"反向工程"抗辩,而不能提供相应的证据,则不能采信其抗辩。

在兖州市量子科技有限责任公司与邹城兖煤明兴达机电设备有限公司、吴某庆等侵害商业秘密纠纷一案[1]中,法院认为,以反向工程进行侵权抗辩的,应提交其通过拆解产品的实际测绘、分析等过程的技术数据资料作为证据。

第三,被告的"反向工程"抗辩要求具有"行为正当性"前提。即如果足以认定被告系通过不正当行为获悉了原告的商业秘密的事实时,该行为的不正当性就否定了其主张"反向工程"的基础,被告不能再进行"反向工程"的抗辩。根据2020年《最高人民法院关于审理侵犯商业秘密民事案件适用法律若干问题的规定》第14条:"被诉侵权人以不正当手段获取权利人的商业秘密后,又以反向工程为由主张未侵犯商业秘密的,人民法院不予支持。"即当事人以不正当手段知悉了他人的商业秘密之后,又以反向工程为由主张获取行为合法的,其抗辩理由得不到支持。

第四,"反向工程"实施的时间必须是在实际使用商业秘密之前,以证明在被诉侵权行为发生日前,被诉侵权人已经掌握了相关信息,在使用

---

[1] 山东省高级人民法院(2016)鲁民终1364号民事判决书。

了权利人的商业秘密后再实施"反向工程"的，抗辩不应采信。

第五，反向工程的实施人必须不负有保密义务。要成为一项合法的反向工程，实施前必须对反向工程的准实施人进行排查，要保证实施人没有保密义务，是没有实际直接接触过秘密信息之人，这才能保证反向工程的"洁净"。"洁净"是指在开发某种产品或研究某种方法时，研制者应当与他人被商业秘密法或版权法所保护的信息相隔绝，如果参与反向工程或独立开发的一个或数人，过去已经接触并且知悉他人的商业秘密，则这种反向工程或独立开发的过程本身就是受到污染的，所以是不合法的。❶ 因此，对进行反向工程的主体是有严格的限制要求的，进行反向工程的人只能是与该商业秘密拥有人无任何联系的，凡是对商业秘密拥有人负有某种义务的人，如基于保密关系而接触过该商业秘密的技术人员、内部人员特别是"跳槽"员工以及因信赖关系而知悉该商业秘密的政府工作人员、仲裁员、企业法律顾问、法院审判人员等，均不得参与该商业秘密的反向工程活动。❷

在山田公司与万代公司等侵害技术秘密纠纷一案❸中，胡某祥和王某兵同时自2004年2月进入山田公司工作，分别任职装配工及电气工岗位，胡某祥于2006年11月离职，并在2009年和2010年先后设立宁活万代公司和龙游万代公司，生产与山田公司相同的产品。在该案件中宁波万代公司、龙游万代公司胡某祥为证明其获得山田公司信息的正当性，提出了其系在对山田公司的产品进行维修和翻新的过程中通过反向工程方式获得技术秘密的抗辩主张。对此，法院认为，被实施反向工程的产品应当是从公开渠道取得的产品，且反向工程的实施人不能是对商业秘密负有保密义务的人，如果是以不正当手段知悉了他人商业秘密之后又以反向工程为由主张获取行为合法的，该抗辩主张不能成立。龙游万代公司、宁波万代公司及胡某祥所举证据不能证明被实施反向工程的产品系其从公开渠道合法取得的山田公司的产品，且宁波万代公司、龙游万代公司、胡某祥亦不能就

---

❶ 张广良. 知识产权侵权民事救济[M]. 北京：法律出版社，2003：117-118.
❷ 冯晓青，杨利华，等. 商业秘密侵权及其民事司法救济探讨[M]//冯晓青. 知识产权法热点问题研究. 北京：中国人民公安大学出版社，2004：536.
❸ 浙江省高级人民法院（2014）浙知终字第60号民事判决书。

## 第五章　不构成侵害商业秘密的合法行为

拆卸、测绘、分析等过程进行充分举证并作出合理说明。而鉴定过程中对双方当事人提供的技术图纸进行比对，两者图纸结构、技术要求、公差配合、视图布局基本相同，尺寸略有差异。此外，龙游万代公司、宁波万代公司及胡某祥陈述其图纸按照日本规范绘制、产品按日本 JIS 标准加工等事实来看，上述反向工程抗辩主张缺乏相应的事实和法律依据，亦不符合情理，法院不予采信。故胡某祥、王某兵及宁波万代公司、龙游万代公司的行为均已构成对山田公司技术秘密的侵害。

依据来源不同，保密义务可以分为法定保密义务、约定保密义务、默示保密义务。

1. 法律规定的保密义务

（1）特殊身份之人的法定保密义务。我国法律规定的具有特殊身份之人所负的法定保密义务：董事、监事、高级管理人员应当遵守法律、行政法规和公司章程，对公司负有忠实义务和勤勉义务。❶ 在专利申请公布或者公告前，国务院专利行政部门的工作人员及有关人员对其内容负有保密责任。❷ 律师应当保守在执业活动中知悉的国家秘密、商业秘密，不得泄露当事人的隐私。律师对在执业活动中知悉的委托人和其他人不愿泄露的有关情况和信息，应当予以保密。❸ 国家机关及其公务人员在履行公务时，不得披露或者允许他人使用权利人的商业秘密。工商行政管理机关的办案人员在监督检查侵犯上述商业秘密的不正当行为时，应对权利人的商业秘密予以保密。❹ 专利代理师应当保守在执业活动中知悉的委托人的技术、商业秘密，不得泄露、剽窃或利用这些秘密损害委托人的合法权益。❺

（2）普通人员因特殊行为需承担的保密义务。这类义务主要包括：应聘人员离开原单位时，不得私自带走原单位的科研成果、技术资料等，不得

---

❶ 《公司法》第 147 条、第 148 条。
❷ 《专利法》第 21 条。
❸ 《律师法》第 38 条。
❹ 1995 年国家工商行政管理局《关于禁止侵犯商业秘密行为的若干规定》第 10 条。
❺ 中华全国专利代理师协会《专利代理师职业道德和执业纪律规范》第 10 条。

泄露国家机密和原单位的商业秘密。❶ 当事人在订立合同过程中知悉的商业秘密，无论合同是否成立，不得泄露或不正当地使用。泄露或不正当地使用该商业秘密给对方造成损失的，应当承担损害赔偿责任。❷

2. 合同约定的保密义务

合同理论是商业秘密保护的重要理论。通过合同为当事人设定具体保密义务，是保护商业秘密行之有效的方式，也是在实践中最普遍的保护措施。当事人之间关于保守商业秘密的约定就是认定保密义务最直接和重要的依据。约定保密义务的情形常见于：

（1）合作开发或委托开发商业秘密，合作开发人或受托方不得披露商业秘密；

（2）商业秘密许可使用合同中的许可人，可以要求被许可人负保密义务，并限制其使用范围；

（3）专利权许可使用或转让合同中的专利权人或专利权让与人，可以要求被许可人或受让人就专利中所包含的商业秘密负保密义务；

（4）雇主与雇员订立保密协议，要求雇员在职期间和离职以后不得泄露雇主商业秘密。即使被告正当地获悉了原告的商业秘密信息，如通过履行工作岗位职责必然知悉原告的商业秘密信息的情况等，也并不等于被告的"反向工程"抗辩不受任何约束："跳槽"的技术人员、营销人员等曾经接触原告商业信息的人员，在被诉侵权时，若以反向工程和独立开发作为信息具有合法来源的抗辩理由，法院应慎重审查。因为他们所掌握的原单位的技术和经营信息，很难与他们通过反向工程或者其他研制开发工作所得到的信息相区别，特别是其从事的是与原单位具有竞争关系的行业，就不可避免地在其履行工作职责的过程中泄露其掌握的原告的商业秘密。

3. 默示的保密义务

2019 年《反不正当竞争法》第 9 条第 1 款第 3 项将"保密约定"修改为"保密义务"，将约定和法定两种方式产生的保密义务均涵盖到侵犯商

---

❶ 《人才市场管理暂行规定》第 25 条。
❷ 《民法典》第 501 条。

业秘密的行为之中，不仅彰显了"保密义务"的法律地位，也扩大了保密义务的外延。对商业秘密"合法获取但非法披露或使用"的行为都是对保密义务的违反，无论其义务的产生是来源于约定还是法定，这在实践中已成为共识，修法也只是将共识予以进一步的明确。而在约定的保密义务中，默示的保密义务是对明示保密义务的补充，根本目的在于维护公平正义与商业道德，虽然是为弥补约定的漏洞而产生的，但是通过"诚实信用""社会公共利益"等法律原则的衡量而得出的结果，因而属于法定的保密义务。此外，即使没有保密约定或是法律规定的单方保密要求，默示保密义务仍可通过法律原则的衡量在当事人的基础法律关系中推断得出。在修法前，在实践中一直缺乏对保密义务的准确认识，在判断侵犯商业秘密的行为时往往只注重是否违反保密约定中的明示保密义务或法律明确规定的保密义务，却忽视了默示保密义务这一重要义务形式的存在❶。如前所述，依据信赖关系，可以推定存在默示保密义务，又称习惯法中的保密义务。❷ 负有保密义务的主体比较宽泛，根据法律规定或者合同约定负有保密义务的当事人自然应当承担保密义务。对于虽未在合同中约定保密义务，但根据诚实信用原则以及合同的性质、目的、缔约过程、交易习惯等，知道或者应当知道其获取的信息属于原告商业秘密的被诉侵权人，应当对其获取的商业秘密承担保密义务，包括有渠道或机会获取商业秘密的原告员工、前员工、交易相对人以及其他单位或个人。认定员工、前员工是否有渠道或者机会获取原告的商业秘密，可以考虑与其有关的下列因素：（1）职务、职责、权限；（2）承担的本职工作或者单位分配的任务；（3）参与和商业秘密有关的生产经营活动的具体情形；（4）是否保管、使用、存储、复制、控制或者以其他方式接触、获取商业秘密及其载体；（5）需要考虑的其他因素。❸

（二）反向工程抗辩

《最高人民法院关于审理侵犯商业秘密民事案件适用法律若干问题的

---

❶ 袁也然. 商业秘密保护中默示保密义务研究［J］. 黑龙江省政法管理干部学院学报，2020(5).

❷ 黄武双. 商业秘密保护的合理边界研究［M］. 北京：法律出版社，2018：105.

❸ 《江苏省高级人民法院侵犯商业秘密民事纠纷案件审理指南（修订版）》第3.3条。

规定》第14条规定:"通过自行开发研制或者反向工程获得被诉侵权信息的,人民法院应当认定不属于反不正当竞争法第九条规定的侵犯商业秘密行为。前款所称的反向工程,是指通过技术手段对从公开渠道取得的产品进行拆卸、测绘、分析等而获得该产品的有关技术信息。被诉侵权人以不正当手段获取权利人的商业秘密后,又以反向工程为由主张未侵犯商业秘密的,人民法院不予支持。"国家市场监督管理总局《商业秘密保护规定(征求意见稿)》第19条规定:"下列行为不属于侵犯商业秘密行为:(一)独立发现或者自行研发;(二)通过反向工程等类似方式获得商业秘密的,但商业秘密或者产品系通过不正当手段获得、或违反保密义务的反向工程除外;(三)股东依法行使知情权而获取公司商业秘密的;(四)商业秘密权利人或持有人的员工、前员工或合作方基于环境保护、公共卫生、公共安全、揭露违法犯罪行为等公共利益或国家利益需要,而必须披露商业秘密的。前款所称反向工程,是指通过技术手段对从公开渠道取得的产品进行拆卸、测绘、分析等而获得该产品的有关技术信息,但是接触、了解权利人或持有人技术秘密的人员通过回忆、拆解终端产品获取权利人技术秘密的行为,不构成反向工程……"

《北京知识产权法院侵犯商业秘密民事案件诉讼举证参考》第21条规定:"被告主张被诉侵权信息系通过反向工程获取的,可以提供以下证据:(1)通过公开渠道取得产品的购买合同、接受赠予的凭证、票据;(2)通过拆卸、测绘、分析等相关技术手段从公开渠道取得的产品中获得有关技术信息的工作记录、视频、文档数据;(3)委托他人通过拆卸、测绘、分析等技术手段从公开渠道取得的产品中获得有关技术信息的合同、往来电子邮件;(4)能够证明被诉侵权信息系通过反向工程获取的其他证据。"

《江苏省高级人民法院侵犯商业秘密民事纠纷案件审理指南(修订版)》第3.6.2条规定:"反向工程抗辩主要适用于技术信息,指被告抗辩其通过技术手段对公开渠道取得的产品进行拆卸、测绘、分析而获得该产品的有关技术信息。对此,被告需提供证据予以证明。需要注意:(1)被告以不正当手段知悉了原告商业秘密之后,又以反向工程为由主张其行为合法的,不予支持。(2)法律、行政法规对某类客体明确禁止反向工程的,

## 第五章　不构成侵害商业秘密的合法行为

被告的抗辩不能成立。"

《河南省高级人民法院商业秘密侵权纠纷案件审理的若干指导意见（试行）》规定："反向工程是对合法取得的终端产品的拆卸、破解，从而得出其构造、成分以及制造方法或工艺的行为。接触、了解权利人技术秘密的人员通过回忆、拆解终端产品获取权利人技术秘密的行为，不能构成反向工程。"

根据上述规定，反向工程的抗辩需要被告从公开渠道获得原告的产品，并通过技术手段对该产品进行拆卸、测绘、分析从而获得该技术信息。这不是侵犯商业秘密的行为，因为该种获得技术信息的行为是被告通过努力和花费金钱获得的，具有正当性。另外，如果被诉侵权人以不正当手段获取权利人的商业秘密后，又以反向工程为由主张未侵犯商业秘密的，人民法院不予支持。

此外，对于原告如何对抗其产品被他人以反向工程获取其商业秘密问题，在济南思克测试技术有限公司与济南兰光机电技术有限公司侵害技术秘密纠纷一案❶中，法院认为，对抗反向工程至少可依靠两种方式实现：一是根据技术秘密本身的性质，他人即使拆解了载有技术秘密的产品，亦无法通过分析获知该技术秘密；二是采取物理上的保密措施，以对抗他人的反向工程，如采取一体化结构，拆解将破坏技术秘密等。在司法实践中，被告以反向工程抗辩成立的案件非常少见，主要原因在于被告未能对其所称的"反向工程"提供充分证据。

需要注意的是，技术秘密被反向工程后是否必然丧失秘密性，在司法实践中观点并不统一。在上海路启机械有限公司、曹某等与优必选（上海）机械有限公司（简称优必选公司）侵害技术秘密纠纷一案❷中，上海市高级人民法院认为，通过反向工程获得的技术秘密只要仍被权利人和获得方采取保密措施而处于保密状态，就具有相对秘密性，符合不为所属领域的相关人员普遍知悉和容易获得的商业秘密之要件，技术秘密并不会因为被反向工程后就丧失秘密性。

---

❶　最高人民法院（2020）最高法知民终 538 号民事判决书。
❷　上海市高级人民法院（2016）沪民终 470 号民事判决书。

在上述案件中，根据案外人威迈公司与中国石油大学签订的《电脑优选横截锯研发》合同，约定由中国石油大学根据威迈公司提供的样机为原型进行仿制，但是该合同中也要求研发方完成包括机械（气动）设计、电控机软件设计和外形设计在内的设计。在该技术开发合同的附件中，在机械（气动）设计部分对于标识台、进料传送带、测量站等处均提出了自己的设计要求，尤其是在标识台部分，附件中明确载明"a）画线部分由原装的带传送改为前端一部分带传送，后面改为人工送料的惰轮机构"。因此，上述证据表明"maxcut 系列电脑优选横截锯"系由案外人以德国样机为原型进行仿制，并在具体研发时进行了相应的自主设计。再结合该项技术的研发是在 2008 年 3 月 31 日以前，而该案鉴定机构作出的鉴定结论表明在 2012 年 4 月 5 日之前"优必选公司边测量边锯切的设计"技术信息不为公众所知悉，使得法院初步认定"优必选公司边测量边锯切的设计"技术信息在 2012 年 4 月 5 日之前处于不为公众所知悉的事实状态，现四上诉人无法提供相应证据证明"边测量边锯切的设计"技术信息与德国样机所采用的技术信息相同或实质相同并已被该信息所属领域的相关人员普遍知悉和容易获得，故应由其承担举证不利的法律后果。退而言之，即使优必选公司对德国优选锯样机进行反向工程，并仿制出具有与该样机完全相同技术信息的"maxcut 系列电脑优选横截锯"，根据最高人民法院《关于适用〈中华人民共和国反不正当竞争法〉若干问题的解释》第 12 条的规定，优必选公司通过反向工程获得商业秘密亦不属于侵犯商业秘密行为。只要该技术信息被优必选公司和德国优选锯公司采取保密措施而处于保密状态，仍具有相对秘密性，仍然符合不为所属领域的相关人员普遍知悉和容易获得的商业秘密之要件，不因此丧失其秘密性。故四上诉人关于"优必选公司边测量边锯切的设计"技术信息由于反向工程而丧失秘密性的上诉主张没有事实和法律依据，法院不予支持。

在司法实践中，大多数法院[1]认为，同行业内两个以上权利人通过反

---

[1] 佛山市中级人民法院（2018）粤 06 民终 514 号民事判决书，绍兴市中级人民法院（2012）浙绍知初字第 77 号民事判决书，广东省高级人民法院（2000）粤法知终字第 9 号民事判决书。

第五章　不构成侵害商业秘密的合法行为

向工程合法获得相同的信息，均可作为商业秘密进行保护。只有极少数法院❶认为，通过观察产品本身和反向工程等方法可以获得的技术信息本身并不具备可保密的特性，不能作为商业秘密被保护。

综上，通过反向工程证明合法取得商业秘密需就反向工程所涉及产品的合法来源渠道进行证明，并且对产品进行拆卸、测绘、分析过程的合法性予以证明。同时，为了防止日后权利人提起诉讼，应在进行反向工程的过程中就合法获取产品的证据予以保留，对拆卸、测绘、分析的过程予以详细记录，便于在诉讼过程中更好地举证。

### 三、自行研发抗辩

自行研发，又称为独立研发，指行为人独立自行研究、开发、创制出智力成果。在侵犯商业秘密案件中，涉案的商业秘密应当符合保密性、非公知性的法定条件，在正常情况下，他人无法知晓其商业秘密的信息。由于商业秘密是因经营者自我保护而产生的权利，权利本身不具有绝对的排他性——其他经营者也可能通过自己的研发而不是取自原告的方式而获得相同的信息，在这种情况下，其他经营者通过自身的投入和努力而生成的信息，对于该经营者获得信息的途径而言是正当的，它并没有去获取他人生产的信息的主观意识和客观行为，是依靠自己的付出而获得有关信息，其行为没有不正当性，并不侵犯他人的商业秘密。自行开发研制抗辩也是在商业秘密侵权案件中被告惯常采用的一种抗辩方式。

自行研发抗辩理由成立的前提是所有参与研发的人员此前均未接触、也不知悉权利人的商业秘密。在认定被告自行研制抗辩是否成立时，首先应当注意把握"自行"对于该抗辩成立的核心意义，即被告赖以抗辩的信息应当是被告通过自己的成本（人力、资金、技术、时间等）付出独立研发获得的。如果在研发团队中，有人是从商业秘密权利人处"携密跳槽"或在研发中向知悉他人商业秘密者进行过"咨询"，则此种独立研发的抗

---

❶ 黑龙江省高级人民法院（2008）黑知终字第 35 号民事判决书。

辩理由无法得到法院支持。遵循这个核心准则，按照通常的逻辑，被告举证的要点在于"自行"研制的事实。在技术信息类商业秘密纠纷中，若被告提出其所实施的技术系自行开发而来，应承担相应的举证责任。法院对于被告以自行研发作为抗辩的，会要求被告提供研发的设计稿、自行设计研发的相关凭证、调试方案等证据，在很多自行研发抗辩中，被告对于自行研发的抗辩因无法提交充足证据而不被法院采纳。

自行研制抗辩属于"合法来源"抗辩之一，以案件存在"相同（实质性相似）+接触"的事实为前提，如果缺乏该前提事实中的任何一项，原告的举证责任便尚未完成，被告没有必要行使"合法来源"抗辩，当然没有必要主张被控信息系其"自行研制"的事实，即此时在逻辑顺序上并不需要被告行使"自行研制"抗辩，或者"自行研制"抗辩是作为其不侵权的补强抗辩而存在的。在存在"相同（实质性相似）+接触"事实的情况下，被告证明其"自行研制"的事实在一般情况下需要注意其对自行研制抗辩所依据的信息形成时间的证明。从理论上讲，无论该独立研发进行或其成果产生于原告商业秘密产生之前还是之后，行为人对独立研发的商业秘密信息的持有、使用等行为都不构成侵权。❶ 不过，在司法实践中，被告以"自行研制"抗辩的，一般应当证明其"自行研制"的信息形成于原告的商业秘密信息产生之前，否则，在存在被告接触或者有条件接触原告的商业秘密的情况下，这种接触或者可能接触的事实有可能抵销掉被告"自行研制"的主张，致使"自行研制"的事实处于事实真伪不明状态，在被告负担举证责任的情况下，就会产生其举证不充分而得不到支持的结果。除非被告关于其"自行研制"的证据非常充分，才可能忽略掉对二者生成时间的事实要素的考量。该时间点的证明成为被告该抗辩的着力点。❷ 在西安市宏卓机器人技术有限责任公司、西安天鹰防务科技有限公司侵害技术秘密纠纷一案❸中，被告提出"自行开发研制"抗辩，提交的证据是一份专利申

---

❶ 苏灿. 商业秘密民事救济制度的体系化研究［M］. 北京：中国政法大学出版社，2018：204.
❷ 孔祥俊. 商业秘密司法保护实务［M］. 北京：中国法制出版社，2012：67.
❸ 最高人民法院（2020）最高法知民终 772 号民事判决书。

请文件，后由国家知识产权局依法公布，申请文件中记载的技术方案明确清楚，足以证明在该专利申请的申请日之前，被告主张的技术方案已经取得了研发成果。而且，研发成果完成日早于原告主张的商业秘密的形成日，因此被告无须进一步证明取得研发成果的过程，法院认定自行开发研制抗辩成立。

另外，研发人员或者组成的研发团队应具备独立研发的基本素质。

如在一得阁公司与高某茂、传人公司侵犯商业秘密纠纷一案[1]中，两被告的主要抗辩理由为其使用的墨汁配方系自行开发。不过，从该案件事实来看，传人公司在成立后短短时间内就生产出质量非常高的墨汁，仅仅依靠几个不懂墨汁生产、没有专门设备的实验人员短时间的实验，是不可能的。因此，被告有关其墨汁配方是其依据公知资料自行开发的抗辩理由，法院不予支持。

四、合法受让

权利人独自研发成功的商业秘密信息，自然具有转让、许可第三人使用的权利，不因前一持有该商业秘密的人而禁止改变。前一持有人具有使用、占有、收益、处分其掌握的商业秘密的权利。合法许可、受让该商业秘密的他人自然同样具有授权权利范围之内的占有、使用、收益和处分的权利。经过商业秘密权利人许可、转让而合法取得不构成侵害商业秘密的行为。[2]

## 第二节 善意第三人获得商业秘密

2019年《反不正当竞争法》第10条规定："第九条 经营者不得实施下列侵犯商业秘密的行为：（一）以盗窃、贿赂、欺诈、胁迫、电子侵入或

---

[1] 北京市第一中级人民法院（2003）一中民初字第9031号民事判决书。
[2] 浙江省市场监督管理局《商业秘密保护工作指引》第7条。

者其他不正当手段获取权利人的商业秘密；（二）披露、使用或者允许他人使用以前项手段获取的权利人的商业秘密；（三）违反保密义务或者违反权利人有关保守商业秘密的要求，披露、使用或者允许他人使用其所掌握的商业秘密；（四）教唆、引诱、帮助他人违反保密义务或者违反权利人有关保守商业秘密的要求，获取、披露、使用或者允许他人使用权利人的商业秘密。经营者以外的其他自然人、法人和非法人组织实施前款所列违法行为的，视为侵犯商业秘密。第三人明知或者应知商业秘密权利人的员工、前员工或者其他单位、个人实施本条第一款所列违法行为，仍获取、披露、使用或者允许他人使用该商业秘密的，视为侵犯商业秘密。……"此处将第三人的侵权责任限定为"过错责任"，也就是说只有第三人"明知"前款所列违法行为，仍旧非法获取、使用或者披露他人的商业秘密的，才承担法律责任。如果善意第三人并不知道前款所列违法行为，进行了获取、使用或者披露他人的商业秘密的，不应当承担法律责任。如该善意第三人在不知情的情况下，支付了一定数额的对价后，通过交易方式受让或取得使用授权的情形，从非法获得该商业秘密的侵权人手中获得了该商业秘密，形成继受取得，该善意第三人并不应当承担侵权责任。此类情形可通过商业秘密交易转让合同或授权使用许可协议等材料证明商业秘密的归属或使用权利。

## 第三节 其他不侵害商业秘密的合法行为

### 一、其他不侵害商业秘密的合法行为简介

除独立研发及反向工程被最高人民法院明确规定为不构成侵犯商业秘密外，中国部分地方高级人民法院认为，通过以下行为获取商业秘密的，不构成侵犯商业秘密：（1）通过分析研究公开资料、信息、技术，整合改进后取得。公开销售含有商业秘密，且他人可以通过观察等手段轻易获取

该商业秘密的产品,将导致商业秘密被公开,他人因此获得商业秘密不构成侵犯商业秘密行为。❶(2)权利用尽。商业秘密适用权利用尽原则,商业秘密的有形产品处于市场流通过程中,被诉侵权人的获取、使用行为不构成侵犯商业秘密。❷权利人通过某种方式自愿公开了其商业秘密信息,从而使之进入公知领域。信息不再具有秘密性,不再满足商业秘密的构成要件,因此也就无法再成为商业秘密,行为人获取、使用等行为自然也不再构成侵权。(3)销售、使用包含他人商业秘密的产品不是侵犯商业秘密行为。❸使用商业秘密的过程,通常是制造侵权产品的过程,当侵权产品制造完成时,使用商业秘密的侵权结果即同时发生。既然销售侵犯技术秘密所制造的侵权产品不属于侵犯技术秘密的行为,那么购买者使用侵犯技术秘密所制造的侵权产品亦不应属于反不正当竞争法所禁止的侵犯商业秘密的行为。

## 二、生存权利

员工在单位工作过程中掌握和积累的与其所从事的工作有关的知识、经验和技能,为其生存基础性要素。要注意将该知识、经验和技能与单位的商业秘密相区分。具体审查时,需注意:(1)员工在职期间掌握和积累的知识、经验、技能是否属于商业秘密,应当根据案件情况依法确定。(2)员工所掌握的知识、经验、技能中属于单位商业秘密内容的,员工不得违反保密义务,擅自披露、使用或者允许他人使用其商业秘密,否则应当认定构成侵权。❹

在麦达可尔(天津)科技有限公司、华阳新兴科技(天津)集团有

---

❶ 《江苏省高级人民法院关于审理商业秘密案件有关问题的意见》(苏高法审委[2004]3号)。
❷ 《河南省高级人民法院商业秘密侵权纠纷案件审理的若干指导意见(试行)》。
❸ 姚建军. 中国商业秘密保护司法实务[M]. 北京:法律出版社,2019:117.
❹ 《江苏省高级人民法院侵犯商业秘密民事纠纷案件审理指南(修订版)》第3.6.4条。

限公司侵害商业秘密纠纷一案❶中,最高人民法院指出,职工在工作中掌握和积累的知识、经验和技能,除属于单位的商业秘密的情形外,构成其人格的组成部分,是其生存能力和劳动能力的基础,职工离职后有自主利用的自由。在山东省食品进出口公司(以下简称山东食品公司)、山东山孚集团有限公司(以下简称山孚集团公司)、山东山孚日水有限公司(以下简称山孚日水公司)与青岛圣克达诚贸易有限公司(以下简称圣克达诚公司)、马达庆不正当竞争纠纷一案❷中,最高人民法院认为:"职工在职期间筹划设立与所在单位具有竞争关系的新公司,为自己离职后的生涯作适当准备,并不当然具有不正当性;只有当职工的有关行为违反了法定或者约定的竞业限制义务的情况下,才能够认定该行为本身具有不正当性。并且,职工在工作中掌握和积累的知识、经验和技能,除属于单位的商业秘密的情形外,构成其人格的组成部分,职工离职后有自主利用的自由;在既没有违反竞业限制义务,又没有侵犯商业秘密的情况下,劳动者运用自己在原用人单位学习的知识、经验与技能为其他与原单位存在竞争关系的单位服务的,不宜简单地以反不正当竞争法第二条的原则规定认定构成不正当竞争。"

在审理涉及客户信息的经营秘密纠纷时,认定离职员工是否构成侵权行为要处理好保护经营秘密与保障劳动者自由择业、竞业限制、人才合理流动的关系。不仅要考虑员工是否有接触客户信息的条件,还要考虑员工的行为是否具有不正当性,是否符合法律规定的侵害商业秘密的具体情形。既要制止侵害经营秘密的违法行为,也要保护员工离职后合理利用在工作中积累的知识、经验和技能的权利。员工离职后,限制员工的择业自由一般以存在法定或者约定的竞业限制义务为前提。对于员工因本职工作正常获取的客户信息,除非原单位能够证明员工或其所在新单位使用该客户信息获取竞争优势具有不正当性,员工或其所在新单位使用该客户信息的行为并不当然具有违法性。

---

❶ 最高人民法院(2019)最高法民再 268 号民事判决书。
❷ 最高人民法院(2009)民申字第 1065 号民事裁定书。

## 三、其他合法渠道

### (一) 强制披露、强制猎取和公权限制

强制披露商业秘密是为上市公司特别适用的权利限制规定。由于证券交易信息披露制度的规定,该类信息必须在法定期间在指定媒体上向社会公开。该类信息经强制披露后即成为公知信息。强制获取是公权对商业秘密权的一种必要限制。国家行政和司法机关及其工作人员基于执行法定职务的需要,可以强制获取或者使用权利人所持有的商业秘密,权利人不得拒绝提供或者披露。例如,环保部门在查处环境污染问题时,依据《中华人民共和国环境保护法》赋予的检查权,责令排污单位提供或者披露与排污物有关的产品数据、技术配方、工艺流程和治理技术等业务资料或者技术资料,排污单位或者相关人员不得以涉及商业秘密为由拒绝提供或者披露上述资料。需要指出的是,国家公权对商业秘密权的限制必须在法律规定的范围内进行,是维护公共秩序或者公共利益所必需的。因此,国家公权对商业秘密权的限制应当符合有法律的明文规定、以执行公务必需为限、负有保密义务等条件。

### (二) 其他合理方式

除上述情形外,从公开渠道获取商业秘密亦不构成侵权。例如,通过持续地跟踪、收集和积累相关资料而进行综合分析所得之情报信息,利用权利人疏忽而泄露载有秘密信息的资料和设备,竞业禁止合同无效而导致秘密信息的自由流动等,都是从公开渠道合法获取商业秘密的方式。

# 第六章 商业秘密诉讼中技术问题的证明

关于商业秘密案件,在实践中发生较多的是技术秘密侵权案件。而这类案件具有法律问题与技术问题高度融合的重要特征,两者密不可分、相互关联。具体而言,技术问题的解决,是查明案件事实的重要组成部分,是解决侵犯商业秘密案件中法律问题的铺垫和前提,只有技术问题解决了,才有可能正确地解决法律问题,才能对案件有一个正确的理解和把握,才能正确地定性或量刑。司法实务人员往往只是对于商业秘密中的法律问题比较了解或精通,而对于商业秘密中的技术问题却显得力不从心。商业秘密案件特别是涉及技术秘密的案件,因为涉及判断原告主张的技术信息是否"不为公众所知悉"、当事人双方的技术信息是否相同或实质性相同等技术问题,不仅当事人容易提出司法鉴定的申请,法院有时也会依职权启动司法鉴定程序。商业秘密在各行各业都存在,而且每个行业的特点和知识背景都不一样,同时,商业秘密大多涉及行业中的尖端或者前沿性的专业知识,不可能仅凭自身知识就作出是否构成犯罪、产生侵权的判断,所以,对于侵犯商业秘密案件中技术问题的解决,更多的是求助于司法鉴定。不过,最近几年的司法实践表明,法院一般会综合考虑案件具体情况、鉴定费用及时间成本等因素,如果通过专家咨询、专家听证、专家辅助人出庭等方式能够查明技术事实的,则不再启动鉴定程序。但是,由于立法的缺失和司法的混乱,商业秘密的司法鉴定存在很多模糊不清之处,是司法实务界所普遍面临的一个难题。

## 第一节　鉴定意见在我国证据法上的地位

《民事诉讼法》第76条第1款规定："当事人可以就查明事实的专门性问题向人民法院申请鉴定，当事人申请鉴定的，由双方当事人协商确定具备资格的鉴定人；协商不成的，由人民法院指定。"审理商业秘密案件往往会涉及专门性问题，而法官大多数精于法律知识，缺乏技术知识，在技术事实的理解上存在障碍。从商业秘密的本质属性来分析，其表现形式只能通过一定的物质载体来表达，不像实物那样容易辨认，因此，在采用其他方法仍不能解决专业技术问题的情况下，需要借助司法鉴定制度，帮助法官正确认定案件事实。

司法鉴定是一种科学实证活动，是具有专门知识和能力的人，利用科学方法和专业工具对专门性问题进行分析、判断，并提出鉴定意见的过程，由于是通过客观的鉴定材料，运用科学方法进行勘验、检测、分析、判断得出的结论，因而鉴定意见具有相对的客观性。《民事诉讼法》《中华人民共和国刑事诉讼法》（以下简称《刑事诉讼法》）及《中华人民共和国行政诉讼法》都将其规定为证据的一种，可见司法鉴定在民事诉讼活动中不可或缺。

2005年《全国人民代表大会常务委员会关于司法鉴定管理问题的决定》第一次以法律形式界定"司法鉴定"。2007年《司法鉴定程序通则》第2条规定："司法鉴定程序是指司法鉴定机构和司法鉴定人进行司法鉴定活动应当遵循的方式、方法、步骤以及相关的规则和标准。本通则适用于司法鉴定机构和司法鉴定人从事各类司法鉴定业务的活动。"

2000年11月29日司法部发布的《司法鉴定执业分类规定（试行）》第16条将知识产权鉴定定义为："根据技术专家对本领域公知技术及相关专业技术的了解，并运用必要的检测、化验、分析手段，对被侵权的技术和相关技术的特征是否相同或者等同进行认定；对技术转让合同标的是否成熟、实用，是否符合合同约定标准进行认定；对技术开发合同履行失败是否属于风险责任进行认定；对技术咨询、技术服务以及其他各种技术合同履行结果是否符合合同约定，或者有关法定标准进行认定；对技术秘密是否构成法定技术条件进行认定；对其他知识产权诉讼中的技术争议进行鉴定。"

2005年7月27日发布的《北京市高级人民法院关于知识产权司法鉴定若干问题的规定（试行）》第2条规定："本规定所称知识产权司法鉴定，是指在知识产权诉讼过程中，为查明案件事实，鉴定人运用科学技术或者专门知识对诉讼涉及的有关知识产权问题进行鉴别和判断并提供鉴定意见的活动。"2015年《全国人民代表大会常务委员会关于司法鉴定管理问题的决定》第1条规定："司法鉴定是指在诉讼活动中鉴定人运用科学技术或者专门知识对诉讼涉及的专门性问题进行鉴别和判断并提供鉴定意见的活动。"2016年《司法鉴定程序通则》第2条第1款规定："司法鉴定是指在诉讼活动中鉴定人运用科学技术或者专门知识对诉讼涉及的专门性问题进行鉴别和判断并提供鉴定意见的活动。"上述规定明确将司法鉴定限定在"诉讼活动中"，对于《司法鉴定执业分类规定（试行）》以列举进行定义的方法进行了修正，将知识产权司法鉴定的鉴定范围概括描述为"对诉讼涉及的有关知识产权问题"，并特别强调是"在知识产权诉讼过程中"产生的问题。2022年11月22日，国家知识产权局、最高人民法院、最高人民检察院、公安部、国家市场监督管理总局印发《关于加强知识产权鉴定工作衔接的意见》的通知（国知发保字〔2022〕43号）再次予以明确，知识产权鉴定是指鉴定人运用科学技术或者专门知识对涉及知识产权行政和司法保护中的专业性技术问题进行鉴别和判断，并提供鉴定意见的活动。

鉴定意见是一种特殊的证据，是法官对专门性问题无法鉴别和判断时，委托具有专门的科学技术或者科学知识的人对专门性问题作出的结论。在缺乏科学技术及相关的专业知识时，司法机关就无法比对权利人主张的商业秘密与所属领域已为公众所知悉的信息的异同，也无法判断被诉侵权的技术信息与商业秘密是否相同或实质相同，而这些内容恰恰是证明侵权成立的关键要素。于是，司法鉴定成为权利人收集证据、法院发现案件事实的重要工具。

《民事诉讼法》第 79 条规定："当事人可以就查明事实的专门性问题向人民法院申请鉴定。当事人申请鉴定的，由双方当事人协商确定具备资格的鉴定人；协商不成的，由人民法院指定。当事人未申请鉴定，人民法院对专门性问题认为需要鉴定的，应当委托具备资格的鉴定人进行鉴定。"第 80 条规定："鉴定人有权了解进行鉴定所需要的案件材料，必要时可以询问当事人、证人。鉴定人应当提出书面鉴定意见，在鉴定书上签名或者盖章。"上述规定表明，鉴定意见是证据的一种，但鉴定意见毕竟不是法律结论，并不当然正确。诚然，司法鉴定对填补司法机关的专业知识起了很大的作用，为成功打击侵犯商业秘密行为、保护知识创新、维护国家安全作出了贡献，但这些"贡献"的背后同样暗藏着"风险"。因为鉴定结果常常具有左右判决的影响力。它既可能因鉴定人的故意或过失发生错误，也可能因鉴定所依据的技术手段本身存在局限性导致错误，因此司法鉴定意见并不总是正确的。在司法实践中，部分法官有一种误解，认为鉴定意见是有鉴定资格的专业人员和单位作出的认定，必然正确，甚至片面地认为鉴定人所在单位级别越高，权威性就越大，理应将其作为定案的依据，没有必要对鉴定意见进行审查，拿来就用，出现问题就推给鉴定机构和鉴定人。司法机关对司法鉴定的依赖已经非常明显和普遍，以至于在一个特定的案件中如果没有司法鉴定反而被认为"不合常理"。鉴定意见因此有时直接决定案件的胜诉或败诉。正因为这种错误的认识，新修订的《民事诉讼法》将"鉴定结论"修改为"鉴定意见"。

## 第二节　侵害商业秘密诉讼中鉴定的边界限定

一、鉴定应限于事实问题

2018 年年初，为贯彻落实《全国人民代表大会常务委员会关于司法鉴定管理问题的决定》《关于健全统一司法鉴定管理体制的实施意见》，司

## 商业秘密保护诉讼实务研究

法部要求各省市司法厅（局）对除法医、物证、声像资料、环境损害"四类"外的司法鉴定包括知识产权司法鉴定进行清理整顿。虽然目前司法部仅将"四类"司法鉴定纳入行政管理秩序，但并不意味着"四类"外的鉴定无法可依、无序管理。目前，知识产权鉴定基本已经归属于行业管理。

就司法鉴定在审理实践中的运用而言，鉴定的对象是"事实问题"还是"法律问题"，即"事实问题与法律问题如何界定"是最值得讨论的一个命题。商业秘密是一个法律概念，对于具体的商业信息是否属于商业秘密的认定，同样是一个法律问题，需要法官在审理过程中通过证据审查、运用法律知识和审判经验加以判断和确认，因此，鉴定机构并不能直接鉴定涉案信息是否属于商业秘密，然而，在司法实践中，我们发现鉴定机构出具"经鉴定，×××属于商业秘密"此类鉴定意见是普遍存在的。由此看出，在鉴定界，商业秘密司法鉴定的鉴定对象和范围并没有达成共识。

在司法实践中，权利人主张的技术信息是否具有秘密性，即是否不为公众所知悉，是商业秘密最根本的特征，也是此类案件司法鉴定的逻辑起点和难点。《最高人民法院关于审理侵犯商业秘密民事案件适用法律若干问题的规定》第4条[1]规定，符合该条规定的五种情形之一的构成公知技术。而这五种特定事实不随法律规定而变化，也不存在法官法律适用和依法评判的空间，因此可认为构成公知技术的五种情形属于事实问题，可通过鉴定来认定。公知技术的对立面是非公知技术，通过判定公知技术（积极事实）的方式，进而可推断、判定非公知技术，避开了消极事实难以判断的难点。例如，鉴定机关可在商业秘密案件中通过鉴别某技术信息的公知性的方法来进一步确定是否存在非公知性。但最终应由司法机关根据司

---

[1] 《最高人民法院关于审理侵犯商业秘密民事案件适用法律若干问题的规定》第4条："具有下列情形之一的，人民法院可以认定有关信息为公众所知悉：（一）该信息在所属领域属于一般常识或者行业惯例的；（二）该信息仅涉及产品的尺寸、结构、材料、部件的简单组合等内容，所属领域的相关人员通过观察上市产品即可直接获得的；（三）该信息已经在公开出版物或者其他媒体上公开披露的；（四）该信息已通过公开的报告会、展览等方式公开的；（五）所属领域的相关人员从其他公开渠道可以获得该信息的。将为公众所知悉的信息进行整理、改进、加工后形成的新信息，符合本规定第三条规定的，应当认定该新信息不为公众所知悉。"

## 第六章　商业秘密诉讼中技术问题的证明

法鉴定意见作出判断后，确认该信息是否属于商业秘密。

《最高人民法院关于知识产权民事诉讼证据的若干规定》（2020年11月16日）第19条第3项规定，人民法院可以对"当事人主张的商业秘密与所属领域已为公众所知悉的信息的异同、被诉侵权的信息与商业秘密的异同"等待证事实的专门性问题委托鉴定。此规定人民法院委托鉴定事项应限于"待证事实的专门性问题"，而涉及法律适用的问题。例如，是否构成专利等同侵权，以及在著作权侵权民事案件中认定是否属于实质性相似等，不属于委托鉴定的事项。[1] 2022年11月22日，国家知识产权局、最高人民法院、最高人民检察院、公安部、国家市场监督管理总局印发《关于加强知识产权鉴定工作衔接的意见》的通知（国知发保字〔2022〕43号）再次明确鉴定应针对专业性技术问题。该意见第2条规定："知识产权鉴定主要用于协助解决专利、商标、地理标志、商业秘密、集成电路布图设计等各类知识产权争议中的专业性技术问题。"

为此，鉴定只能针对上述所提及的"秘密性"构成要件以及"实质性相同"问题的判断，对于案件所涉及的法律问题需由法官来完成相关的审查判断。在实践中，有些法官直接将是否构成商业秘密作为委托鉴定内容。而实际上，委托鉴定的对象应当是事实问题，而非法律问题，司法鉴定中不应将"某项信息是否构成商业秘密"作为委托鉴定的事项。只有法官依自身能力确实无法判断，但可借助科学、技术或者其他专业知识帮助法官理解的"事实问题"，才可以进行委托鉴定。有些鉴定机构直接判定某技术或信息是否属于商业秘密，即直接由鉴定机构对"非公知性""价值性""保密性"作出鉴定。实际上，这种做法已经将某些非技术性的问题交由鉴定机关判断，比如，"非公知性""价值性"和"保密性"，此"三性"在一般情况下不涉及专业的技术知识，可由办案人员依据全案证据作出判断，无须鉴定机构出具鉴定。鉴定机关直接出具的"某技术或某信息构成商业秘密"的鉴定意见不宜直接采纳。正确的表述应当是："该技术信息

---

[1] 最高人民法院民三庭负责人就《最高人民法院关于知识产权民事诉讼证据的若干规定》答记者问。

是否不为公众所知悉""原、被告的技术是否相同或实质性相同"。不当或错误的表述是"该技术信息是否具有秘密性""该技术信息是否属于技术秘密""被告是否剽窃了原告的技术秘密"等。人民法院只能就专业技术事实提出鉴定委托，权利人的技术信息是否构成商业秘密，被诉侵权人是否侵权等是法律问题，不属于委托鉴定的范围，应由人民法院根据相应证据作出判定。

## 二、尽量避免采取鉴定方式

商业秘密主要包括技术信息和经营信息。这两类信息是否有必要进行鉴定，要看该信息是否涉及专业技术知识，案件是否确有鉴定的必要，如果案件事实清楚，证据充分，已经足以对案情作出判断，则一般无须启动鉴定。经营信息通常也不需要鉴定。如涉及专业技术的信息，结合全案证据仍无法确定其是否构成商业秘密的，则需要委托鉴定。而且鉴定范围应当限定为专业性、技术性的问题，以弥补办案人员相关专业技术知识方面的不足。如果法官可以运用自己的专业知识或者常识、社会经验等对案件的相关问题进行判断，也无须启动鉴定。另外，如果原告对被告提供的侵权对比的生产技术等持有异议，认为按照该技术无法生产出涉案产品或无法达到被告所称技术效果的，可以就该问题进行司法鉴定。❶

能够通过其他方式有效查明技术事实的，尽量避免采取技术鉴定方式。对于商业秘密案件审理中涉及的技术事实查明，可以通过技术咨询、技术调查官辅助审理、召开专家会议、技术鉴定、当事人聘请专家辅助人等多种方式辅助解决。❷目前，上海知识产权法院等一些地方的法院正在探索实施"四位一体"的技术事实查明制度，即由技术鉴定人员、技术调查官、技术咨询专家、专家陪审员四者共同构建而成的有机协调的技术事

---

❶ 北京市高级人民法院知识产权庭课题组.《反不正当竞争法》修改后商业秘密司法审判调研报告[J].电子知识产权，2019(11).

❷《江苏省高级人民法院侵犯商业秘密民事纠纷案件审理指南（修订版）》第五部分。

## 第六章　商业秘密诉讼中技术问题的证明

实调查认定体系，并已取得良好的效果。技术鉴定人员侧重查明需要借助设备、仪器等检测、分析、比对才能解决的疑难技术问题；技术调查官主要负责解决较为常见的普通技术问题；技术咨询专家主要侧重凭借专家自身知识即可解决的较为复杂的技术问题；专家陪审员与技术咨询专家相似，主要侧重凭借专家自身知识即可解决的较为复杂的技术问题。在知识产权审判工作中，这些成员团结在一起都是为了一个理想，那就是帮助知识产权法官弥补专业知识短板，查明技术事实，最终服务于司法公正。❶

例如，在嘉兴市中华化工有限责任公司、上海欣晨新技术有限公司与王龙集团有限公司、宁波王龙科技股份有限公司、喜孚狮王龙香料（宁波）有限公司、傅某根、王某军侵害技术秘密纠纷一案❷中，法院认为，权利人举证证明被诉侵权人非法获取了完整的产品工艺流程、成套的生产设备等技术秘密信息或者技术秘密载体，且被诉侵权人已经实际生产出相同产品的，可以根据优势证据规则和日常生活经验，推定被诉侵权人使用了全部技术秘密。在泉州市琪祥电子科技有限公司与泉州市南安特易通电子有限公司等侵害技术秘密纠纷一案❸中，法院认为，应通过质证、庭审或释明等办法对技术秘密范围予以合理限缩。审理过程中能够判别技术秘密与公知信息界限的，可以不交由鉴定机构进行鉴定。在北京一得阁墨业有限责任公司与高某茂、北京传人文化艺术有限公司侵害商业秘密纠纷一案❹中，法院认为，当事人基于其工作职责完全具备掌握商业秘密信息的可能和条件，为他人生产与该商业秘密信息有关的产品，且不能举证证明该产品系独立研发的，根据案件具体情况及日常生活经验，可以推定该当事人非法披露了其掌握的商业秘密。

不过，司法鉴定在技术秘密案件中扮演着重要角色，鉴定意见往往被

---

❶ 秦天宁. 知识产权犯罪案件典型问题研究［M］. 北京：法律出版社，2019：114.
❷ 最高人民法院（2020）最高法知民终 1667 号民事判决书。
❸ 福建省高级人民法院（2013）闽民终字第 960 号民事判决书。
❹ 一审：北京市第一中级人民法院（2003）一中民初字第 9031 号民事判决书。二审：北京市高级人民法院（2005）高民终字第 440 号民事判决书。第一次申诉：北京市高级人民法院（2008）高民监字第 828 号民事裁定书。第二次申诉：最高人民法院（2011）民监字第 414 号民事裁定书。

作为法院裁判的重要依据，且其证明力往往大于其他书证、视听资料和证人证言。各地法院目前在商业秘密案件中适用鉴定意见已经成为常态，短时期内摆脱鉴定意见困难较大。

## 第三节　商业秘密鉴定材料与鉴定步骤

一般是针对涉案的信息进行鉴定，包括非公知性鉴定和同一性鉴定两个部分。当事人应当明确鉴定的对象及其范围，主要包含权利人所称被侵权商业秘密是否不为公众所知悉，被侵权人使用的信息与权利人商业秘密是否相同或实质性相同等。在商业秘密民事案件中可以由原告方提出申请委托鉴定，也可以由被告方提出申请委托鉴定，法院也可以依职权委托鉴定。但是，法院作为中立性的机构，原则上一般应先由当事人提出申请，再由法院审查是否具有鉴定的必要，法院也不应主动超越当事人申请的范围委托鉴定。当事人申请鉴定经人民法院同意后，由双方当事人协商确定有鉴定资格的鉴定机构、鉴定人员，协商不成的，由人民法院指定。

### 一、非公知性司法鉴定

证明秘密性要件的常见方式为"科技查新"和"非公知性鉴定"。"科技查新"通常简称为查新，是指查新机构根据委托人提供的秘密点，以计算机检索为主要手段，以获取密切相关的文献为检索目标，经综合分析和比对后就该秘密点的非公知性作出评价。"非公知性鉴定"则是指鉴定机构对委托人提供的技术秘密点与现有技术信息进行比对分析，并根据相关法律法规有关"为公众所知悉"和"容易获得"的规定，对委托人提交的技术信息是否已为公众所知悉出具鉴定意见。在非公知性鉴定程序中，鉴定机构为确定现有技术信息，通常会自行或委托查新机构出具《科技查新报告》。

《最高人民法院关于知识产权民事诉讼证据的若干规定》第19条明确规定："人民法院可以对下列待证事实的专门性问题委托鉴定：……

第六章　商业秘密诉讼中技术问题的证明

（三）当事人主张的商业秘密与所属领域已为公众所知悉的信息的异同、被诉侵权的信息与商业秘密的异同。"在商业秘密侵权纠纷中，原、被告及法院均可委托有资质的机构进行查新或非公知性鉴定。

在进行鉴定的过程中，信息权利人还需要注意就其掌握的商业秘密点的内容进行明确，否则鉴定工作无法开展。在正式启动司法鉴定程序前，法院一般会限时让当事人明确需要鉴定的技术秘密点，防止当事人反复变更秘密点导致无法鉴定或鉴定报告无法覆盖原告主张的全部技术秘密点等问题的出现。因此，权利人委托鉴定时，首先应当确定商业秘密的具体范围，再按步骤推进。

第一，应当先明确指出涉案商业秘密的"秘密点"及支撑该技术秘密点相关的产品、图纸及资料等，而不能笼统、含糊、宽泛地指出某项技术或者资料整体全是商业秘密，以保证鉴定工作的内容没有偏差。权利人秘密点的提炼、归纳是商业秘密案件的基础，非公知性鉴定报告应当且只能按照权利人主张的秘密点进行鉴定。当权利人对秘密点的描述并不准确或者并不规范时，鉴定人可以协助权利人对秘密点进行梳理，但是秘密点的具体内容应当由权利人作最终确定。有观点认为，一般在非公知性鉴定之前，应当由鉴定机构对秘密点与商业信息是否一致先进行同一性鉴定，同一性鉴定有助于避免不同表达形式在转换过程中产生偏差，如对图纸信息的文字描述与图纸是否对应、不同计算机语言间的编译是否一致等情况。❶但在司法实践中，一般是先对非公知性进行鉴定，在得出不为公众所知悉的结论后，再进一步对同一性进行鉴定。例如，在天津华永无线科技有限公司诉上海顶晟无线网络科技有限公司侵害商业秘密纠纷一案❷中，信息权利人应法庭要求对涉案技术秘密的非公知性、同一性等问题提出鉴定申请，后选定国家工业信息安全发展研究中心司法鉴定所进行鉴定，但权利人所主张的图层排布和命名的主要方法未在其涉案 psd 源文件中找到，权利人对其主张的图层编辑方法仅进行了举例说明，未明确其具体方法。故鉴定机构以完成

---

❶ 孙秀丽，张婷婷. 商业秘密非公知性鉴定审查要点——以侵犯机械设计技术秘密为例 [J]. 中国检察官，2022(18).

❷ 天津市第一中级人民法院（2020）津 01 民终 4575 号民事裁定书。

鉴定所需的技术点说明（商业秘密具体内容）不完整、不充分，且与涉案psd源文件（商业秘密载体）记载的信息不一致为由，终止鉴定工作。在二审过程中，由于权利人在庭审过程中仍未能明确其秘密点的内容，且其鉴定内容并无变化，故法院未就权利人的鉴定申请予以准许。

第二，选择鉴定机构，由鉴定人与权利人或双方当事人就技术问题进行交流，必要时鉴定人可以到现场提取鉴定材料，梳理出可能构成的技术秘密点。《司法鉴定程序通则》第11条已明确"司法鉴定机构应当统一受理办案机关的司法鉴定委托"，委托主体仅限于办案机关。所有司法鉴定都应当遵守《司法鉴定程序通则》的规定，只有办案机关才能委托非公知性司法鉴定，只有依法委托的鉴定才能被采信为证据。委托鉴定应当由适格主体委托有相应资质的鉴定机构出具非公知性鉴定意见。很多商业秘密案件的权利人在立案之前，已经自行委托鉴定机构进行非公知性鉴定，并将鉴定意见作为报案的重要证据之一。刑事案件中法院并不会直接采信当事人自行委托鉴定的鉴定意见，一般应当另行委托鉴定。对于单方司法鉴定的审查和认定，司法实践观点也在发生变化，并非当事人一方委托鉴定机构作出的鉴定意见均不能作为定案依据，法院根据案件的具体情况可以作出对其是否采信的决定。《最高人民法院关于民事诉讼证据的若干规定》第28条规定："一方当事人自行委托有关部门作出的鉴定结论，另一方当事人有证据足以反驳并申请重新鉴定的，人民法院应予准许。"根据该规定，当事人单方委托有关部门所作鉴定意见，在对方当事人没有反驳证据且无新的鉴定意见予以推翻的情况下，应当作为认定案件事实的依据。

由于非公知性鉴定及其他知识产权鉴定都没有被纳入国家统一管理，因此对从事非公知性鉴定的鉴定机构和鉴定人的资质审查更依赖各地司法实践经验和约定俗成的共识，可以通过人民法院诉讼资产网推荐名单、中国知识产权研究会知识产权鉴定专业委员会入库机构及司法部官网"全国司法鉴定人和司法鉴定机构查询平台"等审查鉴定机构的资质。技术信息的非公知性鉴定涉及的领域非常广泛，包括计算机软件、机械、化工、生物医药等各方面，技术性越强的商业信息对鉴定机构的专业要求越高，因此在审查鉴定机构的资质时，要注重待鉴定秘密点的具体内容与鉴定机构、鉴定人员的专业领域是否匹配。

另外，为了更好地进行秘密点的梳理归纳，司法鉴定人有权了解进行鉴定所需要的案件材料，可以查阅、复制相关资料，必要时可以询问诉讼当事人、证人。经委托人同意，司法鉴定机构可以派员到现场提取鉴定材料。❶

第三，由鉴定人对涉案检材与查新报告进行分析并充分排查导致秘密性丧失的情形。技术信息的非公知性鉴定报告中经常涉及对近似文献的检索，既可以由鉴定机构自行进行近似文献检索，也可以委托其他检索机构出具检索报告。由鉴定人或委托的其他检索机构对公开的专利数据库和非专利数据库进行技术信息检索（其中专利数据库主要检索专利权利要求书等内容；非专利数据库检索的范围比较宽泛，包括各种科技文献、公开论文、新闻报道、网络博客等网络公开信息），即前文所述的"技术查新"。

对于原告主张的技术信息是否不为公众所知悉，技术查新报告并非不为公众所知悉的唯一依据。一般而言，在对被告的技术信息与原告主张的技术秘密是否相同或实质性相同进行技术比对时，应当针对原告主张的每一个技术秘密内容或其组合进行技术比对、分析，不应当采用专利侵权比对中逐一比对每一个技术特征的方法。

检索报告对检索技术新颖性的分析和判断不能代替非公知性鉴定意见，鉴定人员可以参考其中检索出的近似文件另行判断秘密点的非公知性。法院通过比较检索报告与鉴定报告的分析过程和结论，可以增强对秘密点技术特征的全面认识，同时要注意审查检索报告中关键词的选取和数量与秘密点的技术特点是否匹配、查新日期是否在案发之前、查新数据库是否涵盖主要数据库及秘密点关联技术领域、涉外秘密点是否检索相关外文数据库等。❷

---

❶ 《司法鉴定程序通则》第24条："司法鉴定人有权了解进行鉴定所需要的案件材料，可以查阅、复制相关资料，必要时可以询问诉讼当事人、证人。经委托人同意，司法鉴定机构可以派员到现场提取鉴定材料。现场提取鉴定材料应当由不少于二名司法鉴定机构的工作人员进行，其中至少一名应为该鉴定事项的司法鉴定人。现场提取鉴定材料时，应当有委托人指派或者委托的人员在场见证并在提取记录上签名。"

❷ 孙秀丽，张婷婷. 商业秘密非公知性鉴定审查要点——以侵犯机械设计技术秘密为例［J］. 中国检察官，2022(18).

商业秘密保护诉讼实务研究

《最高人民法院关于审理侵犯商业秘密民事案件适用法律若干问题的规定》第3条规定："权利人请求保护的信息在被诉侵权行为发生时不为所属领域的相关人员普遍知悉和容易获得的，人民法院应当认定为反不正当竞争法第九条第四款所称的不为公众所知悉。"第4条规定："具有下列情形之一的，人民法院可以认定有关信息为公众所知悉：（一）该信息在所属领域属于一般常识或者行业惯例的；（二）该信息仅涉及产品的尺寸、结构、材料、部件的简单组合等内容，所属领域的相关人员通过观察上市产品即可直接获得的；（三）该信息已经在公开出版物或者其他媒体上公开披露的；（四）该信息已通过公开的报告会、展览等方式公开的；（五）所属领域的相关人员从其他公开渠道可以获得该信息的。将为公众所知悉的信息进行整理、改进、加工后形成的新信息，符合本规定第三条规定的，应当认定该新信息不为公众所知悉。"

上述规定既对"非公知性"进行了阐释，"信息在被诉侵权行为发生时不为所属领域的相关人员普遍知悉和容易获得的，人民法院应当认定为反不正当竞争法第九条第四款所称的不为公众所知悉"，也从反面规定了不具备非公知性的五种情况。如果有证据能够证明这五种情况，应当认定涉案的信息不属于商业秘密。但是，导致信息丧失非公知性的原因是多种多样的，上述司法解释规定的五种不认定为不为公众所知悉的情况并未穷尽所有情况。法律及相关司法解释并没有规定具体的非公知性判断方法，这就需要办案人员对涉案信息作出综合的判断。从司法解释对"不为公众所知悉"列举的数种情形而言，在进行非公知性鉴定时，除了利用文献数据库进行检索以外，还应当通过互联网检索类似技术、浏览相关行业期刊出版物、收集相关展会资料等方式进行排查，并将检索过程和结论在鉴定报告中予以体现。

第四，鉴定人或鉴定小组根据专业知识进行分析、讨论、研究，梳理涉案信息的秘密点，出具鉴定意见。例如，"某公司某产品及图纸所示的技术信息有××点不为公众所知悉"。需要注意的是，对鉴定事项的表述要明确且具有可操作性，特别需要注意的是，不能将涉案技术信息是否属于技术秘密、被告是否实施了原告主张的不正当竞争行为等应由法院判断的法律问题列入需要鉴定的事项。

## 二、同一性鉴定

同一性鉴定，是指权利人主张的技术秘密点及鉴定材料记载的技术秘密点相应的技术信息，与被诉侵权的产品配方、设备图纸、工艺流程或者其他研发、设计、生产等不同环节使用的相应技术信息是否相同、实质性相同或者不同。同一性鉴定应委托具有专业资质的机构对侵权人获取或使用的信息与权利人的商业秘密进行"同一性"比对，核实二者是否具有同一性，相同部分占整个商业秘密的比重及内容情况。在侵犯商业秘密案件中，判定被诉侵权技术是否与权利人的技术具有同一性，也是司法鉴定的重要工作。如果两个鉴定的样本是通过"复制"得来的，则其相似性很容易判断，但是如果二者之间存在区别，则需要鉴定其技术是否"实质性相同"，即通过证明双方技术的核心部分具有同一性，进而推定双方的技术具有同一性。至于被诉侵权方的技术资料或者产品中记载或者使用的技术方案、技术手段或者具体技术信息的具体组合，与权利人的是否同源，或者是否来源于涉嫌侵权人不正当获取、披露、使用或者允许他人获取、披露、使用等行为或危害事实的证据，与鉴定机构无关，即无须交由鉴定机构进行鉴定，相关获取、披露的电子证据交由电子数据司法鉴定机构检查、固定并出具鉴定意见书的情形除外。

### （一）技术信息比对

在实施同一性鉴定时，各鉴定机构采用的鉴定标准或者规范大同小异，主要步骤即核查委托方提供或者主张的技术秘密点信息的具体内容，根据技术秘密点信息或其部分要素在被诉侵权产品或者技术资料中查找、比对、分析是否存在相应技术信息，进而判断对应技术信息是否相同、实质性相同或者不同。例如，企业某设备的控制策略、控制代码非常关键，企业自主开发的工业控制软件往往是企业的核心商业秘密，在发生侵权行为后，同一性鉴定需要按以下方式进行：第一步，确定技术秘密点即设备的控制策略、控制代码；第二步，被诉侵权产品配方资料记载的配方中与权利人主张的配方中关键组分及其含量是否相同；第三步，被诉侵权产品配方资料记载的配方与权利人主张的配方中关键组分及其含量是否实质性相同。在贺某梅、李某林等侵犯商业秘密罪一案❶中，法院指出，同一性鉴定应将侵权行为对应的技术秘密载体与权利人主张的秘密点进行比对，而不是与权利人的技术秘密载体（图纸）进行比对。权利人主张的秘密点是商业秘密保护的对象，其范围是明确的，技术特征是具体的。将侵权行为对应的技术秘密载体与秘密点作同一性鉴定，是为了证明非法披露的犯罪事实，这是重要但并非唯一的证明方法。权利人的技术秘密载体（图纸）是为了正确理解秘密点范围及技术特征而提供的证据，同时也是权利人所主张的秘密点真实性的直接、重要的证据。

（二）出具鉴定意见书

通过以上步骤可以得出同一性鉴定的结论，一般在文书上表现为"A公司某产品的某部件与B公司某产品的某部件及图纸所示的不为公众所知悉的技术信息中有$X$个相同，$Y$个实质相同"。

### 三、商业秘密价值评估

商业秘密价值评估属于专业鉴定的一种，应当委托具有资质的鉴定人进行评估，而且要求鉴定机构和人员必须取得评估需要的资质或资格。

商业秘密评估的内容通常涉及两项：一项是被侵犯商业秘密的价值评估；另一项是商业秘密由于被侵权而导致的价值损失评估，也就是权利人的损失。商业秘密的评估方法主要包括收益现值法、重置成本法、现行市价法和清算价格法，评估机构和评估人员应当根据商业秘密资产的有关情况进行恰当选择。

评估得出结论后，办案人员应当对其报告进行审查，尤其是评估所得的"损失"或"利润"是否系行为人侵犯商业秘密所致，即重点关注其"关联性"。比如，某产品被侵犯商业秘密后，销量下滑，权利人的营业额减少。此时需要考虑销量下滑是否完全系商业秘密被侵犯所致，应当排除

---

❶ 广东省深圳市宝安区人民法院（2019）粤0306刑初4934号刑事判决书。

## 第六章　商业秘密诉讼中技术问题的证明

市场因素、其产品本身竞争力下降、竞争产品的竞争力上升等干扰因素。

根据 2019 年《反不正当竞争法》第 17 条、《最高人民法院关于审理侵犯商业秘密民事案件适用法律若干问题的规定》第 20 条规定及司法实践，商业秘密侵权之诉的损害赔偿认定规则大致可以归纳出五种：一是权利人因侵权行为受到的实际损失；二是实际损失难以计算的，按照侵权人因侵权行为所获得的利益确定，也视为权利人的损失；三是参照商业秘密许可使用费确定因侵权所受到的实际损失；四是在以上方法无法确定数额时，适用法定赔偿；五是商业秘密因侵权被公开的，根据商业秘密的商业价值个案确定，结合商业秘密的研发成本、竞争优势丧失情况、实施商业秘密收益、可保持竞争优势的时间等因素确定赔偿数额。在五种情形下，商业秘密损害赔偿额的评估分别具有自身的规律。

在实践中，大部分案件商业秘密没有被公开，被侵权的商业秘密没有灭失，仍因其处于保密状态而为权利人所用，这不同于有形财产的侵害。有形财产的侵权人占有财产，意味着权利人失去了对财物的占有、收益和处分，但商业秘密被非法占有，并不意味着权利人失去对商业秘密的占有、使用和处分。因此，在商业秘密没有被公开的情况下，侵害行为对商业秘密本体价值影响不大，损失的内容不是其自身价值，而是竞争优势的弱化，经济利益的减少，亦即商业价值的减损。当以商业秘密的使用价值——商业价值作为评估标尺，实务中的诸多问题就能得到合理解决。在大部分案件商业秘密没有被公开的情况下，侵权损失额不是从商业秘密的自身价值去衡量，而是从商业价值、从对其他经营者是否具有价值来判定，即从商业活动中体现出来的经济利益来判定。商业秘密是无形财产，除非被披露进入公知领域，完全丧失秘密性，在一般情况下权利人仍然可以使用商业秘密，仍然可以获得市场竞争优势，只不过竞争优势被削弱，造成经济利益的"损失"。在这种情况下，民事诉讼不需要确定商业秘密的整个商业价值，商业秘密的商业价值在诉讼过程中是通过这个"损失"被部分反映出来，所以说，商业价值量的评价是相对的。损失是商业秘密权利人的损失，表现为权利人因为被侵权而造成商业利益的减少，是基于权利人正常利益而言的，以权利人的标准来衡量损失的多少，由此反映出商业秘密的部分商业价值量。在这样的计算逻辑下，商业价值量评价将局限于权利人的标准，因而也是相对的。

上述被告获利以及许可使用费、法定赔偿的计算方法，只是部分反映商业价值量，采取的是法律推定方法。在认定权利人的损失时，可以将侵权人的销售等同权利人的销售，通过权利人的利润率来确定其损失；在认定侵权人的获益时，即使权利人未能证明自身损失，侵权人获得的实际利润仍可被认定为损害赔偿额。而在具体评估过程中，方法的选取与数据的收集同样是不容忽视的关键。简言之，以资产评估的形式认定商业秘密诉讼中的损害赔偿额，必须获得准确的侵权数量、规模，选择合理的参照方以确定利润率，明确选择何种性质的利润率，明确计算利润率的时段，并根据主客观因素对利润率上下波动的影响对基准利润率进行调整。❶

例如，在原告音王电声股份有限公司（以下简称音王公司）与被告惠州市辉特电子科技有限公司、郑某林、丘某琦、文某伟、贺某、深圳市优特杰科技有限公司、深圳市拜德电声科技有限公司、欧阳某勇侵害商业秘密纠纷一案❷中，法院认定了连城资产评估有限公司出具的价值评估鉴定报告［连资评鉴字（2020）1225号］中的鉴定意见："最佳的压缩器"技术贡献度为38.74%，音王公司毛利率为52.43%，2017—2019年音王公司销售的使用"最佳的压缩器"技术的产品最低平均销售单价为3736元。确认上述侵权行为给音王公司造成的损失为91.43万元。

商业秘密侵权实际损失主要以商业价值为评价标尺，在商业秘密的诉讼赔偿中，通常使用的是成本法，因为这符合诉讼赔偿的一般原则，即以"填平"为标准。目前我国法律上规定的侵犯商业秘密的赔偿计算方法或为被告侵权所得利润，或为原告因侵权而遭受的损失，或为合理的使用费用。在具体的赔偿计算中会依照实际的财务账面计算原告损失的利润或者被告的利润所得。成本法在诉讼赔偿评估中被广泛应用，具有其合理性，但对于因侵权行为而使商业秘密成为公知信息的情形来讲是不公平的，因

---

❶ 徐弘韬. 商业秘密损害赔偿中的知识产权资产评估［J］. 法学研究，2012(12).
❷ 浙江省宁波市中级人民法院（2021）浙02民初1093号民事判决书。

为原告将因侵权而丧失的是将来的收益。

在商业秘密被公开的情况下，损失包含两个方面：商业秘密的成本价值的损失与商业价值的丧失。可以使用收益法在一定范围作为成本评估法的补充。因为收益法评估的结果是无形资产预期利润的资本化价值，是"向前看"的一种计算方法，对于因侵权而丧失将来收益的原告来讲计算出来的价值较之以"向后看"的成本法计算出来的价值更具公平性。因此，以收益法作为商业秘密诉讼赔偿的评估方法并非对"填平"原则的否定，而是对公平的救济和维护。当然，在诉讼赔偿中使用收益法评估也要采取审慎原则，注意商业秘密的自然寿命、垄断系数自然下降等因素，以保障公平和可操作性。❶

## 四、多重鉴定

商业秘密的鉴定意见书审查，特别需要关注两个或者多个鉴定意见书之间内容的一致性。如遇到多重鉴定的问题，法院应当对多个鉴定意见一一进行全面审查，围绕证据的合法性、客观性和真实性进行审查，必要的时候，应当询问鉴定人，由其对多重鉴定中存在矛盾的结论分别予以解释，最终采信证明力更强的鉴定意见，或者部分采信鉴定意见中的结论。例如，商业秘密不为公众所知悉部分认定的秘密点信息与同一性部分秘密点信息内容是否完全一致、是否有遗漏。其原因是在进行不为公众所知悉性鉴定的时候，往往可能得不到完整的被诉侵权信息。在调查程序启动后发现被诉侵权信息与鉴定过的不为公众所知悉的信息存在差异，于是在同一性鉴定中可能存在故意删减不为公众所知悉中已认定的信息，从而试图在同一性鉴定中与涉嫌侵权的信息形成对应关系。

---

❶ 杨黎明. 商业秘密评估探讨 [J]. 中国乡镇企业会计，2006(7).

## 第四节　商业秘密案件中鉴定意见的质证

当事人有权对鉴定机构出具的鉴定意见进行质证，鉴定报告要经过当事人质证才能作为定案依据。鉴定意见系鉴定机构就有关技术问题所作的判断，就法律性质而言，鉴定意见是一种证据，并非法院认定的事实，必须经过当庭质证。对鉴定报告的质证和采信，关键是鉴定人出庭问题，律师应主动申请法院通知鉴定机构派员出庭接受质询，鉴定人也应当出庭接受当事人质询。律师应主动申请具有专门知识的人出庭协助质证。经过质证，法院将根据当事人提出异议的情况，对鉴定意见的正确性及其能否解决案件所争议的技术问题作出判断。如当事人的异议不能成立，鉴定意见经法院审查也没有不当之处，则将被法院作为证据。代理人尤其要注意，无论是民事案件还是刑事案件，对于司法鉴定报告不能仅拘泥于形式审查。在存在疑点的情形下，应当格外注重对鉴定报告以及其所依据基础资料的实质性审查。

《最高人民法院关于知识产权民事诉讼证据的若干规定》只是原则规定了鉴定意见的审查重点，并未有针对性地对商业秘密类案件鉴定意见进行规定。其第23条规定："人民法院应当结合下列因素对鉴定意见进行审查：（一）鉴定人是否具备相应资格；（二）鉴定人是否具备解决相关专门性问题应有的知识、经验及技能；（三）鉴定方法和鉴定程序是否规范，技术手段是否可靠；（四）送检材料是否经过当事人质证且符合鉴定条件；（五）鉴定意见的依据是否充分；（六）鉴定人有无应当回避的法定事由；（七）鉴定人在鉴定过程中有无徇私舞弊或者其他影响公正鉴定的情形。"在侵犯商业秘密案件中，一般会涉及三方面的鉴定意见：非公知性鉴定、同一性鉴定和商业秘密价值评估报告。三个鉴定意见组成证据链，证明"我有商业秘密""你的和我的一样""给我造成的损失数额"。非公知性鉴定意见中还包含一份技术查新报告，在质证时需要引起注意。商业秘密鉴定意见审查质证的主要内容涉及的是证据资格的审查，即对证据关联性、合法性、客观性的审查和对鉴定意见证明力的审查。主要从以下几个方面展开。

一、非公知性鉴定意见的质证要点

（一）鉴定人是否具备相应资格

1. 鉴定机构的变化

根据《全国人民代表大会常务委员会关于司法鉴定管理问题的决定》、司法部《关于严格准入严格监管提高司法鉴定质量和公信力的意见》（司发〔2017〕11号，2017年11月22日发布）、司法部办公厅《关于严格依法做好司法鉴定人和司法鉴定机构登记工作的通知》（司办通〔2018〕164号，2018年12月5日发布）等相关文件的规定，只有法医类、物证类、声像资料和环境损害司法鉴定这四大类鉴定业务（统称为"四大类"）由司法行政部门进行统一登记管理，从事这四类鉴定业务的鉴定机构及鉴定人由各省级人民政府司法行政部门核准登记并编制鉴定机构及鉴定人名册。"四大类"以外的司法鉴定机构和司法鉴定人停止登记管理工作，已经取得登记的"四大类"以外的司法鉴定机构和司法鉴定人注销其"司法鉴定机构许可证"和"司法鉴定人执业证"，并不再编入《国家司法鉴定人和司法鉴定机构名册》。

有观点认为，随着司法部注销知识产权司法鉴定机构的许可证和鉴定人的执业证之后，原有知识产权司法鉴定机构和鉴定人不再具有鉴定资质，无法接受委托。但也有观点认为，司法行政机关虽然不再登记从事"四大类"以外鉴定业务的法人或其他组织，有关人员仍然可以依法接受办案机关或者有关组织、个人委托，为案件或者其他活动中涉及的专门性问题提供鉴定服务。

对此，2018年最高人民法院在《关于严格审查并上传各地法院对外委托专业机构专业人员、专家库、暂予监外执行组织诊断工作信息资料的通知》（法明传〔2018〕46号）中指出，"四大类"以外鉴定机构和人员可以申请进入"人民法院对外委托专业机构专业人员信息平台"，并复函强调，根据《全国人民代表大会常务委员会关于司法鉴定管理问题的决定》第2条规定，司法行政部门仅对法医类、物证类、声像资料和环境损害这"四大类"鉴定项目进行统一登记管理，"四大类"以外鉴定事项不属于司法行政部门统一登记管理范围。"四大类"以外鉴定事项（包括知识产权司法鉴定），可以根据行业资质接受办案机关委托进行司法鉴定。同时，明确指出人民法院对外委托名册（人民法院诉讼资产网对外委托网络平台中的专业机构信息），只是人民法院开展委托鉴定工作的使用名单，并非行政许可，没有进入人民法院对外委托名册的各类社会中介机构，仍然可以接受公安、检察、行政机关、当事人等社会各界的委托，并不影响其执业。

2020年11月16日发布的《最高人民法院关于知识产权民事诉讼证据的若干规定》第21条规定，鉴定业务领域未实行鉴定人和鉴定机构统一登记管理制度的，人民法院可以依照《最高人民法院关于民事诉讼证据的若干规定》第32条❶规定的鉴定人选任程序，确定具有相应技术水平的专业机构、专业人员鉴定。

2022年11月22日，国家知识产权局、最高人民法院、最高人民检察院、公安部、国家市场监督管理总局印发《关于加强知识产权鉴定工作衔接的意见》的通知（国知发保字〔2022〕43号）第7条规定："……建立知识产权鉴定机构名录库，实现名录库动态调整。将通过贯彻知识产权鉴定标准的鉴定机构纳入名录库并予以公开，供相关行政机关、司法机关、仲裁调解组织等选择使用。"

可见，2018年最高人民法院在《关于严格审查并上传各地法院对外委托专业机构专业人员、专家库、暂予监外执行组织诊断工作信息资料的通知》（法明传〔2018〕46号）中说明并不限制其他机构委托没有进入人民法院对外委托名册的各类社会中介机构，在没有明确法律依据的前提下，

---

❶ 《最高人民法院关于民事诉讼证据的若干规定》第32条："人民法院准许鉴定申请的，应当组织双方当事人协商确定具备相应资格的鉴定人。当事人协商不成的，由人民法院指定。人民法院依职权委托鉴定的，可以在询问当事人的意见后，指定具备相应资格的鉴定人。人民法院在确定鉴定人后应当出具委托书，委托书中应当载明鉴定事项、鉴定范围、鉴定目的和鉴定期限。"

仅从法院系统内部角度进行约束或者说明，并不代表各类社会中介机构均可以成为知识产权鉴定的鉴定机构。知识产权鉴定并不属于司法部管理的"四大类"鉴定，而知识产权鉴定及其他类鉴定，全部回归行业管理。为此，对鉴定主体的审查应当核对是否属于被许可经营的范围。在实践中，对鉴定机构、鉴定人的选择，一是参照是否进入人民法院诉讼资产网中的专业机构与专业人员信息平台；二是可考察是否进入中国知识产权研究会知识产权鉴定专业委员会推荐名单，共有16家知识产权鉴定机构，其中有13家分别在两个系统入库。❶ 笔者认为，对于"四大类"之外的知识产权鉴定，在此时间段内也并非可以由任一家鉴定机构进行鉴定，对从事知识产权鉴定的鉴定机构和鉴定人的资质审查更依赖各地司法实践经验和约定俗成的共识，在相关规定出台之前，仍应从最高人民法院主导的进入法院系统的鉴定机构（人民法院诉讼资产网推荐名单）或《中国知识产权报》刊登的知识产权鉴定专业委员会入库名录选择鉴定机构。

（1）人民法院诉讼资产网。人民法院诉讼资产网是由最高人民法院组建和备案注册的专门性的司法拍卖公共网络平台。❷ 专门设置"人民法院委托专业机构专业人员信息平台"，其中有知识产权鉴定机构和鉴定人名单，经查询，截至2023年1月29日，显示有39家知识产权鉴定机构。

（2）知识产权鉴定专业委员会入库名录。2019年12月，中国知识产权研究会理事大会通过成立知识产权鉴定专业委员会，发布了《知识产权鉴定专业委员会鉴定机构及鉴定人名录库管理办法（暂行）》《知识产权鉴定专业委员会入库鉴定人教育培训工作管理办法（暂行）》《知识产权鉴定机构等级评定办法》等制度规范。2021年6月9日，《中国知识产权报》刊登知识产权鉴定专业委员会第一批16家知识产权鉴定机构及267名人员名录（图6-1）。第二批7家（2022年），截至2023年1月29日，只发布了两批鉴定机构名单，共23家。

---

❶ 宋建立. 商业秘密案件办理的若干热点和难点[J]. 人民司法，2022(34).
❷ 网站地址：http://www.rmfysszc.gov.cn，采用关键词"知识产权"进行检索，截至2023年1月29日，查询到法院系统共有39家知识产权鉴定机构。

# 商业秘密保护诉讼实务研究

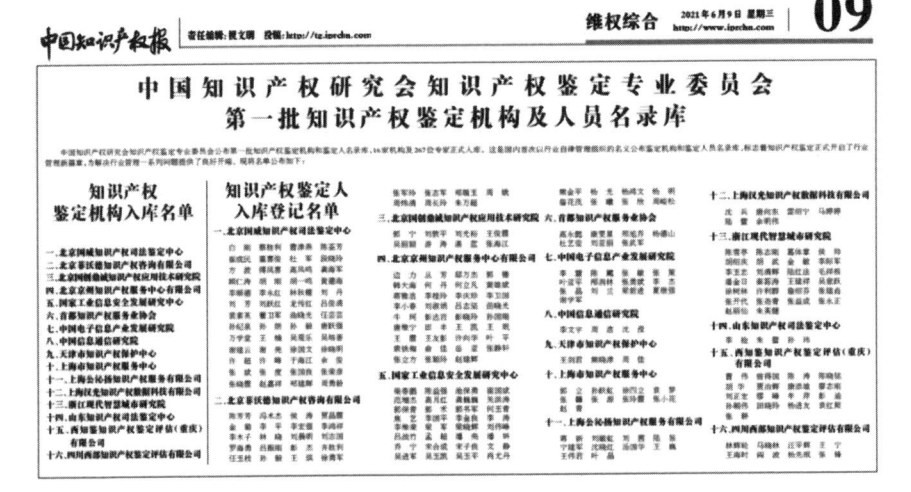

图 6-1　知识产权鉴定专业委员会第一批鉴定机构及人员名录

（3）司法部官网："全国司法鉴定人和司法鉴定机构查询平台"。

第一步：打开中华人民共和国司法部网站 http：∥www. moj. gov. cn。

第二步：打开导航栏"政务服务"，在下拉菜单中找到"司法鉴定"。

第三步：打开"司法鉴定"选项按钮后，则会出现查询窗口，如图 6-2 所示。

图 6-2　全国司法鉴定人和司法鉴定机构查询平台

当然，也可以根据地域或者专业进行分类选择，在地图上点击相关地域后，点击右侧"查看详情"，或者选择"鉴定专业"，对查询主体"鉴定机构或鉴定人"以及所在省份进行选择。

2. 鉴定机构的审查

通过上述三种方式可以审查鉴定意见后附的相关许可证、执业证书等复印件。如未检索到相关鉴定机构，一般可以说明该机构不具备知识产权鉴定的专业能力，此时可以根据《最高人民法院关于民事诉讼证据的若干规定》第40条、《司法鉴定程序通则》第31条、《公安机关办理刑事案件程序规定》第250条等规定，要求重新进行鉴定。另外，还应重点审查鉴定机构执业许可证及鉴定人员的执业证年检情况，是否为知识产权鉴定，知识产权鉴定是否包括商业秘密类，商业秘密类是技术信息类还是所有商业信息类等。通过相关法律文书检索软件检索鉴定机构鉴定意见所涉及的领域、行业、专业等以及鉴定机构鉴定意见被法院采纳的比例等深入了解鉴定机构的鉴定能力。总之，对鉴定机构的设立时间、机构批准鉴定时间、发布的相关信息、成功案例等整体情况进行完整的摸底调查，有助于对鉴定机构的鉴定资格提出有针对性的质证意见。

（二）鉴定人是否具备解决相关专门性问题应有的知识、经验及技能

鉴定毕竟是一项涉及技术领域、专业背景知识的工作，因此，鉴定人的资质审查以鉴定人是否有与鉴定事项相关的专门性知识为审查要点。主要对鉴定人的教育背景、工作背景、执业年限、专职工作、鉴定的案例、发表的专业论文等内容与其在本项鉴定工作的专业是否匹配等进行审查。例如，如果是机械领域的非公知性鉴定意见书，一个芯片制造工艺的工程师或者高工明显与鉴定事项不符合，不具有机械行业的专门性知识，不应该参与这部分内容的鉴定。了解鉴定人的信息越全面就会更加了解其鉴定能力，为质证提供多角度、全方位参考。

（三）鉴定方法和鉴定程序是否规范，技术手段是否可靠

1. 注意程序细节

例如，《司法鉴定程序通则》第24条规定："……现场提取鉴定材料应当由不少于二名司法鉴定机构的工作人员进行，其中至少一名应为该鉴定事项的司法鉴定人。现场提取鉴定材料时，应当有委托人指派或者委托

的人员在场见证并在提取记录上签名。"在质证时应注意相关细节，如果没有委托人员在场见证或者签名，鉴定程序显属违规。另外，根据一般逻辑，通常不为公众所知悉的鉴定完成时间要晚于检索报告的完成时间；商业秘密同一性的鉴定完成时间晚于商业秘密不为公众所知悉的鉴定完成时间。鉴定一般由司法机关委托，鉴定意见书一般会说明委托机关和委托鉴定事项的范围，应审查鉴定委托机关是否为本案的办案机关，特别需要提醒的是委托鉴定事项与办案机关委托事项是否一致，委托鉴定事项与鉴定意见结论是否完全一致，是否存在超范围鉴定等情况。鉴定意见的鉴定人签字是否为本人所签；执业证号是否和执业证复印件完全一致；执业机构是否与鉴定机构完全一致等。

2. 对于技术查新报告

如果鉴定人采用了检索报告的结论意见，则可以认为鉴定人认可了检索过程和检索方法。质证可以从检索报告中的检索机构、鉴定人资质、检索使用的数据库的选择、检索策略的制定、数据的国别、地域等角度进行审查。对检索结果的分析部分需要特别注意，检索人员一定会检索出相关文献，并且对这些文献进行排除性分析。由于鉴定人员并非本行业的专家，其分析是从检索角度进行的，排除的理由不一定符合商业秘密法律要求，因此可以要求鉴定人或者检索人作出解释和说明。

不为公众所知悉的鉴定可以从正、反两个方面对技术信息进行鉴定。正向即从侵权行为发生时不为所属领域的相关人员普遍知悉和容易获得的角度进行分析，反向即从五种为公众所知悉的情形分析。由于不为公众所知悉属于消极证据，任一单向的鉴定分析都可能造成遗漏。在实践中部分不为公众所知悉鉴定分析部分仅仅将法释条款进行全文抄写而不加以分析远远不够，必须进行细化。例如，不容易获得一般要求鉴定人分析论证该信息的获得需要花费一定的时间和成本代价，如果不进行细致分析则不能合理得出结论。

3. 不为公众所知悉鉴定推论合理性的质证

由于不为公众所知悉是消极证据，鉴定人在论证的时候不可避免地使用推论才能得出结论，而推论的前提正确就是鉴定意见可以得出正确结论的保证。例如，法律要求需要查证"该信息已经在公开出版物或者其他媒体上公开披露的"，如检索报告仅仅覆盖了公开出版物，鉴定人是否查找其他媒体，如互联网的信息、论坛的信息等。如果不能全部覆盖，则不为公众所知悉这一结论的得出就有瑕疵。当然，如果鉴定意见已经列明相关检索范围，则即便没有进行此项检索，在没有提供反证的情况下也不能否定其结论。

（四）送检材料是否经过当事人质证且符合鉴定条件

在实践中，双方发生争议的不仅是鉴定意见本身的可靠性和权威性，而且是作为鉴定对象的送检材料的真实性和同一性，包括鉴定材料是否真实、完整、充分，取得方式是否合法，是否与原始材料一致等。❶ 这些通常被简称为"检材"的物证、书证、视听资料、电子证据等，假如存在来源不明或者因为受到污染而不具备鉴定条件之情况，那么，鉴定人纵然遵循科学的程序和方法，使用合格的技术和设备，也无法提供真实可靠的鉴定意见。

鉴定意见的检材来源系权利人或者侦查机关提供的材料，这些材料必须是侵权人违法使用或披露的材料，须作为案件证据存在，如果在证据中不存在，则可以推定鉴定意见扩大了检材范围，不能适用于本案。在司法实践中，单方单独委托鉴定机构出具的鉴定意见，鉴定材料未经对方当事人质证、选择鉴定机构亦未征求对方当事人意见，法院一般对鉴定报告不予采信。质证时应对检材进行全面审查，既包括鉴定材料本身也包括鉴定材料的载体，包括鉴定材料是否真实、完整、充分，取得方式是否合法，是否与原始材料一致等。商业秘密案件中保护的客体是技术信息，其来源是技术信息的载体。例如，图纸是载体，图纸中的尺寸、公差、加工参数等才有可能是商业秘密信息。因此，商业秘密信息及其载体、涉嫌侵权信息及其载体需要一并纳入质证的范围。另外，需要注意的还有以下几点。

（1）对举证的商业秘密信息是否属于商业秘密保护范围的质证，凡是不属于此范围的信息，需要进行严格审查。

（2）对商业秘密信息和涉嫌侵权信息载体的审查质证。一般来说，这

---

❶ 宋建立.商业秘密案件办理的若干热点和难点［J］.人民司法，2022(34).

些载体都是物证的范围，需要采用物证的审查质证方法。例如，获取、保管、存放、举证等过程的合法性、真实性、关联性的质证。需要注意，必要的时候还需要就与勘验检查笔录的记载信息是否一致进行核对。

（3）对商业秘密信息和涉嫌侵权信息的审查质证。对商业秘密信息和涉嫌侵权产品的信息审核质证，其实质是对鉴定材料的质证。这些信息可能是物证，可能是电子数据，也有可能是书证，需要按照各自证据类型审查要求进行。例如，如果是电子数据，其固定、取得、存储以及举证过程中是否真实，是否被篡改；如果是书证，是否为原始件，有无签字盖章，其内容是否一致等。

（4）对商业秘密信息以及涉嫌侵权的信息与各自载体一致性的质证。商业秘密信息以及涉嫌侵权的信息与各自载体一致性是比较容易忽视的问题。由于商业秘密信息或者涉嫌侵权的信息都是从各自载体中提炼出来的，提炼过程中难免可能存在错误。例如，权利人主张的商业秘密信息来自权利人的图纸，但由于图纸是随着产品不断进化演变的，因此有可能权利人会提供第五版的图纸但要求的却是第八版图纸中包含的信息。由于鉴定人并没有审查信息真实性的义务，鉴定人也不会审查两者的一致性，因此将有可能导致后续的载体与信息的不一致。

（5）对鉴定意见截止日期的审查。由于商业秘密案件一般采用"接触+相似"的推定原则，法律也明文规定违法行为发生时的商业秘密信息才是成立要件，那么商业秘密信息尤其是该信息所依附的载体形成时间的确定则成为关键点。在技术人员跳槽离职的案件中，如果载体形成晚于技术人员离职时间，则"接触+相似"的原则不能适用。

另外，非公知性鉴定应确定一个时间点，在此时间点之前某技术不为公众所知悉，如果不确定相关时间点，或者确定的时间晚于指控的侵权人泄密的时间点，则应该受到质疑。

（五）鉴定意见的依据是否充分

（1）对一份鉴定意见书中同一鉴定事项的多个不同分析表述和多份鉴定意见书同一鉴定事项的不同分析表述之间相互矛盾的质证。如果一份鉴定意见书涉及同一鉴定事项的多个分析，或者多份鉴定意见书涉及同一

## 第六章　商业秘密诉讼中技术问题的证明

鉴定事项的多次分析，由于是在不同时间甚至由不同鉴定机构作出，即便对同一个鉴定材料，其分析方法、分析思路、分析理由、意见的得出也可能不尽相同，因此需要深入分析，找出其中的互相矛盾、不可协调之处进行质证。例如，甲鉴定对某个鉴定事项判断结论为相同，乙鉴定则对这个鉴定事项判断为实质相同，对同一鉴定材料的判断结果为两个，必然有个是真有个是假。

（2）商业秘密鉴定意见表述合理性的质证。商业秘密鉴定意见必须是明确的、符合法律要求的，而且不应该是法律判断，而是技术判断。例如，对于不为公众所知悉的鉴定，其意见就是构成不为公众所知悉或者不构成不为公众所知悉或者无法判定，而不应该判定为属于商业秘密或者不属于商业秘密。对于同一性鉴定，其鉴定意见是四种，即相同、实质性相同、不同或者无法判定。任何其他结论，如具有同一性或者实质相似都不属于商业秘密同一性鉴定的意见范畴。特别注意的是，有些鉴定意见附有条件，在×××条件下成立。需要对这些具体的条件进行审查质证，看是否属于鉴定意见不明确的内容。

（3）《司法鉴定程序通则》第33条规定："鉴定过程中，涉及复杂、疑难、特殊技术问题的，可以向本机构以外的相关专业领域的专家进行咨询，但最终的鉴定意见应当由本机构的司法鉴定人出具。专家提供咨询意见应当签名，并存入鉴定档案。"鉴定意见终究是司法鉴定人的观点，专家只是提供咨询意见，如果鉴定意见完全根据专家的意见作出，则不符合规定，因此可在法庭质证时对鉴定人进行相关问题的发问。第35条规定："司法鉴定人完成鉴定后，司法鉴定机构应当指定具有相应资质的人员对鉴定程序和鉴定意见进行复核；对于涉及复杂、疑难、特殊技术问题或者重新鉴定的鉴定事项，可以组织三名以上的专家进行复核。复核人员完成复核后，应当提出复核意见并签名，存入鉴定档案。"应注意对于复核人资格和能力的审查，有些鉴定意见中的复核人只是形式存在，根本不具备复核的能力，应引起注意。

（六）鉴定人有无应当回避的法定事由

按照法律规定，鉴定人的法定回避事项与审判人员一致。鉴定人的回

· 239 ·

避审查应该是鉴定开始之前的一个步骤，如果没有进行鉴定人回避审查，可能导致鉴定意见的无效。鉴定机构是否进行过回避审查可以从鉴定意见书中得到反映。如果没有反映，可以在质证时询问鉴定人是否进行过。需要特别注意的是，由于商业秘密鉴定一般可能涉及多轮鉴定，而且活跃的知识产权鉴定机构并不太多，有可能本案的鉴定人参与过之前如立案时的鉴定或者曾经作为专家提供过咨询意见，在此种情形下，如果前后两次鉴定的鉴定事项一致或者基本一致，可能触发法定回避事由中的"有利害关系"这一条款，导致鉴定意见的无效。

（七）鉴定人在鉴定过程中有无徇私舞弊或者其他影响公正鉴定的情形

关于此点，质证时一般不予考虑，因为很难证实鉴定人存在上述行为，但是如果有相关证据证实上述情形，则对鉴定意见是致命性的。

## 二、同一性鉴定的质证要点

同一性鉴定意见质证要点基本与非公知性一致，现仅对同一性质证需要特别注意的事项进行说明。

2007年最高人民法院《关于审理不正当竞争民事案件应用法律若干问题的解释》第14条规定："当事人指称他人侵犯其商业秘密的，应当对其拥有的商业秘密符合法定条件、对方当事人的信息与其商业秘密相同或者实质相同以及对方当事人采取不正当手段的事实负举证责任。"最高人民法院《关于充分发挥知识产权审判职能作用推动社会主义文化大发展大繁荣和促进经济自主协调发展若干问题的意见》第25条规定："商业秘密权利人提供证据证明被诉当事人的信息与其商业秘密相同或者实质相同且被诉当事人具有接触或者非法获取该商业秘密的条件，根据案件具体情况或者已知事实以及日常生活经验，能够认定被诉当事人具有采取不正当手段的较大可能性，可以推定被诉当事人采取不正当手段获取商业秘密的事实成立，但被诉当事人能够证明其通过合法手段获得该信息的除外。"根据上述规定，存在鉴定条件的商业秘密同一性鉴定的结论用词有且只能有三个，即相同、实质性相同和不同，其他的表述都不准确，不能将专利技术、公知技术的比对"术语"应用到商业秘密案件中。质证中需要特别留意实质性相同这个结论得出的过程，如果结论是实质性相同，必须说明哪些异哪些同，特别是哪些相同的特征是实质性的，哪些不同是非实质性的。

### 三、价值评估报告质证要点

商业秘密价值评估是指资产评估师依据相关法律、法规和资产评估准则，对评估基准日特定目的下商业秘密整体价值进行分析、估算并发表专业意见的行为和过程。商业秘密价值评估在民事诉讼以及刑事案件中均被广泛使用，有的称其为价值评估报告，有的称其为评估报告，有的称其为资产评估报告，但无论其称谓如何，价值评估报告实际上具有"准鉴定意见"的性质。该类鉴定意见的一般质证要点有以下五个方面。

（一）从评估机构及评估人员资质入手

评估机构及评估人员应具备评估资质，评估资质是否年检，其评估范围等须符合无形资产的要求。

（二）从评估报告的内容合法性入手

确定商业秘密价值的评估方法包括市场法、收益法和成本法三种方法及其衍生方法。《中华人民共和国资产评估法》（以下简称《资产评估法》）第26条规定："评估专业人员应当恰当选择评估方法，除依据评估执业准则只能选择一种评估方法的外，应当选择两种以上评估方法，经综合分析，形成评估结论，编制评估报告。"《资产评估基本准则》第16条第2款规定："资产评估专业人员应当根据评估目的、评估对象、价值类型、资料收集等情况，分析上述三种基本方法的适用性，依法选择评估方法。"

如果一份商业秘密价值评估报告只采用一种方式，就必须提出疑问：这种情形是否符合上述规定的只能选择一种方式的情形，即便只能选择一种方式，是否只能选择这种方式等。

《资产评估法》第28条规定："评估机构开展法定评估业务，应当指定至少两名相应专业类别的评估师承办，评估报告应当由至少两名承办该项业务的评估师签名并加盖评估机构印章。"应注意审查评估机构是否确系两名评估师,而非只有一名评估师和一名辅助人员,是否在评估报告文末有两人的签字,或只有以上两人的盖章,没有亲笔签名。如果只有印章没有签名是不符合法律规定的。

(三) 对评估基准日的审查

评估基准日是一个评估学概念,是指确定的资产评估价值的基准时间。根据《资产评估基本准则》第22条的规定,资产评估报告应当包括评估基准日。第25条规定:"资产评估报告载明的评估基准日应当与资产评估委托合同约定的评估基准日一致,可以是过去、现在或者未来的时点。"评估基准日是界定评估责任范围的依据,也是确定评估结果有效期的重要依据。在侵犯商业秘密案件中,如果是对商业秘密整体价值进行评估,即以市场法进行评估,一般是将商业秘密被公开的时间作为评估基准日;如果是对商业秘密损失进行评估,即以收益法或市场法进行评估,一般是将交易完成时间,如被诉侵权人与第三方合同签订的时间作为评估基准日。当然,鉴定方法与损失之间的关系也值得考虑,如果仅仅是损失,评估机构用成本法进行鉴定则明显不妥。

(四) 审查评估报告是否在开庭时已经超过有效期限

评估结论的有效期为自评估基准日起一定的时期,但一般不会超过1年,超过1年的,需重新进行资产评估。商业秘密案件审理周期一般比较长,相关部门作出的评估报告结论待开庭时已经超过有效期。

(五) 关于评估费用的问题

无论是非公知性、同一性还是本节的资产评估等鉴定意见,均会涉及鉴定费用的缴纳问题。对于民事案件,如果双方当事人协商不成的,由人民法院指定鉴定机构,相应的费用一般由主张权利的一方先行缴纳。对于刑事案件,一般由侦查机关从办案经费中列支,如果在刑事案件中存在由商业秘密权利人,即被害人缴纳鉴定费的情况,则评估结论的客观性应受到质疑。

## 四、可以申请重新鉴定的四种法定情形

《最高人民法院关于民事诉讼证据的若干规定》规定了可以申请重新鉴定的四种法定情形。该规定第 40 条第 1 款："当事人申请重新鉴定，存在下列情形之一的，人民法院应当准许：（一）鉴定人不具备相应资格的；（二）鉴定程序严重违法的；（三）鉴定意见明显依据不足的；（四）鉴定意见不能作为证据使用的其他情形。"第 3 款："对鉴定意见的瑕疵，可以通过补正、补充鉴定或者补充质证、重新质证等方法解决的，人民法院不予准许重新鉴定的申请。"在商业秘密侵权案件中，对司法鉴定意见持异议和申请重新鉴定是两回事。如果不服司法鉴定意见，应提出重新鉴定申请，而不是仅仅提出异议却不申请重新鉴定。如仅持异议却未申请重新鉴定，法院将采信该司法鉴定意见作为证据。[1]

在商业秘密民事诉讼中，存在当事人自行委托鉴定和法院委托鉴定两种情况。商业秘密刑事案件中一般包括不为公众所知悉鉴定和同一性鉴定两类。举证的这两类鉴定意见的委托人一般为公安机关或者检察院，例外情况是由行政转刑事的商业秘密案件，其鉴定意见委托人可能是当事人或者行政机关。笔者提示，无论刑事案件还是民事案件，对于鉴定意见的质证应层次分明、主次清晰，对于鉴定意见中存在的"硬伤"要重点突出，对于次要的应点到为止，切忌"眉毛胡子一把抓"，避免走过场式的质证，或者目的不明、方法不当的乱质证。应从多个角度争取说服审判人员关于鉴定意见的违规之处、不专业之处，以达到最佳代理效果。同时，法官也应当摒弃对商业秘密鉴定意见的盲目信任，用科学审慎的心理来对待每一份商业秘密类鉴定意见，保证在司法审判活动中能够公正地作出判决。

## 五、典型案例

针对商业秘密案件中鉴定意见的质证，可以参考汪某平侵犯商业秘密

---

[1] 江西省高级人民法院（2015）赣民三终字第 22 号民事判决书。

宣告无罪一案[1]中相关论述。该案明确了商业秘密刑事案件中对于司法鉴定报告的审查标准应如何把握的问题，并指出商业秘密刑事案件审理中，对于司法鉴定报告不能仅拘泥于形式审查。在存在疑点的情形下，应当格外注重对鉴定报告以及其所依据基础资料的实质性审查。

【案情简介】

（一）起诉与答辩

江苏省盐城市人民检察院指控，2011年4月，被告人汪某平在江苏谷登工程机械装备有限公司（以下简称江苏谷登公司）派其去武汉参加非开挖水平定向钻机展会期间，在没有办理正常离职手续的情况下即离开公司，并私自将该公司自主研发的各系列非开挖水平定向钻机的全套图纸资料通过U盘复制携带至江苏玉泉机械制造有限公司（以下简称玉泉公司）。被告人汪某平在担任玉泉公司技术部工程师期间，利用从江苏谷登公司窃取的相关图纸，在其基础上进行修改，参与设计出YQ3000-L（300T）及YQ3000-L（800T）两个系列的水平定向钻机。玉泉公司根据汪某平参与设计的YQ3000-L钻机图纸生产机器并在市场上销售。经鉴定：一、江苏谷登公司生产的GD2800-L型水平定向钻机履带行走装置及其相关技术信息不为公众所知悉。二、玉泉公司生产销售的YQ3000-L型水平定向钻机的相关技术信息与江苏谷登公司的上述非公知技术信息具有同一性。经盐城明达司法会计鉴定所鉴定，玉泉公司共计造成江苏谷登公司人民币634 994.22元的损失。被告人汪某平违反权利人有关保守商业秘密的要求，以不正当手段获取权利人商业秘密并使用，给权利人造成重大损失，其行为触犯了《刑法》第219条的规定，应当以侵犯商业秘密罪追究其刑事责任。

被告人汪某平及其辩护人提出辩称：1. GD2800-L型水平定向钻机不含有不为公众所知悉的技术信息。非开挖装备产品都是由固定配件组装而成的，根据业界专业人士的一般常识，通过观察产品可以直接获得产品的

---

[1] 一审：江苏省盐城市中级人民法院（2014）盐知刑初字第00011号刑事判决书。二审：江苏省高级人民法院（2015）苏知刑终字第00012号刑事判决书。

## 第六章 商业秘密诉讼中技术问题的证明

尺寸、结构、材料、部件的简单组合。而且,江苏谷登公司的产品每年都参加展销会,其产品的相关信息都已向社会公众公示,为社会公众所知悉。2.盐城明达司法会计鉴定所出具的鉴定报告存在明显错误,根据该所前后两次出具的鉴定报告,销售一台整机利润才40万元,而其中一个部件的销售利润就达21万元,明显缺乏依据,违反客观事实。

(二) 一审审理查明

2005年1月,上海谷登公司开始研究非开挖水平定向钻机,于2006年12月设计出第一台100T非开挖水平定向钻机并推向市场。2008年4月15日,上海谷登公司与中国建筑科学研究院建筑机械化研究分院(以下简称中建研究分院)签订《技术服务合同书》,研究GD2800-L型非开挖水平定向钻机(即280T)技术。2012年9月27日,中建研究分院出具说明,GD2800-L型水平定向钻机是中建研究分院与上海谷登公司、江苏谷登公司联合开发,项目研发过程中经费由上海谷登公司和江苏谷登公司自筹解决。中建研究分院同意,取得的相关知识产权和技术秘密归江苏谷登公司所有。项目完成后的产业化推广、系列化研发由江苏谷登公司完成。2008年3月14日,被告人汪某平成为上海谷登公司的员工,任技术部机械工程师。上海谷登公司由陈某祥、陈某钢各占50%的股权。2008年5月12日,上海谷登公司、陈某祥、陈某钢共同出资成立江苏谷登公司。2010年2月、3月,上海谷登公司派被告人汪某平到江苏谷登公司工作。2011年3月1日,江苏谷登公司(甲方)与被告人汪某平(乙方)签订《劳动合同》,合同期限三年。《劳动合同》第十二条约定:一、乙方应严格保守甲方的商业秘密,包括但不限于甲方经营上的所有情报、甲方的投资计划、产品工艺、技术图纸、技术数据及与业务有关的秘密等。二、未经甲方同意,乙方不得向竞争对手、新闻媒体或外界泄露与甲方有关的业务信息。三、乙方保守秘密的条款,不仅适用于甲方任职期间,而且适用于离开甲方后……

2011年4月,被告人汪某平在江苏谷登公司派其去武汉参加非开挖水平定向钻机展会期间,未办理正常离职手续即离开江苏谷登公司,并将其电脑上的技术图纸复制至U盘带到玉泉公司。2011年4月,玉泉公司总经理徐某冰录用汪某平,主要从事YQ3000-L型水平定向钻机(即300T)的研发工作。2011年5月至2012年7月,玉泉公司陆续生产并对外销售三台YQ3000-L型水平定向钻机。

湖北咸工工程机械有限公司(以下简称咸工公司)于2006年12月成立,主要从事履带式工程机械配件的研发、生产和销售,曾为上海谷登公司、江苏谷登公司生产的GD2800-L型水平定向钻机提供部分四轮一带及涨紧油缸配件。上海谷登公司、江苏谷登公司设计、生产时,将该机型的车身设计图纸发给咸工公司,咸工公司根据该车身图纸和公司产品情况推荐选用相关履带总成的配件,并最终经上海谷登公司、江苏谷登公司确认。GD2800-L型水平定向钻机的链条、支重轮和引导轮都是按国家标准和行业标准以及企业标准生产的。玉泉公司从2010年8月到2011年12月通过咸工公司原业务员王某华向咸工公司购买四轮一带及涨紧油缸配件,用于YQ3000-L型水平定向钻机的生产。2011年7月12日,王某华成立宁市华力工程机械有限公司(以下简称华力公司),主营工程机械及配件制造、销售,亦向玉泉公司提供四轮一带及涨紧油缸。

2012年9月19日,上海市科技咨询服务中心接受盐城市公安局的委托,作出沪科技咨询服务中心(2012)鉴字第32号《关于江苏省盐城市公安局委托的技术鉴定报告书》(以下简称上海鉴定),认为江苏谷登公司设计制造的GD2800-L型水平定向钻机的相关技术中,含有不为公众所知悉的六点技术信息。玉泉公司制造的YQ3000-L型水平定向钻机产品与江苏谷登公司设计制造的GD2800-L型水平定向钻机相应产品,所采用的履带行走装置及其主要技术参数相同。

2012年9月19日,经盐城市公安局委托,盐城明达司法会计鉴定所(以下简称明达会计所)出具盐明所(2012)会鉴字第004号《对〈赵某仁等人侵犯商业秘密案〉的司法鉴定意见书》,鉴定意见为,江苏谷登公司GD2800-L型水平定向钻机每台平均营业利润403 664.73元。玉泉公司销售YQ3000-L型水平定向钻机3台(含视同销售的1台),给江苏谷登公司造成经济损失1 210 994.19元。

2013年10月15日,经盐城市公安局委托,盐城市物价局价格认证中心(以下简称盐城价格认证中心)出具盐价证(2013)112号《关于

280T型水平定向钻机带总成的价格鉴证意见书》，对280T水平定向钻机履带总成价格作出鉴证，价格为51万元。

2013年10月16日，经盐城市公安局委托，明达会计所出具盐明所(2013)会鉴字第006号《对〈汪某平等人侵犯商业秘密〉的司法鉴定意见书》，鉴定意见为江苏谷登公司生产的280T水平定向钻机履带总成部件在视同销售情况下每台营业利润为人民币211 664.74元。

2014年12月18日，盐城市公安局委托工业和信息化部软件与集成电路促进中心知识产权司法鉴定所（以下简称工信部鉴定所）就江苏谷登公司生产的GD2800-L型水平定向钻机履带行走装置及其相关技术信息在2011年12月8日之前是否不为公众所知悉，以及上述信息与玉泉公司生产销售的YQ3000-L型水平定向钻机相关技术是否具有同一性进行鉴定。工信部鉴定所于2015年2月10日出具了《司法鉴定意见书》（以下简称工信部鉴定）。鉴定意见为：一、江苏谷登公司生产的GD2800-L型水平定向钻机履带行走装置及其相关技术信息在2011年12月8日之前不为公众所知悉。二、玉泉公司生产的销售的YQ3000-L型水平定向钻机的相关技术信息与江苏谷登公司的上述非公知技术信息具有同一性。

（三）一审判理和结果

1. 江苏谷登公司设计、制造的GD2800-L型水平定向钻机履带行走装置及其相关技术信息构成商业秘密。（1）江苏谷登公司于2008年开发了GD2800-L型水平定向钻机，其主要特点之一就是履带总成采用了轻量化设计。江苏谷登公司履带总成轻量化设计这一完整技术信息组合，与所属技术领域的一般常识或者行业惯例具有明显区别，即使280T水平定向钻机进入市场或者公开展示，其中完整的履带总成技术信息也不可能被相关公众通过观察产品而直接获得，是需付出一定的代价方能获得的技术信息。且江苏谷登公司设计制造的GD2800-L型水平定向钻机的履带行走装置核心技术未在市场上公开，更未公开相关的设计计算方法和工艺方法。（2）江苏谷登公司采取了合理的保密措施。被告人及辩护人提出江苏谷登公司未采取合理有效的保密措施的辩解、辩护意见不能成立，对此不予采纳。（3）江苏谷登公司根据该技术信息制造了相关产品进行销售，故涉案技术信息具有价值性和实用性。

2. 玉泉公司 YQ3000-L 型水平定向钻机履带行走装置及其相关技术信息与江苏谷登公司的 GD2800-L 型水平定向钻机中履带总成轻量化设计的技术信息具有同一性。鉴定人员经将江苏谷登公司提供的履带总成相关图纸与玉泉公司生产的 YQ3000-L 型水平定向钻机进行现场勘验,认为玉泉公司生产销售的 YQ3000-L 型水平定向钻机的相关技术信息与江苏谷登公司的上述非公知技术具有同一性。上述事实,有勘验笔录等证据予以证实,对该鉴定意见予以采纳。

3. 被告人汪某平对使用江苏谷登公司涉案技术信息存在主观故意。

4. 关于被告人汪某平的侵权行为给江苏谷登公司造成损失数额的认定。公诉机关指控,明达会计所认定江苏谷登公司生产的 280T 水平定向钻机履带总成部件在视同销售情况下每台营业利润为人民币 211 664.74 元。由于 300T 与 280T 水平定向钻机为功能相似的同类产品,玉泉公司生产、销售 300T 钻机侵占了原本应由江苏谷登公司享有的市场份额,其生产、销售 300T 钻机三台意味着江苏谷登公司失去了相同数量的交易机会。故本案中江苏谷登公司的损失数额为 211 664.74 元的三倍,即人民币 634 994.22 元。

综上,被告人汪某平作为江苏谷登公司的技术人员,掌握 GD2800-L 型水平定向钻机的设计图纸,负有保密义务。其在离开江苏谷登公司后,向玉泉公司泄露了 GD2800-L 型水平定向钻机"履带行走装置及其主要技术参数"等技术信息,设计、制造出同类型的 YQ3000-L 型水平定向钻机,给江苏谷登公司造成重大损失,构成侵犯商业秘密罪。考虑被告人汪某平犯罪情节轻微,可以免予刑事处罚。依照《刑法》第二百一十九条、第三十七条,《最高人民法院、最高人民检察院关于办理侵犯知识产权刑事案件具体应用法律若干问题的解释》第七条第一款,《中华人民共和国刑事诉讼法》第一百九十五条之规定,判决:被告人汪某平犯侵犯商业秘密罪,免刑事处罚。

(四) 上诉理由

请求二审法院依法撤销原判,改判无罪。一、涉案江苏谷登公司

GD2800-L 型水平定向钻机技术不是商业秘密，不具备不为公众所知悉的条件。涉案产品都是由固定配件组装而成，江苏谷登公司每年都参加展销会，其产品的相关信息都已向社会公众公示，已为社会公众所知悉。二、原审判决所依据的鉴定报告错误，不能作为本案定案依据。1. 工信部鉴定的鉴定材料中部分图纸是上海谷登公司和咸工公司的技术图纸，且上述两公司均没有对图纸采取保密措施。鉴定人无法说明设计涉案履带行走装置需要依据哪些计算公式、方法和设计方案，也无法说明水平定向钻机的具体组成部分及履带行走装置所占比重，更无法通晓本领域的现有技术。2. 明达会计所分别作出过两份鉴定报告。鉴定结论分别是"涉案水平定向钻机每台营业利润是 403 664.73 元""涉案水平定向钻机履带总成营业利润是 211 664.74 元"。同一鉴定人在出具的两份鉴定意见中作出如此天差地别的鉴定结论让人匪夷所思。水平定向钻机整机包含了 20 多个组成部分，履带行走装置在整机中所占价值比重很少，但利润竟如此之高，明显违背了客观事实。

（五）二审审理查明

1. 相关补充说明

江苏省盐城市中级人民法院审理江苏省盐城市人民检察院指控原审被告人汪某平犯侵犯商业秘密罪一案，江苏省盐城市人民检察院以盐检诉刑诉（2013）13 号起诉书指控被告人汪某平犯侵犯商业秘密罪，于 2013 年 2 月 7 日向江苏省盐城市中级人民法院（以下简称盐城中院）提起公诉，盐城中院于 2013 年 11 月 20 日作出（2013）盐知刑初字第 0004 号刑事判决书（以下简称前案），以被告人汪某平犯侵犯商业秘密罪，判处其有期徒刑一年三个月，并处罚金人民币一万元。宣判后，被告人汪某平不服向江苏省高级人民法院提起上诉，江苏省高级人民法院以部分事实不清、证据不足为由，发回盐城中院重审。盐城中院依法另行组成合议庭，对本案进行了审理，即形成本案。

前案中，盐城市公安局委托上海市科技咨询服务中心进行技术鉴定，其中检材包括江苏谷登公司 GD2800-L 水平定向钻机的 CAD 图纸 30 张。该案发回重审后，盐城市公安局重新委托工信部鉴定所进行技术鉴定。工信部鉴定载明，"委托方提供鉴定材料如下：江苏谷登公司的技术密点说明、江苏谷登公司 GD2800-L 型水平定向钻机及涨紧油缸的技术资料 6 页"。经二审核对，该鉴定中的江苏谷登公司的技术密点说明形成时间为 2014 年 12 月 15 日，且江苏谷登公司提供的 6 张技术资料并不包含在上海鉴定所依据的 30 张技术图纸检材之内。

2. 检察机关二审提供以下证据

（1）盐城价格认证中心于 2016 年 1 月 13 日出具的《关于 280T 型水平定向钻机履带总成的价格鉴证过程的说明》，内容为该中心接受盐城市公安局委托，就涉案 280T 型水平定向钻机履带总成的价格进行鉴定，分别向浙江宁波科迈尔工程机械有限公司（以下简称科迈尔公司）、河北张家口宣化宏建潜孔采掘机械有限公司（以下简称宏建公司）、淮安江苏力劲重工有限公司（以下简称力劲公司）调查类似产品市场行情，经调查确认，科迈尔公司成交价 541 125 元、宏建公司成交价 540 000 元、力劲公司成交价 510 000 元。该中心采用市场比较法对与鉴证标的相似的三个比较案例成交价水平进行因素修正，最后测算出标的鉴证价格为 510 000 元。

（2）盐城价格认证中心工作人员任某某的证言，主要内容为盐城市公安局委托该中心价格鉴证时，并未提供涉案履带总成的相关图纸及配件清单，该中心系依据委托单位提供的参数对外询价，履带总成的相关报价应该包括发动机，委托单位提供的参数中有行走速度和爬坡能力参数，即属于动力系统参数。

（3）力劲公司工作人员蒋某某的证言，主要内容为目前行走马达（即液压回转传动装置）、四轮一带的价格大概是 30 万元（含增值税在内），2013 年估计会比现在贵一点。蒋某某同时提供力劲公司 60 吨底盘配套件汇总表一份。

（4）科迈尔公司工作人员张某的证言，主要内容为盐城价格认证中心向其单位询价时并没有提交配件清单、图纸，科迈尔公司只是大致估价，如果底盘总成不包括动力系统，则在 2013 年价格达不到 50 万元，2013 年底盘总成如只包括四轮一带、涨紧油缸、行走马达（即液压回转传动装置）等价格不超过 40 万元（含增值税）。

## 第六章　商业秘密诉讼中技术问题的证明

(5) 前案上海鉴定中江苏谷登公司提供的涉案水平定向钻机技术图纸30张。

### 3. 出庭检察员出庭意见

本案损失数额计算应为三台合计352 942.93元，未到达50万元的刑事立案标准，再结合江苏谷登公司提交给鉴定机构的鉴定技术资料图纸的具体情况，建议二审法院改判汪某平无罪。

### (六) 二审判理和结果

江苏省高级人民法院认为：

### 1. 本案工信部鉴定所采用检材存在一定疑点

本案中，原审法院认定涉案技术信息构成商业秘密的主要证据是工信部鉴定的相关鉴定结论。该鉴定报告中同时记载鉴所依据的鉴定材料为江苏谷登公司的技术密点说明、江苏谷登公司GD2800-L型水平定向钻机及涨紧油缸的技术资料6页、玉泉公司技术资料及其产品实物等。本院经审查认为，江苏谷登公司提供的部分检材在是否客观真实反映其技术信息方面存在疑点，在缺乏其他证据印证的情形下难以排除相关合理怀疑，并进而导致本院难以采信依据上述检材所作出的鉴定结论。具体理由是：

在之前的上海鉴定中，江苏谷登公司提供了相应技术说明和技术图纸，鉴定机构亦召开技术听证会听取了江苏谷登公司的相关陈述。在本案中，江苏谷登公司重新提供了相关技术说明与技术图纸。其中，(1) 江苏谷登公司提供的技术密点说明的形成时间为2014年12月15日，在之前上海鉴定的鉴定材料中并未出现。同时，该份说明中有关履带行走装置的设计要点在上海鉴定的鉴定材料中均未有明确体现。(2) 江苏谷登公司提供的涉案6张技术资料图纸，并不包含在之前上海鉴定所依据的30张技术图纸检材之内。同时，上述技术资料中关于涨紧油缸的两张技术图纸上注明单位为"咸工公司"。

因此，本案中江苏谷登公司提供的部分检材的来源以及是否客观真实反映其技术信息仍存在一定疑点，难以排除相关合理怀疑，本院对本案工信部司法鉴定难以采信，并据此认为，现有证据尚不足以证明江苏谷登公司涉案GD2800-L型水平定向钻机履带行走装置相关技术信息构成不为公众所知悉，汪某平及其辩护人的该项上诉理由与辩护意见成立，本院予以采纳。

2. 现有证据尚不足以证明江苏谷登公司涉案损失数额在 50 万元以上

首先，根据涉案工信部鉴定内容，江苏谷登公司履带行走装置相应秘密点并不包括动力系统，因此即便涉案技术秘密成立，损失数额计算也不应考虑动力系统的相关利润。其次，在二审证据中，盐城价格认证中心工作人员任某某作证称，盐城市公安局委托该中心价格鉴证时，并未提供涉案履带总成的相关图纸及配件清单，该中心系依据委托单位提供的参数对外询价，履带总成的相关报价应该包括发动机。力劲公司工作人员蒋某某、科迈尔公司工作人员张某证言称，不包括动力系统的履带总成（主要含四轮一带、涨紧油缸、液压回转传动装置）的市场价格不超过 40 万元（含增值税）。上述证据可以证明盐城价格认证中心就履带总成作出的 51 万元鉴证价格，不能排除包括动力系统价格。最后，根据明达会计所的两份鉴定报告，涉案水平定向钻机和其中履带总成的营业利润分别是 403 664.73 元、211 664.74 元，在同时具有其他若干重要核心部件的情形下，作为水平定向钻机组成部件之一的履带行走装置利润率超过整机利润的 50%，其客观真实性存在合理怀疑。综上，鉴于原审判决关于江苏谷登公司的损失数额为人民币 634 994.22 元的认定严重存疑，因此根据现有证据尚不能认定江苏谷登公司的涉案损失数额达到刑法规定商业秘密犯罪 50 万元以上的入罪标准，出庭检察员的该项出庭意见、汪某平及其辩护人的该项上诉理由与辩护意见成立，本院予以采纳。综上所述，原审法院认定上诉人汪某平构成侵犯商业秘密罪的证据不足，对汪某平定罪不当，应改判。依照刑事诉讼法第二百二十五条第一款第（三）项、第二百三十一条、第一百九十五条第（三）项之规定，判决如下：一、撤销江苏省盐城市中级人民法院（2014）盐知刑初字第 00011 号刑事判决。二、上诉人汪某平无罪。

【法官评述】

司法鉴定审查一直是商业秘密刑事案件审理的重点和难点。根据我国

## 第六章　商业秘密诉讼中技术问题的证明

刑事诉讼法的规定，刑事案件认定案件事实必须以证据为根据。审理定罪量刑的证据应当确实充分，且案件认定事实已经排除合理怀疑。对于鉴定报告的审查，不能仅拘于形式审查。特别是在存在疑点的情形下，应当对鉴定报告以及其所依据的基础资料进行实质性审查。

在该案中，尽管两份司法鉴定报告对于涉案技术信息是否不为公众所知悉以及损失数额均作出了明确鉴定结论，但综合全案案情以及鉴定过程，上述鉴定结论均存在较大疑点。

一是技术鉴定所依据的检材是否能客观真实地反映权利人技术信息的内容。由于该案先后就涉案技术组织过两次技术鉴定，在前次鉴定中江苏谷登公司具备了接触玉泉公司技术信息的条件，因此需要防止当事人将已掌握的对方技术信息作为自身技术信息内容提交鉴定的情形。该案需要重点审查前、后次鉴定的检材是否相同。鉴于后次工信部鉴定中检材中有关技术说明以及技术图纸均未之前上海鉴定中明确体现，且部分技术图纸的单位标注为咸工公司，因此应当就江苏谷登公司的产品实物与上述检材采取比对勘验等方式，对上述检材的客观真实性作进一步核实，以确定该部分技术信息真实来源于江苏谷登公司。但该案中仅审查勘验了江苏谷登公司技术资料、玉泉公司技术资料以及玉泉公司产品实物，并未再就检材作相应核查，也未就此与江苏谷登公司的产品实物作实际比对。故在此情形下，二审法院对于在后司法鉴定结论未予采信。

二是关于涉案履带总成部件营业利润的司法鉴定报告能否采信。在该案中，盐城价格认证中心鉴证 280T 水平定向钻机履带总成的市场价格为人民币 51 万元（含增值税）。明达会计所以此为依据，鉴定江苏谷登公司生产的 280T 水平定向钻机履带总成部件在视同销售情况下每台营业利润为人民币 211 664.74 元。原审据此认定江苏谷登公司的损失数额为人民币 211 664.74 元的三倍（按销售三台计算），即人民币 634 994.22 元，被告人的犯罪数额达到入罪标准。

仅从形式要件审查，上述鉴定报告并无任何问题。但疑点在于：根据明达会计所的两份鉴定报告，涉案水平定向钻机和其中履带总成的营业利润分别是人民币 403 664.73 元、211 664.74 元，在同时具有其他若干重要

· 253 ·

核心部件的情形下，作为水平定向钻机组成部件之一的履带行走装置利润率超过整机利润的 50%，其客观真实性确实存在重大怀疑。基于此，审理法院调取了盐城价格认证中心关于 280T 水平定向钻机履带总成的市场价格鉴证的相应基础资料，发现盐城价格认证中心就履带总成作出的人民币 51 万元鉴证价格包括动力系统价格，故以此为基础进行的利润计算并不能客观反映实际损失数额。据此，鉴于盐城价格认证中心作出涉案履带总成价格为人民币 51 万元（含增值税）的价格鉴证意见的客观性、准确性存在较大疑点，不能排除合理怀疑，并进而导致对以上述价格鉴证意见为基础作出的履带总成部件的营业利润数额无法采信。基于上述两点因素，二审法院认为根据现有证据，对于江苏谷登公司涉案履带行走装置技术信息是否不为公众所知悉，以及江苏谷登公司涉案损失数额是否在人民币 50 万元以上的认定均存在疑点，尚不能满足刑事案件排除合理怀疑的证明标准。原审法院认定汪某平构成侵犯商业秘密罪的证据不足，对汪某平定罪不当，故改判无罪。

## 第五节 商业秘密诉讼中的专家辅助人

当前，在知识产权案件审判中，为了保障裁判的公正和客观，裁判者经常需要求助于那些在案件所涉领域中具有丰富经验或知识的人，专家辅助人制度在此背景下应运而生。专家辅助人在诉讼中的功能是协助当事人就有关专门性问题提出意见或对鉴定意见进行质证，回答审判人员和当事人询问，或与对方当事人申请的专家辅助人对质等。

### 一、专家辅助人概念

对于商业秘密案件审理中涉及的技术事实查明，可以聘请专家辅助人辅助解决。所谓专家辅助人，就是在科学、技术以及其他专业知识方面具有特殊的专门知识或经验的人员，根据当事人的聘请并经法院准许，出庭

## 第六章　商业秘密诉讼中技术问题的证明

辅助当事人对诉争的案件事实所涉及的专门性问题进行说明或发表意见和评论的人。《民事诉讼法》第 82 条规定："当事人可以申请人民法院通知有专门知识的人出庭，就鉴定人作出的鉴定意见或者专业问题提出意见。"《刑事诉讼法》第 197 条第 2 款规定："公诉人、当事人和辩护人、诉讼代理人可以申请法庭通知有专门知识的人出庭，就鉴定人作出的鉴定意见提出意见。"上述两大诉讼法规定的"有专门知识的人"应被理解为"专家辅助人"，从而以法律的形式确立了专家辅助人制度。专家辅助人的重要作用就在于对专门问题进行说明，而最主要的专门问题，就是技术问题。因此，专家辅助人的重要作用就是对案件的技术问题进行说明。正是由于当事人和法官缺少相关专业知识，才委托有专门知识的人进行鉴定，因此，若对鉴定意见或专业问题的审查、质证的责任完全依赖法官，恐难达到查清事实的目的。基于此，专家辅助人的出庭对鉴定意见或专业问题进行质证成为必要，这对保障当事人和法官对不熟悉的鉴定意见或专业问题进行审查并发现其不足，确保案件事实建立在正确证据之上具有重要的促进意义。

以下司法解释从各个层面细化了专家辅助人制度。

《最高人民法院关于适用〈中华人民共和国民事诉讼法〉的解释》第 122 条规定："当事人可以依照民事诉讼法第七十九条的规定，在举证期限届满前申请一至二名具有专门知识的人出庭，代表当事人对鉴定意见进行质证，或者对案件事实所涉及的专业问题提出意见。"第 123 条规定："人民法院可以对出庭的具有专门知识的人进行询问。经法庭准许，当事人可以对出庭的具有专门知识的人进行询问，当事人各自申请的具有专门知识的人可以就案件中的有关问题进行对质。具有专门知识的人不得参与专业问题之外的法庭审理活动。具有专门知识的人在法庭上就专业问题提出的意见，视为当事人的陈述。人民法院准许当事人申请的，相关费用由提出申请的当事人负担。"

《最高人民法院关于民事诉讼证据的若干规定》第 83 条规定："当事人依照民事诉讼法第七十九条和《最高人民法院关于适用〈中华人民共和国民事诉讼法〉的解释》第一百二十二条的规定，申请有专门知识的人出庭的，申请书中应当载明有专门知识的人的基本情况和申请的目的。"第84条规定："审判人员可以对有专门知识的人进行询问。经法庭准许，当事人可以对有专门知识的人进行询问，当事人各自申请的有专门知识的人可以就案件中的有关问题进行对质。有专门知识的人不得参与对鉴定意见质证或者就专业问题发表意见之外的法庭审理活动。"

《最高人民法院关于知识产权民事诉讼证据的若干规定》第28条规定："当事人可以申请有专门知识的人出庭，就专业问题提出意见。经法庭准许，当事人可以对有专门知识的人进行询问。人民法院准许当事人申请的，应当通知双方当事人。"

## 二、专家辅助人的特点

专家辅助人所作陈述的内容被完全限束在特定的范围之内，也就是只能针对案件事实所涉及的专门性问题；专家辅助人所作陈述的作出主体，既不是证人也不是鉴定人，而是当事人所聘请的对相关专门性问题有着专门知识的专家学者；专家辅助人所作陈述的证据类型被归入当事人的陈述，既不是鉴定意见，也不是证人证言。与证人相比，证人因为知晓案件客观事实，负有如实陈述案件事实的义务，而专家辅助人并无参与案件的法定义务，仅是因为知晓某种专门知识而受邀参与庭审。与鉴定人相比，对鉴定人的委托不能以个人名义委托，而专家辅助人则无此限制。与代理人相比，代理人在诉讼地位上可以完全代表一方当事人，而专家辅助人仅能代表一方当事人的专业知识。

## 三、专家辅助人的价值

（1）保障当事人对鉴定意见的质证能力，弥补鉴定制度的不足，推动庭审实质化。鉴定意见作为证据形式之一，在诉讼中应当经过当事人的质证才能作为定案依据，但由于鉴定意见是针对专业性较强的专门性问题作出的，而当事人和诉讼代理人可能都不具备相应的专业知识，此时当事人委托专家辅助人协助其对专业性强的鉴定意见进行质证。《司法鉴定程序通则》第12条规定："委托人委托鉴定的，应当向司法鉴定机构提供真实、完整、充分的鉴定材料，并对鉴定材料的真实性、合法性负责。"第14条规定："司法鉴定机构应当对委托鉴定事项、鉴定材料等进行审查。对属于本机构司法鉴定业务范围，鉴定用途合法，提供的鉴定材料能够满足鉴定需要的，应当受理。对于鉴定材料不完整、不充分，不能满足鉴定需要的，司法鉴定机构可以要求委托人补充；经补充后能够满足鉴定需要的，应当受理。"第23条规定："司法鉴定人进行鉴定，应当依下列顺序遵守和采用该专业领域的技术标准、技术规范和技术方法：（一）国家标准；（二）行业标准和技术规范；（三）该专业领域多数专家认可的技术方法。"有经验的专家辅助人，可以从鉴定意见书所反映出来的鉴定材料的真实性、完整性、充分性、鉴定方法的科学性、鉴定方法选择的合理性、鉴定方法运用的正确性、审查鉴定所采用的标准等审查出鉴定人的专业知识水平、运用专业知识解决问题的能力等。专家辅助人作为鉴定人制度有效的补充，为当事人提供更多额外的证据手段，并制约鉴定人的行为和作用，防止鉴定人过度介入诉讼，成为事实上的"事实认定者"，这样的设计有利于案件审理者对诉讼中涉及的专业问题作出更可信的判断。

专家辅助人在诉讼中的功能是协助当事人就有关专门性问题提出意见或对鉴定意见进行质证，回答审判人员和当事人询问、与对方当事人申请的专家辅助人对质等活动也是围绕鉴定意见或专业问题意见展开的。专家辅助人出庭协助当事人对鉴定意见进行质证可以避免庭审质证流于形式，推动质证程序有效进行，增强了当事人在面对专门性问题时的对抗能力，使其实质行使诉讼权利，维护自己的合法权利。

（2）辅助法官、仲裁员理解专门性问题。专家辅助人协助当事人就鉴定意见进行质证，对案件涉及的专门性问题发表意见。专家辅助人一般不得就具体案情作出倾向性表述，只就行业的专业问题作出说明。在此过程中，法官、仲裁员可以从不同的专业角度理解质证意见，做到"兼听则明"，帮助法官、仲裁员更准确和全面地理解专业性问题。

# 第七章 商业秘密诉讼中的保全

## 第一节 行为保全

### 一、行为保全制度

2012年《民事诉讼法》将2007年《民事诉讼法》第9章的章名、第96条、第99条、第140条、第256条中的"财产保全"修改为"保全"。2012年、2017年《民事诉讼法》第100条、第101条规定了保全制度，2021年《民事诉讼法》将2017年《民事诉讼法》第100条和第101条调整为第103条❶和

---

❶ 《民事诉讼法》第103条："人民法院对于可能因当事人一方的行为或者其他原因，使判决难以执行或者造成当事人其他损害的案件，根据对方当事人的申请，可以裁定对其财产进行保全、责令其作出一定行为或者禁止其作出一定行为；当事人没有提出申请的，人民法院在必要时也可以裁定采取保全措施。人民法院采取保全措施，可以责令申请人提供担保，申请人不提供担保的，裁定驳回申请。人民法院接受申请后，对情况紧急的，必须在四十八小时内作出裁定；裁定采取保全措施的，应当立即开始执行。"

## 第七章　商业秘密诉讼中的保全

104 条❶，内容未做调整。可见，2012 年《民事诉讼法》修正时已经在程序上解决了商业秘密侵权案件中行为保全与财产保全并立的民事保全制度体系。2012 年《民事诉讼法》引入了行为保全措施，弥补了当时《反不正当竞争法》及相关司法解释未规定行为禁令的缺憾，有利于商业秘密权利人及时有效地寻求救济措施。

行为保全是指在有侵权可能性的紧急情况下，由权利人或者利害关系人提起的一种救济程序，申请法院责令涉嫌侵权的当事人作出或者禁止其作出一定的行为，避免权利人因冗长的诉讼纠纷遭受难以弥补的损害后果。行为保全也被通俗地称为临时禁令，是保障商业秘密权利非常重要的手段。

由于商业秘密一旦公开披露，是不可能恢复到不为公众所知悉的状态的，故行为保全对于及时、有效地保障商业秘密持有人的权益起到重要作用。但同时，行为保全具有双刃剑的作用，适用不当也会导致滥用诉讼权利的情况发生。目前我国立法中已有行为保全的规定，但是在司法实践中，法官由于担心发生错误的行为保全，对此态度十分谨慎，认定也比较严苛。"比证据保全更难实施的是行为保全措施，法院在处理此类保全申请时仍困难重重。在商业秘密的信息范围未被准确认定之前，采用诉前或诉中禁令还可能将原属于公共领域的信息禁止使用，进而损害社会公共利益。因此，基于侵犯商业秘密民事案件的特点，在判断此类案件是否具备采取禁令的条件时应采取慎重的态度。"❷ 在美国礼来公司、礼来（中国）研发有限公司与黄某炜侵害商业秘密纠纷行为保全一案❸中，上海市第一中级人

---

❶ 《民事诉讼法》第 104 条："利害关系人因情况紧急，不立即申请保全将会使其合法权益受到难以弥补的损害的，可以在提起诉讼或者申请仲裁前向被保全财产所在地、被申请人住所地或者对案件有管辖权的人民法院申请采取保全措施。申请人应当提供担保，不提供担保的，裁定驳回申请。人民法院接受申请后，必须在四十八小时内作出裁定；裁定采取保全措施的，应当立即开始执行。申请人在人民法院采取保全措施后三十日内不依法提起诉讼或者申请仲裁的，人民法院应当解除保全。"

❷ 北京市高级人民法院民三庭课题组. 涉商业秘密案件司法审判调研报告 [J]. 中国审判，2020(21).

❸ 上海市第一中级人民法院（2013）沪一中民五（知）初字第 119 号民事判决书。

· 259 ·

民法院根据 2012 年《民事诉讼法》发出了我国首个商业秘密侵权案件行为禁令。法院综合考虑原告胜诉的实质可能性，如不发布禁令将遭受无可挽回损失的实质性威胁，原告可能受到的损害大于对被告的任何潜在损害，发布禁令不违反公共利益等因素作出裁定。

《最高人民法院关于审查知识产权纠纷行为保全案件适用法律若干问题的规定》第 2 条规定："知识产权纠纷的当事人在判决、裁定或者仲裁裁决生效前，依据民事诉讼法第一百条、第一百零一条规定申请行为保全的，人民法院应当受理。"此处的当事人不仅指权利人，也包括被许可人。知识产权许可合同的被许可人申请诉前责令停止侵害知识产权行为的，独占许可合同的被许可人可以单独向人民法院提出申请；排他许可合同的被许可人在权利人不申请的情况下，可以单独提出申请；普通许可合同的被许可人经权利人明确授权以自己的名义起诉的，可以单独提出申请。❶ 当事人申请诉前行为保全，应当向被申请人住所地具有相应知识产权纠纷管辖权的人民法院或者对案件具有管辖权的人民法院提出。当事人约定仲裁的，同样应向人民法院申请行为保全。需要注意的是，对于侵害技术秘密行为的实施地和结果地均发生在互联网络上的管辖问题，可以参考上诉人深圳花儿绽放网络科技股份有限公司与上诉人浙江盘兴数智科技股份有限公司、上诉人浙江盘石信息技术股份有限公司侵害技术秘密纠纷一案❷。在该案中，最高人民法院判决认定网络侵权结果地管辖条款扩大适用于商业秘密侵权案件。法院认为，因该案侵害技术秘密行为的实施地和结果地均发生在互联网络上，属于最高人民法院《关于适用〈中华人民共和国民事诉讼法〉的解释》第 25 条规定的信息网络侵权行为，侵权结果发生地即被侵权人住所地法院有管辖权。该案的指导意义体现在将利用互联网发布直接侵害他人合法权益的信息的行为，除了针对信息网络传播权、名誉权以外，还扩大适用于侵害技术秘密的行为。

《最高人民法院关于审理侵犯商业秘密民事案件适用法律若干问题的

---

❶ 《最高人民法院关于审查知识产权纠纷行为保全案件适用法律若干问题的规定》第 2 条第 2 款规定。

❷ 最高人民法院（2021）最高法知民终 2298 号。

规定》第 15 条规定:"被申请人试图或者已经以不正当手段获取、披露、使用或者允许他人使用权利人所主张的商业秘密,不采取行为保全措施会使判决难以执行或者造成当事人其他损害,或者将会使权利人的合法权益受到难以弥补的损害的,人民法院可以依法裁定采取行为保全措施。前款规定的情形属于民事诉讼法第一百条、第一百零一条所称情况紧急的,人民法院应当在四十八小时内作出裁定。"最高人民法院《关于审查知识产权纠纷行为保全案件适用法律若干问题的规定》第 6 条规定:"有下列情况之一,不立即采取行为保全措施即足以损害申请人利益的,应当认定属于民事诉讼法第一百条、第一百零一条规定的'情况紧急':(一)申请人的商业秘密即将被非法披露……"尽管上述规定在第 6 条第 1 项中即规定了商业秘密将被非法披露的情形,可见其紧迫性,但是法院基于商业秘密认定的"先审未判"的风险,在处理此类保全申请时仍困难重重。一方面,如果不采取行为禁令,原告的商业秘密一旦被他人非法使用和披露,可能导致权利人遭受难以弥补的损失;另一方面,正是基于商业秘密存在秘密性等特征,法院在权利基础和侵权行为方面的认定均存在未实体审理先行判断的困难,审理难度会远远大于对专利权、商标权、著作权等其他知识产权权利的判断。此外,采取行为禁令还要全面考虑行为保全错误可能给被申请人造成的影响甚至损失。在商业秘密的信息范围未被准确认定之前,采用诉前或诉中禁令还可能将原属于公共领域的信息禁止使用,进而损害社会公共利益。因此,基于侵犯商业秘密民事案件的特点,在判断此类案件是否具备采取禁令的条件时法院采取了非常慎重的态度。但是,采取行为禁令是保护商业秘密秘密性的最重要且行之有效的救济方式。商业秘密一旦被公之于众,其保密性及经济价值就归于消灭。对商业秘密侵权案件而言,最重要的救济措施就是禁令。任何涉及商业秘密的诉讼首要目的都是防止未经授权的获取、披露或者使用行为。如果竞争对手已获取权利人的商业秘密,损害赔偿往往难以弥补权利人的损失。与专利权、商标权和著作权相比,停止侵权行为临时措施对商业秘密具有更重要的作用,因其保护了商业秘密本身的存续。

## 二、行为保全考量因素

法院在裁定是否采取行为保全措施时，主要考虑下述因素：（1）申请人的请求是否具有事实基础和法律依据，包括请求保护的知识产权效力是否稳定；（2）不采取行为保全措施是否会使申请人的合法权益受到难以弥补的损害或者造成案件裁决难以执行等损害；（3）不采取行为保全措施对申请人造成的损害是否超过采取行为保全措施对被申请人造成的损害；（4）采取行为保全措施是否损害社会公共利益，对于公共利益的考量，主要在于社会公众的利益保护及消费者利益的兼顾，如采取诉前禁令，将会导致公共利益受损，或危及社会秩序，则法院不会作出诉前禁令；（5）其他应当考量的因素：存在胜诉较大可能性是诉前禁令的前提。以下分别予以说明。

（1）申请人所主张的信息是否属于商业秘密及其范围的确定。在所有的行为保全案件中，确定权利的存在和稳定性都是首要考量的因素。在商业秘密案件中，确定申请人所主张的信息是否属于商业秘密并确定权利具体范围和内容，首先应审查申请人提交的证据是否证明其对涉案信息采取了合理的保密措施，如果申请人本身对涉案信息没有采取合理的保密措施，则无须再机械地审查涉案信息是否不为公众所知悉，一般法院会驳回其行为保全申请。在保密措施成立的前提下，再审查商业秘密是否不为公众所知悉，即审查申请人是否列明其商业秘密的具体内容，并划分出其主张的商业秘密与公知信息的界限，具体是否"不为公众所知悉"，法院一般会根据审判经验或者双方当事人意见进行综合判断。

（2）侵权可能性或胜诉可能性。申请人的胜诉可能性通常是行为保全考量的首要因素，鉴于行为保全申请对被申请人可能造成较大影响，如果申请人胜诉可能性不高，准许行为保全可能会使双方利益失衡，并会纵容权利人滥用行为保全。根据最高人民法院《关于审查知识产权纠纷行为保全案件适用法律若干问题的规定》（以下简称《行为保全规定》）第7条的规定，人民法院审查行为保全，应考量申请人的请求是否具有事实基础和法律依据，包括请求保护的知识产权效力是否稳定。在司法实践中判断申请人的请求是否具有事实基础和法律依据，主要还是判断申请人的请求是否具有胜诉可能性。考虑到行为保全裁定属于程序性裁定，人民法院在审查行为保全申请时，对于胜诉可能性的程度把握达到优势可能性即可。❶ 因此，在商业秘密侵权案件的行为保全中，如果权利人提供了有关商业秘密价值性、秘密性和保密性方面的初步证据，侵权人有侵权行为存在等达到令法官基本确信侵权行为发生或即将发生的程度，行为保全即具备实施的基础。在对商业秘密案件适用行为保全时，对于侵权可能性的判断依然要遵循实体审理中"实质性相同+接触-合法来源"的认定思路。在实践中，虽然审查难点在申请人所主张的商业秘密与被控信息是否"相同"或"实质性相同"上，但往往审查的重点是在"接触"或不正当手段的判断上。在诺华（中国）生物医学研究有限公司申请诉前行为保全一案❷中，申请人主张，根据被申请人签署的员工手册和劳动合同，被申请人对申请人的商业秘密负有保密义务，且根据合同约定，被申请人在职期间成果的知识产权均归属于申请人。涉案两个项目项下的电子文件属于申请人的商业秘密，相关文件存储于申请人的服务器中，设置了访问权限。申请人另主张，被申请人在离职前的较短时间内大量访问并转存服务器上的前述文件，违反了员工离职前将申请人的商业秘密资料及财产归还申请人的合同约定，属于以不正当手段获取商业秘密。申请人对于其在申请书及听证中主张的事实均陈述并出示了相关证据材料。法院裁定在法院作出进一步裁判前，被申请人贺某不得披露、使用或允许他人使用"申请人商业秘密文件列表"所列的879个文件（包括文件名本身）。

（3）情况紧急的情形认定。申请人的商业秘密即将被非法披露，诉争的商业秘密即将被非法处分，申请人的商业秘密在展销会等时效性较强的场合正在或者即将受到侵害等或与上述情形相当的其他情形应认定为"情况紧急"。对于因员工离职带走商业秘密的行为，诉前禁令能够有效制止

---

❶ 姜广瑞，黄心怡. 诉前行为保全的适用[J]. 人民司法，2020(35).
❷ 上海市第一中级人民法院（2014）沪一中民保字第1号。

商业秘密泄露给竞争对手。例如，在佛山市三水区半江幼儿园、张某明竞业限制纠纷一案❶中，申请人申请禁止被申请人向与申请人属于同类经营的其他单位和个人提供申请人的商业秘密和技术，得到了法院的支持。

（4）难以弥补的损害的认定。对于难以弥补的损害，国内外几乎都具有高度的统一性，即不能以金钱补偿或不能以金钱衡量的损失可以请求禁令，而能够以金钱衡量的损失则不得请求禁令。只有在如不采取临时措施将会使申请人可能面临不可挽回之损害的情况下，法院才会应申请人的申请采取禁令措施。具体的情形包括：①被申请人的行为将会侵害申请人享有的商誉等权利且造成无法挽回的损害；②被申请人的行为将会导致侵权行为难以控制且显著增加申请人损害；③被申请人的侵害行为将会导致申请人的相关市场份额明显减少等或与上述情形相当的情形。

（5）利益平衡的引入。我国立法虽未对商业秘密的限制作出明确规定，但商业秘密的保护与其他类型的知识产权一样，是在私人利益和公共利益之间的平衡。最高人民法院《关于审查知识产权纠纷行为保全案件适用法律若干问题的规定》第7条："不采取行为保全措施对申请人造成的损害是否超过采取行为保全措施对被申请人造成的损害"，即确立了适用诉前行为保全给被申请人带来的不利要小于不适用诉前行为保全给申请人带来的不利的基本判断标准。商业秘密案件适用行为保全在该因素的考量上与其他知识产权案件的审查并无太多不同。对于双方当事人利益平衡的考量方面主要考虑的是不采取保全措施给申请人带来的损害是否明显超过采取保全措施对被申请人造成的损害。

（6）公共利益的考量。诉前行为保全系民事主体之间的纠纷，其首要考量的是当事人之间的利益。因此，大多数案件确实没有公共利益发挥作用的余地，但随着社会发展、科技进步，司法结果对于社会影响日益凸显。公共利益作为利益衡量的最外围层次扩充了衡量维度，利益主体范围就成了"当事人+第三人+社会（将来）"模式。❷但笔者认为，公共利益的考

---

❶ 佛山市三水区（2021）粤0607民初6080号、6410号民事裁定书。
❷ 李曼.行为保全制度的标准构建[J].烟台大学学报，2016(5).

量仍应限制在特定的范围,一般只有在涉及公众健康、环境保护以及其他重大社会利益的情况下才予考虑,以避免被申请人随意以公共利益之名不当限制申请人行使正当权利。❶

## 三、行为保全应注意的程序性问题

### (一)听证程序是否必要

根据最高人民法院《关于审查知识产权纠纷行为保全案件适用法律若干问题的规定》第5条的规定,人民法院裁定采取行为保全措施前,应当询问申请人和被申请人,但因情况紧急或者询问可能影响保全措施执行等情形除外。有观点认为,诉前禁令的适用标准是"情况紧急"和"难以弥补的损害",由于情况紧急,可以只根据一方申请即作出,无须听取对方当事人的意见。❷当商业秘密处于即将被公开的情况下,如果在发出禁令前告知被申请人并给予其时间准备听证,被申请人有可能立即将权利人的商业秘密公开。当听证结束,商业秘密因不再具备秘密性而使得禁令对权利人不再具有实质性的意义。也有观点认为,鉴于诉前行为保全对于被申请人具有较大影响,除情况紧急或者影响保全措施执行以外,人民法院应当召集双方当事人举行现场听证程序,以便作出客观公正的行为保全裁定。当然,如遇到被申请人不配合、拒不到庭等情形,可通过电话、电子邮件等方式就相关问题询问双方当事人并做好工作记录。❸另有观点认为,法院如果为了保护申请人的利益而在诉前禁令颁布前通知被申请人听证或辩论,则丧失了禁令制度的及时性和有效性;但是如果为了保证禁令具有突击效力而只根据申请人申请即作出裁定,由于此种裁定效力的长期性,则会将被申请人的利益置于巨大的危险之下。这种使法官进退两难的情形完全可以借鉴美国经验,给予具有突击性效力的禁令短暂的有效期,而对

---

❶ 姜广瑞,黄心怡. 诉前行为保全的适用[J]. 人民司法,2020(35).
❷ 姚建军. 中国商业秘密保护司法实务[M]. 北京:法律出版社,2019:145.
❸ 姜广瑞,黄心怡. 诉前行为保全的适用[J]. 人民司法,2020(35).

于有效期长的禁令则制定更严格的审查程序，给予被申请人多种救济的权利。❶对于"不为公众所知悉"这一点，目前在审判实践中，大多数情况是需要通过被告的说明和举证来得知的，故商业秘密行为保全审查原则上都应当召集双方当事人进行听证。

（二）被申请人是否可以通过以提供担保的方式解除行为保全

申请人申请行为保全的，应当依法提供担保。申请人提供的担保数额，应当相当于被申请人可能因执行行为保全措施所遭受的损失，包括责令停止侵权行为所涉产品的销售收益、保管费用等合理损失。行为保全措施一般不因被申请人提供担保而解除，但申请人同意的除外。

知识产权纠纷与因物权、债权等财产性权利引发的纠纷不同，物权、债权等财产性权利纠纷一般可以通过金钱给付等方式加以弥补，而知识产权纠纷特别是商业秘密纠纷，侵权行为一旦实施，即对权利人产生重大影响，因此，不宜因被申请人提供担保而解除保全措施。《行为保全规定》第12条规定："人民法院采取的行为保全措施，一般不因被申请人提供担保而解除，但是申请人同意的除外。"

（三）当事人申请错误的认定是否需要过错的主观要件

申请人作为保全措施的启动者和受益人，在发动保全程序时应谨慎行事，对保全行为作全面评估，从而减少由于滥诉而给被申请人造成的损害。因此，对申请人申请错误的认定不应考虑其主观状态。只要出现最高人民法院《关于审查知识产权纠纷行为保全案件适用法律若干问题的规定》第16条❷规定的申请错误后果的，申请人即应当赔偿因申请行为保全而给被

---

❶ 姚建军. 中国商业秘密保护司法实务［M］. 北京：法律出版社，2019：146.
❷ 《最高人民法院关于审查知识产权纠纷行为保全案件适用法律若干问题的规定》第16条："有下列情形之一的，应当认定属于民事诉讼法第一百零五条规定的'申请有错误'：（一）申请人在采取行为保全措施后三十日内不依法提起诉讼或者申请仲裁；（二）行为保全措施因请求保护的知识产权被宣告无效等原因自始不当；（三）申请责令被申请人停止侵害知识产权或者不正当竞争，但生效裁判认定不构成侵权或者不正当竞争；（四）其他属于申请有错误的情形。"

申请人造成的损失，而不考虑其是否存在过错。❶

《江苏省高级人民法院侵犯商业秘密民事纠纷案件审理指南（修订版）》第7.2条规定："坚持及时保护与稳妥保护兼顾原则。被申请人试图或者已经以不正当手段获取、披露、使用或者允许他人使用原告所主张的商业秘密，不采取行为保全措施会使判决难以执行或者造成当事人其他损害，或者将会使原告的合法权益受到难以弥补的损害的，法院可以依法裁定采取行为保全措施。前款规定的情形属于《民事诉讼法》第一百条、第一百零一条所称情况紧急的，法院应当在四十八小时内作出裁定。"

## 第二节 证据保全

知识产权证据具有专业性、隐蔽性、技术性以及易被篡改的特性，其证据的审查和认定具有特殊性。在司法实践中，知识产权诉讼证据毁损、灭失和难以取得的情形时有发生，由此我国的证据保全制度应运而生。知识产权权利人保全相关证据，除了向公证处申请证据保全公证、采用电子存证平台保全电子证据、向具有知识产权保护职能的行政监管部门报告并要求调查取证之外，更多的是向受案法院申请证据保全。结合《民事诉讼法》第81条、《最高人民法院关于民事诉讼证据的若干规定》第27条第2款，对于可能灭失或者以后难以取得的证据，权利人可以及时向法院申请证据保全取得证据，从而有效维护知识产权权利人的合法权益。

### 一、证据保全的一般规定

知识产权纠纷案件证据保全是指人民法院在审理知识产权纠纷案件过程中，在证据可能灭失或者以后难以取得的情况下，对于相关证据进行收集、固定、保管等活动，以保全其证明力的措施。在证据可能灭失或者以

---

❶ 姜广瑞，黄心怡. 诉前行为保全的适用［J］. 人民司法，2020(35).

后难以取得的情况下,申请人可以在诉讼过程中依法向法院申请保全证据。因情况紧急,在证据可能灭失或者以后难以取得的情况下,申请人可以在提起诉讼前依法向法院申请保全证据。知识产权纠纷案件证据保全一般依当事人申请而由人民法院采取证据保全措施。人民法院认为必要时,也可以由人民法院依职权主动采取证据保全措施。知识产权纠纷案件证据保全应当限于申请人申请的范围。证据保全申请应当明确保全证据的证据内容和方法。

在侵犯商业秘密民事纠纷案件审理中,权利人难以自行取证的证据主要是指由侵权人所控制管理的且无法从外部直接予以取证的相关材料,一类是被告侵权的相关证据;另一类是被告通过侵权获利的相关证据。主要有以下几种:(1)由侵权人直接控制的、用以生产被诉侵权产品的专用模具、专用设备及被诉侵权产品的半成品;(2)可反映生产或销售被诉侵权产品的数量、金额以及利润的财务账册或报表、生产记录、仓储记录、销售合同、报价单、销售发票等;(3)复制电脑及各种数据储存器中涉嫌侵权的程序、图纸、技术资料以及内部管理资料、客户资料等;(4)其他难以自行取得的证据。对此,应当由原告提供其权利受到侵害且被告能够接触或者获取涉案商业秘密的初步证据后可能获得法院的准许,或者在符合《反不正当竞争法》第32条规定的情形下,由法院要求被告提交证明其不存在侵犯商业秘密行为的相关证据。

人民法院依法要求当事人提交有关证据,其无正当理由拒不提交、提交虚假证据、毁灭证据或者实施其他致使证据不能使用行为的,人民法院可以推定对方当事人就该证据所涉证明事项的主张成立。对于人民法院已经采取保全措施的证据,当事人擅自拆装证据实物、篡改证据材料或者实施其他破坏证据的行为,致使证据不能使用的,人民法院可以确定由其承担不利后果。在邹城兖煤明兴达机电设备有限公司(以下简称明兴达公司)、兖州市量子科技有限责任公司(以下简称量子公司)侵害商业秘密纠纷一案❶中,法院认为,由于明兴达公司对被查封设备进行转移、拆卸

---

❶ 最高人民法院(2017)最高法民申1650号民事裁定书。

后，其已经对能够进行同一性比对的设备进行了实质性破坏，因此无法根据被破坏后的查封设备进行特定部分工装工艺的比对。在此情况下，至少对于被诉侵权设备所反映的部分工装工艺技术秘密点，明兴达公司应当承担证明其未侵害量子公司相应技术秘密的举证责任。

## 二、证据保全的考量因素

在侵犯商业秘密民事案件中，因秘密载体的特殊性，原告在提交有关被告使用技术信息或经营信息的直接证据以及被告获利等相关证据时往往存在一定难度，在此情况下原告通常在诉讼中会申请证据保全。在审查和实施证据保全时，法院一般会重点考量以下问题。

### （一）证据保全的必要性

对商业秘密案件中证据保全必要性的审查通常分两步：对于权利主体能够自行收集、取得或者通过公证、电子证据保全等方式固定的证据材料，法院一般不予准许其证据保全申请；对权利主体确因客观条件难以获取的证据材料，法院会结合原告诉讼请求进行进一步审查，即审查保全对象是否与诉争商业秘密具体内容、被诉侵权行为、被告违法所得等存在直接关联。需要注意的是，证据保全属于在特定情形下对申请人举证能力的补强，而非替代、免除、转移申请人的举证义务和责任。证据保全的范围不能超出原告主张权利的范围。商业秘密案件中财产保全的同时已实现证据保全目的时，法院对证据保全的申请不予支持。❶ 在司法实践中，对证据保全申请的审查既包括对保全申请书所记载的事项要素是否完备的形式审查，也包括对保全是否存在必要性和可行性的实质审查。在四川金石东方新材料设备股份有限公司（以下简称金石公司）与长沙锐信管业有限公司（以下简称锐信公司）、昆山通塑机械制造有限公司（以下简称通塑公司）专利权权属纠纷一案❷中，原告金石公司先后于 2015 年 6 月 19 日、8 月 19

---

❶ 浙江省绍兴市中级人民法院（2012）浙绍知初字第 77 号民事判决书。
❷ 湖南省长沙市中级人民法院（2015）长中民五初字第 01172 号民事判决书。

日、9月1日三次向法院申请保全该案的侵权证据，并于后两次申请中附带提交了显示机器设备等内容的照片10张、调解书以及律师出具的《法律意见书》，拟初步证明二被告存在侵权事实。之后，原告向法院再次提出保全申请并附带多份网页材料打印件，请求对被告锐信公司使用的钢带波纹管生产线的侵权设备进行证据保全或者调查取证。法院经审查后认为原告所提交的证明材料不能证明与被告的关联性，无法反映与该案诉争事实之间的关联，也无法初步证明被告锐信公司正在使用被诉侵权设备且该设备来源于被告通塑公司。最终法院对原告证据保全的申请未予准许。

（二）证据保全的特殊性

商业秘密不具备外显性，也不具备排他性，原告证明其享有商业秘密、明确商业秘密保护范围即存在一定难度，再证明他人存在侵犯其商业秘密的行为难度更大，因此在原告初步证明其享有权利基础且被诉侵权行为可能存在的情况下，法院若不及时采取证据保全措施，可能导致相关证据材料以后难以取得甚至灭失，故此类案件的证据保全较其他类型的案件更具有必要性和紧迫性。但同时，正是基于上述特征，法院在判断原告胜诉可能性方面难度会更大。因此，在决定是否采取保全措施时，也要充分考虑证据保全错误可能给被申请人造成的影响甚至损失。

（三）证据保全的可执行性

在商业秘密案件中，证据保全的对象多涉及被告的仪器设备、工艺流程、技术图纸、产品信息、客户信息、办公电脑、计算机软件、电子邮件、财务报表等。若原告申请证据保全的材料范围过于宽泛、指向不明，则可能影响证据保全的可执行性。在上海环伟生物科技有限公司与陈某昌、袁某民等侵害商业秘密纠纷一案[1]中，法院认为，证据保全的前提是明确该证据的具体下落，双方当事人都不能证明该证据在何处的，法院对证据保全的申请不予支持。此外，若原告申请保全被告正在使用、运营的机器设备或者生产资料，考虑到原告胜诉可能性以及保全错误可能造成的损失，一般不采取扣押、封存等方式，可以通过对争议部分进行拍照、录像的方

---

[1] 上海市高级人民法院（2014）沪高民三（知）终字第43号民事判决书。

式固定相关内容，或者在尽量不影响设备整体运转的情况下对争议部分进行局部查封。若涉案商业秘密专业技术性较强，可根据需要聘请专家辅助人或技术专家参加保全，进行现场勘验并做好记录。

在浙江中隧桥波形钢腹板有限公司（以下简称中隧桥公司）、郑州恒天大建桥梁钢构有限公司（以下简称恒天公司）、河南大建波形钢腹板有限公司（以下简称大建公司）、成都华川公路建设集团有限公司（以下简称华川公司）侵害发明专利权纠纷一案❶中，最高人民法院认为，法院依申请进行证据保全适用于证据可能灭失或者以后难以取得的情形。由于侵权行为的复杂性，尤其是在侵权行为通常较为隐蔽的知识产权领域中，人民法院在衡量个案情形是否符合法律关于依申请证据保全的条件时，应当基于申请人提交的初步证据和在案事实，充分运用日常生活经验和逻辑推理，在全面审查申请保全所依据的初步证据与待证事实之间的关联性、证据保全的必要性和可行性等因素的基础上，对是否准许证据保全申请作出综合判断。在审判实践中，证据保全是否存在必要性，一般需要审查以下几个方面：申请保全的证据是否与案件事实存在关联性，并具有较强证明力；申请保全的证据是否存在灭失或者以后难以取得的紧迫性；申请人是否穷尽了合理合法的取证手段仍不能取得相关证据。具体到该案，法院评述如下：

（1）中隧桥公司提交初步证据与被诉侵权事实之间具有较强的关联性。首先，涉案专利要求保护的是一种转角强化不等厚型波形钢板，与恒天公司、大建公司制造的波形钢腹板，以及涉案桥梁中所使用的波形钢腹板系同类产品。而且，"河南大建波形钢腹板有限公司"网站的"产品介绍"栏目中所披露的波形钢腹板产品形状、规格信息，已经能较为清晰地反映出被诉侵权产品具有与涉案专利权利要求中的"转角单元""第一直线段""转角弧""第二直线段"等相对应的技术特征。其次，恒天公司、大建公司系波形钢腹板生产、施工企业，华川公司系涉案工程即太行山高速公路邯郸段工程项目的总承包方。同时，根据《高速公路邯郸段波形钢

---

❶ 最高人民法院（2020）最高法知民终 2 号民事裁定书。

腹板施工合同》，恒天公司是以涉案波形钢腹板桥梁工程分包人兴发公司的施工监理方和项目担保人的身份，参与到涉案工程的波形钢腹板的安装施工工程中，恒天公司、大建公司、华川公司等与被诉侵权行为存在密切关系。因此，中隧桥公司提供的初步证据与其所主张的恒天公司、大建公司、华川公司等实施的被诉侵权行为具有较强的关联性。

（2）中隧桥公司申请法院证据保全具有紧迫性、必要性。首先，中隧桥公司向原审法院申请保全的证据具有"以后难以取得"的紧迫性。中隧桥公司在原审中申请法院保全涉案工程中涉嫌侵害涉案专利权的产品时，涉案工程正处在施工过程中。一旦施工完毕，在不进行破坏性拆解的情况下，仅从外部无法测量被诉侵权产品的厚度等技术特征。由此可见，中隧桥公司在原审中申请法院保全涉案工程施工过程中的被诉侵权产品，确有紧迫性。其次，中隧桥公司已穷尽合理合法的举证手段，进一步举证证明恒天公司等实施了侵权行为存在客观困难。被诉侵权产品并非可以通过市场交易等方式方便获得的日常消费品和一般工业原材料，而是专用于桥梁建设等大型基建项目，一般通过招投标方式组织生产、流通和使用。对于招投标主体、施工方的单位和个人以外的其他单位和个人而言，其难以通过正常、合法渠道接触到此类产品。虽然华川公司陈述涉案工程并非封闭施工，其不可能做到限制所有无关人员出入工地，但其亦承认根据该公司的工地管理制度规定，只有在有正当理由且保证安全的情况下外部人员才可被允许进入工地。且被诉侵权产品系支撑桥面的结构件之一，安装在离地数十米的高度，不利用工地的装备难以对其准确勘测。在此情形下，要求中隧桥公司自行进一步举证被诉侵权产品的具体结构，达到可以与专利权利要求书记载的技术特征逐项进行比对的程度，对中隧桥公司的举证能力要求过于严苛。故中隧桥公司在原审中申请法院保全涉案工程中涉嫌侵害涉案专利权的产品确有必要性。最后，中隧桥公司申请保全的证据系其维权的必要和更具证明力的证据。虽然中隧桥公司提交的初步证据显示了被诉侵权产品具有涉案专利权利要求记载的部分技术特征，也在恒天公司、大建公司、华川公司与被诉侵权行为之间建立起初步联系，但要判定被诉侵权技术方案是否落入涉案专利权的保护范围，以及被诉侵权人各自

第七章　商业秘密诉讼中的保全

实施的行为是否构成侵权，则必须在查明被诉侵权产品的转角厚度等相关技术特征信息的基础上才能作出准确判断。同时，涉案工程中使用的被诉侵权产品也是能够证明被诉侵权事实是否存在的最具证明力的证据。综上，在中隧桥公司进一步取证存在困难的情形下，其向原审法院提出要求对涉案工程中涉嫌侵害涉案专利权的产品进行证据保全具有紧迫性和必要性。

（3）中隧桥公司向原审法院申请证据保全具有可行性。在本案原审阶段，中隧桥公司申请原审法院对涉案工程中使用的被诉侵权产品采取证据保全措施时，涉案工程正处于施工阶段，原审法院可依法对涉案工程中使用的被诉侵权产品进行证据保全，通过对堆放在场地的原材料进行测量、取样等方式，获得被诉侵权产品的相关技术特征，而且前述证据保全方式既不存在技术上的困难，又不会对属于重大公共工程的涉案工程的施工进度产生严重不利影响，具有实施保全措施的可行性。

综上，根据在案已查明的事实，中隧桥公司原审提出的对在涉案工程中使用的被诉侵权产品进行证据保全的申请已经符合人民法院依申请进行证据保全的适用条件。原审法院未对中隧桥公司提出的证据保全申请进行全面审查，而是简单予以驳回，导致该案与侵权认定有关的基本事实不清，有所不当，二审法院予以纠正。

（四）保全费及担保问题

知识产权纠纷案件申请证据保全可能造成被申请人财产损失的，人民法院可以责令申请人提供相应的担保。在司法实践中，财产保全的保全费依据其保全金额收取，但证据保全的保全费是否收取、以何标准收取，是否需要当事人提供一定数额或形式的财产担保，需个案判断。商业秘密案件的特殊性使得证据保全更具必要性，但此类案件原告较低的胜诉率也更容易使证据保全行为受到被告的质疑，甚至提出其合法利益因保全行为受损的主张。在此情况下，法院应当根据具体案情，要求原告提供一定的担保。❶这是对当事人双方利益的平衡，当证明申请证据保全错误时可对被

---

❶ 北京市高级人民法院知识产权庭课题组.《反不正当竞争法》修改后商业秘密司法审判调研报告[J]. 电子知识产权，2019(11).

申请人提供一定的救济，也是在提醒申请人审慎提出申请，减少其滥用证据保全制度。

（五）防止泄密

在实施保全过程中，为防止被申请人的秘密信息被不当泄露，应当尽量避免申请方接触被保全信息，必要时可以通过委托或者聘请与双方无利害关系的第三方专家参与保全，及时甄别并排除超范围查封的内容。

# 第八章
# 预防侵害商业秘密诉讼中二次泄密

## 第一节 商业秘密权利人如何避免商业秘密二次泄露

商业秘密权利人在起草起诉状时，应仅对要求法院保护的商业秘密进行概括性归纳与陈述，不对秘密点进行详细说明。提交证据时，把握立案尺度，先提交可以保证通过立案的部分证据，再在举证期限内补交证据。并且在所有的证据材料上注明"保密"字样，以警示所有获得证据材料的人注意保密。商业秘密权利人应尽可能仅提交涉密内容已经被被告知悉的证据材料。如果商业秘密权利人不得不提交包含尚未被被告所知悉的商业秘密的证据材料，则商业秘密权利人应对该等证据材料进行节选，从而保证即使被告获得该等证据材料，也无法还原、获取商业秘密权利人的商业秘密。

涉及商业秘密的案件，双方当事人可以申请不公开审理。当事人可以申请法院在互联网公布裁判文书时删除涉及商业秘密的信息。请求法院签发《保密令》，要求诉讼参与人签署《保密承诺书》并申请对涉密证据不予交换，仅通过当庭出示的方式由对方当事人发表质证意见，且不得复制、摘抄、拍照、录像等。《北京知识产权法院侵犯商业秘密民事案件诉讼举证参考》第53条规定："双方当事人所提交证据涉及商业秘密或者其他需要保密的商业信息的，当事人可以申请法院在证据保全、证据交换、举证质证、委托鉴定、询问、开庭等诉讼活动中采取必要的保密措施，保密措施包括但不限于以下情形：（1）针对不同诉讼环节，申请对接触涉密证据的人员范围作出限制；（2）要求接触涉密证据的当事人签订保密承诺书；（3）申请对涉密证据不予交换，仅通过当庭出示的方式由对方当事人发表质证意见；（4）对于证据中需要保密的部分进行不影响案件审理的遮挡；（5）申请采取其他必要的保密措施。"

## 第二节　法院应当注意防止商业秘密二次泄露

商业秘密保护的信息具有无形性的特点，一旦脱离权利人的控制，就很难再通过物理手段限制商业秘密信息的扩散和传播。在司法实践中，权利人维权顾虑多的重要原因之一就在于担心诉讼活动中的"二次泄密"，尤其是在证据保全、证据交换、委托鉴定等环节，商业秘密被泄露甚至被违法披露的风险更大。对于被诉侵权人以及案外人，也会面临在诉讼中如何保护其商业秘密的问题，故《最高人民法院关于审理侵犯商业秘密民事案件适用法律若干问题的规定》第21条对人民法院在诉讼活动中采取必要的保密措施作出规定："对于涉及当事人或者案外人的商业秘密的证据、材料，当事人或者案外人书面申请人民法院采取保密措施的，人民法院应当在保全、证据交换、质证、委托鉴定、询问、庭审等诉讼活动中采取必要的保密措施。违反前款所称的保密措施的要求，擅自披露商业秘密或者在诉讼活动之外使用或者允许他人使用在诉讼中接触、获取的商业秘密的，应当依法承担民事责任。构成民事诉讼法第一百一十一条规定情形的，人民法院可以依法采取强制措施。构成犯罪的，依法追究刑事责任。"当事人及其他诉讼参与人违反前述司法解释规定的保密措施的，应依法承担相应的法律责任。法院工作人员对其接触或知悉的秘密信息承担保密义务。对违反保密义务者，视不同情况，依照相关法律规定，依法处理。

# 第八章　预防侵害商业秘密诉讼中二次泄密

商业秘密诉讼中的防止二次泄密问题，不仅是当事人自己应当注意的事项，同样也是法官应当注意的事项。如果因为审理而导致诉讼当事人发生二次泄密，则意味着司法行为对于当事人造成了二次损害，这不仅会严重影响司法权威，同时会极大地阻碍权利人通过诉讼程序维护自己的合法权益，从而严重损害诉讼作为商业秘密保护的机制的运转甚至存在。因此，《最高人民法院关于知识产权民事诉讼证据的若干规定》第26条进一步规定："证据涉及商业秘密或者其他需要保密的商业信息的，人民法院应当在相关诉讼参与人接触该证据前，要求其签订保密协议、作出保密承诺，或者以裁定等法律文书责令其不得出于本案诉讼之外的任何目的披露、使用、允许他人使用在诉讼程序中接触到的秘密信息。当事人申请对接触前款所称证据的人员范围作出限制，人民法院经审查认为确有必要的，应当准许。"

法院在保全、证据交换、质证、现场勘验、鉴定、询问、庭审等诉讼活动中，对于涉及当事人或者其他利害关系人秘密信息的证据、材料，经其书面申请或者经记录在案口头申请采取保密措施的，应当采取必要的保密措施。

## 一、不公开审理

《民事诉讼法》第120条规定："人民法院审理民事案件，除涉及国家秘密、个人隐私或者法律另有规定的以外，应当公开进行。离婚案件，涉及商业秘密的案件，当事人申请不公开审理的，可以不公开审理。"

最高人民法院《关于执行〈中华人民共和国民事诉讼法〉若干问题的解释》第121条规定："审判案件应当公开进行。对于当事人提出申请的确属涉及商业秘密的案件，法庭应当决定不公开审理。"

根据上述规定，在实践中我国法院审理大部分商业秘密的案件都经当事人申请后实行不公开审理，避免商业秘密在审理过程中再次泄密。我国一些地方性法院在指导性意见中更加明确法官告知当事人享有申请不公开审理的义务。例如，《河南省高级人民法院关于印发〈河南省高级人民法院商业秘密侵权纠纷案件审理的若干指导意见（试行））的通知》中提出：审理商业秘密侵权纠纷案件，人民法院可以依照《民事诉讼法》第121条之规定，告知当事人享有申请不公开审理的权利。当事人申请不公开审理的，人民法院一般应予准许。

法院应当通过询问、书面告知等方式对保护秘密信息作出双向风险提示。当事人或者利害关系人书面申请或经记录在案口头申请不公开开庭审理的，法院应当不公开审理。

## 二、质证方式的运用

（一）分阶段如何举证及披露证据

对于权利人的举证要求，视其拥有的商业秘密的等级程度及其所指控的被诉侵权人获知其商业秘密内容的程度，可要求权利人分阶段、分层次举证；对于已被被诉侵权人获知的商业秘密或者商业秘密程度较低的内容先举证，对于尚未被披露、尚未被被诉侵权人掌握或完全掌握、关键性的商业秘密可要求向合议庭举证，对于经济价值很高的商业秘密证据，不进行当事人之间的直接质证，而要求被诉侵权人作出是否合法获取的举证抗辩。

双方当事人应当围绕原告明确主张的商业秘密范围质证，原告未明确主张的商业秘密内容不纳入质证范围。对于被告主张的涉及其秘密信息的证据，应当视原告举证责任的完成情况，逐步披露给原告质证。符合2019年《反不正当竞争法》第32条规定情形的，被告应当将其生产技术等相关证据披露给原告质证。《最高人民法院关于充分发挥知识产权审判职能作用　推动社会主义文化大发展大繁荣和促进经济自主协调发展若干问题的意见》第25条规定："完善商业秘密案件的审理和质证方式，对于涉及商业秘密的证据，要尝试采取仅向代理人展示、分阶段展示、具结保密承诺等措施限制商业秘密的知悉范围和传播渠道，防止在审理过程中二次泄密。"

## 第八章　预防侵害商业秘密诉讼中二次泄密

（二）第三方专家筛选或审查

双方协商选择或经双方同意由法院选聘的专家审查、筛选相关证据的，由该第三方专家审查筛选确定最小范围涉及秘密信息的证据交予对方质证。

对较为敏感或价值较大的涉及秘密信息的证据，可以根据当事人或利害关系人申请不交予对方质证，直接交由第三方专家审查，但专家审查意见需交由当事人质证。

第三方专家可以通过协商或者由法院指定等方式在法院技术专家库中确定。

对于需要技术鉴定的重大商业秘密，如化学配方等，人民法院在委托鉴定时，应要求鉴定机构严格选定鉴定人员，明确保密责任。鉴定机构出具的鉴定文书，只交给委托鉴定的人民法院，不得向当事人泄露。鉴定文件的质证，仅告知当事人鉴定结论，不向各方宣读他们的比对材料等具体内容，当事人如有相反意见，可向人民法院提出。

（三）限制复制或摘抄

1. 应限制诉讼当事人各方参加人员的数量

承办商业秘密案件的诉讼参与人，因参与诉讼而知晓相关技术原理，如不合理设置其履职中的保密义务，也可能造成商业秘密的二次泄露。应严格控制诉讼参与人员范围，一般情况商业秘密内容若不涉及专业技术内容，诸如商业计划、客户信息等，参加人员可限制为代理律师，其他人员一律不得参加。若与专业技术相关，除代理人外，一方技术人员应限于1～2名，技术人员参与诉讼需要了解相关商业秘密的，需经司法机关许可。且技术人员名单选定后，无正当理由不得轻易变更，避免诉讼当事人一方变相增加参加证据交换技术人员数量。所有参与人员在诉讼过程中应严格履行保密义务，并要求签署《保密承诺书》，保证不披露、使用或者允许他人使用其在诉讼中接触到的商业秘密，否则应承担相应的法律责任。

2. 涉密证据交换一律禁止复制，也不得摘抄

《最高人民法院关于充分发挥知识产权审判职能作用　推动社会主义文化大发展大繁荣和促进经济自主协调发展若干问题的意见》第25条规

定"采取仅向代理人展示"涉密证据,《最高人民法院关于审理因垄断行为引发的民事纠纷案件应用法律若干问题的规定》第 11 条规定:"证据涉及国家秘密、商业秘密、个人隐私或者其他依法应当保密的内容的,人民法院可以依职权或者当事人的申请采取不公开开庭、限制或者禁止复制、仅对代理律师展示、责令签署保密承诺书等保护措施。"根据上述规定,对于涉及秘密信息的证据,人民法院要求当事人及其诉讼代理人在质证、勘验、询问、庭审等诉讼活动中可以查阅,不得复制、摘抄、拍照、录像等。为保证证据交换顺利进行,人民法院应给诉讼参与人充分时间,可以要求证据交换当场发表质证意见。

### 三、保密要求

(一)签署保密承诺书

在保全、证据交换、质证、现场勘验、鉴定、询问、庭审等诉讼活动中,法院应当要求当事人及其诉讼代理人、其他允许参加诉讼的人员签署书面承诺,保证不披露、使用或允许他人使用其可能接触到的秘密信息。承诺书的内容应当包括承诺人、承诺事项、法律依据、违反保密承诺的法律后果等。

(二)签发保密令

当事人可以申请法院责令被申请人不得披露、使用或允许他人使用其在各项诉讼活动中接触到的秘密信息内容。经审查,确有必要采取保密令措施的,法院可以作出民事裁定,责令被申请人承担保密义务,禁止从事上述行为。裁定内容应当包括受保密令约束的对象,相关秘密信息内容,作出保密令的事实、理由及法律依据,禁止其从事的具体行为,违反保密令的法律后果等。

(三)裁判文书的制作、送达

在文书制作过程中,文书正本不记载涉密内容,仅以编号或者名称取代,涉密内容通过文书附件记载,向当事人送达文书正本,不予送达记载涉密内容的附件。

（四）保密流程

对于涉及秘密信息的裁判文书附件、证据、笔录等材料进行封存，并单独立卷保管，加密标记，限定查阅人员范围，以防止因诉讼材料保密不当导致涉密信息被泄露。法院应当强化保密意识，从立案到执行、归档阶段，均设置有别于普通案件的保密流程和措施，如不予扫描上网、限制网上查阅等。

法院可以在办案系统中装设相应保密软件，如对商业秘密案件在流转程序中添加保密提示标签，并通过权限配置等方式，仅限合议庭成员、执行人员、法官助理、书记员查看涉密材料。

证据强制互换质证与商业秘密私密属性是一对天然的矛盾体，如何修正质证层面的程序瑕疵是在当前加强知识产权保护背景下立法与司法亟待解决的问题。

# 第九章
# 经营信息商业秘密的司法保护

商业秘密原本仅包括两种形式,即技术信息和经营信息,2019年修正《反不正当竞争法》时扩大了商业秘密类型,将商业秘密界限扩大至技术信息和经营信息等商业信息,即商业秘密为商业信息,而商业信息的具体形式除包括技术信息和经营信息之外,还存在其他形式等。例如,故事主题、情节构思、广告宣传创意、特殊训练方法等文学、艺术、教育、医疗卫生等方面的信息,属于除技术信息和经营信息之外的其他商业信息,在符合商业秘密保密性、秘密性、价值性的基础上,同样可作为商业秘密进行保护。除技术信息和经营信息之外的其他商业信息的保护可以参照技术信息和本章内容。技术信息和经营信息是商业秘密权利的主要客体,相对技术信息而言,经营信息有一定特殊性,本章主要针对经营信息的相关特殊性展开说明。

## 第一节 侵害商业秘密纠纷中经营信息的司法认定

经营信息是指能够促进经营活动、带来竞争优势的信息。1995年《关于禁止侵犯商业秘密行为的若干规定》第2条第5款所列举的"管理诀窍、客户信息、货源情报、产销策略、招投标中的标底及标书内容",《最高人民法院关于审理侵犯商业秘密民事案件适用法律若干问题的规定》第1条第2款列举的"与经营活动有关的创意、管理、销售、财务、计划、样本、招投标材料、客户信息、数据等信息,人民法院可以认定构成反不正当竞争法第九条第四款所称的经营信息",都属于典型和常见的经营信息。

根据上述法律规定,经营信息一般包括三方面的内容:(1)管理信息:包括财务状况、资信情况、组织结构、人员改组计划、人员配备情况、资产购置状况、技术装备水平等。(2)业务信息:包括原材料来源、地区及渠道,原材料供应商信息,推销手段,对外业务合同,产品和服务的价格,招标底数、投标报价,客户信息,广告计划,营销计划,兼并计划等。(3)估价信息:包括对原材料供应发展前景的研究资料及研究结论,对市场调研的结果,对代理商、中间商、合作人资信情况的估价,对兼并对象的研究资料和研究报告等。

经营信息与技术信息相同,寻求法律保护须符合商业秘密法律规定,即具备不为公众所知悉、价值性、采取相应保密措施等条件。在衢州万联网络技术有限公司与周某民等侵犯商业秘密纠纷一案[1]中,法院将网站用户注册信息数据库作为商业秘密依法予以保护。在该案中,法院认为,网站用户注册信息数据库是相关网站的核心资产,符合秘密性、实用性、保密性三大法定构成要件时,可作为商业秘密依法予以保护。

## 一、构成商业秘密的经营信息应具备秘密性

经营信息的秘密性,即经营信息中区别于公知信息,能够使权利人在市场竞争中保持竞争优势,为权利人带来经济利益的深度信息。

经营信息的秘密性主要表现在有关信息相较于公知信息的不同之处。就经营、管理方面而言,表现为不同于常规经营策略、管理手段的先进经营理念;就客户信息而言,表现在与客户的洽谈、交易过程中形成的关于

---

[1] 上海市高级人民法院(2011)沪高民三(知)终字第100号民事判决书。

需求习惯、经营规律、价格承受能力等特定化信息。例如，在克拉玛依金驼运输服务有限公司与克拉玛依市凯隆油田技术服务有限公司、谭某不正当竞争纠纷一案[1]中，法院认为，涉案标书内容中的标底降幅不为公众和其他投标单位所知晓，因此具有秘密性。秘密性可以说是构成商业秘密的经营信息与普通经营信息的分界线。

对于经营信息而言，秘密点相对抽象，其本身无法像技术类信息那样可以直接通过技术要点来确定，也无法通过检索、查询来确定其中的秘密点。对于经营信息秘密性的认定，在司法实践中并不像技术信息那样采取鉴定的方式进行。

对于技术信息类商业秘密而言，司法鉴定方式因其专业性而具有科学性和合理性。但是，对于经营信息等其他类型的商业秘密而言，如客户信息，运用"公知性"司法鉴定方法则稍显不妥：一方面，客户信息中的一般信息无须专业人士运用专业知识进行判断，审判人员、当事人及其代理人均可根据常识进行判断。客户信息中的深度信息虽然包含了客户交易习惯、特殊需求等内容，较一般信息难以甄别，但是，尚未达到需要专门人员利用专业知识进行判断的程度。另一方面，客户信息具有独特性，除通过窃取等手段获得他人客户信息外，不同的主体之间几乎不可能存在完全相同的两份客户信息，即客户信息不可能通过"研发"取得，尽管通过市场开拓手段能形成客户信息，但是市场开拓所指向的客户信息内容具有不确定性和未知性，通过市场开拓所获的客户信息并不会像技术研发那样指向特定成果，因此，除权利人自己泄露或被侵权行为人泄露外，客户信息不可能被公开，而一旦在公开领域出现权利人的客户信息，则无须任何专门知识即可甄别，"公知性"鉴定缺乏必要性。[2]

---

[1] 一审：新疆维吾尔自治区克拉玛依市中级人民法院（2016）新 02 民初 87 号民事判决书。二审：新疆维吾尔自治区高级人民法院（2017）新民终 53 号民事判决书。申请再审：最高人民法院（2018）民申 5 号民事裁定书。再审：最高人民法院（2018）最高法民再 389 号民事判决书。

[2] 张志胜. 商业秘密分类保护与案例评析［M］. 北京：法律出版社，2022：12.

## 第九章 经营信息商业秘密的司法保护

比较常见的作为商业秘密保护的其他经营信息❶有：投标日期截止前为争取中标而按照招标要求和条件制定的投标文件，在符合商业秘密法定要件的情况下，可构成商业秘密。❷ 以书稿为载体的相关图书出版策划创意、编排体例、内容选取等信息，可构成《反不正当竞争法》所称的商业秘密，依法应当予以保护。❸ 尚未上映的电影作品素材，即使其组成部分已经为公众所知悉，但只要各个部分相互组合取得全新的意义，即可作为商业秘密得到保护。❹ 反映公司完整商业模式的营销培训产品系统信息可用于构建、完善自身的商业销售模式，无法被所属领域相关人员甚至普通员工普遍知悉和获得，在采取合理保密措施的情况下，可构成商业秘密。❺ 从大量房地产开发信息中通过筛选、调查、分析等制作的项目利润分析报告可构成商业秘密。❻ 相关合同中记载的市场销售计划、主要规格产品参数、销售价格及与客户签订合同的固定格式等经营信息可构成商业秘密。❼ 通过一对一谈判所得产品进价或与固定客户的成交价可构成商业秘密。❽ 反映公司及内设部门某一特定时期财务状况和经营成果的内部财务分析报告可构成商业秘密。❾

### 二、构成商业秘密的经营信息应具有价值性

对于经营信息的价值性，应当从以下方面考虑：如果是贸易秘密，则该类商业秘密以商品采购、销售、营销网络、经营渠道的构筑为内容，对

---

❶ 客户信息单列一节，本节主要分析客户信息之外的经营信息，故称其为其他经营信息。
❷ 云南省高级人民法院（2017）云民终226号民事判决书。
❸ 北京市高级人民法院（2013）高民终字第34号民事判决书。
❹ 北京市朝阳区人民法院（2017）京0105发初68514号民事判决书。
❺ 南京铁路运输法院（2017）苏8602民初708号民事判决书。
❻ 最高人民法院（2013）民三终字第6号民事判决书。
❼ 山东省高级人民法院（2016）鲁民终310号民事判决书。
❽ 苏州市中级人民法院（2016）苏05民初662号民事判决书。
❾ 深圳市中级人民法院（2015）深中知民终字第1222号民事判决书。

其价值的认定应以该贸易秘密是否能够降低原材料成本和商品采购价格、拓展商品销售渠道或提高销售价格等为依据；如果是管理秘密，则该类商业秘密以管理主体提高劳动生产率、节约原材料或能源消耗、促进生产要素的更优化组合为内容，对其价值的认定应以是否能降低成本、提高劳动生产率为依据。

除此之外，在一般情况下，权利人需付出一定的代价才能形成构成商业秘密的经营信息。这里的代价，指权利人所付出的商业努力。不经一定的商业努力可以轻易获得的经营信息显然不具有秘密性。权利人开发商业秘密付出了相当的投入，如创造性劳动与时间、资金的投入，从而导致商业秘密能够区别于一般公知信息。以客户信息为例，在实践中包括但不限于以下几种情形：（1）组织人员从事专门的客户信息采集并投入时间和精力进行编撰、整理、提炼；（2）按客户特点、经营规模等归类汇编，或者根据对客户的公开报道、客户网页等进行判断分析形成特殊信息；（3）对长期商务往来、交易磋商过程的资料进行总结等。如果其他竞争者不花费一定劳动和努力就能轻易获取相同或近似的结果，则该信息不能被认定为商业秘密。

### 三、权利人主张经营信息构成商业秘密的，应明确相应的保密措施

经营信息保密措施与技术秘密保密措施从管理角度来讲是统一的，对此，请参考本书"相应保密措施"一节，不再赘述。

## 第二节　客户信息

经营信息类商业秘密在实践中发生争议最多的就是客户信息，对于许多企业来说，经过自己长期开发并与客户发生交易行为，获取客户的联系方式，了解客户的交易习惯，并通过总结客户的需求从而形成自己独有的

## 第九章　经营信息商业秘密的司法保护

客户信息，这些客户信息能给企业创造经济效益。

客户信息，是指经营者将其作为交易对象的客户名录、地址以及交易习惯、意向、内容等其他资料。客户信息是商业秘密的一种典型表现形式，客户信息的商业秘密争议较为常见。截至 2022 年 12 月 31 日，在威科先行数据库公开的涉及商业秘密侵权纠纷案件判决书中，涉及技术秘密纠纷的判决书共计 162 件，涉及经营秘密纠纷的判决书共计 192 件。其中，对于经营信息纠纷案件，一审全部或部分支持的比例仅为 25%。有关客户信息的纠纷通常都是因为业务人员跳槽到竞品公司引发的，企业人员流动带走客户已成为企业商业秘密流失的主要渠道，企业若不采取合理措施保护客户信息，就难以主张将客户信息作为商业秘密予以保护，从而导致维权困难。客户信息的构成需要审查构成该信息的客户是否具有特殊性、是否通过花费相当的时间和经费获得、是否易于从公开渠道获得等，根据个案的情况进行综合判断。

商业秘密中的客户信息不是客户名称、地址及联系方式等信息的简单组合。其不仅要符合商业秘密的一般要件，还应包含特有或具有特殊性的信息内容，且在一般情况下，该特有或具有特殊性的信息内容非经一定商业努力不易获得。例如，在麦达可尔（天津）科技有限公司、华阳新兴科技（天津）集团有限公司侵害商业秘密纠纷一案[1]中，法院认为，首先，在当前网络环境下，相关需方信息容易获得，且相关行业从业者根据其劳动技能容易知悉；其次，关于订单日期，单号，品名、货品规格，销售订单数量、单价、未税本位币等信息均为一般性罗列，并没有反映某客户的交易习惯、意向及区别于一般交易记录的其他内容。在没有涵盖相关客户的具体交易习惯、意向等深度信息的情况下，难以认定需方信息属于反不正当竞争法保护的商业秘密。在杭州杭诚专利事务所有限公司（以下简称杭诚专利所）、侯某玉、嘉兴永航专利代理事务所侵害商业秘密纠纷一案[2]中，一审原告在案件中主张的客户信息包括客户联系人地址、电话、

---

[1] 最高人民法院（2019）最高法民再 268 号民事判决书。
[2] 浙江省杭州市中级人民法院（2019）浙 01 民终 4315 号民事判决书。

发明人身份证号码、服务费用、委托代理工作单等,委托代理工作单上记载有发明人证件号码、名称、地址、固定电话、手机号码、指定联系人姓名、电子邮箱、邮编、传真、申请代理费、实审代理费、特殊需求等。二审法院认为,第一,上述信息系一审原告在长期经营过程中付出智力劳动和经营成本而积淀形成,通过公开渠道难以获知,并不为从该领域的相关人员普遍知悉和容易获得,已经构成了区别于相关公知信息的特殊客户信息。第二,从上述信息中可以获知客户的交易习惯、特殊需求、精确详尽的联系方式等,故而上述信息能为杭诚专利所带来竞争优势,具有商业价值。第三,一审原告已经为防止上述客户名单泄露而采取了一系列保密措施,因此涉案客户名单符合商业秘密的法定条件。在上述案件中,客户信息是否构成商业秘密,还是遵循非公知性、保密性以及商业价值三方面进行判断的原则,客户信息中的特殊需求、交易习惯等内容是判断过程中重点考察的内容。

2007年《最高人民法院关于审理不正当竞争民事案件应用法律若干问题的解释》第13条规定:"商业秘密中的客户名单,一般是指客户的名称、地址、联系方式以及交易的习惯、意向、内容等构成的区别于相关公知信息的特殊客户信息,包括汇集众多客户的客户名册,以及保持长期稳定交易关系的特定客户。"《最高人民法院关于审理侵犯商业秘密民事案件适用法律若干问题的规定》第1条第3款规定:"客户信息包括客户的名称、地址、联系方式以及交易习惯、意向、内容等信息。"第2条第1款规定:"当事人仅以与特定客户保持长期稳定交易关系为由,主张该特定客户属于商业秘密的,人民法院不予支持。"该条删除了2007年《最高人民法院关于审理不正当竞争民事案件应用法律若干问题的解释》中的"区别于相关公知信息的特殊客户信息,包括汇集众多客户的客户名册",对"保持长期稳定交易关系的特定客户"不再认定为客户信息。

在司法实践中,对"客户信息"商业秘密的认定一直存在较大争议,案件审理难度较大。自2007年以来,随着信息网络技术的发展和普及,搜集、管理特定客户信息的难度已显著降低,经营者对于客户信息的管理多已不再采用传统的名单、名册等方式,而是普遍采用数据库、计算机软件、

## 第九章　经营信息商业秘密的司法保护

云服务等数字化、网络化方式。而且，特定的客户信息要获得商业秘密的保护，同样必须符合2019年《反不正当竞争法》第9条规定的构成要件。如原告主张其经营信息构成客户信息，应当明确其通过商业谈判、长期交易等获得的独特内容（譬如交易习惯、客户的独特需求、特定需求或供货时间、价格底线等），而不能笼统地称"××客户"构成客户信息，避免将公众所知悉的信息纳入商业秘密保护范围。基于上述考虑，《最高人民法院关于审理侵犯商业秘密民事案件适用法律若干问题的规定》第9条未再使用"客户名单"的表述，而是使用"客户信息"，并对2007年《最高人民法院关于审理不正当竞争民事案件应用法律若干问题的解释》第13条的规定进行了修改和完善，删除了其中的"区别于相关公知信息的特殊客户信息，包括汇集众多客户的客户名册"。《最高人民法院关于审理侵犯商业秘密民事案件适用法律若干问题的规定》第2条第1款规定："当事人仅以与特定客户保持长期稳定交易关系为由，主张该特定客户属于商业秘密的，人民法院不予支持。"该条主要考虑到，保持长期稳定交易关系的客户本身并不必然属于商业秘密，要获得商业秘密保护，也必须符合商业秘密的法定构成要件。为鼓励依法公平有序竞争，避免以商业秘密保护的名义变相垄断"保持长期稳定交易关系"的客户，故删除了2007年《最高人民法院关于审理不正当竞争民事案件应用法律若干问题的解释》第13条第1款中的"保持长期稳定交易关系的特定客户"❶。长期有交易的客户，必须添附上交易习惯、报价习惯、意向、交易内容等并不是公开领域可查询的信息，同时应当将这些客户形成客户名单，才能构成商业秘密。至此，仅以特定客户的交易稳定性不再成为构成客户信息的要件，要特别注意规定的前后变化。❷ 在麦达可尔（天津）科技有限公司、华阳新兴科技（天津）集团有限公司侵害商业秘密纠纷再审案件❸中，法院认为，商

---

❶ 林广海，李剑，杜微科.《最高人民法院关于审理侵犯商业秘密民事案件适用法律若干问题的规定》的理解与适用[J].法律适用，2021(4).

❷ 《江苏省高级人民法院侵犯商业秘密民事纠纷案件审理指南（修订版）》第3.6.4条。

❸ 最高人民法院（2019）最高法民再268号民事判决书。

业秘密保护的客户名单，除由客户的名称地址、联系方式以及交易的习惯、意向、内容等信息所构成外，还应当属于区别于相关公知信息的特殊客户信息，并非所有客户名单均可构成商业秘密。人民法院在审理商业秘密案件中，既要依法加强商业秘密保护，有效制止侵犯商业秘密的行为，为企业的创新和投资创造安全和可信赖的法律环境，又要妥善处理保护商业秘密与劳动者自由择业、竞业限制和人才合理流动的关系，维护劳动者正当就业、创业的合法权益，依法促进劳动力的合理流动和自主择业。职工在工作中掌握和积累的知识、经验和技能，除属于单位的商业秘密的情形外，构成其人格的组成部分，是其生存能力和劳动能力的基础，职工离职后有自主利用的自由。在没有竞业限制义务亦不存在商业秘密的情况下，仅因为某一企业曾经与另一市场主体有过多次交易或稳定交易即禁止前员工与其进行市场竞争，实质上等于限制了该市场主体选择其他交易主体的机会，不仅禁锢交易双方的交易活动，限制了市场竞争，也不利于维护劳动者正当就业、创业的合法权益，有悖反不正当竞争法维护社会主义市场经济健康发展，鼓励和保护公平竞争，制止不正当竞争行为，保护经营者和消费者的合法权益之立法本意。在上述案件中，最高人民法院再审认为，职工在工作中掌握和积累的知识、经验和技能，除属于单位商业秘密的情形外，构成其人格的组成部分，是其生存能力和劳动能力的基础，职工离职后有自主利用的自由，应维护劳动者正当就业、创业的合法权益。在该案中，关于订单日期，单号，品名、货品规格，销售订单数量、单价、未税本位币等信息均为一般性罗列，没有被认定属于商业秘密。

## 第三节　客户信息的认定方式

商业秘密的认定，其根本是对于保护客体的不为公众所知悉、保密性和价值性的判断。相较于技术信息而言，在司法实践中对于客户信息三要件的把握有其特殊之处。

# 第九章　经营信息商业秘密的司法保护

## 一、客户信息的秘密性

秘密性，即"不为公众所知悉"。"不为公众所知悉"属于消极事实，但为了证明其主张的权利存在，原告又必须承担对该事实的举证责任。在实务中，一般运用事实推定的方法，结合间接证据和经验法则加以证明。关于客户信息是否具备秘密性，在司法实践中，认定客户信息秘密性的基本标准可以归纳为客户信息的特有性以及获取客户信息的难易程度。一般应当注意审查以下几个方面。

（一）客户信息内容的深度性

客户信息的价值在于，其作为一种商业信息能够给经营者带来竞争优势。因此，客户信息要构成商业秘密，其内容不能限于客户名称、地址、联系方式等一般信息列举，还应包括不为公众所知悉的经营信息，譬如客户的需求类型、需求习惯、经营规律、价格承受能力，甚至还有客户业务主管人员的脾气个性等区别于一般信息的深度内容。在司法实践中应注意以下几种情形。

（1）如果仅有客户名称、地址、联系方式的客户名单则不构成《反不正当竞争法》意义上的客户信息。例如，在侵害百盛德公司商业秘密纠纷一案[1]中，法院认为，从百盛德公司提供的证据来看，其主张权利的 ESI 公司的客户明细表所记录的信息内容比较简单，相关信息仅仅包括客户名称、地址、联系电子邮箱，缺乏深度性，对于其他的供应商百盛德公司则根本没有明确其所主张的商业秘密的具体内容，且百盛德公司所主张的客户信息均可以通过公开的渠道获得，不能认定其属于商业秘密。

在阚某、章某璐、崔某东、安徽盛凯国际货运代理有限公司与安徽金陵国际货运代理有限公司侵害商业秘密纠纷一案[2]中，法院认为，增值税发票上记载的信息应符合相关管理规定，本身并不具有保密属性，且增值

---

[1] 广东省中山市第一人民法院（2016）粤 2071 民初 4755 号民事判决书。
[2] 最高人民法院（2021）最高法民再 310 号民事判决书。

税发票交付购买方后，购买方亦没有对增值税发票上记载信息保密的法定义务和合同义务。增值税发票中直接体现的相关信息形成的客户名单不构成商业秘密。

在洛阳中友房地产经纪有限公司（以下简称中友公司）、姚某鑫侵犯商业秘密纠纷一案❶中，法院认为，中友公司提供的客户名单中仅有客户名称、电话和地址，而无交易习惯、意向、内容等深度信息，且客户名称、电话和地址均可通过相应公开渠道获得，法院未认定其属于商业秘密。

在佛山市南海区景锋五金制品有限公司（以下简称景锋公司）与韦某伦侵害商业秘密纠纷一案❷中，广东省佛山市中级人民法院认为，从景锋公司提供的证据来看，其主张权利的订货单中记录的信息简单，尚未能证实其主张构成商业秘密的客户名单除客户简称、联系方式等外，存在服务需求等特殊客户信息及相应的具体内容，不能认定构成商业秘密。

可见，单纯汇集众多客户的客户名册或许是经营者付出长期努力形成，但因不包含深度信息不能成为经营信息的保护客体。但是投入人力、物力将客户信息汇集整理和加工所组成的客户名册，作为整体信息本身难以为所属领域的相关人员普遍知悉和容易获得，因此可构成商业秘密。在北京洪威先创科技股份有限公司（以下简称洪威先创公司）与北京世诚伟业科技发展有限公司（以下简称世诚伟业公司）等侵害经营秘密纠纷一案❸中，法院认为："原告洪威先创公司主张应作为经营秘密保护的客户名单为汇集众多客户的客户名册，具体信息包括：客户单位具体负责人或联系人的职务及微信、电话、QQ号码、电子邮箱等联系方式、每次与客户联系时获取的包括考场规模、采购意向、交易习惯在内的信息以及历次交易记录，上述信息显然无法在公开领域轻易获得。从被告世诚伟业公司的举证来看，其欲证明可以在综合类信息网站上收集到客户信息，但也仅能找到某单位某部门某些人员的姓名、职务、固定电话和电子邮箱等一般性信息，并不包括该客户负责相关业务的具体联系人及联系方式，更无法获取

---

❶ 河南省高级人民法院（2020）豫知民终539号民事判决书。
❷ 广东省佛山市中级人民法院（2019）粤06民终8203号民事判决书。
❸ 北京市石景山区人民法院（2018）京0107民初1518号民事判决书。

采购意向、交易习惯等重要信息。而上述信息的获取,需要经营者付出长期努力,并体现出其经营智慧和策略,法律要保护的也正是这样一种无形财产,而非对一般性信息进行保护。"

在深圳市优雅五金制品有限公司、李某侵犯商业秘密纠纷一案❶中,法院认为,涉案经营信息包括客户及供应商的公司名称、地址、联系人、联系电话、交易产品名称、付款方式、单据要求、品质要求、包装要求等涵盖交易习惯、意向、内容的确切组合信息,法院认定属于商业秘密。

在李某、黄某艳侵害商业秘密纠纷一案❷中,法院认为,慧旭公司的客户资料记载了长沙双洲公司、武汉恒亿达公司的详细地址、联系人名字和电话、发货情况、效果反馈等经营信息,清晰反映了该客户对品名、规格、数量、单价的需求以及双方之间的交易规律、成交价格等,属于商业秘密。

(2)客户数量不是客户信息的必要条件。需要说明的是,客户数量的多少不是判断客户信息是否具有秘密性的必然依据。在司法实践中,认定客户信息并不在于其数量,而在于其质量。有些客户信息中的客户虽仅为一家客户,亦被认定为商业秘密。构成商业秘密的客户信息,其本质在于客户的深度信息。相对于复杂的、数量较多的客户名称的列举,数量较少的客户名称容易掌握,但并不见得这些客户的深度信息也容易掌握,这些深度信息仍然具有秘密性。

在上诉人北京恰行者科技有限公司(以下简称恰行者公司)与被上诉人北京万岩通软件有限公司(以下简称万岩通公司)侵害商业秘密纠纷一案❸中,法院认为,对于存在长期稳定合作关系的特定客户(单一客户),虽然该客户部分相关信息能够通过互联网等公开渠道查询获得,包括客户名称及历史项目简介等,但该公开信息并不包括该客户负责相关业务的具体联系人及联系方式,并非促成与该客户缔约的关键性信息。同时,特定客户中石油管道公司系石油系统企业,考虑其交易的市场化程度,并非一

---

❶ 广东省深圳市中级人民法院(2019)粤03民终4816号民事判决书。
❷ 河南省高级人民法院(2019)豫知民终213号民事判决书。
❸ 北京知识产权法院(2017)京73民终1776号民事判决书。

般企业能掌握其交易习惯、交易倾向、需求偏好以及价格承受能力等信息，故上述信息均不为所属领域的相关人员普遍知悉。因此，涉案单一客户名单具有秘密性。

（3）客户信息并非所有内容均有秘密性。客户信息不要求客户信息的每部分都具有秘密性，只要整体具有秘密性即可。通常具有秘密性的深度信息包括客户的交易习惯、付款方式、购买产品的意向以及一些特殊需要。

在石某田、陈某等与北京万岩通软件有限公司侵害商业秘密纠纷一案中，法院认为："管道公司作为中石油系统的企业，考虑到其开展业务的准入门槛和市场化程度，虽然在相关网络媒体上有相关项目的概括性介绍，但所属领域的相关人员通过公开渠道无从得知具体项目内容、审批资金来源、前期服务的运营标准、项目验收标准、价格承受能力等核心信息，也无从知晓相关负责人联络方式、性格特点、交易习惯、交易倾向等深度信息，而这些信息是把握商业机遇和取得竞争优势的关键，特别是对于软件开发运维服务这类更新换代快、时限性要求较高的领域。"

（二）客户信息的特有性

客户信息的特有性，即与为公众所知悉的信息的区别。尽管不熟悉情况的人可能不会快捷地获得，但仍然可以通过正常渠道获得的信息，一般不能认定为商业秘密。与此对应，产品出厂价格、年订购的数量底线及双方特定的交易需求、利润空间则很有可能被认定为商业秘密。在中国青年旅行社诉中国旅行总社侵犯商业秘密民事纠纷一案中，最高人民法院认为："原告拥有的客户档案并不仅是国外旅行社的地址、电话等一般资料的记载，同时还包括双方对旅游团的来华时间、旅游景点、住宿标准、价格等具体事项的协商和确认，为其独占和正在进行的旅游业务，符合不为公众所知悉要件。"[1] 在上诉人张某、陕西锐东电子科技有限公司与被上诉人西安博能电力技术有限公司（以下简称博能公司）侵害商业秘密纠纷

---

[1] 《江苏省高级人民法院侵犯商业秘密民事纠纷案件审理指南（修订版）》第2.5.3条第3项。

一案❶中，法院认为，商业秘密中的客户名单不是简单客户名称的列举，而应当是客户的综合信息，除了客户名称，还包括在与客户长期交易过程中形成的产品需求、交易习惯、付款方式、联系方式、联系人等方面的特殊信息，上述信息需要经过长期积累才能形成，非参与交易履行者不经过努力就能知晓，也很难在公开领域直接获得，博能公司主张的客户名单符合不为公众所知悉的特点。

（三）原告应当提供其与客户发生交易的相关证据

原告应当提供其与客户发生交易的相关证据，可从业务数据量、营业额列表和交易时间、广度、深度等方面准备相关证据，比如合同、款项往来凭证等。一般而言，原告所主张的客户应当与其具备相对稳定的交易关系，而不是一次性、偶然性交易的客户。但是，当事人仅以与特定客户保持长期稳定交易关系为由，而未明确其通过交易获知特定客户信息内容，其主张该特定客户信息属于商业秘密的，不能成立。例外的情形是：与客户在不断沟通磋商并结合客户的定制要求所形成的与商业广告不同的定价，体现了针对不同客户个性需求及价格承受能力所确定的价格政策；进入实质性磋商阶段的客户范围及相应交易意向和交易需求，无法从公开信息渠道或者简单劳动获悉；原告通过付出一定代价建立起的潜在客户信息，可能给原告带来一定的竞争优势等情形，不宜以未存在交易而否定其商业秘密属性，而应当根据客户信息认定规则综合认定。

在马格内梯克控制系统（上海）有限公司（以下简称马格上海公司）与上海盎领自动化控制系统有限公司、懋拓自动化控制系统（上海）有限公司等侵害商业秘密纠纷一案❷中，法院认为，尚未进行实际交易的客户采购意向可作为构成商业秘密保护的客户信息。上海知识产权法院对于上述认定进行如下论述：

1. 关于"不为公众所知悉"。最高人民法院《关于适用〈中华人民共和国反不正当竞争法〉若干问题的解释》第九条规定，有关信息不为其所

---

❶ 陕西省高级人民法院（2107）陕民终 1027 号民事判决书。
❷ 上海知识产权法院（2016）沪 73 民终 313 号民事判决书。

属领域的相关人员普遍知悉和容易获得,应当认定为反不正当竞争法第十条第三款规定的"不为公众所知悉"。具有下列情形之一的,可以认定有关信息不构成不为公众所知悉:(一)该信息为其所属技术或者经济领域的人的一般常识或者行业惯例;(二)该信息仅涉及产品的尺寸、结构、材料、部件的简单组合等内容,进入市场后相关公众通过观察产品即可直接获得;(三)该信息已经在公开出版物或者其他媒体上公开披露;(四)该信息已通过公开的报告会、展览等方式公开;(五)该信息从其他公开渠道可以获得;(六)该信息无须付出一定的代价而容易获得。本案中,马格上海公司实际掌握的"中软万维公司的采购意向"的经营信息,属于特定主体(中软万维公司)的特定采购意向(中软万维公司为长沙磁浮项目进行的马格德国公司生产的标准通道 KPR-111C 型号,宽通道 KPR-121C 型号等扇门产品的采购),在一般情况下,只有在特定主体向相对方告知的情况下,特定主体的特定采购意向才为相对方所掌握,故特定主体的特定采购意向难以为其所属领域的相关人员普遍知悉和容易获得。在本案中,从公开渠道亦仅能获知中软万维公司系长沙磁浮项目的集成商,并没有证据表明中软万维公司为长沙磁浮项目进行的特定扇门采购的信息已被公开,故本案中应当认定马格上海公司实际掌握的"中软万维公司的采购意向"的经营信息属于马格上海公司不为公众所知悉的经营信息,一审法院关于"中软万维公司的采购意向"从公开渠道应能获知的认定,缺乏相关事实依据,本院依法予以纠正。

2. 关于"能为权利人带来经济利益、具有实用性"。最高人民法院《关于适用〈中华人民共和国反不正当竞争法〉若干问题的解释》第十条规定,有关信息具有现实的或者潜在的商业价值,能为权利人带来竞争优势的,应当认定为《反不正当竞争法》第十条第三款规定的"能为权利人带来经济利益、具有实用性"。本案中,马格上海公司一旦根据其掌握的"中软万维公司的采购意向",而获取了中软万维公司的采购订单,显然可以为马格上海公司带来经济利益,具有实用性。故马格上海公司实际掌握的"中软万维公司的采购意向"的经营信息符合《反不正当竞争法》第十条第三款的规定,能为权利人带来经济利益、具有实用性。

## 第九章　经营信息商业秘密的司法保护

3. 关于"保密措施"。最高人民法院《关于适用〈中华人民共和国反不正当竞争法〉若干问题的解释》第十一条规定，权利人为防止信息泄露所采取的与其商业价值等具体情况相适应的合理保护措施，应当认定为《反不正当竞争法》第十条第三款规定的"保密措施"。人民法院应当根据所涉信息载体的特性、权利人保密的意愿、保密措施的可识别程度、他人通过正当方式获得的难易程度等因素，认定权利人是否采取了保密措施。具有下列情形之一，在正常情况下足以防止涉密信息泄露的，应当认定权利人采取了保密措施：（一）限定涉密信息的知悉范围，只对必须知悉的相关人员告知其内容；（二）对于涉密信息载体采取加锁等防范措施；（三）在涉密信息的载体上标有保密标志；（四）对于涉密信息采用密码或者代码等；（五）签订保密协议；（六）对于涉密的机器、厂房、车间等场所限制来访者或者提出保密要求；（七）确保信息秘密的其他合理措施。

本案中，一审法院查明的事实表明，李某斌、施某玲与马格上海公司签订的劳动合同均约定，李某斌、施某玲必须为马格上海公司保守商业秘密。而劳动合同附件"劳动纪律及制度"第5点规定，公司或集团内部的商业机密指非对外公开的信息、行为或行动计划、发展动向、管理机密、生产组织及管理等。而马格上海公司实际掌握的"中软万维公司的采购意向"的经营信息显然属于马格上海公司非对外公开的信息。因此，应当认为马格上海公司对其实际掌握的"中软万维公司的采购意向"的经营信息通过签订劳动合同中约定保密条款的方式，采取了合理的保密措施。

综上，本院认为，马格上海公司实际掌握的经营信息（即"中软万维公司的采购意向"，包括中软万维公司在长沙磁浮项目中采购马格德国公司生产的标准通道 KPR-111C 型号、宽通道 KPR-121C 型号等扇门产品的意向），符合《反不正当竞争法》第十条第三款的规定，属于马格上海公司的商业秘密。

（四）获取客户信息的难度

《最高人民法院关于审理侵犯商业秘密民事案件适用法律若干问题的规定》第3条规定："权利人请求保护的信息在被诉侵权行为发生时不为

所属领域的相关人员普遍知悉和容易获得的，人民法院应当认定为反不正当竞争法第九条第四款所称的不为公众所知悉。"《最高人民法院关于审理侵犯商业秘密民事案件适用法律若干问题的规定》第 4 条列举了该信息在所属领域属于一般常识或者行业惯例的，该信息已经在公开出版物或者其他媒体上公开披露的，该信息已通过公开的报告会、展览等方式公开的，所属领域的相关人员从其他公开渠道可以获得该信息的等情况不属于"不为公众所知悉"，即获取客户信息并不能通过常规手段，比如网络检索、信息查询，获取相关信息的难度较大是客户信息秘密性考虑的必要因素。

例如，在徐某侵犯商业秘密罪一案❶中，法院认为，关于客户名单信息，山河公司的 11 家客户名单信息［具体指 NIPACH、HCB、RW、MARICART、HITRADE、HUMBERT、GOLIAT、OKEJ、VERDENER、REGENCYTRADE、RICOMAX（HK） LTD］包含客户名称、国别、近年交易往来记录（含合同号、签订合同时间、产品类别、数量、交易金额）、备注信息等，信息具有深度，属于保持长期稳定交易关系的特定客户，能够给山河公司带来经济效益，显然具有价值性。以上客户名单信息系山河公司前期通过资金投入、展会交流等方式长期积累、努力培育所得，既属于特定客户的名册集合，每一客户信息又属于特定的多重的经营、交易往来等可以促成交易的信息集合，上述信息的内容及组合使得该客户名单信息区别于普通的公知信息而不易取得。被告人辩称通过展会参展名录、买家目录或互联网即能够查询到该案涉及的客户信息，但通过上述方式查询到的客户名单仅是对客户的泛举，缺乏特定性，且仅包括名称、联系方式等基本信息，而不会出现类似交易往来记录等不为公知的深度信息，故不能证明上诉人关于涉案客户名单信息能够从公开渠道取得的主张。故上述 11 家客户名单具有秘密性。

在烟台军恒工程机械设备有限公司（以下简称军恒公司）、烟台信人机电设备有限公司（以下简称信人公司）侵害商业秘密纠纷一案❷中，山

---

❶ 浙江省台州市中级人民法院(2013)浙台知刑终字第 4 号刑事裁定书。
❷ 山东省高级人民法院(2020)鲁民终 675 号民事判决书。

## 第九章　经营信息商业秘密的司法保护

东省高级人民法院认为，军恒公司主张的意大利 HammerS. R. L 和印度 G. L 两家客户的客户名称、联系方式、交易产品型号、交易时间、交易习惯等综合信息虽然属于相关客户的特殊信息，但根据一审查明事实及宫某杰二审提交的山东省烟台市业达公证处（2020）鲁烟台业达证民字第 385 号公证书，上述特殊客户信息在宫某杰、信人公司的涉案被诉侵权行为发生前通过海关数据平台外贸公社（tradesparq）及跨境搜网站公开渠道能够获得，不具备反不正当竞争法规定的"不为公众所知悉"的秘密性要件。

（五）侵权人获取客户信息的恶意

侵权手段越特殊，客户信息具备秘密性的可能则越大。如采用窃听电话、入室盗窃等手段获得客户信息的，该信息被认定为商业秘密的概率则会大大增加。❶

（六）建立客户信息所付出的代价

针对建立客户信息所付出的代价是否为客户信息成立所考量因素，多数观点将此解读为客户信息要构成商业秘密，需要付出一定的代价，这里所说的代价，一般是指所投入的人力、物力和财力等。几乎没有付出时间、人力、财力，直接或偶然与之进行交易的对象一般不构成商业秘密中的客户信息。2021 年 4 月 15 日发布的《江苏省高级人民法院侵犯商业秘密民事纠纷案件审理指南（修订版）》第 2.5.3 条第（2）项将"原告应当证明其为开发客户信息付出一定的劳动、金钱和努力"作为认定客户信息秘密性的考量因素。例如，在上述徐某侵犯商业秘密罪一案❷中，法院认为，订单信息属于特定主体之间的邀约、磋商，客户对询价对象具有选择性，范围有限，并非针对不特定对象广泛宣传，双方询价磋商的过程、内容亦为不公开。若无山河公司通过前期合作、参加展会等人力、物力的积累，难以轻易得到客户的询价机会。故上述订单信息应当认为是不为公众所知悉，具有秘密性。在上诉人张某、陕西锐东电子科技有限公司与被上诉人

---

❶ 《江苏省高级人民法院侵犯商业秘密纠纷案件审理指南（修订版）》第 2.5.3 条规定。

❷ 浙江省台州市中级人民法院（2013）浙台知刑终字第 4 号刑事裁定书。

西安博能电力技术有限公司（以下简称博能公司）侵害商业秘密纠纷一案❶中，法院认为，客户信息需要经过长期积累才能形成，非参与交易履行者不经过努力就能知晓，也很难在公开领域直接获得，博能公司主张的客户名单符合不为公众所知悉的特点。

《最高人民法院关于审理不正当竞争民事案件应用法律若干问题的解释》（该解释目前已失效）第9条列举了一些不属于不为公众所知悉的具体情形，其中第（六）项即为"该信息无需付出一定的代价而容易获得"。《最高人民法院关于审理侵犯商业秘密民事案件适用法律若干问题的规定》第4条删除了上述司法解释第（六）项的规定，不再将"该信息无需付出一定的代价而容易获得"作为可以认定有关信息为公众所知悉的条件。可见，是否需要付出一定的代价并非"不为公众所知悉"的必要条件。在司法实践中，特定信息"不为公众所知悉"属于消极事实，难以通过举证直接证明，故《最高人民法院关于审理侵犯商业秘密民事案件适用法律若干问题的规定》第4条对"为公众所知悉"的五种典型情形作出示例性规定，并删除了2007年《最高人民法院关于审理不正当竞争民事案件应用法律若干问题的解释》第9条规定的"该信息无需付出一定的代价而容易获得"。信息以及信息的组合都可以获得商业秘密的保护，故对"为公众所知悉"的信息进行整理、改进、加工后形成的新信息，只要符合商业秘密的法定构成要件，同样可以获得商业秘密的保护。❷故对于利用现在信息进行整理、改进、加工而形成新信息，不能要求权利人为开发客户信息付出一定的代价，应根据客户信息的不为公众所知悉、保密性和价值性等要件从整体上作出判定。因此，在一般情况下建立客户信息付出的一定代价可以作为客户信息成立的考量因素，但同时也要考虑上述的特殊情况。

总之，对于客户信息而言，其秘密性主要在于其中所包含的深度信息，客户信息构成商业秘密，需要具有区别于公共信息的特定性。换言之，构

---

❶ 陕西省高级人民法院（2107）陕民终1027号民事判决书。

❷ 林广海，李剑，杜微科．《最高人民法院关于审理侵犯商业秘密民事案件适用法律若干问题的规定》的理解与适用［J］．法律适用，2021（4）．

成商业秘密的客户信息通常是具有一定"厚度"的客户信息,即除客户的名称外,还包括其他一些相关的必要信息,包括交易习惯、交易价格、交易品类、特殊交易方式、客户特殊需求等。往往正是这些必要的相关信息使客户信息从公共信息中分离出来而被特定化,具有特殊的商业价值。笔者认为,无论是深度信息还是厚度信息均是形式上的体现,客户信息实质的要求应体现出其唯一性,即不能从公知渠道获得才是根本。

## 二、客户信息保密措施的考量因素

保密性,即权利人为防止信息泄露所采取与其商业价值等具体情况相适应的合理保护措施。《最高人民法院关于审理侵犯商业秘密民事案件适用法律若干问题的规定》第5条第2款规定:"人民法院应当根据商业秘密及其载体的性质、商业秘密的商业价值、保密措施的可识别程度、保密措施与商业秘密的对应程度以及权利人的保密意愿等因素,认定权利人是否采取了相应保密措施。"在客户信息案件中,欲证明采取保密措施,应当从以下四个方面举出证据:一是明确作为商业秘密保护的信息和范围;二是表明权利人保密的主观愿望;三是使义务人能够知悉权利人的保密愿望;四是在正常情况下足以防止涉密信息泄露。

用人单位与劳动者约定保密义务的方式,主要有劳动合同、保密协议和竞业限制协议。无论采取何种形式,应明确约定保密义务的范围包括客户信息,否则不能视为采取了保密措施。保密措施的合理性审查一般参考三个要素:(1)有效性:原告所采取的保密措施要与被保密的客体相适应,以他人不采取不正当手段或不违反约定就难以获得为标准;(2)可识别性:原告采取的保密措施,足以使全体承担保密义务的相对人能够意识到该信息是需要保密的信息;(3)适当性:保密措施应与该信息自身需要采取何种程度的保密措施即可达到保密要求相适应。这需要根据案件具体情况进行具体判别,在一般情况下,适当性原则并非要求保密措施做到万无一失。

法院在审理案件时,通常会就原告的保密措施进行综合考虑并评估是否满足了有效性、可识别性和适当性的要求。

例如，在南京富吉安鞋帽有限责任公司（以下简称富吉安公司）与南京海之伦国际贸易有限公司侵害经营信息纠纷一案[1]中，法院认为，从富吉安公司提供的《劳动合同书》《保密协议》《企业管理规章制度》《离职协议》分析，富吉安公司与外销跟单员邹某兰在《劳动合同书》《保密协议》以及《企业管理规章制度》中都约定了保密义务。在双方签订相关文件中，双方对要求需要保守的商业秘密的范围、方法和责任均进行了明确的约定；在邹某兰离职时签订的相关处理协议中再次对保密义务进行强调。因此，富吉安公司对主张的商业秘密采取了必要、合理的保密措施，符合保密措施要求的有效性、可识别性和适当性。

在上诉人张某、陕西锐东电子科技有限公司与被上诉人西安博能电力技术有限公司（以下简称博能公司）侵害商业秘密纠纷一案[2]中，法院认为，张某在博能公司任职期间，博能公司分别于2013年9月3日、2013年10月20日与张某签订了《工作保密协议书》和《保密协议》，2014年8月15日又与张某签订了《离职保密承诺》，博能公司已经采取了合理的保密措施。在徐某侵犯商业秘密罪一案[3]中，法院认为，山河公司对涉案订单信息或客户名单信息采取了与被告人签订保密协议、发放保密费、制定相关保密制度等措施，应当认定山河公司主观上有保守商业秘密的意愿，客观上亦采取了相对合理的保密措施，涉案订单信息或客户名单信息具有保密性。

在克拉玛依金驼运输服务有限公司与克拉玛依市凯隆油田技术服务有限公司、谭某不正当竞争纠纷一案[4]中，法院认为，投标文件中的标底降幅属于商业秘密中的经营信息，由于标书的天然秘密属性，标书所有人对标书进行封存即可视为其采取了相应保密措施。

在宁波海曙雅博仕口腔门诊部有限公司（以下简称雅博仕）、孔某锋

---

[1] 南京市玄武区人民法院（2011）玄知民初字第61号民事判决书。
[2] 陕西省高级人民法院（2107）陕民终1027号民事判决书。
[3] 浙江省台州市中级人民法院（2013）浙台知刑终字第4号刑事裁定书。
[4] 一审：新疆维吾尔自治区克拉玛依市中级人民法院（2016）新02民初87号民事判决书。二审：新疆维吾尔自治区高级人民法院（2017）新民终53号民事判决书。申请再审：最高人民法院（2018）民申5号民事裁定书。再审：最高人民法院（2018）最高法民再389号民事判决书。

## 第九章　经营信息商业秘密的司法保护

涉嫌侵犯商业秘密行政处罚案[1]中，举报人宁波某某口腔医院有限公司（以下简称口腔医院）成立于 2015 年 2 月 26 日，主要从事口腔科的相关诊疗服务。在经营过程中，口腔医院通过和员工签订《劳动合同书》《保密及竞业限制协议》、制定《顾客个人信息保护与管理规定》、发放《宁波某某口腔医院员工手册》等措施，明确规定了医院的客户信息（包括客户的姓名、联系方式、就诊信息）为该公司的商业秘密，要求员工严守公司的商业秘密，不得泄露、利用公司的商业秘密，以及侵犯公司商业秘密应承担的法律责任。同时，口腔医院对客户信息还采用了在电脑上安装"思迈"口腔医疗连锁企业管理系统，限定知晓与使用人员的范围、派发工作专用手机等保密措施。孔某锋于 2016 年 4 月 15 日入职口腔医院，2020 年 10 月 31 日正式离职，离职时为口腔医院中兴路口腔门诊部种植科负责人。在任职期间，孔某锋曾于 2017 年 4 月 16 日、2019 年 7 月 17 日与口腔医院签订 2 份《劳动合同书》、2017 年 6 月 25 日签订 1 份《保密及竞业限制协议》。孔某锋在口腔医院工作期间，其作为种植科负责人有权限掌握其接诊的客户信息。当事人雅博仕成立于 2019 年 6 月 11 日，主要从事口腔科的相关诊疗服务。孔某锋于 2020 年 11 月 20 日入职雅博仕，担任雅博仕院长。2020 年 11 月至 2021 年 1 月，孔某锋使用口腔医院的客户信息，通过打电话和发短信的方式，自己或指派雅博仕客服人员顾某某告诉患者：孔某锋已从口腔医院处离职，如果有需要，请他们来雅博仕就诊。经统计，孔某锋和顾某某共联系患者 121 名，其中有 18 名患者到雅博仕就诊。该案由宁波市市场监督管理局办理并作出行政处罚。在该案中，口腔医院对其商业秘密采取了适当的保护措施，孔某锋利用自身职务便利，接触到了口腔医院的商业秘密，并将其接触到的商业秘密泄露给雅博仕，并因此获利，属于典型的侵害商业秘密行为。

另外，需要注意的是，作为客户信息的权利人，在特别注意下游客户信息保护的同时，对上游客户即供应商信息同样需要加强保护。在实践中，有一类权利人生产所需的原料为非常规原料，需根据自己的配方进行定

---

[1] 行政处罚决定书文号：甬市监处〔2021〕54 号。

制；其使用的设备是非标设备，需委托第三方定制等。此类权利人的供应商信息同样属于其客户信息，应注意通过与上游供应商签订相关保密协议限制其对外销售相关原料和设备或限制其披露、允许他人使用自己的商业秘密，等等。虽然供应商信息属于原告的货源信息，同样具有一定商业价值，但在司法实践中认定是否构成商业秘密时应当十分慎重，因为供应商必然希望拓宽销路，其在向被告供货的同时也可以向原告供货，认定供应商信息构成商业秘密容易产生垄断货源的后果，不利于市场的充分竞争。

### 三、客户信息价值性的考虑因素

价值性要求有关信息具有现实的或者潜在的商业价值，能为权利人带来竞争优势。一般来说，客户信息的秘密性体现了其价值性，因为客户信息具有合理的深度、一般人很难获取，所以其价值性不言而喻。除非被诉侵权方有反证，能够证明权利人所主张的客户信息并不具备价值性，则权利人应当对价值性进行举证。

在石某田、陈某等与北京万岩通软件有限公司侵害商业秘密纠纷一案[1]中，法院认为，商业如战场，在具体的商业项目中，客户的交易需求、特殊偏好、实际验收标准、价格承受能力等是极为重要的核心信息，特别是价格承受底线等敏感信息，往往需要在长期的商业合作、商务谈判、市场调研中才能获得，也是商业主体争取竞争优势、成功获取项目的关键。掌握客户的核心需求、特殊偏好以及价格底线，能够使得竞争者在最短的时间内、以最低的代价在竞争中把握机遇，成功获得合作机会，赚取商业利润，显然具有重要的商业价值。少见因经营信息的价值性而否定其商业秘密性的案例。

社会在不断发展，业界的市场竞争已经从资源占有、规模扩张开始转向经营信息的掌握和经营水平的提升。强化商业秘密保护，已经成为维持企业创新活力的关键环节。但并非所有的经营信息都能被纳入商业秘密的保护范畴，需要综合考量多方因素，合理界定权利保护边界。判断客户信息是

---

[1] 北京知识产权法院（2017）京73民终1776号民事判决书。

否属于商业秘密，并不存在普遍适用的量化标准，需要结合反不正当竞争法的立法目的进行价值衡量。自由贸易和流通是市场经济的本质特征和属性，如果对相关信息按照商业秘密进行认定，反而导致权利人垄断长期交易客户，不利于良性市场竞争，则应当重新审视判断尺度，予以严格把握。

## 第四节 除外规定

诸如律师、医生这类职业具有特殊性，其客户往往是基于对律师、医生等个人能力和品德的信赖，如果他们在离开原单位后，要求其原先的客户不能再与之有业务往来，有失公平。因此，《最高人民法院关于审理侵犯商业秘密民事案件适用法律若干问题的规定》第2条第2款规定："客户基于对员工个人的信赖而与该员工所在单位进行交易，该员工离职后，能够证明客户自愿选择与该员工或者该员工所在的新单位进行交易的，人民法院应当认定该员工没有采用不正当手段获取权利人的商业秘密。"此款是侵犯客户信息纠纷中被告可能采取的一种抗辩。不过上述条款适用该条规定时，应当注意：（1）该种抗辩的适用一般发生在医疗、法律服务等较为强调个人技能的行业领域。（2）该客户是基于与原告员工之间的特殊信赖关系与原告发生交易，即客户是基于该员工才与原告发生交易。如果员工是利用原告所提供的物质条件、商业信誉、交易平台等，才获得与客户交易机会的，则不应当适用本条规定。（3）该员工从原告处离职后，客户系自愿与该员工或其所属新单位发生交易。

另外，员工在单位工作过程中掌握和积累的与其所从事的工作有关的知识、经验和技能，为其生存基础性要素。要注意将该知识、经验和技能与单位的商业秘密相区分。在司法实践中需注意：（1）员工在职期间掌握和积累的知识、经验、技能是否属于商业秘密，应当根据案件情况依法确定；（2）员工所掌握的知识、经验、技能中属于单位商业秘密内容的，员工不得违反保密义务，擅自披露、使用或者允许他人使用其商业秘密，否则应当认定构成侵权。

# 第十章 竞业限制与商业秘密保护

与商业秘密有关的，除了民事保护之外，还存在与之相关的劳动法的竞业限制的保护。竞业限制问题的提出是市场经济不断发展的产物。劳动者自由流动的频率越来越快，加强对掌握、接触企业核心秘密的跳槽职员的知识产权管理显得愈加重要。如何优化劳动力配置，保护劳动者的自由择业权，同时又要激励企业的创新意识，保护企业商业秘密不因职工跳槽而不当泄露是各国知识产权管理所面临的共同问题，这也是竞业限制概念产生的由来。❶竞业限制的含义则是用人单位通过与劳动者约定的方式，限制劳动者的就业权。它实质上是用人单位与劳动者之间的契约，目的是通过限制涉密人员的就业权，保护用人单位的商业秘密和竞争优势，维护用人单位的利益。《劳动合同法》第 23 条第 2 款规定："对负有保密义务的劳动者，用人单位可以在劳动合同或者保密协议中与劳动者约定竞业限制条款，并约定在解除或者终止劳动合同后，在竞业限制期限内按月给予劳动者经济补偿。劳动者违反竞业限制约定的，应当按照约定向用人单位支付违约金。"

---

❶ 孔祥俊. 商业秘密司法保护实务［M］. 北京：中国法制出版社，2012：236.

# 第十章　竞业限制与商业秘密保护

## 第一节　竞业限制协议一般常识

竞业限制又称为竞业禁止，是指法律或者合同约定的对特定的人员从事竞争业务的禁止或者限制情形。具体来讲是用人单位要求自己的雇员在离开本单位重新择业时，不能到与原用人单位同行业或者有竞争关系的单位就职。有学者认为竞业禁止是公司法对董事、经理的竞业禁止制度，竞业限制则是企业与劳动者之间通过协议确立的竞业限制制度。笔者认为，这种界定并无实质意义。理论上另一种分类对公司法意义上的竞业限制和劳动法意义上的竞业限制更有意义，即法定竞业限制和约定竞业限制。❶企业与员工签订的竞业限制协议作为商业秘密的一种事前预防性保护措施，日益受到企业和学界的关注。

### 一、竞业限制的分类

"竞业禁止协议的限制，主要在于维护员工平等就业的权利以及为雇主提供商业秘密的保护，以求得两者的平衡。概括来说，竞业禁止协议可以包括限制对象（即所担任的职务或职位），竞业禁止所应当保护的信息对象，限制的期限、区域范围及营业活动范围。"❷为保护企业商业秘密，防止企业的董事、高级管理人员、员工等在任职期间及离职后利用之前职务便利非法使用商业秘密谋取商业机会，《公司法》及《劳动合同法》等对企业与员工的竞业限制作出了规定。

竞业限制存在法定和约定之分。法定竞业限制是指义务人基于法律的直接规定所产生的竞业限制义务，对象主要包括公司董事、经理等高层管理人员。法定的竞业禁止主要规定在《公司法》《中华人民共和国合伙企

---

❶ 叶静漪，任学敏. 我国竞业限制制度的构建［J］. 法学杂志，2006（4）.
❷ 叶静漪，任学敏. 我国竞业限制制度的构建［J］. 法学杂志，2006（4）.

业法》(以下简称《合伙企业法》)、《刑法》中。

《公司法》第 148 条第 1 款第 4 项、第 5 项规定了董事、高级管理人员的如下竞业禁止义务：不得违反公司章程的规定或者未经股东会、股东大会同意，与本公司订立合同或者进行交易；不得未经股东会或者股东大会同意，利用职务便利为自己或者他人谋取属于公司的商业机会，自营或者为他人经营与所任职公司同类的业务；董事、高级管理人员违反竞业禁止义务的，所得的收入应当归公司所有。

《合伙企业法》第 32 条规定："合伙人不得自营或者同他人合作经营与本合伙企业相竞争的业务。除合伙协议另有约定或者经全体合伙人一致同意外，合伙人不得同本合伙企业进行交易。合伙人不得从事损害本合伙企业利益的活动。"第 99 条规定："合伙人违反本法规定或者合伙协议的约定，从事与本合伙企业相竞争的业务或者与本合伙企业进行交易的，该收益归合伙企业所有；给合伙企业或者其他合伙人造成损失的，依法承担赔偿责任。"

《刑法》第 165 条规定了非法经营同类营业罪，即国有公司、企业的董事、经理利用职务便利，自己经营或者为他人经营与其所任职公司、企业同类的营业，获取非法利益，数额巨大的，处 3 年以下有期徒刑或者拘役，并处或者单处罚金；数额特别巨大的，处 3 年以上 7 年以下有期徒刑，并处罚金。

约定竞业限制是指用人单位与掌握、了解企业商业秘密的劳动者通过契约的形式，约定劳动者在离职后的合理期间和合理范围内，不得从事与原单位具有竞争关系的相同或类似职业，并由原单位给予一定合理补偿。我们通常所说的竞业限制，就是指约定的竞业限制，即用人单位与劳动者进行协议约定的竞业限制。

约定的竞业限制又可以分为在职竞业限制、离职竞业限制，在实践中后者更常见。《劳动合同法》第 23 条规定："对负有保密义务的劳动者，用人单位可以在劳动合同或者保密协议中与劳动者约定竞业限制条款，并约定在解除或者终止劳动合同后，在竞业限制期限内按月给予劳动者经济补偿。"企业可以在劳动合同中约定员工不得在任职期间，利用职务便利为自己或者他人谋取属于公司的商业机会。例如，企业可以与员工约定，员工应当遵守法律法规和公司规章制度，在合同期内不得与其他单位建立劳动关系，不得以任何形式从事与企业相同或类似或有竞争的业务，在合同期间不得直接或间接帮助其他竞争对手与企业的供应商、客户等达成业务，亦不得直接或间接企图截留上述业务机会等。

## 二、竞业限制协议的违约条款

竞业限制协议中可以约定员工承担损害赔偿责任，也可以直接约定违约金。如果员工违反了竞业限制协议，如入职了与原企业存在竞争关系的企业或者从事开办经营同类业务的公司等违约行为，那么企业可以依据竞业限制协议中的违约条款，要求员工承担违约责任，给企业造成损害的，可以同时要求员工承担损害赔偿责任。员工违反竞业限制约定，向企业履行损害赔偿责任或者支付违约金后，企业仍然可以要求员工按照约定，继续履行竞业限制的义务。

从民事诉讼的请求权角度而言，违约金有别于损害赔偿。第一，企业主张违约金不以员工的违约行为对其造成实际损害为前提。只要员工存在违反竞业限制约定，用人单位无须证明实际损失，即可以适用违约金条款。如果竞业限制协议中未规定违约金条款，那么即使员工存在违约行为，企业也不得向员工主张支付违约金，仅能够依据其实际损失主张员工承担损害赔偿责任。第二，如果企业因员工违约遭受的损失与违约金是同一性质的，一般不得同时主张，用人单位与劳动者在约定了具体竞业限制违约金基础上又约定损失赔偿的，属无效约定，除非企业能够证明员工对其造成的损害超过违约金，那么企业可以就超出违约金的部分，继续向员工主张损害赔偿。但因劳动合同的主体不对等性不同于民事合同主体间的平等性，竞业限制条款的制定往往不是出于双方的平等协商，而是用人单位单方决定，用人单位在确定违约金的数额时应当对发生的损失有充分的认识和预估。而企业的经营风险亦不可转嫁于劳动者，因此用人单位申请调高约定违约金的，应当有充足的证据证实，仲裁委和法院应审慎处理。[1]

违约金条款虽然是企业与员工自由约定的合同内容，但是考虑到在实际生活中，企业相较于员工，实际上是处于优势谈判地位的，因此，对于双方约定的违约金过高，与员工所得的竞业限制补偿金的数额相差过于悬殊时，当事人可以向法院申请酌减违约金。根据《劳动合同法》第23条的规定，劳动者违反竞业限制约定的，应当按照约定向用人单位支付违约金。但对违约金数额应当如何认定并未作进一步规定，在司法实践中，往往会结合案件事实，全面考虑劳动者的薪酬水平、企业向员工支付的竞业限制补偿金的数额、劳动者岗位及掌握商业秘密的程度、员工在企业工作的时间、劳动者的过错程度、违反竞业限制义务的持续时间、员工的违约行为造成企业损失程度以及所在地区经济水平等因素，对于当事人关于酌情减少违约金的申请予以综合考虑。

需要注意的是，劳动者违反竞业限制协议支付违约金后还应继续履行竞业限制义务。违约金除了赔偿属性之外还具有惩罚属性，惩罚属性针对的就是违约方的特定违约行为，并不因此替代了合同义务的履行。具体到竞业限制案件中，劳动者在违反竞业限制约定而支付违约金后，仍应当继续履行竞业限制义务，否则有损用人单位的市场竞争地位，甚至会导致变相鼓励不正当竞争的结果。

### 三、竞业限制协议的解除

竞业限制的期限届满后，协议内容对双方当事人均不再具有约束力。此外，如果双方约定的竞业限制期限超过2年，那么超过2年的部分视为无效，2年期满后双方当事人均无须再履行该协议。

根据合同自由的原则，在竞业限制期间，企业和员工均可以提出解除竞业限制协议。双方协商一致即可解除竞业限制协议。按照诚信公平的基本原则，不能使违约者获利，竞业限制的核心即在于鼓励双方当事人诚信

---

[1] 张利余. 竞业限制违约金与惩罚性违约金可同时适用 [J]. 人民司法，2019(32).

履约。如果企业或者员工违反竞业限制的义务在先，那么违约的一方无权以自己违反协议约定为由主张解除竞业限制协议。只有诚信履行的一方有权行使合同解除权，主张解除竞业限制协议。

如果是企业自身原因导致其三个月未向员工支付补偿金，那么员工也可以以此为由，主张解除该竞业限制协议。也就是说，因用人单位的原因导致三个月未支付经济补偿，劳动者可向法院请求解除竞业限制约定，而未支付经济补偿不足三个月的，劳动者无权据此解除约定。如果企业在竞业限制期间提出解除竞业限制协议的，员工可以要求企业额外支付三个月的竞业限制补偿金。但是如果企业在与员工解除劳动合同或者员工离职时，已经书面或者口头告知员工无须履行竞业限制义务，那么企业不需要再向员工支付竞业限制补偿金，也不需要在主张解除竞业限制协议时，额外向员工支付三个月的竞业限制补偿金。

企业与员工之间的竞业限制协议不受双方劳动关系解除行为合法性的影响。在实践中，如果企业违法解除劳动关系并与员工签订竞业限制协议，那么将导致两种法律后果：一是企业被认定为违法解除双方的劳动关系，如果员工选择继续履行劳动合同，那么竞业限制协议可能尚不具备履行的条件，此时员工是无法根据竞业限制协议要求用人单位支付经济补偿金的；二是企业被认定为违法解除双方的劳动关系，员工要求用人单位支付违法解除劳动关系的赔偿金，双方劳动关系予以解除的，此时竞业限制协议已经具备履行的条件，员工和企业均应当按照竞业限制协议的约定予以履行，员工须履行竞业限制的约定，企业须按约定向员工支付经济补偿金。

## 第二节 竞业限制协议的效力审查

竞业限制的主要内容是在特定时间内不得与原企业开展竞争性的业务。无论它采取哪种形式，无论是在职竞业限制还是离职竞业限制，其都是在禁止行为人从事某一职业或者经营某一行业的权利，即某项就业的权利。在司法实践中，企业和劳动者在签订协议时地位的不平等，加之企业、劳动者自身对竞业限制应确定在何种范围为合理缺乏了解,使得相当一部分竞业限制约定过于宽泛,侧重于考虑企业利益,而在一定程度上忽视了劳动者的应有权益。比如,竞业限制协议中经常出现的"两个凡是"的约定,"凡属于我公司生产、经营范围的,凡是我公司的职工,在离职之后均不得插手"❶。因此,在对竞业限制条款的司法审查中,既要以《民法典》合同编的一般原则审查条款效力,也要充分考虑到竞业限制在保护企业合法利益的同时,也牺牲了劳动者部分的自主择业权这一特殊因素,对条款是否符合公共利益、是否合法适当、是否给予劳动者合理补偿等要素予以充分审查。

## 一、竞业限制协议应以"存在商业秘密"为前提条件

竞业限制成立的构成要件之一就是用人单位有商业秘密存在,竞业限制协议存在可保护的利益。为减少对用人单位是否有商业秘密的争议,用人单位应在竞业限制协议中明确约定,员工掌握的商业秘密的范围、保密性等。竞业限制制度本质上是作为保护经营者商业秘密的制度存在的,经营者的商业秘密保护是竞业限制制度存在的基石。竞业限制协议须以企业存在商业秘密为生效的前提条件,对于不存在需要保护的商业秘密的竞业限制协议不应认定其具有法律效力。目前多数地方法院持该种观点,如北京市高级人民法院认为"竞业禁止成立的前提必须是具有可保利益,即必须有商业秘密存在,没有商业秘密就不存在竞业禁止问题"❷。浙江省高级人民法院认为"竞业禁止必须出于合理目的,不能违反国家法律、法规,损害公共利益。竞业禁止的目的是保护权利人的商业秘密,而非通过

---

❶ 张玉瑞. 商业秘密法学 [M]. 北京:中国法制出版社,2000:433.
❷ 北京市高级人民法院民三庭关于《北京市法院审理不正当竞争纠纷案件的基本情况及主要做法》(未刊版),转引自:顾韬. 论侵犯商业秘密纠纷中有关竞业限制的若干法律问题 [J]. 法律适用,2013(5):59.

竞业禁止来限制竞争"❶。山东省高级人民法院认为"竞业限制需针对必要的人，而且是出于保护权利人商业秘密的需要"❷。

　　竞业禁止的合法基础在于保护商业秘密，竞业禁止的约定必须以存在某项商业秘密为前提。没有商业秘密，就没有某种值得保护的利益存在，对他人的就业权进行限制则没有根据，那么这种竞业禁止将会因违反公共政策而归于无效。竞业禁止的基础不应当限于重要商业秘密，也包括那些短暂的保密信息。当然，与重要商业秘密相比，限制竞争的内容、时间也会相应弱化。具体来说，如果合同未指出禁止的来由，当事人又不能就此作出一致的说明，将导致合同因违背公共政策而无效。如果合同仅说明是商业秘密而没有具体指出商业秘密的范围，只要当事人能对商业秘密的范围、内容、保密性等商业秘密的条件予以证明，则可以认定保护基础的存在；如果合同中具体指明商业秘密的范围，则当事人只需将商业秘密内容指明，其基础推定存在。❸

## 二、竞业限制协议应以员工知悉商业秘密为前提条件

　　企业要求员工签订竞业禁止协议或者条款的主要目的在于：一是避免其他经营者恶意"挖墙脚"或者员工恶意跳槽；二是避免企业的优势技术或者经营信息被披露和被非法使用；三是避免员工利用在职期间所知悉的技术或者经营秘密自行营业，损害或者削弱原企业的市场竞争优势地位。因此，竞业限制并不适用于所有的劳动者，《劳动合同法》第 23 条规定，竞业限制的主体为负有保守用人单位商业秘密义务的劳动者，第 24 条进一

---

❶　浙江省高级人民法院民三庭关于《商业秘密司法保护问题的调研报告》（未刊版），转引自：顾韬. 论侵犯商业秘密纠纷中有关竞业限制的若干法律问题［J］. 法律适用，2013(5)：59.

❷　山东省高级人民法院民三庭关于《商业秘密司法保护问题的调研情况报告》（未刊版），转引自：顾韬. 论侵犯商业秘密纠纷中有关竞业限制的若干法律问题［J］. 法律适用，2013(5)：59.

❸　重庆市高级人民法院民事审判第三庭：《第七届全国部分省市知识产权审判研讨会》论文综述。

步明确竞业限制的主体限于用人单位的高级管理人员、高级技术人员和其他负有保密义务的人员。

一般而言，竞业限制的对象不应当是企业的全部职工，应当限于掌握商业秘密的员工。不掌握商业秘密的员工不能适用竞业限制，应当限于企业的高级经营、管理、技术以及关键岗位人员。这部分对象的共同点在于能够接触到企业的商业秘密。例如，公司的决策人员、文秘人员、财务人员、高级研究与开发人员、技术人员和处于关键岗位的技术工人、档案保管、市场计划与营销人员、公关人员以及其他有关人员。对于那些不具备特定身份的普通被聘雇员，从事职务具有一般性，不了解企业商业秘密，不具备限制的基础，同时就业能力和就业地位相对较弱，加以限制将会妨碍其就业及生存。企业不应也并无必要跟与商业秘密无关的岗位人员签订竞业限制协议。那些根本没有接触商业秘密的人员不能成为竞业限制的义务主体。

在实践中，用人单位不应与所有员工签署内容相同的竞业限制协议，以免员工主张竞业限制协议是无差别适用于所有员工的协议，并非针对涉密人员签署。在实践中，个别企业担心员工将企业商业秘密转移至其亲属，并利用亲属名义侵害企业商业秘密，将竞业限制人员范围扩大到劳动者的亲属，此举显然违反法律规定，故该约定应为无效。

应注意的是，高级管理人员、高级技术人员等并不能以他们事实上不接触、不掌握企业的商业秘密为由，主张其无须遵守竞业限制义务。

例如，在河南省高级人民法院、河南省人力资源和社会保障厅联合发布劳动争议典型案例9[1]中，法院认为，承担竞业限制义务的主体范围应限于知悉用人单位商业秘密的员工。

苑某受雇于某传媒公司，为该传媒公司的签约主播。双方签订劳动合同，期限为2年，自2018年8月11日起至2020年8月10日止。劳动合同中约定了竞业限制条款，具体为：双方终止劳动合同后，苑某的竞业期限

---

[1] 河南省高级人民法院、河南省人力资源和社会保障厅文件（豫高法〔2022〕110号）。

为2年，在此期间，某传媒公司每月向苑某支付100元的经济补偿。苑某在2年内不能在任何平台从事、经营、开设与某传媒公司有竞争关系的相同或者类似的主播网络演艺行业，并具有保守某传媒公司商业秘密的义务，否则，苑某应向某传媒公司支付10万元违约金。2019年11月，苑某在未与某传媒公司解除劳动合同关系的情况下私自离开公司，并在双方约定的竞业限制期内从事主播行业。某传媒公司申请仲裁，劳动仲裁委员会不予受理，某传媒公司遂向法院提起诉讼，请求：（1）解除与苑某的劳动关系，苑某向某传媒公司支付违约金10万元；（2）判令苑某依照劳动合同约定，在2年内不得从事网络主播工作。

法院经审理认为："某传媒公司未提供证据证明苑某掌握该公司的商业秘密。苑某作为普通员工，不属于《中华人民共和国劳动合同法》规定的竞业限制主体。根据《最高人民法院关于审理劳动争议案件适用法律若干问题的解释（四）》第六条之规定，劳动者履行了竞业限制义务，用人单位按月支付的竞业限制经济补偿标准应不低于劳动合同解除或者终止前十二个月平均工资的30%及劳动合同履行地最低工资标准，双方约定每月100元的竞业限制补偿远低于该标准。某传媒公司与苑某签订的劳动合同中的竞业限制条款对苑某不产生法律效力。双方签订劳动合同期限已经届满，至一审起诉之日双方已经不存在劳动关系，故亦无解除之必要。"法院作出判决：驳回某传媒公司的诉讼请求。

该案的典型意义在于，竞业限制是指用人单位和知悉本单位商业秘密或者其他对本单位经营有重大影响的劳动者在终止或解除劳动合同后的一定期限内不得在生产同类产品、经营同类业务或有其他竞争关系的用人单位任职，也不得自己生产与原单位有竞争关系的同类产品或经营同类业务。因此，竞业限制的人员应当是确实或有条件知悉用人单位商业秘密的人员，一般包括用人单位的高级管理人员、研究开发人员及技术员工、管理部门人员、财会、秘书人员、重要岗位的工人等。《劳动合同法》第24条明确规定："竞业限制的人员限于用人单位的高级管理人员、高级技术人员和其他负有保密义务的人员。"对于违法的竞业限制协议条款，应属于无效条款。在实践中，有些用人单位不论员工从事何种岗位、是否接触到商业秘密，均一律签订竞业限制协议，这种做法既损害了劳动者的自主择业权，也给企业增加了不必要的经济负担。用人单位需严格把握签署竞业限制协议的必要性和限制对象的范围，避免签订无效的竞业限制协议。

### 三、竞业限制协议中必须明确约定给予劳动者的合理补偿

（一）支付竞业限制补偿金是竞业限制成立的前提条件

所谓竞业限制补偿金，是指用人单位在让劳动者承担竞业限制义务时支付给劳动者的经济补偿。《劳动合同法》第23条要求用人单位在约定竞业限制条款的同时约定竞业限制补偿。在司法实践中经常出现的情况是：企业在职工离职后并未按照约定期限支付补偿金，或者双方并无支付期限的约定，企业即以此为借口，拖延支付补偿金。常见的理由是："职工已经违反竞业限制义务了，因此，企业同样有权拒付补偿金。"对此，笔者认为，竞业限制期间，用人单位必须向劳动者支付补偿金作为竞业限制给劳动者造成损害的补偿，否则竞业限制协议没有约束力。从弥补劳动者就业损失角度出发，在竞业限制关系中，除双方有明确约定外，企业支付补偿金义务一般应理解为先履行义务，即只有在企业先履行支付竞业限制补偿金这一义务后，离职职工才负有履行竞业限制的义务。这是对劳动者生存权利的一种保障，也更能实现企业与劳动者之间的利益平衡，做到公平合理。

（二）竞业限制补偿金的支付标准

有关竞业限制补偿金问题的争论从未间断。自《劳动合同法》（2008年1月1日起施行）第23条第2款规定用人单位可以按月向劳动者支付竞业限制补偿金以后[1]，《最高人民法院关于审理劳动争议案件适用法律问题

---

[1] 《劳动合同法》第23条第2款规定："对负有保密义务的劳动者，用人单位可以在劳动合同或者保密协议中与劳动者约定竞业限制条款，并约定在解除或者终止劳动合同后，在竞业限制期限内按月给予劳动者经济补偿。劳动者违反竞业限制约定的，应当按照约定向用人单位支付违约金。"

第十章　竞业限制与商业秘密保护

的解释（一）》❶ 对竞业限制补偿金又进一步做了更详细的规定。具体内容包括：

（1）当事人在劳动合同或者保密协议中约定了竞业限制，但未约定解除或者终止劳动合同后给予劳动者经济补偿，劳动者履行了竞业限制义务，要求用人单位按照劳动者在劳动合同解除或者终止前十二个月平均工资的30%按月支付经济补偿的，人民法院应予支持。月平均工资的30%低于劳动合同履行地最低工资标准的，按照劳动合同履行地最低工资标准支付。❷

（2）当事人在劳动合同或者保密协议中约定了竞业限制和经济补偿，劳动合同解除或者终止后，因用人单位的原因导致三个月未支付经济补偿，劳动者请求解除竞业限制约定的，人民法院应予支持。❸

（3）在竞业限制期限内，用人单位请求解除竞业限制协议时，人民法院应予支持。在解除竞业限制协议时，劳动者请求用人单位额外支付劳动者三个月的竞业限制经济补偿的，人民法院应予支持。❹

（三）企业不得以奖金、分红等形式替代支付补偿金

《劳动合同法》对竞业限制补偿的支付方式进行限制。在支付时间上，《劳动合同法》要求用人单位在解除或者终止劳动合同后支付，因此用人单位在解除或者终止劳动合同前支付竞业补偿与法律规定相抵触。在支付形式上，《劳动合同法》要求按月支付。在司法实践中，部分企业在职工签订竞业限制协议时，以奖金、分红、配股等形式替代支付补偿金，或者在协议中约定"工资中包含竞业限制补偿金"等模糊条款。对此，笔者认

---

❶ 编者语：2021年1月1日施行的《最高人民法院关于审理劳动争议案件适用法律问题的解释（一）》修改或吸收了《最高人民法院关于审理劳动争议案件适用法律若干问题的解释》《最高人民法院关于审理劳动争议案件适用法律若干问题的解释（二）》《最高人民法院关于审理劳动争议案件适用法律若干问题的解释（三）》《最高人民法院关于审理劳动争议案件适用法律若干问题的解释（四）》这四个司法解释的相应条款，原司法解释已失效。关于"竞业限制"相应条款内容并未作出调整。

❷ 《最高人民法院关于审理劳动争议案件适用法律问题的解释（一）》（2021年1月1日起施行）第36条。

❸ 《最高人民法院关于审理劳动争议案件适用法律问题的解释（一）》（2021年1月1日起施行）第38条。

❹ 《最高人民法院关于审理劳动争议案件适用法律问题的解释（一）》（2021年1月1日起施行）第39条。

为，竞业限制补偿金必须明确、清晰地加以约定并且予以支付，能够使劳动者对补偿金具体数额产生确定的预期，否则应视为约定不明，在双方当事人对此达不成一致意见时，一般应当认定用人单位未尽到支付合理竞业限制补偿金的义务。

### 四、未约定或未支付竞业限制补偿金是否导致竞业限制协议无效

（一）未约定补偿金与竞业限制条款效力的关系

企业与员工签订合法有效的竞业限制协议后，应当本着公平合理的原则，在竞业限制期限内按月给予员工经济补偿。但是在实践中，基于各种原因，有可能存在竞业限制协议中未约定经济补偿金的情况。在这种情况下，是否影响该竞业限制协议的法律效力？有观点认为，当事人在劳动合同或者保密协议中约定了竞业限制，但未约定解除或者终止劳动合同后给予员工经济补偿的，不影响该竞业限制条款的法律效力，员工仍应当按照协议的约定予以履行相应的竞业限制义务。未约定竞业限制补偿金的内容及具体条款，不能成为员工违反合同约定，主张竞业限制条款或者竞业限制协议无效的当然理由。❶ 北京市高级人民法院❷与上海市高级人民法院❸

---

❶ 北京知识产权法律援助中心. 企业商业秘密管理工作指引 [M]. 北京：知识产权出版社，2020：52.

❷ 北京市高级人民法院、北京市劳动争议仲裁委员会《关于劳动争议案件法律适用问题研讨会会议纪要》3）第 38 条规定："用人单位与劳动者在劳动合同或保密协议中约定了竞业限制条款，但未就补偿费的给付或具体给付标准进行约定，不应据此认定竞业限制条款无效，双方在劳动关系存续期间或在解除、终止劳动合同时，可以通过协商予以补救，经协商不能达成一致的，可按双方劳动关系终止前最后一个年度劳动者工资的确定补偿数额……"

❸ 上海市高级人民法院《关于适用〈中华人民共和国劳动合同法〉若干问题的意见》（2009 年 3 月 3 日起实施）："劳动合同当事人仅约定劳动者应当履行竞业限制义务，但未约定是否向劳动者支付补偿金，或者虽约定向劳动者支付补偿金，但未明确约定具体支付标准的，基于当事人就竞业限制有一致的意思表示，可以认为竞业限制条款对双方仍有约束力。补偿金数额不明的，双方可以继续就补偿金的标准进行协商；协商不能达成一致的，用人单位应当按照劳动者此前正常工资的 20%～50% 支付。"

均规定，用人单位与劳动者在竞业限制协议中对补偿金的标准有约定的，从其约定，未约定的，司法机构可按一定标准确认补偿金的数额，竞业限制协议仍然有效。也有观点认为，竞业限制协议中未约定补偿金，或者企业无法证明其存在商业秘密，或者劳动者不可能接触到企业商业秘密时，应当认定整个竞业限制协议无效。理由是上述内容是竞业限制协议的核心条款，关系到劳动者的重大权益和社会公共利益，如果企业未对补偿金的支付作出明确承诺，或者企业本身并不存在商业秘密，或者劳动者不可能接触到企业商业秘密时，则竞业限制协议从根本上丧失了法律基础，应当认定无效。❶ 有观点认为，尽管未约定竞业限制补偿金的数额并非必然导致竞业限制协议无效，但员工可以未约定数额、双方未达成一致为由拒绝履行竞业限制协议，即未依法约定经济补偿的竞业限制协议对劳动者单方无拘束力，劳动者可以选择遵守也可以选择不遵守竞业义务。而企业不得依据协议主张任何权利。江苏省高级人民法院、江苏省劳动争议仲裁委员会《关于审理劳动争议案件的指导意见》（苏高法审委〔2009〕47号）第13条第1款规定："企业与劳动者约定了竞业限制条款但未约定经济补偿……该竞业限制条款对劳动者不具有法律约束力。"

在我国既有判决中有持单方无拘束力的观点。例如，在重庆海鑫公司诉罗某智竞业限制纠纷一案❷中，由于原告与被告所签《企业员工保密合同》载明罗某智离职后2年内负有竞业限制义务，但未约定按月给付竞业禁止补偿金，终止劳动合同时也未对罗某智支付竞业禁止补偿金，判决认定竞业限制约定对罗某智没有法律约束力。

从以上援引的资料来看，我国各地法院在未约定补偿金是否影响竞业限制条款效力的问题上，分别采纳过无效说、有效说和单方无拘束力说。❸

2021年1月1日起施行的《最高人民法院关于审理劳动争议案件适用

---

❶ 孔祥俊. 商业秘密司法保护实务［M］. 北京：中国法制出版社，2012：251.
❷ 重庆市渝中区人民法院（2010）渝中知民初字第99号民事判决书。
❸ 黄武双. 商业秘密保护的合理边界研究［M］. 北京：法律出版社，2018：210.

法律问题的解释（一）》并未对以上三种观点予以正面回应，仅在第 36 条规定："当事人在劳动合同或者保密协议中约定了竞业限制，但未约定解除或者终止劳动合同后给予劳动者经济补偿，劳动者履行了竞业限制义务，要求用人单位按照劳动者在劳动合同解除或者终止前十二个月平均工资的 30% 按月支付经济补偿的，人民法院应予支持……"上述司法解释并未明确，在劳动者未履行或拒绝履行竞业限制义务的情况下，未约定解除或者终止劳动合同后给予劳动者经济补偿的竞业限制条款是否有效。

那么，竞业限制中未约定经济补偿金，员工是否有权向企业主张相应补偿？答案是有。根据公平原则，如果员工履行了竞业限制义务，其有权向企业主张相应补偿。对于竞业限制协议中约定了经济补偿金标准的，按照双方约定履行。竞业限制协议中仅约定了经济补偿金的大致内容，但未约定具体标准或者数额的，企业和员工可以通过协商一致的方式达成补充协议。如果双方无法通过协商一致的方式约定补偿金的，根据《最高人民法院关于审理劳动争议案件适用法律问题的解释（一）》第 36 条的规定，用人单位应当按照劳动者在劳动合同解除或者终止前 12 个月平均工资的 30% 或者劳动合同履行地最低工资标准，按月向劳动者支付经济补偿。如果劳动者月平均工资的 30% 低于劳动履行地最低工资标准，可以按照劳动履行地最低工资标准支付。

笔者认为，从前述规定的文义可以明确推导的结论为：在约定了竞业限制但未约定解除或者终止劳动合同后给予劳动者经济补偿的情况下，赋予了履行竞业限制义务的雇员以竞业限制补偿金请求权。至于雇员是否能够有权拒绝履行竞业限制义务，不得而知。[1]

（二）未支付补偿金与竞业限制条款效力的关系

针对已约定补偿金但未实际支付是否影响竞业限制条款的效力问题，

---

[1] 黄武双. 商业秘密保护的合理边界研究［M］. 北京：法律出版社，2018：211.

## 第十章 竞业限制与商业秘密保护

有些地方出台了相应文件规定❶，未按约定支付经济补偿的，竞业限制条款对劳动者不具有法律约束力。《最高人民法院关于审理劳动争议案件适用法律问题的解释（一）》未吸收以上"对雇员不具有约束力"的观点，而是在第 38 条规定，"当事人在劳动合同或者保密协议中约定了竞业限制和经济补偿，劳动合同解除或者终止后，因用人单位的原因导致三个月未支付经济补偿，劳动者请求解除竞业限制约定的，人民法院应予支持"，即赋予雇员以未支付补偿金为由的单方解除权。

相较于"对雇员不具有约束力"，即雇员而非雇主有权决定是否履行竞业限制协议；已履行竞业限制义务的雇员有权请求竞业限制补偿金。最高人民法院的司法解释只是将"用人单位的原因导致三个月未支付经济补偿"增加为离职雇员行使单方解除权的条件。比对"单方解除权"，选择"对雇员不具有约束力"的路径有利于维护离职雇员的利益，在这种情况下离职雇员行使权利的成本较低，因为离职雇员无须借助不熟悉的法律程序就可以决定是否继续履行竞业限制义务。❷

鉴于 2021 年 1 月 1 日起施行的《最高人民法院关于审理劳动争议案件适用法律问题的解释（一）》较之前的劳动争议相关的四个司法解释对竞业限制条款并未作出任何修改，可见，最高人民法院对于各地方法院竞业限制协议未约定补偿金条款或未支付补偿金"对雇员不具有约束力"的意见并未采纳。"对雇员不具有约束力"的主张在司法实践中并没有法律依

---

❶ 北京市高级人民法院、北京市劳动争议仲裁委员会《关于劳动争议案件法律适用问题研讨会会议纪要》（2009 年 8 月 17 日）第 38 条规定："……用人单位明确表示不支付补偿费的，竞业限制条款对劳动者不具有约束力。"广东省高级人民法院、广东省劳动争议仲裁委员会《关于适用〈劳动争议调解仲裁法〉、〈劳动合同法〉若干问题的指导意见》（2008 年 5 月 1 日施行）第 26 条第 1 款规定："至工作交接完成时，企业尚未承诺给予劳动者经济补偿的，竞业限制条款对劳动者不具有约束力。"浙江省《关于审理劳动争议案件若干问题的意见（试行）》第 41 条规定："用人单位未按约定支付经济补偿金的竞业限制条款对劳动者不再具有约束力。"江苏省高级人民法院、江苏省劳动争议仲裁委员会《关于审理劳动争议案件的指导意见》（苏高法审委〔2009〕47 号）第 13 条第 1 款规定："……约定了经济补偿但未按约定支付的，该竞业限制条款对劳动者不具有法律约束力。"

❷ 黄武双. 商业秘密保护的合理边界研究［M］. 北京：法律出版社，2018：212.

据。雇员在竞业限制协议"未约定补偿金条款"的情况下且因用人单位原因导致三个月未支付经济补偿的,雇员可以行使解除权或履行竞业限制义务后主张补偿金,在用人单位"未支付经济补偿"超过三个月的,雇员及时行使解除权是维护自己权益的正确路径,而对于用人单位而言选择权更大,在竞业限制期限内,用人单位可以随时请求解除竞业限制协议,用人单位享有竞业限制协议的单方解除权,不过,在解除竞业限制协议时,劳动者请求用人单位额外支付劳动者三个月的竞业限制经济补偿的,法院一般会予以支持。如果用人单位长时间未支付经济补偿,但雇员此后实施了竞业限制行为并到新单位工作的,应视为劳动者以其行为提出解除竞业限制约定。

例如,在《人力资源社会保障部 最高人民法院关于联合发布第一批劳动人事争议典型案例的通知》(人社部函〔2020〕62号)案例12中,仲裁委员会认为,随着新兴行业迅猛发展,越来越多的用人单位增强了知识产权和核心技术的保密意识,强化了其高级管理人员、高级技术人员及负有保密义务的其他人员的竞业限制约束力。用人单位应当严格按照劳动合同的约定向劳动者履行竞业限制期间的经济补偿支付义务,劳动者亦应秉持诚实守信原则履行竞业限制义务。同时,在仲裁与司法实务中应始终关注劳动关系的实质不平等性,避免用人单位为免除自己的法定责任而排除劳动者的合法权益的情形,依法公正地维护双方的合法权益。下文将通过一个案例进行说明。

2013年7月,乐某入职某银行,在贸易金融事业部担任客户经理。该银行与乐某签订了为期8年的劳动合同,明确其年薪为100万元。该劳动合同约定了保密与竞业限制条款,约定乐某须遵守竞业限制协议约定,即离职后不能在诸如银行、保险、证券等金融行业从事相关工作,竞业限制期限为2年。同时,双方还约定了乐某如违反竞业限制义务应赔偿银行违约金200万元。2018年3月1日,银行因乐某严重违反规章制度而与其解除了劳动合同,但一直未支付乐某竞业限制经济补偿。2019年2月,乐某入职当地另一家银行,依旧从事客户经理工作。2019年9月,银行向劳动人事争议仲裁委员会(以下简称仲裁委员会)申请仲裁,请求裁决乐某支付违反竞业限制义务违约金 200 万元并继续履行竞业限制协议。经审理后,仲裁委员会裁决驳回银行的仲裁请求。

依据《劳动合同法》第 23 条第 2 款规定:"对负有保密义务的劳动者,用人单位可以在劳动合同或者保密协议中与劳动者约定竞业限制条款,并约定在解除或者终止劳动合同后,在竞业限制期限内按月给予劳动者经济补偿。劳动者违反竞业限制约定的,应当按照约定向用人单位支付违约金。"由此,竞业限制义务是关于劳动者在劳动合同解除或终止后应履行的义务。在该案中,双方当事人在劳动合同中约定了竞业限制条款,劳动合同解除后,竞业限制约定对于双方当事人都发挥约束力。《劳动合同法》第 29 条规定:"用人单位与劳动者应当按照劳动合同的约定,全面履行各自的义务。"《最高人民法院关于审理劳动争议案件适用法律若干问题的解释(四)》(法释〔2013〕4 号)第 8 条规定:"当事人在劳动合同或者保密协议中约定了竞业限制和经济补偿,劳动合同解除或者终止后,因用人单位的原因导致三个月未支付经济补偿,劳动者请求解除竞业限制约定的,人民法院应予支持。"用人单位未履行竞业限制期间经济补偿支付义务并不意味着劳动者可以"有约不守",但劳动者的竞业限制义务与用人单位的经济补偿义务是对等给付关系,用人单位未按约定支付经济补偿已构成违反其在竞业限制约定中承诺的主要义务。具体到该案中,银行在竞业限制协议履行期间长达 11 个月未向乐某支付经济补偿,造成乐某遵守竞业限制约定却得不到相应补偿的后果。根据公平原则,劳动合同解除或终止后,因用人单位原因未支付经济补偿达三个月,劳动者此后实施了竞业限制行为,应视为劳动者以其行为提出解除竞业限制约定,用人单位要求劳动者承担违反竞业限制违约责任的不予支持,故依法驳回银行的仲裁请求。

## 五、竞业限制约定的对象、范围和期限必须合理

竞业限制必须有合理的范围、地域、期限限制。是否合理应当以是否损害职工正当的劳动权、生存权和公共利益,以及是否符合企业生产经营

实际需要为标准。

(一) 竞业限制的范围

根据《劳动合同法》第24条第2款的规定，负有竞业限制的人员不得到与本单位生产或者经营同类产品、从事同类业务的有竞争关系的其他用人单位任职。竞业限制的范围和地域可以参考用人单位的业务覆盖范围、业务发展方向和所在行政区域，包括离职员工从事职业的行业、领域、岗位、地区等，如"前款所述与甲方（用人单位）有竞争关系的企业包括但不限于与甲方经营范围相同或相近的企业"。竞业限制的范围包括领域限制和地域限制两个方面的内容。

1. 领域限制

关于领域限制，是指离职职工不得从事与原企业有竞争行为的领域。在司法审查中，一般需注意以下两点：一是限制职工在与原企业无竞争关系行业就业的约定应属无效；二是领域限制模糊的条款约定应属无效。如"禁止雇员在×年内，从事任何与本企业现在和将来的经营活动相冲突的行为"，这样一来，禁止的领域成为变量，使雇员处于极大不安之中，对雇员非常不公平。另外，其中认定是否存在竞争关系并非仅仅依照经营范围是否存在重叠，而应当综合考虑用人单位的实际经营业务、劳动者从事的经营业务、是否构成横向竞争和纵向竞争、是否存在直接竞争与间接竞争等多个因素进行认定，仅凭经营范围的重合不足以证明存在竞争关系。

例如，在《陕西省人力资源和社会保障厅、陕西省高级人民法院关于联合发布第一批劳动人事争议典型案例的通知》（陕人社发〔2022〕32号）案例三中，法院认为，竞业限制制度的核心意义在于在诚实信用原则的基础上，防止员工因流动而造成商业上的不正当竞争，保护劳动者就业自由和正常的市场竞争秩序。竞业限制既要考虑形式层面约束当事人的行为，又要考虑是否引发市场主体的不正当竞争。若劳动者再就业未在同行业间形成不良竞争，未对原用人单位造成商业利益上的损失或潜在风险，则不应当扩大竞业限制的适用范围。

2020年1月黎某到某早教中心从事教学及相关教育软件销售工作，双方签订了劳动合同，期限三年。合同约定黎某担任该早教中心的教学主管，负责教学质量监督和评估，工资 8000 元/月，年终按工作绩效考核结果发放绩效工资。同日，双方订立了《保密协议》，约定黎某在职期间应当履行对工作中包含用户信息、教育软件产品销售渠道、知识产权等在内的商业秘密的保密义务。黎某在离职后应当履行竞业限制义务，竞业限制期限为 2 年，竞业限制范围为本市，竞业限制补偿金标准为 3400 元/月。若违反竞业限制义务则应承担相应违约责任。该早教中心的营业执照显示其经营范围为教育教材及软件的开发、销售，早期婴幼儿智力开发服务等。早教中心使用的幼教专业教具系其独立开发且拥有自主知识产权的产品，并在当地享有唯一销售和使用权。2022 年 1 月 30 日，黎某与早教中心劳动合同期终止。黎某离职后，早教中心按照双方签订的《保密协议》向黎某支付竞业限制补偿金 3400 元/月。2022 年 3 月，早教中心发现黎某应聘至本市某少儿培训中心工作。早教中心随即申请劳动仲裁，请求依法裁决黎某支付违反竞业限制义务的违约金 135 000 元，并请求裁决黎某继续履行竞业限制义务。该少儿培训中心作为第二被申请人参加仲裁活动，少儿培训中心的营业执照显示其经营范围为"少儿音乐培训、舞蹈培训、美术培训等"，其课程安排中不包含早教中心开发的教材课程或与之雷同的相关课程内容。

仲裁裁决认定黎某未违反竞业限制义务，驳回早教中心关于支付竞业限制违约金的仲裁请求，并裁决双方继续履行竞业限制协议的相关内容。早教中心不服，起诉至人民法院，法院一审判决结果与仲裁裁决结果一致，双方当事人均未上诉，一审判决已生效。

根据《劳动合同法》第 23 条、第 24 条的规定，对负有保密义务的劳动者，用人单位可以与劳动者签署保密协议；也可以与劳动者约定竞业限制条款，即约定在解除或者终止劳动合同后，负有竞业限制义务的劳动者不得到与本单位生产、经营同类产品、从事同类业务的有竞争关系的用人单位工作，竞业限制的期限不得超过 2 年，在竞业限制期限内按月给予劳动者经济补偿。劳动者违反竞业限制约定的，应当向用人单位支付违约金，同时继续履行竞业限制义务。

早教中心以其开发的教材为其教学特色开展经营活动，该教材内容系具有商业价值和使用价值的商业秘密，且教材本身受知识产权保护。早教中心与黎某建立劳动关系后签订了书面保密协议，并约定了竞业限制条款，该协议合法有效，双方应当全面履行各自义务，享有各自权利。早教中心称黎某离职后在某少儿培训中心工作违反了竞业限制条款，经核实，少儿培训中心与早教中心经营范围不存在相同或类似内容，相关课程及教材亦无抄袭或雷同内容。早教中心亦未能提供证据证明黎某在少儿培训中心工作时存在泄露早教中心商业秘密、知识产权之行为。早教中心仅凭"少儿培训中心"的名称及两用人单位同属一个级别行政区域即称黎某违反了竞业限制义务，缺乏事实及法律依据。故黎某与早教中心均应当继续遵守竞业限制条款，履行相关义务。

在王某诉万得信息技术股份有限公司竞业限制纠纷一案[1]中，法院认为，人民法院在审理竞业限制纠纷案件时，审查劳动者自营或者新入职单位与原用人单位是否形成竞争关系，不应仅从依法登记的经营范围是否重合进行认定，还应当结合实际经营内容、服务对象或者产品受众、对应市场等方面是否重合进行综合判断。劳动者提供证据证明自营或者新入职单位与原用人单位的实际经营内容、服务对象或者产品受众、对应市场等不相同，主张不存在竞争关系的，人民法院应予支持。

王某于2018年7月2日进入万得信息技术股份有限公司（以下简称万得公司）工作，双方签订了期限为2018年7月2日至2021年8月31日的劳动合同，约定王某就职智能数据分析工作岗位，月基本工资4500元、岗位津贴15 500元，合计20 000元。

2019年7月23日，王某、万得公司又签订《竞业限制协议》，对竞业行为、竞业限制期限、竞业限制补偿金等内容进行了约定。2020年7月27日，王某填写《辞职申请表》，以个人原因为由解除与万得公司的劳动合同。

2020年8月5日，万得公司向王某发出《关于竞业限制的提醒函》，

---

[1] 上海市第一中级人民法院（2021）沪01民终12282号民事判决书。最高人民法院指导案例190号（最高人民法院审判委员会讨论通过2022年12月8日发布）。

载明"……您(即王某)从离职之日2020年7月27日起须承担竞业限制义务,不得到竞业企业范围内工作或任职。从本月起我们将向您支付竞业限制补偿金,请您在收到竞业限制补偿金的10日内,提供新单位签订的劳动合同及社保记录,若为无业状态的请由所在街道办事处等国家机关出具您的从业情况证明。若您违反竞业限制义务或其他义务,请于10日内予以改正,继续违反竞业协议约定的,则公司有权再次要求您按《竞业限制协议》约定承担违约金,违约金标准为20万元以上,并应将公司在离职后支付的竞业限制补偿金全部返还……"

2020年10月12日,万得公司向王某发出《法务函》,再次要求王某履行竞业限制义务。

另查明,万得公司的经营范围包括计算机软硬件的开发、销售、计算机专业技术领域及产品的技术开发、技术转让、技术咨询、技术服务。

王某于2020年8月6日加入上海哔哩哔哩科技有限公司(以下简称哔哩哔哩公司),按照营业执照记载,该公司经营范围包括信息科技、计算机软硬件、网络科技领域内的技术开发、技术转让、技术咨询、技术服务等。

王某、万得公司一致确认:王某竞业限制期限为2020年7月28日至2022年7月27日;万得公司已支付王某2020年7月28日至2020年9月27日竞业限制补偿金6796.92元。

2020年11月13日,万得公司向上海市浦东新区劳动人事争议仲裁委员会申请仲裁,要求王某:(1)按双方签订的《竞业限制协议》履行竞业限制义务;(2)返还2020年8月、9月支付的竞业限制补偿金6796元;(3)支付竞业限制违约金200万元。2021年2月25日,仲裁委员会作出裁决:王某按双方签订的《竞业限制协议》继续履行竞业限制义务,王某返还万得公司2020年8月、9月支付的竞业限制补偿金6796元,王某支付万得公司竞业限制违约金200万元。王某不服仲裁裁决,诉至法院。上海市浦东新区人民法院于2021年6月29日作出(2021)沪0115民初35993号民事判决:

一、王某与万得公司继续履行竞业限制义务;二、王某于本判决生效之日起十日内返还万得公司 2020 年 7 月 28 日至 2020 年 9 月 27 日竞业限制补偿金 6796 元；三、王某于本判决生效之日起十日内支付万得公司违反竞业限制违约金 240 000 元。王某不服一审判决，提起上诉。上海市第一中级人民法院于 2022 年 1 月 26 日作出（2021）沪 01 民终 12282 号民事判决：一、维持上海市浦东新区人民法院（2021）沪 0115 民初 35993 号民事判决第一项；二、撤销上海市浦东新区人民法院（2021）沪 0115 民初 35993 号民事判决第二项、第三项；三、上诉人王某无须向被上诉人万得公司返还 2020 年 7 月 28 日至 2020 年 9 月 27 日竞业限制补偿金 6796 元；四、上诉人王某无须向被上诉人万得公司支付违反竞业限制违约金 200 万元。

法院生效裁判认为：王某违反了竞业限制协议。所谓竞业限制是指对原用人单位负有保密义务的劳动者，于离职后在约定的期限内，不得生产、自营或为他人生产、经营与原用人单位有竞争关系的同类产品及业务，不得在与原用人单位具有竞争关系的用人单位任职。竞业限制制度的设置系为了防止劳动者利用其所掌握的原用人单位的商业秘密为自己或为他人谋利，从而抢占了原用人单位的市场份额，给原用人单位造成损失。所以，考量劳动者是否违反竞业限制协议，最核心的是应评判原用人单位与劳动者自营或者入职的单位之间是否形成竞争关系。

需要说明的是，正是因为竞业限制制度在保护用人单位权益的同时对劳动者的就业权利有一定的限制，所以在审查劳动者是否违反了竞业限制义务时，应当全面客观地审查劳动者自营或入职公司与原用人单位之间是否形成竞争关系。一方面考虑到在实践中往往存在企业登记经营事项和实际经营事项不一致的情形；另一方面考虑到经营范围登记类别是工商部门划分的大类，所以这种竞争关系的审查，不应拘泥于营业执照登记的营业范围，否则对劳动者抑或对用人单位都可能造成不公平。故在具体案件中，还可以从两家企业实际经营的内容是否重合、服务对象或者所生产产品的受众是否重合、所对应的市场是否重合等多角度进行审查，以还原事实之真相，从而能兼顾用人单位和劳动者的利益，以达到最终的平衡。

在该案中，万得公司的经营范围为计算机软硬件的开发、销售、计算机专业技术领域及产品的技术开发、技术转让、技术咨询、技术服务。而哔哩哔哩公司的经营范围包括从事信息科技、计算机软硬件、网络科技领域内的技术开发、技术转让、技术咨询、技术服务等。对比两家公司的经营范围,确实存在一定的重合。但互联网企业往往在注册登记时,经营范围都包含了软硬件开发、技术咨询、技术转让、技术服务。若仅以此为据,显然会对互联网就业人员尤其是软件工程师再就业造成极大障碍,对社会人力资源造成极大的浪费,也有悖于竞业限制制度的立法本意。故在判断是否构成竞争关系时,还应当结合公司实际经营内容及受众等因素加以综合评判。

在该案中,王某举证证明万得公司在其 Wind 金融手机终端上宣称 Wind 金融终端是数十万金融专业人士的选择、最佳的中国金融业生产工具和平台。而万得公司的官网亦介绍,"万得公司(下称 Wind)是金融数据、信息和软件服务企业,在国内金融信息服务行业处于领先地位,是众多证券公司、基金管理公司、保险公司、银行、投资公司、媒体等机构不可或缺的重要合作伙伴,在国际市场中,Wind 同样受到了众多中国证监会批准的合格境外机构投资者的青睐。此外,知名的金融学术研究机构和权威的监管机构同样是 Wind 的客户;权威的中英文媒体、研究报告、学术论文也经常引用 Wind 提供的数据……" 由此可见,万得公司目前的经营模式主要是提供金融信息服务,其主要的受众为相关的金融机构或者金融学术研究机构。而反观哔哩哔哩公司,众所周知其主营业务是文化社区和视频平台,即提供网络空间供用户上传视频、进行交流。其受众更广,尤其年轻人对其青睐有加。两者对比,不论是经营模式、对应市场还是受众,都存在显著差别。即使普通百姓,也能轻易判断两者之差异。虽然哔哩哔哩公司还涉猎游戏、音乐、影视等领域,但尚无证据显示其与万得公司经营的金融信息服务存在重合之处。在此前提下,万得公司仅以双方所登记的经营范围存在重合即主张两家企业形成竞争关系,尚未完成其举证义务。且万得公司在竞业限制协议中所附录的重点限制企业均为金融信息行业,足以表明万得公司自己也认为其主要的竞争对手应为金融信息服务企业。故一审法院仅以万得公司与哔哩哔哩公司的经营范围存在重合,即认定王某入职哔哩哔哩公司违反了竞业限制协议的约定，继而判决王某返还竞业限制补偿金并支付违反竞业限制违约金，有欠妥当。

关于王某是否应当继续履行竞业限制协议的问题。王某与万得公司签订的竞业限制协议不存在违反法律法规强制性规定的内容，故该协议合法有效，对双方均有约束力。因协议中约定双方竞业限制期限为2020年7月28日至2022年7月27日，目前尚在竞业限制期限内，故一审法院判决双方继续履行竞业限制协议，并无不当。王某主张无须继续履行竞业限制协议，没有法律依据。需要强调的是，根据双方的竞业限制协议，王某应当按时向万得公司报备工作情况，以供万得公司判断其是否违反了竞业限制协议。该案是因为王某不履行报备义务导致万得公司产生合理怀疑，进而产生了纠纷。王某在今后履行竞业限制协议时，应恪守约定义务，诚信履行协议。

2. 地域限制

关于地域限制，是指竞业限制协议约定离职职工在何地域范围，不得从事与原企业竞争的行为。《劳动合同法》第24条规定，竞业限制的地域由用人单位与劳动者约定；但对地域范围的合理性尚未制定审查标准。在一般情况下，应当以企业营业领域和范围为限，尚未开拓的市场或将来可能营业的地域，不能设定限制，并且应当以可能与雇主实质竞业的地域为限，不能扩张至雇主可能开展业务的地域。在司法实践中，相当一部分当事人对于竞业限制的地域限制约定过于广泛或者并未作出明确约定，因此需要在司法审查中对地域限制进行合理限定。原告所主张的地域限制是否合理，需要结合原告经营范围、规模、产业特点以及需要保护商业秘密的市场领先程度进行综合判断。如果原告经营范围较大，或者从事的产业市场传播速度较快，或者其技术秘密处于行业内领先水平，则应当将竞业限制的地域范围适当扩张；反之，则应当适当缩小。

（二）竞业限制的期限

竞业限制的期限约定是竞业限制协议中的必备条款，期限的约定应当合理，与企业需要保护的商业秘密的性质和存续时间相适应，且不得造成离职员工生活困难。对此，《劳动合同法》第24条已经明确规定，竞业限制期限不得超过 2 年，如果企业和员工约定竞业限制的期限超过 2 年，则超过部分的约定无效。

### 六、竞业限制协议须为书面合同约定

《劳动合同法》规定，竞业限制必须以书面形式成立，不允许以口头方式约定竞业限制义务。竞业禁止合同有限制当事人就业权的特性，必须以书面形式订立，为了保证订立过程的公正，雇佣一方应当对限制条款尤其是限制基础，即保护的商业秘密予以明示。另外，竞业限制的对象、地点、补偿等事项因劳动者的个体差异而不同，因此，竞业限制必须以竞业限制协议或者以劳动合同中的竞业限制条款的形式约束，不应通过一般方式事先约定。凡属劳动合同或者单一竞业限制调整的事项，除非法律有专门的规定或者当事人双方依法作出约定，不能由用人单位单方制定的员工手册加以规定；员工手册属于用人单位规章制度的一种，不具有劳动合同的属性，制定员工手册主要是用人单位单方行为，虽然在制定的过程中会有很多程序上的限制，但用人单位仍享有比较大的自主权。因此，用人单位依据规章制度的方式规定的竞业限制条款对劳动者不具有拘束力。

## 第三节　商业秘密诉讼与竞业限制诉讼的关系

### 一、竞业限制与商业秘密的关系

竞业限制与保密义务看似相似，但实质上并非同一概念。两者虽然都是维护用人单位的利益、限制劳动者的权利，却有很大的差别。如何区分保密义务和竞业限制，并准确适用各自对应的法律，是处理类似案件的难点和关键点。可以说，竞业限制与保密义务之间既有联系，又有区别，二者之间的联系主要体现在以下三个方面。

（1）约束对象具有交叉性。竞业限制与保密义务的约束对象均包含知悉用人单位商业秘密并对其负有保密义务的劳动者。

（2）存在目的相同。竞业限制和保密义务的存在均是为了保护用人单位的商业秘密，维护用人单位的经济利益。

（3）可同时约定。保密义务与竞业限制的性质不同，因此，为了更好地保护企业的商业秘密，可以将二者同时约定在劳动合同、保密协议或竞业限制协议中。

竞业限制与保密义务之间也存在以下区别。

（1）产生依据不同。保密义务基于劳动合同的附随义务产生，不管当事人之间是否有明示的约定，劳动者在职期间和离职以后，均应当承担保守用人单位商业秘密的义务；而劳动者的竞业限制义务是基于当事人之间的约定而产生的，没有约定则没有义务。

（2）主体有区别。根据《劳动合同法》第24条的规定，竞业限制的人员限于用人单位的高级管理人员、高级技术人员和其他负有保密义务的人员。据此，竞业限制与保密义务的主体虽有交叉，但竞业限制的主体范围较小，限于用人单位的高级管理人员、高级技术人员及其他负有保密义务的人员；而保密义务的主体范围很大，所有劳动者均对知悉的用人单位的商业秘密负有保密义务。

（3）竞业限制有期限限制，保密义务无期限限制。根据《劳动合同法》第24条的规定，用人单位在与涉密人员签订竞业限制协议中，对于竞业限制期限、范围、补偿金额等均可以由双方协商确定，但该限制期限在解除或者终止劳动合同后最长不得超过2年，劳动者在竞业限制期限届满之后，不再负有竞业限制义务。对于保密义务的期限，法律并没有明确规定。笔者认为，只要该商业秘密未被公开，知悉该商业秘密的劳动者就应当切实履行保密义务，不论是在职期间或离职后，即使与原用人单位约定的竞业限制期限届满，知悉相关商业秘密的劳动者，仍应当继续履行保密义务。

（4）竞业限制义务的履行以原用人单位支付经济补偿为前提，但用人单位无须为劳动者履行保密义务支付费用。《劳动合同法》第23条规定，劳动者有权在竞业限制期间获得经济补偿金。但是，保密义务作为劳动者的附随义务，不以用人单位支付任何费用为前提。当然，法律并不禁止用人单位通过向劳动者支付保密费的方式来增强劳动者的保密意识。不论用人单位是否向劳动者支付保密费，均不能免除劳动者的保密义务。

（5）违反竞业限制义务一般需承担违约责任，违反保密义务一般需承担侵权责任。劳动者违反竞业限制义务，应当按照劳动者与用人单位之间竞业限制协议的约定，承担违约责任。如果用人单位未按协议约定向劳动者支付补偿金，劳动者有权按约定，要求用人单位支付经济补偿金，或者要求与用人单位解除竞业限制协议；如果劳动者违约，未履行竞业限制义务，用人单位可根据协议的约定，要求劳动者支付违约金，并要求劳动者继续履行竞业限制。

值得注意的是，竞业禁止限制的是负有保密义务的劳动者在离职后的工作领域、范围和时间等，竞业限制义务违约责任的承担，并不以劳动者泄密为前提，只要劳动者违反竞业限制约定，从事与原单位相同或相竞争的业务，就需要承担违约责任。部分用人单位与劳动者的竞业限制义务会约定在保密协议内，竞业限制义务是指在任职期间或离开岗位后一定期间内，不得到与本单位经营同类产品、从事同类业务的有竞争关系的其他用人单位，或者自己开业生产或者经营同类产品、从事同类业务的义务；而保密义务是指保守用人单位商业秘密和与知识产权相关保密事项的义务。除双方另有竞业限制约定外，劳动者负有的保密义务并不必然等同于竞业限制义务。如果劳动者在违反竞业限制义务的同时，还存在侵犯原用人单位商业秘密、违反保密义务的行为，原用人单位还可要求其承担侵权责任。

## 二、竞业限制协议的纠纷解决

侵犯商业秘密与违反竞业限制义务纠纷解决方式不完全相同。竞业限制是基于约定而产生的违约之诉，是在竞业限制协议有效的情况下产生的，而侵犯商业秘密之诉是侵权之诉，是基于侵权人本应不作为而产生的。此外，侵犯商业秘密案件为侵权之诉，不能与违反竞业限制的违约之诉同时审理。

竞业限制的约定在协议内容、形式上，一般属于劳动合同的具体条款或者附属协议。由劳动者与用人单位之间的竞业限制或禁止约定引发的纠纷，若当事人以违约为由主张权利，则属于劳动争议，依法应当通过劳动争议处理程序解决，不属于侵害商业秘密案件的审理范围。最高人民法院2008年发布的《民事案件案由规定》曾设有四级案由"侵犯商业秘密竞业限制纠纷"，位于第五部分"知识产权纠纷"中。但该规定在2011年修订时将此案由删除，在第三级案由"劳动合同纠纷"项下增加"竞业限制纠纷"。2020年的《民事案件案由规定》沿用此分类，将竞业限制纠纷纳入劳动争议的范畴。依据《劳动法》及其司法解释，劳动争议仲裁是向法院提起诉讼的前置程序，因此竞业限制纠纷应当适用劳动争议仲裁前置的程序。若选择侵害商业秘密之诉，无须经过劳动争议的仲裁前置程序，当事人可以直接向法院提起诉讼。

反过来说，即使没有竞业禁止，职工离职后到有竞争关系的企业任职或者自办有竞争关系的企业，也负有不泄露和不使用他人商业秘密的义务，如果擅自泄露或者使用，权利人完全可以依法追究。这也说明，竞业禁止的作用也仅仅是减少侵权行为。而且，保护商业秘密不过是竞业禁止的用途之一，竞业禁止仍有其他用途，如避免离职的职工过于熟悉其情况而在竞争上给它造成其他的不利等，这些目的未必与保护商业秘密有关。因此，竞业禁止协议与保密协议尽管有联系，但绝不是一回事。❶如果某一案件既涉及竞业限制纠纷，又涉及违反保密义务纠纷的，相关当事人应当遵循不同的程序，分别向劳动人事争议仲裁委员会和人民法院提出不同的诉求。

另外，竞业限制纠纷与商业秘密侵权纠纷诉讼请求所依据的法律事实并不相同，并不存在请求权竞合的问题。竞业限制纠纷与商业秘密侵权纠纷可分别起诉，分别裁处。例如，在上诉人王某敏与被上诉人杭州恒生网络技术服务有限公司（以下简称恒生网络公司）竞业限制纠纷一案❷中，

---

❶ 孔祥俊. 商业秘密司法保护实务［M］. 北京：中国法制出版社，2012：127.
❷ 浙江省杭州市中级人民法院（2014）浙杭民终字第62号民事判决书。

## 第十章　竞业限制与商业秘密保护

法院认为，竞业限制约定是针对负有保密义务的劳动者在劳动关系结束后一定期限内不得到与原用人单位有竞争关系的其他单位任职，或者自己开业生产或者经营同类产品、从事同类业务的行为而言，限制的是负有保密义务的劳动者在离职后的工作领域范围。认定劳动者是否构成违反竞业限制约定的违约行为，仅需考察该劳动者离职后的工作单位以及工作性质与原用人单位的生产经营是否存在竞争关系，不以该劳动者是否侵害原用人单位的商业秘密为条件。而在杭州市西湖区人民法院（2011）杭西知初字第935号及杭州市中级人民法院（2013）浙杭知终字第95号案中，恒生电子公司、恒生网络公司的诉讼请求所针对的是王某敏以不正当手段获取恒生电子公司、恒生网络公司的商业秘密，并提供给天骄文韵软件（天津）有限责任公司使用的侵权行为。两案中的诉讼请求所依据的法律事实并不相同，并不存在请求权竞合的问题。王某敏违反竞业限制的约定，即应承担违约责任。这与其是否另行存在侵害恒生电子公司及恒生网络公司的商业秘密的侵权行为无关。

以侵犯商业秘密为由提起诉讼时，如果在劳动合同或保密协议中约定员工离职后违反保守原告商业秘密的义务的，应承担违约责任的数额可以作为赔偿的参考。例如，在宁波永贸时代进出口有限公司诉王某中侵害商业秘密纠纷一案❶中，法院认为，客户信息，包括客户的名称、地址、联系方式以及交易习惯、意向、内容等信息。原、被告通过协议、书面确认等方式明确了原告客户信息的具体内容、被告承担保密责任的范围，被告在离职后违反保守原告商业秘密的义务，使用该客户名单等商业秘密与原告客户进行交易，侵害了原告的商业秘密。在双方就违反保密义务所应承担的违约金及计算方式已作约定的情况下，原告可主张适用当事人意定违约金作为赔偿数额，无须再就原告因侵权行为所遭受的损失或被告因侵权所获利润进行举证。

王某中系宁波永贸时代进出口有限公司（以下简称永贸公司）前员工。双方于王某中入职时签订《劳动合同》及《商业秘密保护合同》各一

---

❶ 浙江省宁波市鄞州区人民法院（2019）浙0212民初11565号。

份，约定：原告的商业秘密包括且不限于特定的、完整的、部分的、个别的未披露的信息，包括且不限于涉及商业秘密的客户名单等信息；被告对原告的所有商业秘密承担保护义务，不得披露原告的商业秘密等，不得直接、间接、试图影响或者侵犯原告拥有的客户名单及其客户关系的商业秘密，包括客户名称、联系人、联系人习惯、联系方式、聊天工具、电子邮箱、交易习惯、合同关系、佣金或折扣、交提货方式、款项结算等；若被告违反本合同规定，应当向原告支付违约金50万元，当原告损失超过违约金时，被告除偿付违约金外，赔偿超过部分的实际损失。2017年1月23日，王某中离职，次月23日，王某中再次确认了其所知悉的永贸公司商业秘密的具体范围，并在客户名单（商业秘密）明细上签字确认。

经宁波市鄞州区市场监督管理局调查后查明：王某中于2017年6月起从事与外商的外贸经营业务，至该局查获时，分别与其在永贸公司任职期间主管的3位外商客户发生灯串、蜡烛等产品出口业务，经营额为294 813.12美元（折合人民币1 951 864.61元）。该局于2019年6月11日作出甬鄞市监处〔2019〕416号行政处罚决定书，对王某中侵犯商业秘密的行为处以责令停止违法行为、罚款10万元。原告认为被告的行为侵犯原告商业秘密，遂诉至宁波市鄞州区人民法院，要求被告立即停止侵权，赔偿原告经济损失60万元并承担维权费用6.1万元。

宁波市鄞州区人民法院经审理认为：原告公司在经营过程中形成的客户名单，包括客户名称、联系方式、报价方式等信息，具有一定的商业价值，原告对此采取了保密措施，属于不为公众所知悉的经营信息，构成商业秘密。被告在原告公司任职期间掌握了上述商业秘密，离职后违反保密义务，使用该商业秘密与原告客户进行交易，已构成侵犯原告商业秘密。根据被告与原告客户之间的交易额，商业秘密保护合同约定的违约金50万元与被告因此获得的利润基本相当，故据此确定损失赔偿金额为50万元。遂于2020年2月11日判决：王某中停止使用永贸公司客户名单的行为，并赔偿永贸公司经济损失53.1万元（含合理费用）。一审判决后，双方当事人均未提出上诉。

## 第十章　竞业限制与商业秘密保护

### 三、竞业限制纠纷使企业商业秘密保护诉讼难度降低

对于负有保密义务的一般企业职工而言，只要其不透露企业的商业秘密，法律并不禁止其到其他有竞争关系的单位就职。但如果其与原单位签订有竞业限制协议，则即便不透露原单位的商业秘密，该职工在约定期限内也不得到有竞争关系的单位就职，即不得从事与原单位存在竞争关系的任何行为。

如果原告与被告签订有竞业限制协议，被告一旦跳槽到竞争企业，那么只要竞业限制协议符合法律规定，原告即可以该职工违反约定、从事与原企业存在竞争关系的工作为由，请求法律保护。如果企业的诉讼主张获得支持，被告则不得从事与原告存在竞争关系的活动，原告的商业秘密也自然获得了保护。与常规保护手段相比，竞业限制保护商业秘密的功能显得更强大。

在一般情况下，原告在竞业限制纠纷案件中须证明的法律要件为，竞业限制协议合法有效及被告已实施违反竞业限制协议的行为，无须证明商业秘密侵害行为及损害结果的存在，该等法律事实在竞业限制纠纷中系推定存在或免证。例如，在习特（上海）信息技术有限公司与都匀市谨科档案整理工作室、周某霞侵害商业秘密纠纷一案[1]中，法院认为："竞业禁止约定是针对负有保密义务的劳动者在劳动关系结束后一定期限内不得到与原用人单位有竞争关系的其他单位任职，或者自己开业生产或者经营同类产品、从事同类业务的行为而言，限制的是负有保密义务的劳动者在离职后的工作领域范围。认定劳动者是否构成违反竞业限制约定的违约行为，仅需考察该劳动者离职后的工作单位以及工作性质与原用人单位的生产经营是否存在竞争关系，不以该劳动者是否侵害原用人单位的商业秘密为条件。"在竞业限制纠纷中，如仍要求原企业证明员工和竞争者侵害了商业秘密，那么竞业限制制度就失去了独立存在的意义，因为即使没有竞业限

---

[1] 贵州省贵阳市中级人民法院（2019）黔01民初62号民事判决书。

制，职工离职后到竞争者处任职或自办有竞争关系的企业，也负有不泄露和不使用他人商业秘密的义务，擅自泄露或使用，权利人完全可以依法追究❶，这同样是我国立法机关的观点❷。竞业限制与商业秘密之间的关系是单向的，竞业限制以商业秘密为前提，而商业秘密保护并不以竞业限制协议的存在为必要。

之所以认为只要离职员工赴竞争对手处就职，则其对前雇主商业秘密的侵害即推定成立或免予证明，主要依据在于，离职员工违反竞业限制义务将不可避免地披露商业秘密。首先，离职员工掌握的前雇主商业秘密已构成自身知识技能的一部分，且不可分离。离职员工掌握前雇主的商业秘密，当离职员工为竞争对手工作时必将继续占有此种商业秘密，并且在生理上无法采取任何措施将此种商业秘密与其自身分离，亦无法完全与非秘密信息分离。因此，只要离职员工违反竞业限制义务赴竞争对手处就职于同样的职位，势必在新工作中披露、使用前雇主的商业秘密。其次，在离职员工已在新雇主处就职的情况下，要求其时刻避免使用前员工的商业秘密，亦与追求私利的人性相悖，难以实现。我国法院已在司法实践中实际认可、使用了在美国诞生的"不可避免泄露规则"，就是为阻止离职员工在新岗位上不知不觉地泄露前雇主的商业秘密。在竞业限制纠纷中，保护商业秘密是竞业限制协议的目的，因此，权利人只需证明商业秘密的存在从而证明协议的目的存在，当然，若企业不存在被保护的商业秘密，竞业限制就失去了依托，签订竞业限制协议将失去效力。如果原告主张的商业秘密不成立，则其关于被告违反竞业限制约定的主张在一般情况下也不能得到支持。若权利人在竞业限制协议纠纷中能够证明劳动者实施了侵犯商业秘密的行为，则是对劳动者违约行为的一种证明（违反合同根本目的），可作为计算违约造成原告商业秘密损失的依据之一；若权利人不能证明劳动者实施了侵犯商业秘密的行为，仅能够证明其违反竞业限制协议，则仍可依据协议要求劳动者承担违约责任。

---

❶ 孔祥俊. 商业秘密保护法原理 [M]. 北京：中国法制出版社，1999：212.

❷ 全国人大常委会法制工作委员会行政法室. 中华人民共和国劳动合同法解读 [M]. 北京：中国法制出版社，2007：73.

第十章　竞业限制与商业秘密保护

对于商业秘密权利人而言，相比事后救济，更重要的是事先预防。在因员工离职而导致商业秘密泄露时，物理上的一切保密措施都没有用处，因为无论如何，员工必须接触、掌握商业秘密，否则商业秘密无法实施于经营活动。因企业无法事先隔绝员工与商业秘密，故需要防止掌握商业秘密的员工离职之后的泄露，竞业限制制度的主要意义即在于此。可见，竞业限制制度有独立于商业秘密侵权制度而存在的价值，法律因此将其设置为一项独立的制度。独立存在的制度就应该有独立的救济，尽管竞业限制的前提是保护商业秘密，但在企业确实存在保护商业秘密因而竞业限制已经合法构建的情况下，其就应该脱离商业秘密而单独受到保护。具体到审判实践，在竞业限制纠纷中，当竞业限制关系合法成立时，无须再对是否存在商业秘密侵权进行审理。

## 四、侵害商业秘密纠纷对竞业限制纠纷审理的影响

在竞业限制纠纷中，如果员工提出抗辩，称其接触、掌握的信息不是商业秘密，其并不接触、掌握商业秘密，进而主张竞业限制协议无效的，应如何处理？

既然认为商业秘密的存在是竞业限制协议的前提，就应允许员工提出这种抗辩。因为竞业限制协议往往与劳动合同一并出现，员工只能选择签署或拒绝工作，因此，这里的"自愿"是在权衡各种因素之后被迫而为的，而这种"被迫"又不足以达到胁迫的程度，使协议变为可撤销。如已经签署竞业限制就要求遵守，将可能导致企业要求所有的员工都签署竞业限制协议，甚至将其作为规章制度中一般性规定出现，从而形成商业秘密权的滥用。❶因此，更重要的还在于员工提出其掌握的信息并非商业秘密抗辩时的审查。在竞业限制纠纷中，是否能如同商业秘密诉讼，对属于原企业的、由被告接触或掌握的信息是否构成商业秘密进行全面的审理，甚至包括对相关信息是否构成商业秘密进行鉴定？在竞业限制不正当竞争纠纷中，进行如此

---

❶ 张玉瑞. 商业秘密的法律保护[M]. 北京：金城出版社，2002：170.

范围和程度的审查不合适，会严重影响竞业限制制度功能的发挥。

那么，究竟如何判断员工是否接触、掌握企业商业秘密，判断竞业限制协议的效力？根据《劳动合同法》，企业的"高级管理人员"和"高级技术人员"被当然认为是"负有保密义务的人员"，这是一种法律上的推定，这两类人员因此并不能以他们事实上不接触、不掌握企业的商业秘密为由，主张其无须遵守竞业限制义务。这是法律为了减轻竞业限制纠纷中用人单位的证明责任和证明程度，防止竞业限制制度因为受到过度的限制导致无法发挥作用而采取的一种法律推定。剩下的问题在于"其他负有保密义务的人员"，是否接触了须保护的商业秘密，如何审理判断？对此，全国人大常委会法制工作委员会在释义《劳动合同法》第23条时曾论述："要确定究竟哪些信息在劳动合同解除后，劳动者仍然负有不得披露和使用商业秘密的义务，必须考虑以下因素：第一，劳动性质。如果劳动者要经常性地处理秘密文件，显然要承担比一般劳动者更多的忠诚义务。除了信息类型的限制外，劳动者的身份和职位也会影响竞业禁止条款的效力。第二，信息本身的性质，即用人单位是否使劳动者意识到信息的保密性。虽然用人单位只是单方声称这些信息是保密信息本身并不充分，但是用人单位对待这些信息的态度可以帮助确定信息的性质。"❶可以看到，因竞业限制引发的劳动纠纷中，对于员工究竟是否接触企业的商业秘密，仍应通过双方劳动合同的具体履行事实予以判断，包括劳动者的职位、工作内容以及劳动合同履行中双方（尤其是企业）对于信息的态度等。

在竞业限制纠纷中，无须像商业秘密侵权诉讼一样由原告对其信息构成商业秘密进行全面的举证，而主要通过双方劳动合同履行的事实进行判断，如果根据公司经营管理的常态，员工的职位、工作内容足以使之接触、掌握企业的商业秘密，则应认定竞业限制协议成立的前提存在。在这种情况下，员工仍主张其不接触、掌握商业秘密信息的，应由员工举证。这是竞业限制纠纷与商业秘密侵权在举证责任、证明事项和证明程度上的重大不同。

---

❶ 在证据学意义上讨论推定时，会有不同的结论。参见：叶自强. 民事证据研究 [M]. 北京：法律出版社，2002：80-81.

# 第十一章 商业秘密保护与知识产权法之间的关系

## 第一节 商业秘密保护与专利法的关系

技术成果是一个企业的核心竞争力，是当代企业立足之本。商业秘密和专利则是对于技术成果最重要的知识产权保护方式。在实务中，商业秘密与专利形成的来源最接近，都源于民事主体对技术的开发利用，在保护范围上存在交叉，但商业秘密与专利的权利来源和保护机制大不相同，两者之间既有联系又有区别。商业秘密作为知识产权中的一种，其保护方式区别于专利的保护方式。商业秘密的权利源于权利人自身，由权利人自行保密，保证其对信息的独占与利用，因商业秘密不被人所知悉，故不登记申请，是一种隐性权利。商业秘密保护的客体范围广泛、门槛较低，属于相对权，维权难度较高。而专利权是可以由法律授予权利人独占使用或许可使用的权利，是一种显性权利。专利主要保护在申请时不为公众所知的并且具有一定创造高度的技术方案，获得权利的成本和门槛均较高，但属于绝对权，维权相对容易。虽然商业秘密的排他性不如专利强，但其保密性强于专利。

商业秘密保护或申请专利保护是企业进行技术管理和保护的两种重要

方式，两者在维护企业合法权益和促进企业发展等方面越来越发挥出重要的作用。对于一个技术方案，权利人往往需要结合具体情况，决定是将其作为商业秘密保护还是作为专利保护更适合。两者之间排斥性的关系使两种知识产权法律路径保护的关系也变得相对简单，即基本属于择一关系。有些企业以商业秘密的方式对机械产品进行保护，而机械产品容易通过反向工程破译，导致商业秘密保护名存实亡。而有些企业对一些配方、工艺方法、生产流程以专利的方式进行保护，虽然能获得专利授权，但是在维权过程中很难到对方的生产车间获取对方与配方、工艺方法、生产流程等相关的证据，从而导致无法维权。如何结合企业自身的市场策略、经营方向和产品特点等选择合适的保护方式，建立严密的技术管理体系，将成为每一个企业在实施知识产权战略中所必须考虑的首要问题。

## 一、我国法律中商业秘密与专利的比较

原则上，商业秘密和专利是互相排斥的，因此，经营者需要根据技术信息的特点、两项制度的特点以及自身的经营决策决定是采用商业秘密的方式，还是采用专利的方式来实现自身权利。

### (一) 保护信息的种类

2020年《专利法》第2条规定："本法所称的发明创造是指发明、实用新型和外观设计。发明，是指对产品、方法或者其改进所提出的新的技术方案。实用新型，是指对产品的形状、构造或者其结合所提出的适于实用的新的技术方案。外观设计，是指对产品的整体或者局部的形状、图案或者其结合以及色彩与形状、图案的结合所作出的富有美感并适于工业应用的新设计。"根据《专利法》第2条的规定，发明创造包括发明、实用新型和外观设计三种。发明和实用新型的客体都是一种新的技术方案，但是发明对于技术方案的创造性要求高于实用新型；外观设计保护的客体是根据与产品相结合设计出的图形、形状及色彩等具有美感的工业设计。事实上，外观设计特征通常均可以通过产品外观而获得，因此不适于也无法通过商业秘密的方式来保护。

# 第十一章　商业秘密保护与知识产权法之间的关系

根据《反不正当竞争法》的规定，商业秘密包含技术信息和经营信息等商业信息内容。商业秘密既能保护保密的技术信息（例如，产品的生产工艺、技术诀窍，以及产品中难于被分析得知的特殊成分），也能保护尚未公开的经营信息（例如，产品的生产成本、销售计划、客户信息）。除外观设计专利以外，专利制度主要保护在申请时不为公众所知的并且具有一定创造高度的技术方案。由此可见，商业秘密所保护的客体范围明显比专利保护的客体范围要广很多。商业秘密不仅可以是一项成熟的技术或者产品的配方，在实验过程中产生的相关数据等信息均有可能成为商业秘密的保护客体。总体来说，商业秘密的权利客体和专利权相比要宽松很多，两者之间存在重合的，主要是技术信息。

（二）保护的信息要求

专利权人若想将其发明创造取得相应的专利，该项发明创造必须符合《专利法》第22条的规定，必须具有专利"三性"，即新颖性、创造性和实用性。专利的上述"三性"与商业秘密信息的秘密性、价值性、保密性要求显然不同。关于"不为公众所知悉"与新颖性之间的关系，本书在讨论商业秘密构成要件的时候已经有介绍，不再赘述。同时，商业秘密信息本身是不具有排他性的，即他人完全可以通过自主研发等方式，掌握完全相同的秘密信息，并各自作为商业秘密进行保护，这与专利中的"新颖性"也完全不同。此外，本书也已经说明，在商业秘密信息构成要件中，"能够为权利人带来利益"这一价值性要件，也完全不同于专利中的"创造性"，事实上，失败的实验数据等信息同样可以构成商业秘密。因此，就信息的要求而言，专利高于商业秘密；或者说，商业秘密的要求比专利宽松。

（三）保护信息的范围

申请专利必须将技术内容充分公开，达到专利法所要求的标准。专利保护的实质是专利申请人将其发明向公众进行充分的公开以换取对发明拥有一定期限的垄断权，从而促进科技信息共享、避免重复研发。为此，所有最终获得甚至请求获得专利保护的技术方案，都必须向公众公开，并达到所属领域的技术人员能够实现该技术方案的公开程度。[1] 由此，一个必然的结果是，专利对于保护的范围有相对明确的限制。根据《专利法》第64条的规定，发明或者实用新型专利权的保护范围以其权利要求的内容为准，说明书及附图可以用于解释权利要求的内容。外观设计专利权的保护范围以表示在图片或者照片中的该产品的外观设计为准，简要说明可以用于解释图片或者照片所表示的该产品的外观设计。因此，"权利要求"是专利制度上的一个重要概念，也是权利人在申请专利时需要重点考量的因素，因为如果主张的权利要求过宽，部分内容可能无法满足前述的"三性"要求，进而导致专利申请被驳回；如果权利要求过窄，则保护的范围有限，权利人又丧失了本应获得的专利权。

与之相对，商业秘密保护截然相反，不存在什么公开问题。商业秘密必须处于保密状态下才能获得法律保护。一旦权利人的商业秘密因自己的过失或者他人的恶意而被公开，则其他人都有权利使用这些被公开的信息而不需要经过原来的商业秘密权利人的同意。商业秘密无须办理事先登记，因此不存在需要事先界定保护范围的问题。简而言之，作为商业秘密保护必须具有"秘密性"，作为专利保护则必须具有"公开性"，在这一点上两者是截然相反的。当然，作为权利人，需要自己决定哪些信息作为商业秘密保护。通常而言，权利人可以尽可能广泛地进行信息的商业秘密保护（如采取保密措施），从而尽可能地扩展在发生潜在的侵权时，可以主张的范围。

（四）保护期限

为了平衡技术发展的动力和技术垄断之间的关系，各国都对专利规定了期限。《专利法》规定发明专利有效期是20年，实用新型专利有效期10年，外观设计专利有效期是15年（均从申请日起计算）。当然，它的维持需要专利权人每年缴纳年费，否则将自动丧失专利权。专利的保护期限届满后，专利技术即成为公知技术，任何人均有权实施该曾经的专利技术而不再受到专利权人的制约。商业秘密的寿命存在不确定性，取决于权利人

---

[1] 朱巍. 商业秘密与专利保护方式的比较与选择[J]. 法学研究，2012(7).

的保密措施是否到位，可口可乐配方就是典型，虽然时有破译传闻，但至今无一证实。事实上，只要商业秘密还处于保密状态下，就能获得保护，理论上其期限可以是无限的。

（五）保护地域

专利权的获得以申请为前提。专利权的保护具有地域性，每个国家有不同的知识产权制度。比如，权利人仅在中国申请专利，如果未在其他国家申请，那么其专利仅在中国被保护，在国外并不会受到法律的保护。如果有其他人在外国申请了相同的专利，那么原权利人可能会面临无法进入相应国家的风险。而商业秘密则不存在地域限制，只要商业秘密的技术未被公众所知悉，商业秘密权利人在一个国家受到的保护，不影响同样保护商业秘密的其他国家对该技术的保护。商业秘密权利持有人只要保守好其秘密，就可以在全世界任何国家使用他所持有的商业秘密。这是商业秘密保护相对专利的巨大优势。

（六）排他性

商业秘密不具有排他性，拥有商业秘密的人不能阻止此前通过自主研发创造该内容的人使用或转让该内容，其他主体可以通过自主研发等合法方式，获得与权利人信息完全相同的信息，并同样作为商业秘密进行保护。

商业秘密是通过权利人自己保护的方式而存在的权利，法律并未保护商业秘密权利人的该项独占权，不同的权利主体可以同时拥有相同或者相近的商业秘密，即其权利主体具有多元性，只要相互独立的主体通过其独立研发、创造等合法手段取得相同或类似的技术，均可以成为该商业秘密的权利人。

专利权的取得采取先申请原则，一个发明创造只能被授予一项专利，即单一性原则，具有排他性，并赋予权利人在一定期限内的垄断性，其他人不能再取得该专利权，也不能自由使用。但同时法律也规定了独占性的代价，即技术信息提前公开，以促进社会技术发展，其实质是达成个人利益与社会利益的均衡。

（七）稳定性

在商业秘密的构成要件中第一要件就是秘密性，也就是信息不能从公开渠道获得。由此，一旦商业秘密被公开，这一要件就可能丧失，哪怕这种公开是因为侵权行为，商业秘密可能也不复存在。这是商业秘密权利人需要面临的风险，因此，考虑到很多情况下侵权行为无法避免，对于侵权的结果也不可能完全预见和控制，商业秘密在某种程度上处于一种不稳定的状态。而与此相对，专利则显得更加稳定，即使发生侵权行为，也不会改变专利权人对于专利的权利状态。在这种情况下，专利权人无须像商业秘密权利人那样"提心吊胆"。

根据以上分析可知，专利保护与商业秘密保护都是法律手段，二者各有特点，也各有利弊。市场主体需要综合考量各种因素，如技术信息本身的性质、对于该技术信息的市场考量等因素，同时结合上文所述对这两种制度法律保护的不同，选择、确定恰当的方式对自己的技术信息进行保护。但是，在很多情况下，二者可以相互补充和转化，即保护商业秘密可以为专利保护提供良好基础，保持技术秘密也是申请专利的必要条件。权利人将有关信息作为秘密来管理，如保密得当，就有利于技术秘密的专利申请保持新颖性。技术秘密与专利有着不可分割的紧密关系，申请专利必须以技术秘密为基础。商业秘密中的一部分技术秘密可以转化为专利。这是指发明专利申请在公开之前，实用新型专利、外观设计专利在授权公告之前，在法律上仍属于技术秘密，一旦被授予专利权，技术秘密就转化为专利，当然在公开、公布之后未能获得专利授权或被撤销、宣告无效，那么技术秘密权和专利权都不会存在了。笔者建议，对于两种保护模式的选择，应当通过比较两种法律制度的规定，衡量哪一种模式在对同一技术信息的保护过程中风险最小、保护方位更全面、带来的收益最大、收益持续时间最长等要素来进行选择。从信息特点的角度，则应当重点考量信息通过反向工程获取的容易程度、维持秘密性的能力以及技术所对应的产品的生命周期。

通过上面的比较可知，商业秘密和专利保护存在很多不同之处，但对于一个技术方案，在其尚未被公开时，权利人是可以选择将其作为商业秘密或者作为专利进行保护的。那么具体选择哪种保护方式更适合，可以参考以下一些因素。

## 第十一章　商业秘密保护与知识产权法之间的关系

1. 分析保护对象的性质。首先,应该考虑保护对象本身能否获得专利,是否为专利可以授予的范围。若符合授予专利的要件,则可以先在企业内部进行初次评估,有一定把握之后再向国家知识产权局提出申请。如前面所提到的,经营信息是不能作为专利进行保护的,而且不是所有的技术信息都可以作为专利保护。举例而言,在研制新产品过程中所有实验失败的技术方案并不能作为专利获得保护,但是仍应作为企业的商业秘密,因为该信息一旦公开,可以节省竞争对手进行类似研究的时间和成本,降低在先研发的企业的竞争优势。具体一项技术是否具有被授予专利的前景,往往需要专业人员通过查询现有技术,结合专利法的相关要求进行初步判断。对于明显不能适用专利保护的企业技术创新成果,如其不属于专利法保护的客体,不具有专利性,则可以考虑以技术秘密的方式加以保护,在必要时也可以考虑直接向公众公开以阻碍竞争对手在相近领域获得专利。其次,如果该保护对象不易被一般的研究工作所发现,且不会被反向工程轻易获得,具有可保密性,那么就可以采取商业秘密保护的方式。可保密性取决于技术方案的可分割性。如果一个技术方案本身较复杂,在实施过程中每个参与的内部员工仅能接触到该技术的一小部分,则可以更有力地保护该技术秘密。相反地,如果权利人有很多雇员能接触到完整的技术方案或其关键部分,在企业雇员流动频繁的就业环境下,很难避免商业秘密外泄。

2. 对于该技术信息的市场考量。如果该项信息能够使之在长时间内保持先进性,并且在相当长的时间内均可以得到市场的认可,生命周期较长,则应适用商业秘密的保护方式。如果其效力带有一定的时代性,并且存续的时间较短,则应对其市场利润加以考量,选择专利保护。或申请专利的目的不在于自己利用,而主要实施专利有偿转让战略时,有必要申请专利。例如,技术比较复杂、竞争对手难以绕过去的比较重要的技术创新成果,通过申请专利可以有效地阻碍竞争对手的技术创新,有必要通过这个申请维持这一优势的,可以考虑申请专利。

3. 根据反向工程的难易程度选择。针对商业秘密的反向工程是指通过合法途径,获得包含商业秘密的产品,通过拆解、分析等手段,获知产品包含的作为商业秘密的技术信息。符合一定条件的反向工程并不违法。如果一项技术可以轻易通过反向工程获得,则不宜将其作为商业秘密进行保护,而应将其作为专利进行保护。

4. 根据技术的领先程度选择。如果一项技术是对现有技术的小幅改进,虽然其能够解决相应的技术问题,带来一定的技术效果,但如果将其作为商业秘密进行保护,则竞争对手可能通过学习,利用自身的研发能力得到相同或相似的技术方案,使得商业秘密保护的技术方案失去应有的价值。但如果将该技术作为专利进行保护,则该技术方案可获得垄断地位,使得企业在一定时间内处于更有利的市场竞争地位,并通过专利获得相应的经济利益。如果一项技术为企业带来的竞争优势非常明显,竞争对手需要付出大量人力、物力以及相当长的时间进行研发,才有可能获得相同或相似的技术,那么将该项技术作为商业秘密进行保护是更有效的方式。

企业要在激烈复杂的市场竞争中保护自身的技术成果,在实践中主要有以下三种选择策略。

(1)先商业秘密后专利。对于一些技术成果,没必要取得后马上申请专利保护,先采取商业秘密方式予以保护,等必要时再申请专利保护。另外,只需将商业秘密保护的一部分转为专利保护,而非全部转换。值得注意的是,一旦申请专利保护,便不能再采取商业秘密保护的方式,过程是不可逆的。

(2)以商业秘密为主以专利为辅。该种方式在实践中较为常见,通过商业秘密保护技术成果的大部分内容,而对技术成果中的某个配件或环节采取专利保护的方式,意在达到即使商业秘密被泄露,其整个技术成果也不会被全部窃取的目的,相比单独的商业秘密保护或者单独的专利保护来说更具有安全性。

(3)以专利为主以商业秘密为辅。此种方式是采取专利保护技术成果中的大部分内容,尤其是基础性技术方案、大而全的技术方案,而利用商业秘密保护其中一小部分内容。这一小部分内容可能不是最重要、最核心的技术,却往往是最佳方案或者代表最先进的技术,是权利人可以产生最佳生产效率比的技术点。这种策略的优势体现在,保留商业秘密保护的那部分技术并不会影响以专利保护的大部分内容实施，但要达到最佳效果或者取得最先进技术，则须通过合同方式进行协商保护。在实践中的技术许可或者服务合同中，经常是以专利技术方案加专有技术方案结合的方式进行，如果仅仅是专利技术方案则只能达到可以实现的技术效果，或者从理论上讲可以实现，但是没有专有技术的支撑实际根本无法实现或者效率最低。

## 二、我国商业秘密和专利司法制度之比较

（一）信息比对规则的异同

商业秘密侵权诉讼中需要原告首先确定主张的商业秘密点，同时将秘密点与被告的信息进行技术比对，以证实二者是否相同或者实质相同，即是否满足"同一性"。而在专利诉讼中，同样需要对被诉侵权技术方案是否落入了专利的"权利要求"技术方案的保护范围进行判断，即判断是否符合"全面覆盖"的原则。

应注意的是两者比对方式的区别。在专利诉讼的技术比对中，应当审查权利人主张的权利要求所记载的全部技术特征，并以权利要求书中记载的全部技术特征与被诉侵权技术方案所对应的全部技术特征逐一进行比较。被诉侵权技术方案包含与权利要求记载的全部技术特征相同或者等同的技术特征的，应当认定其落入专利权的保护范围。对于发明专利和实用新型专利侵权的认定方法，基本上采用的是分三步走的方法，即（1）确定专利权的保护范围，（2）确定被诉侵权产品的相应技术特征，（3）将经过分解后的权利要求所记载的必要技术特征与被诉侵权产品的特征一一进行比较。如果被诉侵权技术特征与专利技术特征构成相同或者等同则认定侵权成立。[1] 在商业秘密诉讼是否相同或者实质相同技术比对中，原告第一步应明确商业秘密范围，确定要保护的技术秘密点；第二步确定被诉侵权信息范围；第三步将二者逐一进行比对。

---

[1] 等同特征，是指与权利要求所记载的技术特征以基本相同的手段，实现基本相同的功能，达到基本相同的效果，并且本领域普通技术人员无须经过创造性劳动就能够想到的技术特征。

专利权的保护范围因为有权利要求的存在，相对是确定的。商业秘密的保护范围确定过程相对复杂且争议较大，一般需要经过多次释明和举证、质证才能最终确定。专利比对时，被诉侵权技术特征与专利权利要求的技术特征缺少一个技术特征或者有一个技术特征不相同也不等同，则侵权不成立。商业秘密技术单元与被诉侵权信息比对过程中，有任何一个技术点相同或者实质相同，都可以被认定为商业秘密侵权的依据。商业秘密比对时出发点是被诉侵权信息是不是复制或者来源于商业秘密，与专利技术方案比对的等同特征比对不同。当然，最终比对确定相同或者实质相同的技术秘密点的数量与范围，决定法院能够裁判被告禁止使用的信息的范围，进而影响被告被认定侵权之后的生产、经营。如果原告掌握被诉侵权人实施侵害行为的直接证据，所谓的实质相似的比对是多余的。对被诉侵权人使用的信息与商业秘密信息是否实质相同的审查，只是侵权行为成立的间接证明途径，最终目的仍是行为审查，两者的关系不可本末倒置。❶在"香兰素"技术秘密一案❷中，最高人民法院对王龙集团公司等被诉侵权人是否实施侵害涉案技术秘密的行为进行认定时，首先将涉案技术秘密涉及的设备图、流程图与被诉侵权技术信息的载体进行比对，在生产工艺流程和相应装置设备方面虽有个别地方略有不同，但结合被诉侵权人未提供有效证据证明其对被诉技术方案研发和试验的过程，并在极短时间内完成香兰素项目生产线并实际投产，因此可以认定个别差异是由被诉侵权人在获取涉案技术秘密后进行规避性或者适应性修改所导致，从而进一步认定王龙集团公司等被诉侵权人实际使用了其非法获取的全部185张设备图和15张工艺流程图。

将为公众所知悉的信息进行整理、改进、加工后形成的新信息，符合"在被诉侵权行为发生时，不为所属领域的相关人员普遍知悉和容易获得的"，亦应认定为该信息不为公众所知悉，属于商业秘密保护对象。被诉侵权人无论直接、完全使用权利人技术秘密，还是对技术秘密进行部分修改、改进后使用，均属于使用权利人技术秘密行为。专利的"创造性"不

---

❶ 徐卓斌. 商业秘密权益的客体与侵权判定[J]. 中国应用法学，2022(5).
❷ 最高人民法院（2020）最高法知民终1667号民事判决书。

## 第十一章　商业秘密保护与知识产权法之间的关系

同于专利的"新颖性",更不同于商业秘密的"不为公众所知悉";对于专利技术信息而言,判断该专利技术信息在被公开前是否具备"不为公众所知悉"应以商业秘密"不为公众所知悉"的标准进行判断,而非简单套用专利的"创造性"或"新颖性"判断标准。

(二)举证责任及证明程度

侵犯商业秘密诉讼与专利诉讼,关于举证责任、证明内容及证明方式也存在一定的差别,主要包括以下方面。

第一,关于证明事项。在两种诉讼中,原告均需证明其权利基础。在专利诉讼中,因为专利权通过公示的方式已经确定,因此其权利内容相对明确。而在商业秘密诉讼中,权利内容就相对不确定,因此原告在提起诉讼时,甚至在提起诉讼之后,仍然可以确定主张的具体的技术信息范围,具有相对的灵活性和动态性。

第二,关于举证责任。在商业秘密诉讼中,原则上采用"谁主张,谁举证"。对于商业秘密"三性",原告均负有举证义务,其中,对于"秘密性",原告初步举证后可以举证责任转移。最难举证的是"同一性",因为同一性成立的前提是能够获得对方的技术信息,但是在商业秘密侵权中,侵权人从事的行为通常极为隐秘,获取商业秘密之后的信息保存、信息运用也极为隐秘,且通常采取了防范措施。在这种情况下,权利人是否能够获取对方的技术信息就成为整个商业秘密诉讼能否成功的核心点。民事诉讼领域的举证妨碍制度实践难度较大,在司法实践中,权利人一般会通过报案的方式,由侦查部门对相关信息进行侦查。

而在专利诉讼中,《专利法》第 66 条第 1 款规定:"专利侵权纠纷涉及新产品制造方法的发明专利的,制造同样产品的单位或者个人应当提供其产品制造方法不同于专利方法的证明。"也就是在专利诉讼中,新产品制造方法的专利实行举证责任倒置。这就从根本上解决了商业秘密诉讼中遇到的前述问题。这也是专利作为一种公示制度,我国法律所赋予的在诉讼程序上的特殊待遇。

(三)涉嫌侵权人(被告)的抗辩事项

商业秘密领域的抗辩包括对原告主张的构成要件进行抗辩,如原告的信息不构成商业秘密、被告的信息与原告不相同等；核心抗辩内容在于被告信息的合法来源，包括自主研发、合法受让、反向工程等。在专利诉讼中，基于专利的排他性，这类抗辩基本不能成立。在专利诉讼中，抗辩主要在于现有技术、在先使用等。

（四）侵权责任（后果）

对于专利侵权的后果，《专利法》第 11 条从专利权的权利范围角度作出了规定，即"发明和实用新型专利权被授予后，除本法另有规定的以外，任何单位或者个人未经专利权人许可，都不得实施其专利，即不得为生产经营目的制造、使用、许诺销售、销售、进口其专利产品，或者使用其专利方法以及使用、许诺销售、销售、进口依照该专利方法直接获得的产品。外观设计专利权被授予后，任何单位或者个人未经专利权人许可，都不得实施其专利，即不得为生产经营目的制造、许诺销售、销售、进口其外观设计专利产品"。

对于商业秘密侵权成立之后的后果，《最高人民法院关于审理侵犯商业秘密民事案件适用法律若干问题的规定》第 17 条规定："人民法院对于侵犯商业秘密行为判决停止侵害的民事责任时，停止侵害的时间一般应当持续到该商业秘密已为公众所知悉时为止。依照前款规定判决停止侵害的时间明显不合理的，人民法院可以在依法保护权利人的商业秘密竞争优势的情况下，判决侵权人在一定期限或者范围内停止使用该商业秘密。"由此也可知，这是我国商业秘密侵权最主要的法律后果。这一法律后果与专利相比较：

第一，都包括停止侵权，即停止使用，这是两类诉讼都有的法律后果。被认定侵权之后，一个当然的后果是停止使用商业秘密或者专利。

第二，信息的保密与返还或销毁。此为商业秘密诉讼中特有的法律后果，这是由商业秘密信息本身的秘密性特点所导致的。《最高人民法院关于审理侵犯商业秘密民事案件适用法律若干问题的规定》第 18 条规定："权利人请求判决侵权人返还或者销毁商业秘密载体，清除其控制的商业秘密信息的，人民法院一般应予支持。"

第三，关于产品。专利上的产品，可以分为专利产品及用专利方法制造的产品。对此，《专利法》的规定非常明确，对这两类产品，禁止"制

# 第十一章 商业秘密保护与知识产权法之间的关系

造、使用、许诺销售、销售、进口",对于禁止的行为,规定得比较明确。在确定商业秘密侵权之后,采用商业秘密信息制造的设备应属于"销毁商业秘密载体",在一般情况下,应予以销毁。

## 三、侵害技术秘密与专利权权属纠纷关系

员工跳槽并带走原单位保密技术资料(一般是从事本职工作中接触的),并以其个人名义或新单位名义在后续提交专利申请,是专利权权属纠纷的常见形式,并且大多数都存在相关的商业秘密(技术秘密)侵权纠纷。专利申请被公布后有两种后果:一种是专利申请没有获得国家知识产权局的授权;另一种是获得授权,权利人可以对于获得的专利权主张所有权。那么权利人在主张侵权人侵害其商业秘密的案件中,对于专利权的权属问题,是可以同时主张,还是需要另行起诉呢?

从比较直观的角度,"专利权权属纠纷"和"商业秘密侵权纠纷"是两个独立的案由,一个是确权纠纷,另一个是侵权纠纷,似乎应该作为两个独立案件处理。在大连博迈科技发展有限公司(以下简称博迈公司)与何某江、苏州麦可旺志生物技术有限公司(以下简称麦可公司)侵害技术秘密及专利权权属纠纷一案[1]中,原告起诉两被告侵害其技术秘密,同时,两被告已经获得专利的技术方案是原告的技术秘密,在该案中同时诉请将该专利权判归原告所有。一审法院认为该案涉及侵害技术秘密纠纷和专利权权属纠纷两个不同案由,不属于同一法律关系,不能在一个案件中起诉和审理,因原告拒绝选择其中一个案由主张权利,裁定驳回原告起诉。二审法院认为:"当事人的诉讼请求涉及两个不同的法律关系且均为诉争的法律关系时,可以通过并列案由将两个法律关系合并在一个案件中进行审理。《最高人民法院关于印发修改后的〈民事案件案由规定〉的通知》指出,同一诉讼中涉及两个以上的法律关系的,应当依当事人诉争的法律关系的性质确定案由,均为诉争法律关系的,则按诉争的两个以上法律关系

---

[1] 一审:辽宁省大连市中级人民法院(2018)辽02民初327号之一民事裁定书。二审:最高人民法院(2019)最高法知民终673号民事裁定书。

确定并列的两个案由。因此，同一案件涉及两个不同的法律关系并非人民法院驳回当事人起诉的合法理由。本案中，博迈公司以何某江、麦可公司侵犯其技术秘密为由要求二者承担侵权责任，以麦可公司申请的专利系其公司技术秘密为由请求确认诉争专利权由其享有，系在同一案件中提出侵害技术秘密纠纷之诉与专利权权属纠纷之诉，符合前述规定之情形。而且，上述两诉指向的被告均是具体明确的，并无原审法院所述被告不明确之情形，故原审法院以本案法律关系及对应的被告不明确为由裁定驳回博迈公司的起诉，适用法律错误，本院予以纠正。如前所述，法律允许将诉争的两个不同的法律关系合并在一个案件中进行审理。而且，在特定情况下，将基于同一事实或者其他原因存在密切关系的不同法律关系在同一诉讼中解决，有利于查清案件事实、明确法律责任和避免裁判冲突，有利于保护当事人利益和实现诉讼经济的目标。考虑到本案中博迈公司起诉涉及的侵害技术秘密纠纷与专利权权属纠纷在主要事实上的高度重叠以及裁判结果上的相互牵连，具有密切关系，本院认为宜将上述两诉合并在一个案件中予以审理。"专利权属纠纷的实体法律方面的审理，仍然要遵循专利权属纠纷的一般审理原则，具体考察案件中权利人主张的技术秘密在专利申请中所起到的作用，即技术秘密仅作为专利申请技术方案的背景技术予以公开，还是将技术秘密作为实质性贡献的技术并纳入专利权的保护范围，在侵权人将技术秘密纳入专利权保护范围的情况下，法院方可确认专利权归权利人所有，否则权利人只能据此追究侵权人披露技术秘密的侵权责任。

在洛阳瑞昌环境工程有限公司（原洛阳瑞昌石油化工设备有限公司，以下简称"瑞昌公司"）、洛阳明远石化技术有限公司（以下简称"明远公司"）等侵害商业秘密纠纷一案[1]中，法院认定，被告明远公司、程某、李某立即停止侵害原告洛阳瑞昌环境工程有限公司技术秘密的行为，在专利有效期内不得自行或许可他人实施涉案专利。

在上述案件中，洛阳瑞昌环境工程有限公司于 2018 年起诉洛阳明远石化技术有限公司、程某、李某和武某等，请求判令各被告立即停止侵害瑞

---

[1] 最高人民法院（2020）最高法知民终 726 号民事判决书。

## 第十一章　商业秘密保护与知识产权法之间的关系

昌公司的技术秘密和经营秘密，并赔偿经济损失及维权合理开支 1000 万元。程某、李某和武某等十人为瑞昌公司前员工，在职期间均与公司签订保密协议。明远公司为程某设立的公司。2013—2016 年，程某等十人陆续从瑞昌公司离职入职明远公司。瑞昌公司认为，程某等人违反与其签订的保密协议，持续利用工作便利将接触到的客户信息披露给明远公司进行交易、使用。明远公司明知程某等人系瑞昌公司前员工，仍使用上述客户信息进行交易并获利，故明远公司和程某等人共同侵犯了瑞昌公司的经营秘密。瑞昌公司还主张明远公司于 2014 年 11 月 21 日申请的名称为"一种燃烧器"的实用新型专利披露了瑞昌公司的燃烧器技术方案，使瑞昌公司失去了竞争优势，侵犯了瑞昌公司的技术秘密。一审法院认为明远公司等共同侵害了瑞昌公司的经营秘密，但因瑞昌公司提交的证据不能证明其主张的燃烧器技术方案属于"不为公众所知悉"的技术秘密，判决明远公司、程某等人立即停止侵害瑞昌公司经营秘密的行为，明远公司赔偿瑞昌公司经济损失及合理开支共计 150 万元；程某等三人各对其中的 10 万元承担连带赔偿责任，李某等七人各对其中的 5 万元承担连带赔偿责任。

瑞昌公司、明远公司和程某等人均不服一审判决，向最高人民法院提起上诉。二审法院认定："明远公司、程某、李某共同申请涉案专利，目前专利权仍由明远公司占有，侵权状态持续至今；明远公司利用涉案专利产品获取不正当利益。上述行为均属于侵害瑞昌公司技术秘密的行为，侵权人依法应承担停止侵害的民事责任。首先，明远公司应当停止非法占有涉案专利的行为。根据本院查明事实，涉案专利技术方案与涉密技术信息实质上相同，涉密技术信息是李某伟等人在瑞昌公司工作期间的职务发明创造，因此涉案专利的权利人应当是瑞昌公司。基于此，明远公司应本着诚信原则把涉案专利的权利人变更为瑞昌公司，以彻底停止侵权行为。如果明远公司不主动履行义务，瑞昌公司可以根据本案查明的事实另行起诉，请求确认涉案专利权的权属。其次，明远公司应当立即停止利用涉案专利谋取不正当利益的行为，在涉案专利有效期内不得自行或许可他人实施涉案专利，否则应当承担相应的法律责任。"二审撤销一审判决，改判明远公司、程某、李某立即停止侵害瑞昌公司技术秘密的行为，在专利有效期内不得自行或许可他人实施涉案专利；明远公司赔偿经济损失 300 万元及合理开支 10 万元，程某对其中的 100 万元承担连带责任，王某、程高某分别对其中的 50 万元承担连带责任，李某对其中的 20 万元承担连带责任，武某、蔡某、田某分别对其中的 10 万元承担连带责任。

最高人民法院在上述判决中非常明确地指出："明远公司应本着诚信原则把涉案专利的权利人变更为瑞昌公司，以彻底停止侵权行为。如果明远公司不主动履行义务，瑞昌公司可以根据本案查明的事实另行起诉，请求确认涉案专利权的权属。"这实质上已经明确专利权涉及的技术秘密部分的权属，但因为原告并没有主张专利权权属的诉讼请求，法院也只能建议权利人另行起诉。笔者认为，对于此类纠纷案件，不应将其视为技术秘密侵权纠纷和专利权属纠纷两个并存的不同纠纷，也不应视为两个争议的合并审理。因为该纠纷实质上只涉及一个争议法律关系，即技术秘密侵权关系，而专利权属纠纷争议的根本系侵犯技术秘密，只是侵权形式上为专利申请或者授权的形式；所谓专利权属的诉求并非独立于技术秘密侵权的另外争议，而是针对技术秘密侵权损害作出的一种特殊救济方式而已。在上述情形下，如不考虑其他特殊诉讼策略，将专利权属纠纷案件和商业秘密（技术秘密）侵权纠纷案件作为一个案件处理较为合适，以"侵害技术秘密纠纷"案由提起诉讼，具体的做法为，在技术秘密侵权诉讼中增加一项专利权属诉讼请求，请求将涉案的专利权或专利申请权判决归原告所有，以便有效地实现法律救济，同时也可节省司法资源。

## 第二节 商业秘密与著作权法的关系

一、商业秘密侵权与著作权侵权的请求权竞合和聚合

（一）请求权竞合与请求权聚合

2019 年 7 月 3 日，最高人民法院审判委员会专业委员刘贵祥在全国法院

## 第十一章 商业秘密保护与知识产权法之间的关系

民商事审判工作会议上的讲话中强调，要树立请求权基础思维。在当事人之间可能存在多重法律关系时，要根据当事人的诉讼请求确定法律关系的性质。在当事人提起多个诉讼请求的情况下，要考虑这些诉讼请求是竞合还是聚合关系，进而确定当事人是一并提起，还是只能择其一提出。

在我国法律上，请求权（或责任）竞合是指某一违反民事义务的行为，符合多种民事责任的构成要件，从而在法律上导致多种责任形式存在并相互冲突的现象。在权利人选择确定请求权之后，法院应许可，并按照权利人选择的请求权审理案件。如在用人单位与其员工订有保密协议的情况下，若员工不遵守约定，披露、使用或允许他人使用权利人的商业秘密，其行为既构成对商业秘密权利人的违约行为，同时又构成对单位商业秘密权的侵犯，商业秘密权利人在认为自己的权利受到侵害时，可从违约诉讼及侵权诉讼二者中选择有利于自己的一种诉因提起民事诉讼。对于权利人的选择，我国法院予以准许。

与请求权竞合相对应的是请求权聚合。请求权（或责任）聚合是指行为人实施某一侵权行为，违反两个或两个以上法律规范，构成并承担两个或两个以上法律责任，或者受害人享有两个或者两个以上的请求权。

两者的主要区别在于：竞合产生的数个责任相互冲突，不能相互吸收，也不能相互并存，只能择一适用。如在侵权损害赔偿与不当得利返还责任之间只能择其一适用。一旦行使其中之一请求权而达到其目的，其他请求权则归于消灭；如某一请求权的成立存有障碍或因时效而消灭，其他请求权仍可行使。而聚合产生的数个责任相互间并不冲突，可以相互并存，甚至可以相互吸收。如在请求返还原物时，还可以请求消除危险或者排除妨害，直至赔偿损失，而且，这些责任形式可以相互替代。可见，在责任聚合的情况下，侵权行为人因一项违法行为而可能承担多项责任形式；或者同一个权利人因为同一损害结果而得到多项救济。相较之下，在同一案件中，若权利人的商业秘密和著作权均受侵害，两种请求权的关系因具体情况而有所不同。

（二）权利人商业秘密与著作权同时受到侵害时的请求权

第一，商业秘密与著作权的关系。权利人能否同时主张商业秘密侵权与著作权侵权，取决于是构成请求权竞合，还是构成请求权聚合。如果构成请求权竞合，则只能选择提起商业秘密侵权之诉或著作权侵权之诉；反之，如果构成请求权聚合，则可同时主张商业秘密侵权与著作权侵权。

第二，请求权竞合的情况。著作权法的保护客体是具有独创性的表达，而商业秘密保护的客体是能带来竞争优势的秘密信息。商业秘密有时会以作品形式出现，该作品同时成为著作权法的保护对象。商业秘密与著作权保护的客体的确存在重叠的情况，如计算机软件的源代码。即使没有实用价值而单纯具有艺术美感的作品，如果作品处于秘密状态，就会同时构成作品与商业秘密，构成法律保护重复。特别是计算机软件、工程设计图以及产品设计图，在很多情况下既是商业秘密，又是有著作权的作品。在法律保护重复的条件下，构成请求权竞合，权利人应根据不同案情，选择有利于自己的请求权来主张权利。

在美国特许金融分析师协会与上海道明诚教育科技发展有限公司等侵害商业秘密纠纷上诉一案[1]中，法院对关于著作权保护和商业秘密保护竞合时的法律适用问题作出了具体阐释。在该案中，法院认为，"《著作权法》保护的作品和《反不正当竞争法》保护的商业秘密在保护的利益和侵权行为的构成要件等方面存在不同，就特定对象的著作权保护和商业秘密保护并非一般法和特殊法的关系，权利人可以就特定的被诉侵权行为同时主张侵害著作权以及商业秘密的不正当竞争行为，但民事责任只能择一承担"。

第三，请求权聚合的情况。判断著作权侵权和商业秘密侵权可以分别根据各自的法律规范予以适用，在某些情况下，商业秘密与著作权的法律保护并不重复，这是指权利人对同一事物的某些部分可以主张商业秘密权，对同一事物的另外部分可以主张著作权，构成请求权聚合，权利人可以同时主张商业秘密侵权和著作权侵权。

例如，在美国通用公司（以下简称通用公司）诉西安九翔公司、王某

---

[1] 上海知识产权法院（2018）沪73民终220号民事判决书。

## 第十一章 商业秘密保护与知识产权法之间的关系

辉侵犯商业秘密和著作权纠纷一案[1]中,法院认为,因侵权人分别实施了不同的侵权行为,因此法院在适用法定赔偿时按照每一侵权行为分别酌定了损害赔偿额,两者并未发生请求权竞合的问题,实际上应是请求权聚合。

在案例中,通用公司与王某辉签订的劳动合同约定:王某辉任通用公司维修工程师,主要负责通用公司 CT 设备的售后维修工作,并对其所掌握的技术信息负有保密义务。之后,王某辉多次参加通用公司的内部培训,并取得了仅限内部使用且存储有通用公司售后服务部门最高级别商业秘密的红色服务光盘及培训资料等文件。通用公司在前述文件上均标明"仅供通用公司内部使用""严禁复制"及"严禁向任何第三方披露"等内容。2002 年 7 月王某辉从通用公司辞职后,投资设立了西安九翔公司(下称九翔公司),利用其非法持有的通用公司商业秘密,为诸多医院维修设备,通过其成立的网站发布培训广告,并在西安、杭州举办 4 期培训班,由王某辉讲授 CT 设备维修技术。九翔公司、王某辉在培训时将容量近 4G 的通用公司完整的红色服务光盘、内部培训资料及为 CT 产品制作的宣传影片等电子数据资料复制给学员。通用公司认为,九翔公司、王某辉非法获取、持有、使用、披露以及允许他人使用该信息,侵犯了其商业秘密;其未经许可在培训中复制、发行通用公司拥有著作权的作品,侵犯了通用公司的著作权。通用公司诉至陕西省西安市中级人民法院,请求:(1)九翔公司、王某辉立即停止侵犯商业秘密的行为并承担保密和不得扩散保密信息的责任;(2)九翔公司、王某辉立即停止侵犯著作权的行为;(3)九翔公司、王某辉因侵权行为连带赔偿通用公司损失 1 937 700 元,赔偿制止侵权的费用 184 602.2 元;(4)由九翔公司、王某辉承担诉讼费用。西安市中级人民法院审理认为:通用公司主张的内部信息符合法律规定的商业秘密的构成要件。王某辉以不正当手段获得的通用公司商业秘密,向接受培训的人员讲授、发放涉及通用公司商业秘密的资料;九翔公司明知王某辉的行为违法,仍举办维修培训班,使用、披露并允许他人使用通用公司的商业秘密;同时九翔公司、王某辉以营利为目的,使用通用公司的商业秘密为国内诸多

---

[1] 西安市中级人民法院(2007)西民四初字第 026 号民事判决书。

医院和医疗机构提供 GECT 设备的商业维修。故九翔公司、王某辉的行为属于《反不正当竞争法》第 10 条规定禁止的侵权行为，共同侵害了通用公司的商业秘密。同时，九翔公司、王某辉认可其使用的培训资料与通用公司主张的作品内容相同，且以商业经营为目的，以复制的方式将通用公司主张的作品向参加培训的学员传播，构成对通用公司著作权中复制权、发行权的侵犯。至于侵犯商业秘密的损害赔偿，通用公司以九翔公司非法使用其商业秘密为客户进行维修的获利，作为损害赔偿的依据，符合法律规定；至于侵犯著作权的损害赔偿，通用公司请求按培训费所得计算，因该培训费中包含学员的住宿费、餐费和其他成本费用，侵权人的违法所得难以确定，法院酌情确定了包括合理的调查费用在内的赔偿数额。判决："九翔公司、王某辉立即停止侵害通用公司商业秘密的行为，停止侵害的时间持续到该项商业秘密已为公众知悉时为止；九翔公司、王某辉立即停止侵害通用公司著作权的行为；九翔公司、王某辉赔偿通用公司侵犯商业秘密损失 50 万元；侵犯著作权损失（含为制止侵权行为所支出的合理开支）40 万元；九翔公司与王某辉对以上各项损失赔偿承担连带责任。"

该案侵权人实施了非法维修及非法培训两个侵权行为，共同侵犯了权利人的商业秘密和著作权，由此给通用公司造成如下损失：（1）使用通用公司的商业秘密非法维修，侵犯了通用公司的商业秘密，造成通用公司在维修市场上的竞争优势和市场份额下降、维修费用收入减少；（2）使用其持有的通用公司商业秘密及通用公司享有著作权的作品举办培训班，获得非法收益，给通用公司造成损害。上述第二种情形存在请求权竞合的问题。通用公司对九翔公司、王某辉在培训中的侵权行为选择著作权被侵权而产生之赔偿请求权，并未违反法律规定。值得注意的是，第一种情形与第二种情形虽发生在同一案件中，但因侵权人分别实施了不同的侵权行为，因此法院在适用法定赔偿时按照每一侵权行为分别酌定了损害赔偿额，两者并未发生请求权竞合的问题。❶

---

❶ 孙海龙，姚建军. 侵犯商业秘密及著作权的构成要件及责任界定——西安中院判决美国通用公司诉西安九翔公司、王晓辉侵犯商业秘密和著作权纠纷案［N］. 人民法院报，2008-04-18(005).

## 二、工程、产品设计图的著作权保护与商业秘密保护

《著作权法》第 3 条第 7 项中规定的作品形式包括"工程设计图、产品设计图、地图、示意图等图形作品和模型作品",其中就包括了工程设计图、产品设计图等作品形式。对于何为工程设计图、产品设计图,《中华人民共和国著作权法实施条例》(以下简称《著作权法实施条例》)第 4 条第 12 项规定,"图形作品,是指为施工、生产绘制的工程设计图、产品设计图,以及反映地理现象、说明事物原理或者结构的地图、示意图等作品",这意味着工程设计图、产品设计图属于图形作品。图形作品不同于《著作权法实施条例》第 4 条第 8 项规定的美术作品,美术作品是主要以线条、色彩或者其他方式展现有审美意义的平面或立体的造型艺术,目的是满足人们的感知和欣赏美感的需要,而图形作品的主要目的在于使施工者、产品制造者能够按照工程设计图、产品设计图建造工程实物、生产工业产品,图形作品中必然包含建筑工程、工业产品的实用性、功能性要求。美术作品和图形作品在创作目的以及是否和实用功能紧密相关这两方面具有明显区别。

根据《著作权法》第 3 条以及《著作权法实施条例》第 4 条的规定,为施工、生产绘制的工程设计图、产品设计图等图形作品属于著作权法上的作品,可以受著作权法保护。因此,如果工程设计图、产品设计图等图形作品被违反权利人意志而出版、发行,构成著作权侵权。同时,受著作权法保护的作品中的产品设计图、工程设计图及其说明,如果具有秘密性、价值性,采取了保密措施,就可构成受《反不正当竞争法》保护的商业秘密,从而发生商业秘密权与著作权的重叠,此时如果违反权利人意志而出版、发行产品设计图、工程设计图及其说明,亦构成商业秘密侵权,从而发生著作权侵权与商业秘密侵权的竞合,权利人可择一行使。但对于实施涉密工程设计图、产品设计图等图形作品的行为是否同时构成著作权侵权及商业秘密侵权,需要分析。

对于根据工程设计图、产品设计图建设工程、制造产品不属于《著作

权法》意义上的复制行为，不构成著作权侵权。产品设计图的价值确实是建造和制造出有一定创造性的工业品，但这并不意味着《著作权法》是保护这种实用价值的适当法律机制，禁止他人立体复制，是对产品设计图包含的技术方案给予专有保护，这是《专利法》的功能和立法目的，与《著作权法》保护毫无关系。因此，著作权法只能禁止他人未经许可对工业设计图进行平面到平面的复制。❶❷有法院判例认为，实施工程设计图、产品设计图等图形作品不属于"复制"行为❸，不构成著作权侵权。因此，对于实施工程设计图、产品设计图等图形作品的行为，单纯通过工程设计图、产品设计图著作权来保护建筑工程项目或具有实用功能的产品在实践中显然是行不通的，在符合商业秘密构成要件的情况下，提起商业秘密侵权诉讼或许为第一选择。对于未公开的工程设计图、产品设计图等技术成

---

❶ 欧阳福生. 对产品设计图立体复制不构成著作权侵权［J］. 中国商报，2018(12).

❷ 刘强，欧阳旸. 产品设计图著作权保护研究——以 3D 打印为视角［J］. 重庆理工大学学报，2014(7).

❸ 中华人民共和国最高人民法院（2019）最高法民申 5948 号民事裁定书："……工程设计图具有一定的实用功能、涉及具体的技术方案，而这种实用功能、技术方案并不受《著作权法》保护，不同于一般作品，工程设计图所体现的是点、线、面的组合表现出的科学美感，这种科学美感仅来自图形本身，而与实用功能、技术方案无关。基于此，除非在工程设计图以及实际工程中，技术方案、实用功能能够完全和工程设计图所表现出科学美感分离出来，否则，按照工程设计图建设施工的行为不属于《著作权法》所规制的复制行为。因此，其亚公司按照图纸施工的行为并未侵犯中大公司的著作权。"北京市西城区人民法院（2018）京 0102 民初 33515 号民事判决书："金羽杰公司主张权利的服装成衣上的设计多是为实现方便穿脱、轻便保暖、便于使用等服装的基本功能而存在，服装成衣之上的艺术美感无法与其功能性进行分离，仅系实用品，不能作为美术作品受著作权法保护。尽管有证据证明被告生产了与图形类似的成衣，但按照工程设计图或者产品设计图施工或者生产不受著作权法保护的工程或者产品，不属于我国著作权法意义上的复制，因此，被告生产成衣的行为亦不属于侵犯该两款服装对应设计图、服装样板图复制权的行为。"上海市第二中级人民法院（2002）沪二中民五（知）初字第 132 号民事判决书认为："印刷线路板设计图属于图形作品，应受著作权法保护，他人未经著作权人许可，不得复制、发行印刷线路板设计图。印刷线路板本身属于一种具有实用功能的工业产品，已经超出了文学、艺术和科学作品的保护范围，因此不属于著作权法保护的客体。被告摩托罗拉公司按照印刷线路板设计图生产印刷线路板的行为，是生产工业产品的行为，而不属于著作权法意义上的复制行为。"

第十一章　商业秘密保护与知识产权法之间的关系

果要做好保密工作，在符合商业秘密构成要件的情况下，则可以主张商业秘密保护模式。当然，如果权利人通过工程设计图、产品设计图已经完成工程项目或实用功能产品上市，则不存在商业秘密保护的基础。

### 三、软件著作权保护与商业秘密保护

《著作权法》第3条第8项中规定的作品形式包括"计算机软件"。《计算机软件保护条例》第2条规定："本条例所称计算机软件（以下简称软件），是指计算机程序及其有关文档。"根据《著作权法》的规定，计算机软件是指计算机程序及其有关文档，系作品的一种形式，受《著作权法》保护。纵观各国的情况，以著作权法保护计算机软件最普遍。此外，还有在特殊情况下对软件从商业秘密角度予以保护的不同路径。《最高人民法院关于审理侵犯商业秘密民事案件适用法律若干问题的规定》第1条明确计算机程序及其有关文档属于商业秘密中的技术信息。不为公众所知悉、具有商业价值，并经权利人采取相应保密措施的计算机程序及其有关文档可作为商业秘密中的技术信息，受《反不正当竞争法》的保护。"版权与商业秘密在软件保护中建立了一种精妙的良性互动关系。它们彼此间的支持与配合，在不冲击现有知识产权体系和符合社会公共政策目标的同时，为软件产业提供有效正当的保护。"❶因此，对于实施软件这一行为，商业秘密保护与著作权保护是重合关系，构成请求权竞合，权利人既可以选择著作权保护，亦可选择商业秘密保护。

软件著作权和商业秘密的一个共同点是，保护内容均不公开，由于其技术形态的特殊性，软件产品即便是公开使用，其软件源代码也无法从公开的渠道获取，因此，软件著作权和商业秘密的侵权范围非常局限，侵权行为多数都是公司人员故意泄露或离职带走源代码。在司法实践中，法院一般采用"实质性相似+接触+排除合理解释（商业秘密为接触+实质性相

---

❶ 朱谢群. 软件知识产权保护模式的比较——兼论版权与商业秘密对软件的组合保护［J］. 知识产权，2005(4)：19.

同-合法来源）"的方法判断。在采用软件著作权或商业秘密进行维权的过程中，由于二者保护的内容都不公开且公众无法获取，因此，二者均需要对涉嫌侵权人对涉案软件是否具有接触的可能性进行判断。当有证据表明涉嫌侵权人有渠道或者机会获取涉案软件，且其使用的软件与涉案软件相同或实质上相同时，若涉嫌侵权人未能提出反证，则可以推定其实施了侵权行为。

著作权法只保护作品的表达而不保护作品的思想，这在《计算机软件保护条例》第6条有明确规定："本条例对软件著作权的保护不延及开发软件所用的思想、处理过程、操作方法或者数学概念等。"同样的技术方案用软件来实现，只要表达方式不同就不侵权。软件在创作过程中体现的算法模型、组织结构、处理流程等构思技巧恰是软件中最有价值的部分，因此，运用著作权法保护计算机软件存在明显的缺陷，而商业秘密保护可以弥补这一不足，因为商业秘密保护的正是信息本身。对软件核心算法等部分采取商业秘密的方式加强保护，针对软件的通用或易于反向工程的部分通过软件著作权登记的形式加以固定。这样，既可以保护软件的表达方式，亦可通过商业秘密的形式加大保护软件的算法、思路等。

当然，软件企业若采用商业秘密的方式保护企业技术信息及经营信息，则需要更全面的规划及制定相应的管理制度，特别需要重点强调的是保密制度，当然对于软件源代码也需要积极登记软件著作权，针对无法通过著作权进行保护的思想层面的技术信息则需要采取严格的保密措施，特别是在研发人员入职、工作及离职三个关键阶段做好保密措施。此外，需要重点说明的是，由于软件技术版本升级较快，因此，针对不同时期的不同版本均需要存档，不管是在软件著作权维权还是商业秘密维权中，在软件源代码进行比对时，都需要结合侵权行为的实施时间选择合适的版本进行比对，从而提高维权成功率。

在侵害商业秘密诉讼中，除了涉及著作权与商业秘密的请求权聚合或竞合之外，如果侵权人还有其他不正当行为，那么原告可同时就商业秘密侵权行为与其他不正当行为提起诉讼。

## 第十一章　商业秘密保护与知识产权法之间的关系

例如，在原告仟游公司等诉被告徐某、肖某等侵害技术秘密纠纷一案❶中，权利人就选择采用商业秘密的形式保护自己的计算机软件。在该案中，原告仟游公司、鹏游公司系《帝王霸业》游戏软件源代码权利人。该公司员工徐某、肖某在任职期间，参与了前述游戏源代码的开发。二人离职后，以新成立的策略公司与南湃公司共同开发名为《三国》《三国逐鹿》的网页游戏并上网运营。原告仟游公司指控被告徐某、肖某窃取了其《帝王霸业》游戏源代码，并用于制作被诉侵权游戏。故以其构成侵权为由起诉至法院，请求判令前述员工及被诉公司停止侵权，连带赔偿经济损失 2550 万元。

法院认为，原告仟游公司、鹏游公司主张保护的《帝王霸业》游戏软件服务器源代码能否构成商业秘密，取决于该源代码是否符合三个构成要件：一是不为公众所知悉；二是具有商业价值；三是权利人对该信息采取了合理的保密措施。关于第一个构成要件，首先，原告仟游公司、鹏游公司以其提交的《鉴定意见书》证明，原告仟游公司、鹏游公司在该案中主张保护的源代码存在不为公众所知悉的技术信息。被告徐某、肖某和策略公司并未提交证据证明相关技术信息为公众普遍知悉，故其反驳理由不能成立。其次，涉案游戏软件源代码是其开发者组织人力、投入资金，经过长时间创作开发而得，不属于容易获得的信息。综上，前述信息属于"不为公众所知悉"的信息。关于第二个要件，该游戏能够上线运营，并为游戏运营者带来经济收益，因此游戏的源代码具有商业价值。关于第三个构成要件，前述游戏软件源代码被放置于公司《帝王霸业》游戏的游戏库中，只有负责有关工作的人员具有访问该库的权限。再者，被告徐某、肖某与原告仟游公司签订的《保密协议》中，明确约定了该协议所指的商业秘密包括了计算机程序，被告徐某、肖某对原告仟游公司的商业秘密负有保密义务。能够证明原告仟游公司、鹏游公司已对《帝王霸业》游戏软件服务器源代码采取了保密措施。而且，前述措施能够使其相对人注意到，权利人已采取了保密措施以及明确商业秘密的范围。该保密措施是合理、

---

❶ 广东省高级人民法院（2019）粤知民终 457 号民事判决书。

有效、具体的。综上，原告仟游公司、鹏游公司主张保护的《帝王霸业》游戏软件服务器源代码符合前述法律规定的三个要件，构成商业秘密。

原告仟游公司、鹏游公司已证明其要求保护的商业秘密符合法定条件，其还需要举证以下两个方面的事实：一是被诉游戏服务器源代码与《帝王霸业》游戏软件服务器源代码构成实质相同，二是被告徐某、肖某、策略公司、南湃公司不正当地获取或者使用涉案商业秘密。首先，被告策略公司和南湃公司的成立时间以及被诉游戏上线运营时间可推算出被诉游戏开发历经时间，该历经时间与行业经验相比，明显较短。因此，其独立开发的合理性存疑较大。再者，其从未提交证据证明被诉游戏的开发情况及过程。结合原告仟游公司、鹏游公司已经举证证明其商业秘密成立，还举证合理表明徐某、肖某接触了涉案商业秘密的事实，法院认为，对于被诉游戏软件源代码系与原告仟游公司、鹏游公司涉案游戏软件源代码实质相同这一待证事实，原告仟游公司、鹏游公司提供的证据虽未达到高度盖然性的证明标准，但已经能够表明该待证事实具有一定可能性。

二审期间，法院向腾讯公司发函调取运营服务器上的被诉游戏代码，腾讯公司答复称，腾讯公司并不掌握服务器上的被诉游戏软件源代码和目标代码，该服务器由运营商策略公司和南湃公司掌握。由此可知，在客观上，原告仟游公司、鹏游公司亦无能力收集这些证据。法院认为，原告仟游公司、鹏游公司已经穷尽其收集证据的方法，但在客观上无能力收集到证明待证事实的直接证据或者足够的间接证据。由前述事实还能表明，唯独被告策略公司和南湃公司持有被诉游戏软件源代码，而该证据是证明前述待证事实能否成立的直接证据。该案诉讼发生之后，被诉游戏仍然在线运营。从诉讼发生时起，被告策略公司和南湃公司应当知晓，其掌握的被诉游戏软件源代码对于查明涉案基本事实的意义，以及其唯独持有该证据的特殊地位。因此，被告策略公司和南湃公司应当负担该证据不灭失、不被篡改的保管义务。在法院作出保全证据裁定或者责令提供该证据时，如若违反该义务，则应当承担相应法律后果。此外，当条件成立时，被告策略公司和南湃公司还应当负担依法提供证据的义务。

在一审庭审中，法院责令被告南湃公司提供被诉游戏软件源代码，被

## 第十一章 商业秘密保护与知识产权法之间的关系

告南湃公司提供了一份证据资料。查勘该证据资料即源代码文件可知,其源代码文件的修改日期均为一审庭审后,且所有源代码文件的修改时间均显示相同。二审法院认为,在通常情况下,因各份源代码文件创作时间有先有后,文件的修改时间并不会统一在同一个时间点。被告南湃公司提供的证据资料明显不符合常理,而被告徐某、肖某、策略公司和南湃公司并未对此作出合理解释,且包括被告徐某、肖某、策略公司在内的各方当事人在一审和二审庭审中均不确认其真实性,可见,被告南湃公司并未如实履行证据披露义务,构成举证妨碍。二审法院认为,该证据系原告仟游公司、鹏游公司证明待证事实的直接证据,可能对被告策略公司和南湃公司存在不利,而该证据唯独被告策略公司和南湃公司持有,被告策略公司和南湃公司拒不提供并无正当理由,应依法承担相应不利法律后果。

被告徐某作为原告仟游公司的副总经理、股东,被告肖某作为原告仟游公司的策划总监、股东以及鹏游公司的总经理兼法定代表人,在二人正常工作范围内,均能够接触到《帝王霸业》游戏软件服务器源代码,即二人均具备充足条件获取该源代码。法院最终认定,仟游公司、鹏游公司作为权利人,已穷尽收集证据的途径,但客观上无法收集到证明待证事实的直接证据。鉴于该案被诉游戏是在被诉侵权人离职后短期内上线运营的同类游戏,且被诉的两家公司不具备开发软件的客观条件。被诉游戏软件源代码仅由策略公司和南湃公司持有,客观上有提供相关证据的能力。依法院指令如实提供被诉游戏源代码,是其法定义务。被诉侵权人不如实提供该证据,应当承担相应的后果,即认定权利人主张的侵权事实成立。广东省高级人民法院判处策略公司、南湃公司、徐某、肖某停止侵害仟游公司、鹏游公司《帝王霸业》游戏软件服务器源代码商业秘密,赔偿经济损失及合理维权费用共计500万元。

在北京理正公司诉北京大成公司、林同棪公司侵害技术秘密纠纷一案[1]中,一审法院于2020年1月8日,判决大成公司立即停止使用理正公

---

[1] 一审案号:北京知识产权法院(2017)京73民初18号。二审案号:最高人民法院(2020)最高法知民终1101号。

司被认定为商业秘密的"数据库表、数据库存储函数及过程",并赔偿 25 万元及合理开支 2.7 万元。理正公司不服一审判决,向最高人民法院提起上诉,二审驳回上诉维持原判。

在上述案例中,北京理正软件股份有限公司(以下简称"理正公司")主张北京大成华智软件技术有限公司(以下简称"大成公司")、林同棪国际工程咨询(中国)有限公司(以下简称"林同棪公司")侵害其商业秘密,于 2017 年向北京知识产权法院提起诉讼,请求判令两被告停止侵权、共同赔偿经济损失 129 万元及维权费用 59 600 元并赔礼道歉以消除影响。

理正公司称自主开发的《理正建设企业管理信息系统》软件包含多项技术秘密。臧某、刘某和何某是理正公司的前员工,在任职期间接触涉案软件的商业秘密,筹划设立大成公司并成为股东,离职后将该商业秘密带到大成公司使用。大成公司使用商业秘密开发软件并将软件出售给林同棪公司。林同棪公司购买并使用了涉嫌侵犯理正公司商业秘密的软件。(1)关于程序代码的表达。形式表达即在静态数据库表中体现为字段名称、字段数量、表的名称等,在动态过程/函数中体现为执行逻辑功能所展现的具体语句等。内容表达即在静态数据库表中体现为实体关系模型、字段存储内容以及表之间的主外键关系,在动态过程/函数中体现为实际需要实现的逻辑功能,如表单的调用优先级排布以及调用关系等。(2)分析比对数据库表、存储过程和函数。比对结果显示:两者在 8 个工作流数据库,6 个数据表单,2 个数据列表,1 个工具条库,2 个系统参数库,3 个系统基础功能库,2 个组织机构及用户库,1 个权限授权库,1 个站点菜单库和 2 个项目管理库等方面相同。再比如,在数据库存储过程/函数方面,有 2 个系统基础功能存储过程,1 个基础框架函数,1 个人力资源基础函数和 2 个项目管理功能函数相同等。(3)基于数据表单之间、表与过程/函数之间各自具有独立的作用,基于交互亦存在的紧密联系综合进行分析评判。认为上述实质相同的部分主要体现为内容表达方面,内容的选择、实现和布局足够具体,达到为更好展现软件内容、实现软件功能所应有的标准。据此认定,涉案软件被诉内容在具体层面上与涉案商业秘密具有相当

## 第十一章　商业秘密保护与知识产权法之间的关系

的一致性，其内容来源于涉案商业秘密，又根据林同棪公司硬盘中的数据库文件与理正公司软件中的数据库文件构成实质上相同的事实，认定林同棪公司硬盘中的数据库文件含有理正公司主张的涉案商业秘密。

# 第十二章
# 商业秘密民事保护与刑事、行政保护之间的关系

2019年《反不正当竞争法》第17条规定:"经营者违反本法规定,给他人造成损害的,应当依法承担民事责任。经营者的合法权益受到不正当竞争行为损害的,可以向人民法院提起诉讼。"第21条规定:"经营者以及其他自然人、法人和非法人组织违反本法第九条规定侵犯商业秘密的,由监督检查部门责令停止违法行为,没收违法所得,处十万元以上一百万元以下的罚款;情节严重的,处五十万元以上五百万元以下的罚款。"第31条规定:"违反本法规定,构成犯罪的,依法追究刑事责任。"第27条规定:"经营者违反本法规定,应当承担民事责任、行政责任和刑事责任,其财产不足以支付的,优先用于承担民事责任。"

《民法典》第187条规定:"民事主体因同一行为应当承担民事责任、行政责任和刑事责任的,承担行政责任或者刑事责任不影响承担民事责任;民事主体的财产不足以支付的,优先用于承担民事责任。"

《刑法》第219条规定:"有下列侵犯商业秘密行为之一,情节严重的,处三年以下有期徒刑,并处或者单处罚金;情节特别严重的,处三年以上十年以下有期徒刑,并处罚金:(一)以盗窃、贿赂、欺诈、胁迫、电子侵入或者其他不正当手段获取权利人的商业秘密的;(二)披露、使用

# 第十二章 商业秘密民事保护与刑事、行政保护之间的关系

或者允许他人使用以前项手段获取的权利人的商业秘密的;(三)违反保密义务或者违反权利人有关保守商业秘密的要求,披露、使用或者允许他人使用其所掌握的商业秘密的。明知前款所列行为,获取、披露、使用或者允许他人使用该商业秘密的,以侵犯商业秘密论。本条所称权利人,是指商业秘密的所有人和经商业秘密所有人许可的商业秘密使用人。"

《行政处罚法》第8条规定:"公民、法人或者其他组织因违法行为受到行政处罚,其违法行为对他人造成损害的,应当依法承担民事责任。违法行为构成犯罪,应当依法追究刑事责任的,不得以行政处罚代替刑事处罚。"

因此,侵犯商业秘密行为在特定情形下同时符合民事责任、行政责任、刑事责任的构成要件,该种情形属于法条竞合,行政责任和刑事责任的承担不影响民事责任的承担。

## 第一节 商业秘密的刑事保护

商业秘密侵权行为与犯罪行为属于法条竞合情形,刑事责任的承担不影响民事责任的承担;民事责任的承担也不影响刑事责任的追究。

刑事法律介入对商业秘密的保护,充分弥补了民事、行政手段保护的不足性。但是,必须明确运用刑罚手段处罚侵犯商业秘密犯罪行为的必要性和适当性,才能最大限度地发挥刑法的功能和作用。

### 一、商业秘密刑事保护在司法实践中的意义

(一)商业秘密权利人可选择的权利救济途径

侵害商业秘密行为不仅可能被追究民事责任和行政责任,还有可能构成侵犯商业秘密罪,被追究刑事责任。在司法实践中,权利人除提起民事诉讼之外,亦可通过刑事程序收集侵权人侵犯商业秘密行为的证据,制止侵权行为。这是商业秘密权利人救济自身权利的重要途径之一。基于此,

针对侵权行为，商业秘密权利人救济的路径是仅提起民事诉讼，或者刑事自诉，再或者向公安机关举报，由检察机关提起公诉。

侵犯商业秘密罪规定于《刑法》第 219 条中，《反不正当竞争法》第 31 条中规定的"构成犯罪的，依法追究刑事责任"因欠缺具体的刑罚条款而不被认为是附属刑法规范，因而不能依据该规定直接追究侵犯商业秘密行为的刑事责任。从实践来看，侵犯商业秘密罪虽然发案率不是很高，但近年来一直呈现不断增长的趋势，涉案金额越来越大。

（二）刑事法律对于侵犯商业秘密罪的规定及其特点

《刑法》在 1997 年之前并无侵犯商业秘密罪。1997 年修改《刑法》后，第 219 条确立了侵犯商业秘密罪，该条是商业秘密刑事保护的基本法律依据。

2017 年《刑法》第 219 条规定："有下列侵犯商业秘密行为之一，给商业秘密的权利人造成重大损失的，处三年以下有期徒刑或者拘役，并处或者单处罚金；造成特别严重后果的，处三年以上七年以下有期徒刑，并处罚金：（一）以盗窃、利诱、胁迫或者其他不正当手段获取权利人的商业秘密的；（二）披露、使用或者允许他人使用以前项手段获取的权利人的商业秘密的；（三）违反约定或者违反权利人有关保守商业秘密的要求，披露、使用或者允许他人使用其所掌握的商业秘密的。明知或者应知前款所列行为，获取、使用或者披露他人的商业秘密的，以侵犯商业秘密论。本条所称商业秘密，是指不为公众所知悉，能为权利人带来经济利益，具有实用性并经权利人采取保密措施的技术信息和经营信息。本条所称权利人，是指商业秘密的所有人和经商业秘密所有人许可的商业秘密使用人。"

2021 年 3 月 1 日起施行的《刑法修正案（十一）》第 22 条对原条文作出下述修改：一是将第一款第（一）项中的"利诱"修改为"贿赂"，增加规定了"欺诈、电子侵入"的不正当手段，并将第（三）项中的"违反约定"修改为"违反保密义务"；在第二款中增加了允许他人使用商业秘密的情形。二是将第二款中的"明知或者应知"修改为"明知"。三是删去了第三款关于商业秘密定义的表述。四是修改了入罪门槛和判处第二档刑罚的情形，并提高了侵犯商业秘密罪的刑罚。修改后《刑法》第 219 条

# 第十二章　商业秘密民事保护与刑事、行政保护之间的关系

规定："有下列侵犯商业秘密行为之一，情节严重的，处三年以下有期徒刑，并处或者单处罚金；情节特别严重的，处三年以上十年以下有期徒刑，并处罚金：（一）以盗窃、贿赂、欺诈、胁迫、电子侵入或者其他不正当手段获取权利人的商业秘密的；（二）披露、使用或者允许他人使用以前项手段获取的权利人的商业秘密的；（三）违反保密义务或者违反权利人有关保守商业秘密的要求，披露、使用或者允许他人使用其所掌握的商业秘密的。明知前款所列行为，获取、披露、使用或者允许他人使用该商业秘密的，以侵犯商业秘密论。本条所称权利人，是指商业秘密的所有人和经商业秘密所有人许可的商业秘密使用人。"

## 二、侵犯商业秘密罪刑事附带民事诉讼

被害人由于侵犯知识产权犯罪行为而遭受经济损失的，是否可以在刑事诉讼中依法提起刑事附带民事诉讼，在司法实践中一直没有确定的答案。

否定者认为不能在刑事诉讼中提起附带民事诉讼。依据最高人民法院《关于适用〈中华人民共和国刑事诉讼法〉的解释》第175条第1款的规定："被害人因人身权利受到犯罪侵犯或者财物被犯罪分子毁坏而遭受物质损失的，有权在刑事诉讼过程中提起附带民事诉讼……"否定论者认为根据上述规定，在知识产权刑事案件中，既不存在被害人的人身权利受到犯罪侵犯的情况，也不存在被害人的有形财物被犯罪分子毁坏的情况，依法不属于法院受理刑事附带民事诉讼的范围，故根据上述规定，被害人无权提起附带民事诉讼，被害人只能另行提起民事诉讼。

某些省市的一些法院认同该观点，对知识产权刑事案件被害人提起的附带民事诉讼不予受理或者驳回起诉。《〈北京市高级人民法院关于审理刑事附带民事诉讼案件若干问题的解答（试行）〉的通知》（京高法发[2009]226号）："1. 附带民事诉讼的受案范围如何确定？答：法院审理附带民事诉讼案件的受案范围，应只限于被害人因人身权利受到犯罪行为侵犯和财物被犯罪行为损毁而遭受的物质损失，不包括因犯罪分子非法

占有、处置被害人财产而使其遭受的物质损失。附带民事诉讼赔偿只限于犯罪行为直接造成的物质损失，不包括精神损失和间接造成的物质损失。"《广东省高级人民法院关于审理刑事附带民事诉讼案件若干问题的指导意见（试行）》（粤高法发〔2008〕36号）第1条："提起附带民事诉讼案件的范围包括：人身权受到犯罪行为侵犯遭受的物质损失或者财物被犯罪行为毁坏遭受的物质损失。对犯罪分子非法占有、处置被害人财产造成的物质损失提起的附带民事诉讼，人民法院不予受理。"《浙江省高级人民法院刑事审判第二庭关于审理侵犯知识产权刑事案件若干问题的解答》（20161207）第12条规定："根据《刑事诉讼法司法解释》第一百三十八条规定，被害人因人身权利受到犯罪侵犯或者财物被犯罪分子毁坏而遭受物质损失的，有权在刑事诉讼过程中提起附带民事诉讼。知识产权表现为智力成果，系一种无形财产。侵犯知识产权罪中既不涉及人身权利受侵犯，也不存在有形财物被犯罪分子毁坏的情形。根据上述司法解释，被害人不宜提起附带民事诉讼。"

在司法实践中，也有一些法院对知识产权刑事案件被害人有权提起附带民事诉讼持支持态度，认为在当前知识产权审判"三合一"的背景下，这类案件统一由知识产权审判庭审理，有利于节约司法资源和统一裁判标准。江苏省高级人民法院有关指导意见在客观上赞同了上述意见。《江苏省高级人民法院侵犯商业秘密民事纠纷案件审理指南（修订版）》第6.2条规定："在侵犯商业秘密犯罪刑事自诉、公诉案件中，探索引导自诉人或者被害人及时提起刑事附带民事诉讼，一并解决民事赔偿问题。"四川省人民检察院报告❶提出："各试点市、区（县）级检察院以做好做实知识产权检察工作为目标，创新工作机制，在涉知识产权刑事案件提级管辖、跨区域集中管辖、刑事附带民事诉讼、刑事和解、行政非诉执行监督以及建立跨区域、跨部门合作等方面积极探索。"《检察日报》所载郑新俭同志报告指出："全面推行侵犯知识产权刑事案件权利人诉讼权利义务告知工作，

---

❶ 四川省人民检察院发布的《四川省检察机关2019年—2020年知识产权保护工作情况报告》。

## 第十二章　商业秘密民事保护与刑事、行政保护之间的关系

探索推进认罪认罚赔偿权利人损失刑事附带民事诉讼、不起诉案件移送行政处罚等工作，依法维护被害人合法权益。"❶

例如，在笔者代理的曹某某等涉嫌侵犯商业秘密罪一案❷中，石家庄市裕华区人民法院允许知识产权刑事案件被害人提起附带民事诉讼，该案最终以被告人不属于附带民事诉讼原告单位起诉管辖事项的适格被告为由驳回附带民事诉讼原告人的起诉。❸

支持知识产权刑事案件被害人有权提起附带民事诉讼观点的法律依据如下：《刑法》第 36 条第 1 款规定："由于犯罪行为而使被害人遭受经济损失的，对犯罪分子除依法给予刑事处罚外，并应根据情况判处赔偿经济损失。"《刑事诉讼法》第 101 条规定："被害人由于被告人的犯罪行为而遭受物质损失的，在刑事诉讼过程中，有权提起附带民事诉讼。被害人死亡或者丧失行为能力的，被害人的法定代理人、近亲属有权提起附带民事诉讼。"据此，刑事诉讼法并没有限定刑事附带民事诉讼仅限于直接物质损失，应当允许知识产权权利人提起刑事附带民事诉讼。支持者认为知识产权虽然会涉及知识产权人身权利，但其本质上仍属于财产权，且为无形财产权，属于民法意义上的无体物。最高人民法院《关于适用〈中华人民共和国刑事诉讼法〉的解释》第 175 条第 1 款所规定的不仅限于有形财物被损毁，知识产权在内的无形财产也应被纳入其中。目前，对物质损失包括有形财产损失和无形财产损失，已成共识并无分歧，因此，对于商业秘密刑事案件实行刑事附带民事诉讼制度，符合司法实践的需求，顺应了社会发展趋势。❹

例如，在熊某某等假冒注册商标刑事附带民事诉讼一案❺中，湖北省宜昌市中级人民法院认为，被告人熊某甲伙同熊某乙在实施假冒注册商标

---

❶ 郑新俭. 发挥检察职能作用提升知识产权保护整体效能［N］. 检察日报，2021-04-26(3).
❷ 石家庄市裕华区人民法院（2016）冀 0108 刑初 418 号刑事判决书。
❸ 王现辉. 知识产权 80 个热点问题［M］. 北京：中国法制出版社，2022：291.
❹ 宋建立. 商业秘密案件办理的若干热点和难点［J］. 人民司法，2022(34).
❺ 湖北省高级人民法院（2011）鄂知刑终字第 1 号刑事判决书。

犯罪中的非法经营数额达 289 572 元,其行为构成假冒注册商标罪,且犯罪情节特别严重。熊某甲、熊某乙共同实施生产、销售假冒璜时得公司注册商标的黏合剂产品的违法犯罪行为,侵犯了璜时得公司的注册商标专用权,应当对璜时得公司的损失予以赔偿,并酌情决定由熊某甲、熊某乙连带赔偿璜时得公司经济损失 30 万元,驳回璜时得公司的其他诉讼请求。湖北省高级人民法院认为,该案认定扣押和销售的假冒产品的价值只是确定熊某甲刑事责任的依据,但不能成为民事赔偿的标准。综合考虑熊某甲、熊某乙生产侵权产品的规模和时间、销售侵权产品的范围与价格、侵权行为的性质及后果等因素,一审酌情确定的经济损失 30 万元,符合法律规定,依法予以维持,但因剔除部分犯罪数额,对熊某甲的量刑予以变更。刑事附带民事诉讼案件应按照刑事诉讼排除合理怀疑和民事诉讼优势证据的证明标准。审理知识产权刑事附带民事诉讼案件,应分别体现刑事审判有利被告和民事审判平等保护的思维方式,按照刑事诉讼排除合理怀疑和民事诉讼优势证据的证明标准,确定罪刑相适应的刑事责任和依法酌定赔偿数额的民事责任。该案后被最高人民法院评选为"2011 年中国法院知识产权司法保护 50 件典型案例",并在《中华人民共和国最高人民法院公报》上刊登,最高人民法院以典型判例的形式肯定了知识产权刑事附带民事诉讼程序。

在诸葛某假冒注册商标刑事附带民事诉讼一案[1]中,浙江省义乌市人民法院认为,被告人诸葛某未经商标注册人许可,在同一种商品上使用与其注册商标相同的商标,情节严重,其行为已构成假冒注册商标罪。诸葛某归案后如实供述自己的罪行,依法可从轻处罚。诸葛某积极赔偿被害人经济损失,依法可酌情从轻处罚。附带民事诉讼原告人美人计公司的撤诉申请系真实意思表示,不违反法律规定,裁定准许美人计公司撤回起诉。

在司法实践中,除上述案例外,全国各地亦有多家法院允许知识产权刑事案件被害人提起附带民事诉讼。如陕西省高级人民法院终审的(2006)陕刑二终第 50 号裴某某侵犯商业秘密案,甘肃省徽县人民法院

---

[1] 浙江省义乌市人民法院(2018)浙 0782 刑初 2431 号刑事判决书。

# 第十二章　商业秘密民事保护与刑事、行政保护之间的关系

（2010）徽刑初字第 22 号非法制造、销售非法制造的注册商标标识案，均支持被害人提起附带民事诉讼，并判决被告人赔偿相应损失。

2021 年 9 月 22 日，中共中央、国务院印发了《知识产权强国建设纲要（2021—2035 年）》，同日中共中央办公厅和国务院办公厅发布《关于强化知识产权保护的意见》，2022 年 3 月 1 日，最高人民检察院发布的《关于全面加强新时代知识产权检察工作的意见》（八）强调"探索开展刑事附带民事诉讼，提升综合保护质效"。"三审合一"的制度改革又为在知识产权刑事案件中及时提起刑事附带民事诉讼、一并解决刑事责任与民事赔偿提供了契机。

刑事附带民事诉讼的产生，源于对诉讼效率与司法权威的追求，将同一行为所产生的民事赔偿问题与刑事责任问题合并审判，不仅可以避免重复审判，节约司法资源，减少当事人讼累，且能避免同一行为出现不同司法意见，司法权威得到加强。❶ 不过，在实践中大多数刑事法官忽视了最高人民法院公报案例和中国法院知识产权司法保护 50 件典型案例，即熊某某等假冒注册商标刑事附带民事诉讼一案的指导作用，仍对知识产权犯罪提起附带民事诉讼持否定态度。

笔者认为，在知识产权刑事案件中被害人可以提起附带民事诉讼。首先，知识产权刑事案件被害人有权提起附带民事诉讼具有上述法律依据。从目的解释的角度，可以对财物被犯罪分子毁坏作一定的扩张解释，并不仅限于有形财物被损毁，可以将包括知识产权在内的无形财产被侵犯的情形纳入其中，这样更符合《刑法》第 36 条、《刑事诉讼法》第 101 条、最高人民法院《关于适用〈中华人民共和国刑事诉讼法〉的解释》第 175 条等法律及司法解释的立法本意。其次，允许被害人提起附带民事诉讼，有利于拓宽权利人的维权方式，保障其诉权和其他合法权益，同时可以节约司法成本，提高司法效率和司法权威。刑事附带民事诉讼不仅有利于节约被害人的司法成本，刑事案件的威慑作用也有利于敦促被告人积极主动赔偿，在程序上可以

---

❶ 易延友. 刑事诉讼法规则原理应用：第五版［M］. 北京：法律出版社，2019：272-273.

直接共享证明标准更高的刑案证据以提高诉讼效率，切实保障被害人的合法权益，提升知识产权司法保护水平。特别是在当前各地法院实施知识产权民事、刑事、行政审判"三合一"的大背景下，这类案件统一由知识产权审判庭审理，有利于统一事实认定和裁判标准。如果不允许被害人提起附带民事诉讼，则很可能刑事和民事案件由不同合议庭审理，不仅严重耗费有限的司法资源，也容易造成刑民审判认定事实不一致，甚至出现判决结果南辕北辙的尴尬现象，严重影响司法公正形象。"在被告人同时被判处罚金和承担民事赔偿责任的情况下，按照民法典的规定，应当优先履行民事赔偿责任。因此，应以新理念打通知识产权领域刑事附带民事诉讼的适用障碍，在诉讼机制的衔接上合理配置司法资源，切实提高知识产权司法保护的有效性。"❶

总之，在推行知识产权民事、行政和刑事案件审判"三审合一"的大背景下，若要让知识产权案件实现刑事、民事的合并审理，还有赖于对诉讼法及相关司法解释的修改，并充实复合型法官的力量，实现民事裁判思维与刑事裁判思维的实质化融合，才能克服法律思维、证明标准等方面的冲突问题，才有可能在保证刑事诉讼效率的同时，兼顾附带的民事诉讼。

## 三、与刑民交叉有关的问题

（一）中止问题

《刑法》第219条规定了侵犯商业秘密罪。在司法实践中，针对侵犯商业秘密的特定主体的行为，权利人在提起侵犯商业秘密民事纠纷的同时到公安机关报案并最终进入刑事程序的情形并不鲜见，大部分案件都采用了刑事和民事相结合的诉讼策略。如何处理两种诉讼程序之间的关系及处置顺序问题是一个难题。

两种程序对权利人来讲各有优势，刑事程序由于有公权力的介入，可以借助刑事侦查手段获得侵权证据，从而有效解决商业秘密维权取证难的问题，在查明事实方面，相比权利人自行取证更有优势；但是刑事诉讼比

---

❶ 宋建立. 商业秘密案件办理的若干热点和难点［J］. 人民司法，2022（34）.

# 第十二章　商业秘密民事保护与刑事、行政保护之间的关系

民事诉讼要求更高的证明标准,并且举证责任由公诉机关承担,一旦公诉机关因各种原因举证不能,无法证明商业秘密刑事案件成立,会导致刑事案件对权利人有不利的结果或者无法往下推进。而民事程序的启动门槛较低,并且规定了证据保全、财产保全、行为禁令等保全措施。在刑事案件因证据等原因无法推进的情况下,商业秘密权利人可以采用先通过刑事侦查查明部分事实、后启动民事案件的诉讼策略。但是,两种程序之间也存在是否只要刑事程序被启动(刑事立案),就必须遵循"先刑后民"的处理原则将民事案件中止审理的问题。虽然"先刑后民"具有合理性和可行性,但在实践中也存在以下问题:一是可能出现人民法院在民事案件中认定权利人请求保护的信息不构成商业秘密,或者被诉侵权人不构成侵权,但相关刑事案件中认定被诉侵权人构成犯罪的"倒挂"的现象;二是两种程序在保护对象、举证责任、证据形式、证明标准上均有所不同,很可能会发生证据采信及事实认定上的不一致;三是刑事诉讼更注重对被损害的社会关系的修复和制裁犯罪行为,而民事诉讼更注重对商业秘密权利人受损利益的补偿。因此,在"先刑后民"的诉讼程序设置下,权利人的合法权益无法得到及时有效的维护。

基于上述问题,对刑民程序的适用方面存在两种不同观点:一种观点认为"先刑后民"是处理刑民交叉案件的基本原则,但也不是唯一的原则,在保护"私权"并不妨碍"公权"行使的情况下,可以"私权"优先;另一种观点认为应遵循"先民后刑"的原则,对商业秘密案件应先对受到损害的私权进行救济。

《全国法院民商事审判工作会议纪要》(法〔2019〕254号)第130条规定:"人民法院在审理民商事案件时,如果民商事案件必须以相关刑事案件的审理结果为依据,而刑事案件尚未审结的,应当根据《民事诉讼法》第150条第5项的规定裁定中止诉讼。待刑事案件审结后,再恢复民商事案件的审理。如果民商事案件不是必须以相关的刑事案件的审理结果为依据,则民商事案件应当继续审理。"《最高人民法院关于审理侵犯商业秘密民事案件适用法律若干问题的规定》第25条规定:"人民法院在听取当事人意见后认为必须以该刑事案件的审理结果为依据的,应予支持。"

对此我们认为，在侵犯商业秘密民事诉讼中，从审判效率和对当事人权利保护的角度出发，无须必须遵循"先刑后民"的原则。如果权利人在侵犯商业秘密民事诉讼中提交在先的生效刑事判决，用于证明被诉侵权人侵犯其商业秘密的，可将其作为权利人主张成立的初步证据；但对方当事人提交了相反证据，足以推翻刑事判决的认定的除外。如果当事人提交生效的民事判决，用于证明生效刑事判决存在认定错误的，应当启动刑事案件的审判监督程序。此外，对于当事人在刑事案件中所作出的陈述、供述，法院在民事案件审理时应当结合在案证据，对该陈述、供述的真实性作出认定。❶最高人民检察院宋建立撰文认为："不能一概采取刑事优先原则，而要根据先前诉讼的进展情况、两种诉讼之间的关系，可采取刑民并行为原则，以先刑后民或先民后刑为补充或例外的办理思路。不论采取上述何种方式，均要坚持以下原则：一是采取整体协调推进的原则。无论是事实认定，还是法律归责，均应将刑民两个部分作为整体观察考量，作出相互照应、彼此相宜的认定和裁判。二是诉讼经济效率的原则。刑事诉讼与民事诉讼的推进，既要彼此照应，又要贯彻诉讼经济效率原则，避免程序配置和衔接不畅，浪费司法资源，影响司法效率，损害保护效果。"❷在刑民交叉的商业秘密的案件中具体问题具体分析，明晰哪种审理程序的先后顺序对于该案的审理更优，采取先决原则进行审理程序的安排，抛弃"惯例必遵守"的固有思维，这样才更有助于此类案件的审理。公安机关在接到技术秘密刑事控告后，仅以有在先民事诉讼为由不予立案，或者在立案后发现民事案件正在审理中要求受害单位撤回诉讼，或者要求向受理法院申请裁定中止审理的，均没有法律依据。

例如，在原告麦格昆磁（天津）有限公司与被告夏某远、苏州瑞泰新金属有限公司（以下简称瑞泰公司）侵犯技术秘密纠纷一案❸中，法院认为：麦格昆磁天津公司主张的甩带轮系统尺寸和导流铜棒的技术信息不为

---

❶ 北京市高级人民法院知识产权庭课题组.《反不正当竞争法》修改后商业秘密司法审判调研报告[J]. 电子知识产权，2019(11).

❷ 宋建立. 商业秘密案件办理的若干热点和难点[J]. 人民司法，2022(34).

❸ 江苏省高级人民法院(2013)苏知民终字第159号民事判决书。

## 第十二章　商业秘密民事保护与刑事、行政保护之间的关系

公众所知悉，且麦格昆磁公司、麦格昆磁天津公司已对涉案技术信息采取了保密措施。

由于权利人取证困难，商业秘密侵权认定普遍采取"接触+实质性相同−合法来源"证据规则，即权利人只需证明被诉侵权技术与其商业秘密相同或实质相同，以及被诉侵权人具有接触其商业秘密的事实，就转由被诉侵权人承担自己没有侵权的举证责任，倘若其不能证明其商业秘密具备合法来源等免责事由，即应认定其侵权成立。该案中麦格昆磁天津公司举证已满足上述要求，且夏某远、瑞泰公司亦未充分证明其技术具备合法来源，应当认定夏某远、瑞泰公司构成侵害商业秘密。

在该案民事纠纷进入诉讼程序之前，麦格昆磁公司以张某鸣和瑞泰公司涉嫌侵害其商业秘密为由向苏州市公安局报案，苏州市公安局受理该案后即展开刑事侦查，目前该刑事案件尚未终结。根据在审理侵害商业秘密民事案件中普遍适用的"接触+实质性相同−合法来源"原则，现有证据足以认定夏某远、瑞泰公司侵害了麦格昆磁天津公司的商业秘密，无须以刑事案件的审理结果作为认定构成民事侵权的依据，故无须中止该案审理。

（二）对在先刑事诉讼程序中的证据与事实的审查

我国在刑事案件审理中采取与民事案件审理不同的举证责任分配原则和事实证明标准。在刑事案件中对事实和证据均应达到"犯罪事实清楚，证据确实充分"和"排除一切合理怀疑"的严格证明标准，而民事案件中则采取高度盖然性的证明标准。在上述案件中，民事诉讼程序中采用商业秘密案件审理中通行的"接触+实质性相同−合法来源"规则认定夏某远、瑞泰公司构成侵害商业秘密，该证明方式属于事实推定，但该推定并不当然能够满足刑事诉讼中排除一切合理怀疑的严格证明标准，也不能据此当然弥补刑事案件中可能存在的证据疑点，故不能仅凭此认定夏某远、瑞泰公司构成侵害商业秘密犯罪，即该案中依据民事证明标准所作出的民事侵权司法认定，并不当然能成为在刑事案件中定罪量刑的依据。

刑民交叉问题在侵犯商业秘密民事案件的审判实践中较为突出。人民法院审理侵犯商业秘密民事案件，有时会涉及对相关刑事诉讼程序中形成的证据的审核和认定，如鉴定意见、犯罪嫌疑人的供述、证人证言，以及刑事诉

讼程序中的书证、物证、电子数据等。《最高人民法院关于审理侵犯商业秘密民事案件适用法律若干问题的规定》第 22 条第 1 款规定："对在侵犯商业秘密犯罪刑事诉讼程序中形成的证据,应当按照法定程序,全面、客观地审查。"《江苏省高级人民法院侵犯商业秘密民事纠纷案件审理指南(修订版)》第 6.1 条第 1 款规定："原告主张依据生效刑事裁判认定被告侵犯商业秘密的,被告应提供相反证据。如有相反证据足以推翻的,对于在侵犯商业秘密犯罪刑事诉讼中形成的证据,法院应当按照法定程序全面、客观地审查和认定,并协调解决民事、刑事程序冲突问题。"可见,刑事案件中的证据在民事诉讼中并不当然具有证明力,刑事案件中的证据仍然需要经过当事人质证,并由法院确定其是否具有合法性、真实性及关联性。刑事诉讼中形成的证据必须根据民事诉讼证据规则予以重新审查认定。

对于刑事案件认定的事实在民事诉讼中的使用问题。根据《最高人民法院关于民事诉讼证据的若干规定》第 10 条第 6 项以及《最高人民法院关于适用〈中华人民共和国民事诉讼法〉的解释》第 93 条的规定,在民事诉讼中,已为人民法院发生法律效力的裁判所确认的基本事实,当事人无须举证证明,当事人有相反证据足以推翻的除外。因此,在先刑事判决所确定的事实在之后的民事诉讼中为免证事实,当事人提交该判决即完成证明责任。

需要注意的是,刑事生效裁判对是否侵犯商业秘密的认定对民事侵权的认定没有既判力。即使刑事生效裁判没有认定被告人的行为构成侵犯商业秘密罪,该事实对民事侵权没有既判力,民事诉讼仍要根据侵犯商业秘密行为的构成要件予以认定。例如,在武汉大西洋连铸设备工程有限责任公司与宋祖兴公司盈余分配纠纷一案[1]中,法院认为,在刑事案刑民交叉案件中,先行刑事案件中无罪的事实对于后行的民事诉讼是否具有影响需要区分具体情况,如果由于证据不足、事实不清等认定无罪,则因为刑事和民事的证明标准不同,刑事和民事的裁判结果可能会有不同的认定。刑事诉讼认定无罪,并不必然导致民事诉讼亦要认定侵权行为或违约行为不存在,相关行为是

---

[1] 最高人民法院(2019)最高法民再 135 号民事判决书。

# 第十二章　商业秘密民事保护与刑事、行政保护之间的关系

否存在还需结合证据进行判断和认定。

（三）关于人民法院依申请调查收集证据

对于由公安机关、检察机关或者人民法院保存的与被诉侵权行为具有关联性的证据，当事人及其诉讼代理人如果不能自行收集，可以依法申请人民法院进行调查收集。《刑事诉讼法》第40条规定："辩护律师自人民检察院对案件审查起诉之日起，可以查阅、摘抄、复制本案的案卷材料。其他辩护人经人民法院、人民检察院许可，也可以查阅、摘抄、复制上述材料。"由于前述规定对"查阅、摘抄、复制"案卷材料的时间起点作出了明确规定，故《最高人民法院关于审理侵犯商业秘密民事案件适用法律若干问题的规定》第22条第2款规定："当事人及其诉讼代理人因客观原因不能自行收集，申请调查收集的，人民法院应当准许，但可能影响正在进行的刑事诉讼程序的除外。"在司法实践中，对于是否确实属于"可能影响正在进行的刑事诉讼程序"，应当有相应的法律依据和事实依据。

（四）生效刑事裁判与民事案件赔偿额的确定

生效刑事裁判认定的实际损失或违法所得可以作为侵犯商业秘密民事案件赔偿数额的依据。对于刑民交叉的案件，涉及同一侵犯商业秘密行为，当事人主张依据生效刑事裁判认定的实际损失或者违法所得确定民事案件赔偿额的，法院一般会予以支持。《最高人民法院关于审理侵犯商业秘密民事案件适用法律若干问题的规定》第23条规定："当事人主张依据生效刑事裁判认定的实际损失或者违法所得确定涉及同一侵犯商业秘密行为的民事案件赔偿数额的，人民法院应予支持。"这里的当事人既包括商业秘密的权利人，也包括被诉侵权人。

鉴于民事、刑事诉讼的证明标准不同，原告有证据证明实际损失或者侵权获利额大于在先刑事裁判认定数额的，应按原告证据认定损失数额，不受原刑事裁判的限制。

## 第二节 侵犯商业秘密罪

### 一、侵犯商业秘密罪的概念

侵犯商业秘密罪，是指以盗窃、贿赂、欺诈、胁迫、电子侵入等不正当手段，侵犯商业秘密，情节严重的行为。侵犯商业秘密罪构成要件的内容为，实施侵犯商业秘密的行为，并且情节严重。责任形式为故意，即行为人明知自己的行为侵犯了他人的商业秘密，情节严重，并且希望或者放任这种结果发生。侵犯商业秘密罪中的故意，不仅包括直接故意，也包括间接故意。

实施侵犯商业秘密的行为内容包括："（一）以盗窃、贿赂、欺诈、胁迫、电子侵入或者其他不正当手段获取权利人的商业秘密的行为；（二）披露、使用或者允许他人使用以前项手段获取的权利人的商业秘密的行为；（三）违反保密义务或者违反权利人有关保守商业秘密的要求，披露、使用或者允许他人使用其所掌握的商业秘密的行为；（四）明知前款所列行为，获取、披露、使用或者允许他人使用该商业秘密的行为，即以侵犯商业秘密论的行为。立法区分不同实行行为类型，目的在于对应不同的损失计算方式，最终实现罪责刑相适应。"❶ 为了便于研究，根据实行行为的不同特征将本罪行为方式概括为非法获取型、非法披露型、非法使用型、违反义务或违约型以及以侵犯商业秘密论的侵权行为。❷ 非法获取型侵犯商业秘密罪的行为方式包括两种：一种是从权利人处直接非法获取，即《刑法》第219条第1款第1项规定的"以盗窃、贿赂、欺诈、胁迫、电子侵入或者其他不正当手段获取权利人的商业秘密"；另一种是从非权利人

---

❶ 宋建立. 商业秘密案件办理的若干热点和难点 [J]. 人民司法, 2022(34).
❷ 刘科. 侵犯商业犯罪研究 [M]. 北京：法律出版社, 2022：88.

# 第十二章　商业秘密民事保护与刑事、行政保护之间的关系

（侵权人）处间接非法获取，即第 219 条第 2 款规定的"明知前款所列行为，获取……该商业秘密的"。不论是从权利人处直接非法获取，还是从非权利人处间接非法获取，均为非法获取型侵犯商业秘密行为。非法披露型侵犯商业秘密行为既包括第 219 条第 1 款第 2 项中的以非法手段获取商业秘密后予以披露、第 3 项中的违反约定或法定义务披露其所掌握的商业秘密，也包括第 219 条第 2 款中的"第三人披露"。非法使用型侵犯商业秘密行为包括第 219 条第 1 款第 2 项中的自己非法使用商业秘密与允许他人使用该商业秘密（非法获取后自己使用或者允许他人使用）；第 3 项中的违反保密义务或者权利人保守商业秘密的要求，自己使用或者允许他人使用其所掌握的商业秘密（违反义务而自己使用或允许他人使用）；以及第 2 款中的第三人使用或者第三人允许他人使用。"违反义务或违约"型的侵权行为仅指第 3 项"违反保密义务或者违反权利人有关保守商业秘密的要求，披露、使用或者允许他人使用其所掌握的商业秘密的行为"。"以侵犯商业秘密论"型的侵权行为是指"明知前款所列行为，获取、披露、使用或者允许他人使用该商业秘密的行为，即以侵犯商业秘密论的行为"。上述分类中，前三种已经包含了全部的实行行为类型，后两种分类仅是为了说明"违反义务或违约"的实质内涵，以及"明知"的主体及其含义而设定的。另外，上述分类与民事侵权领域的侵权行为[1]分类不同。一是因为《反不正当竞争法》第 9 条规定的行为与《刑法》第 219 条规定的不同，《刑法》第 219 条没有规定"教唆、引诱、帮助侵犯商业秘密行为"，与商业秘密民事侵权情节的教唆、引诱、帮助的共同侵权行为同步，在刑事领域，上述行为在刑法上体现为教唆犯、帮助犯，属于《刑法》总则编第 25 条中所规定的共同犯罪，故在侵犯商业秘密罪的情形列举中无须专门写入。《反不正当竞争法》第 9 条没有规定"明知前款所列行为，获取、披露、使用或者允许他人使用该商业秘密的行为，即以侵犯商业秘密论的行为"，等等。二是为了体现刑法打击犯罪行为的特性，在侵犯商业秘密罪

---

[1] 民事侵权领域按《反不正当竞争法》第 9 条规定分为"以不正当手段获取商业秘密"行为、"不正当获取商业秘密后的继续侵害"行为、"违反义务或者违约"行为、"教唆、引诱、帮助侵犯商业秘密"行为、"视为侵犯商业秘密"的行为五种。

行为类型分类上，以行为作为导向，将《反不正当竞争法》第9条第1款第2项、第3项、第4项和第2款、第3款分别规定的"获取、披露、使用、允许他人使用"行为进行整合。如何分类均不影响侵权行为的实质，请读者注意区分。

结果内容为"情节严重"。《刑法修正案（十一）》将2017年《刑法》第219条中的"给权利人造成重大损失"修改为"情节严重"，将"造成特别严重后果"修改为"情节特别严重"。上述修改将侵犯商业秘密罪从结果犯变更为情节犯。言下之意是认为侵权人只要侵犯商业秘密的行为有严重的情节，即可定罪量刑，不必非要产生实质的可量化损害后果。根据《刑法》第219条与第220条的规定，犯本罪的，情节严重的，处三年以下有期徒刑，并处或者单处罚金；情节特别严重的，处三年以上十年以下有期徒刑，并处罚金。单位犯本罪的，对单位判处罚金，并对其直接负责的主管人员和其他直接责任人员，依照上述规定处罚。

## 二、单位犯罪

《刑法》区分了个人侵犯商业秘密的犯罪和单位侵犯商业秘密的犯罪。

《刑法》第220条规定："单位犯本节第二百一十三条至第二百一十九条之一规定之罪的，对单位判处罚金，并对其直接负责的主管人员和其他直接责任人员，依照本节各该条的规定处罚。"也就是说，单位犯侵害商业秘密罪的，按照侵害商业秘密罪判处罚金，对直接负责的主管人员和其他直接责任人员，按照个人侵害商业秘密罪进行处罚。

## 三、侵犯商业秘密罪实务疑难问题

（一）《刑法修正案（十一）》对"非法获取"型侵犯商业秘密行为方式的修改

《刑法修正案（十一）》对于"非法获取"型侵犯商业秘密的行为方

## 第十二章　商业秘密民事保护与刑事、行政保护之间的关系

式进行了较大幅度的修改。修改之前，"非法获取"型侵犯商业秘密的行为方式是"以盗窃、利诱、胁迫或者其他不正当手段获取权利人的商业秘密"。修改之后是"以盗窃、贿赂、欺诈、胁迫、电子侵入或者其他不正当手段获取权利人的商业秘密"，修改后的规定自2021年3月1日起施行。相较原条文，《刑法修正案（十一）》增设了"贿赂""欺诈"和"电子侵入"的非法获取方式，删除了"利诱"的非法获取方式。鉴于《刑法修正案（十一）》施行之前，非法获取商业秘密的行为方式包括了"其他不正当手段"，因此，无论是通过贿赂、欺诈的手段，还是通过电子侵入的方式非法获取商业秘密的行为，即使没有被刑法明确列举为非法获取商业秘密的行为方式，都可以通过将其解释为"其他不正当手段"而纳入"非法获取"型的侵犯商业秘密行为方式中。就此而言，《刑法修正案（十一）》对非法获取商业秘密行为方式的修改并无实质意义。

需要注意的是，"其他不正当手段"作为一种立法技术，一方面可以使刑法的表述相对简短，避免过于冗长；另一方面也可以使刑法的规定更加周延，避免"挂一漏万"的情形出现。采用"其他不正当手段"的立法技术，使刑法的规定能够与时俱进，不至于随着时代的发展而需要频繁修改。但是，刑法需要遵循罪行法定原则，而罪行法定原则要求刑法的规定必须明确具体，"不明确则无效"；因此，"其他不正当手段"的表述在具有诸多优点的同时，也存在违反罪行法定原则明确性要求的疑问。克服这种立法技术弊端的比较现实的途径是对"其他不正当手段"进行妥当的解释，避免其含义过于宽泛，有损刑法人权保障功能的发挥。已取得的共识是，一方面，从性质上来说，"其他不正当手段"肯定不能包括正当手段。"以盗窃、利诱、胁迫或者其他不正当手段获取权利人的商业秘密"，规制的是不正当获取行为本身，故其他不正当手段的性质应当与"盗窃、利诱、胁迫"相当，行为本身即不法行为。❶另一方面，"其他不正当手段"必须是与盗窃、胁迫等性质上相似的违法手段，不包括不道德的手段，这是从

---

❶ 林广海，许常海.《关于办理侵犯知识产权刑事案件具体应用法律若干问题的解释(三)》的理解与适用[J].人民司法，2020(34).

"其他不正当手段"的量上或程度上作出的判断。例如,某甲与某乙是大学同学,关系历来较好。某甲持有某项商业秘密,某乙非常羡慕,一直想得到该项商业秘密。某乙于是找某甲商量,希望某甲能够提供该商业秘密。某甲碍于情面,就将该项商业秘密告知了某乙。对此情形,某乙的行为手段虽然不够"光明磊落",但毕竟不违法,某甲也是碍于情面才告知的。因此,该手段不应被认定为"其他不正当手段"。❶毕竟,将任何不正当手段都理解为刑法上侵犯商业秘密的不正当手段,将使刑法调控范围无边无际,有损刑法的谦抑性。

认定"非法获取"型侵犯商业秘密行为的前提是,行为人此前并不掌握、知悉或者持有该项商业秘密,以区别于《刑法》第219条第1款第3项规定的违反义务(或违约)侵犯商业秘密的行为。行为人通过合法正当手段获取商业秘密后,再违反保密义务或违反保密约定而侵犯商业秘密的,属于《刑法》第219条第1款第3项规定的行为,而不属于该条款第1项规定的非法获取型的侵犯商业秘密行为。例如,商业秘密权利人的员工参与了商业秘密研发或者因日常工作而知悉了该项商业秘密,获取或知悉行为本身是合法正当的,其违反保密协议擅自复制商业秘密的行为,并不属于《刑法》第219条第1款第1项规定的"不正当手段"的情形。再如,商业秘密权利人的合同相对方依据合同或者在签订合同过程中知悉了权利人的商业秘密,后违反有关保守商业秘密的要求而披露、使用或者允许他人使用商业秘密的,也不应当认定为"以不正当手段获取权利人的商业秘密"❷。

1. "盗窃"行为的理解与认定

盗窃,一般是指通过窃取商业秘密的载体而获取商业秘密。具体形式例如复印、照相、监听、模拟等手段。从实施窃取行为的主体来看,既包括侵权行为人亲自实施盗窃行为,也包括雇用他人实施盗窃行为,既包括权利人内部人员(主要是权利人内部的工作人员,如公司的合伙人、高级

---

❶ 赵天红. 商业秘密的刑事保护研究[D]. 北京:中国政法大学,2006:43.
❷ 林广海,许常海.《关于办理侵犯知识产权刑事案件具体应用法律若干问题的解释(三)》的理解与适用[J]. 人民司法,2020(34).

## 第十二章　商业秘密民事保护与刑事、行政保护之间的关系

管理人员、普通职工等）实施的窃取行为，也包括权利人外部的人员（如同业竞争者）实施的窃取行为，以及内外勾结的监守自盗行为。另外，盗窃商业秘密行为的认定，还需要关注盗窃对象识别问题。从窃取的对象来看，既可以是窃取商业秘密的有形载体本身（如记录商业秘密的文件资料、磁盘磁带、U盘、样品样机等），也可以是这些有形载体的复印件或复制件；既可以窃取记载商业秘密的有形物品本身，也可以只窃取该物品内含的电子信息。例如，偷阅权利人的商业秘密之后，再凭借大脑的记忆，把该商业秘密再现出来。区分盗窃的是商业秘密（信息）本身，还是盗窃商业秘密载体时一并完成了对商业信息的窃取，此类区分对刑事审判而言意义重大。《刑法》第219条第1款第1项中的"窃取"，所规范的主要是行为人明知是商业秘密而实施窃取的行为。如果行为人以窃取普通财物为目的，实际取得商业秘密，其属于抽象的事实错误。由于行为人不具有盗窃商业秘密的故意，不构成侵犯商业秘密罪。如果该商业秘密的载体价值达到盗窃罪的刑事门槛，可以在主客观相统一的范围内，以盗窃罪定罪处罚。如果窃取时不知道是商业秘密，事后才发现是商业秘密时仍然进行披露、使用或者擅自允许他人使用，可以认定为其他类型的侵犯商业秘密行为，符合其他构成要件的，仍然可以成立侵犯商业秘密罪。❶

2020年9月12日《最高人民法院、最高人民检察院关于办理侵犯知识产权刑事案件具体应用法律若干问题的解释（三）》❷ 第3条规定，采取非法复制、未经授权或者超越授权使用计算机信息系统等方式窃取商业秘密

---

❶ 周光权．侵犯商业秘密罪疑难问题研究［J］．清华大学学报（哲学社会科学版），2003(5)．

❷ 在本书写作过程中，《最高人民法院、最高人民检察院关于办理侵犯知识产权刑事案件适用法律若干问题的解释（征求意见稿）》发布。第31条规定，本解释施行后，《最高人民法院、最高人民检察院关于办理侵犯知识产权刑事案件具体应用法律若干问题的解释》（法释［2004］19号）、《最高人民法院、最高人民检察院关于办理侵犯知识产权刑事案件具体应用法律若干问题的解释（二）》（法释［2007］6号）、《最高人民法院、最高人民检察院关于办理侵犯知识产权刑事案件具体应用法律若干问题的解释（三）》（法释［2020］10号）同时废止。为此，正式司法解释出台后，请读者结合对照参考最新司法解释。下同。

的，应当认定为刑法第 219 条第 1 款第 1 项规定的"盗窃"。

2. "贿赂"行为的理解与认定

贿赂是《刑法修正案（十一）》新增加的非法获取商业秘密的行为方式，取代了原来的"利诱"方式。贿赂是指将财物以各种形式给予因工作关系等而知悉或掌握商业秘密的人，以获取权利人商业秘密的行为。关于用于贿赂的财物的范围，可以参考 2016 年最高人民法院、最高人民检察院《关于办理贪污贿赂刑事案件适用法律若干问题的解释》第 12 条的规定，即"贿赂犯罪中的'财物'，包括货币、物品和财产性利益"。其中，财产性利益包括可以折算为货币的物质利益，如房屋装修、债务免除等，以及需要支付货币的其他利益，如会员服务、旅游等。后者的贿赂数额，以实际支付或者应当支付的数额计算。贿赂行为，既包括已经实际支付了贿赂，也包括答应支付或者承诺支付贿赂。

《刑法修正案（十一）》施行之前，"利诱"也是非法获取商业秘密的行为方式之一。所谓"利诱"，是指以金钱、物品或者其他利益为诱饵，使知悉商业秘密内容的人提供商业秘密。❶ "利诱"的范围大于"贿赂"，"贿赂"是"利诱"方式之一。除"贿赂"外，行为人给相关人员提供美色、职务晋升便利、提供孩子上学的机会、提供工作岗位机会等以获取权利人商业秘密，也构成刑法上的"利诱"。对于超过"贿赂"的行为可以归入"其他不正当手段"之中，从而将其纳入刑事制裁范围。

在司法实践中，要严格区分商业秘密与劳动者的技能、知识和经验。需要引起注意的是当侵权行为人以高薪聘请的方式获取商业秘密时，如何认定其是否构成侵犯商业秘密行为。劳动者在就业中获得的业务上的知识、经验和技能，如果已经成为劳动者人格财产的一部分，劳动者离职后以何种方式利用是劳动者的自由，任何特别约定都不能约束这种自由。职工利用自己在本职工作中积累和掌握的一般知识、技术、经验、信息为他人服务，不属于本单位技术信息范围，不构成侵犯商业秘密行为，与其工作经验、能力等价的工资报酬并不能定性或完全定性为"贿赂"侵权行为

---

❶ 张明楷. 刑法学：第五版 [M]. 北京：法律出版社，2016：827.

## 第十二章　商业秘密民事保护与刑事、行政保护之间的关系

形式。简言之，其所获高薪源于其所持或所知商业秘密，则应被认定侵犯商业秘密，否则，除非举报其他要件，不应被认定侵犯商业秘密。

3. "欺诈"行为的理解与认定

欺诈方式获取商业秘密，是指通过虚构事实或隐瞒真相的方式非法获取权利人商业秘密的侵权行为。认定行为人是否侵犯商业秘密，需要考察以下因素：第一，行为人须有欺诈的故意，明知自己的行为会侵害权利人的商业秘密而希望或放任损害结果发生，笔者认为，通过欺诈方式获取权利人商业秘密，只存在直接故意，即明知损害权利人的商业秘密而希望这种结果发生，不包括间接故意，放任损害结果发生的情形，与行为人获取权利人的商业秘密这一根本目的不符。第二，行为人实施了欺诈行为，欺诈行为通常表现为"虚构事实""歪曲事实""隐瞒事实"和"将错就错"这四种情形。"虚构事实"是指行为人为了获取权利人商业秘密，编造完全不存在的事实的行为；"歪曲事实"是指行为人通过故意改变客观事实作虚假陈述的方式获取权利人商业秘密的行为；"隐瞒事实"是指行为人刻意隐瞒事实真相以获取权利人商业秘密的行为；"将错就错"是指权利人出现错误认识后，被行为人利用并获取权利人的商业秘密的行为。第三，权利人因欺诈陷入错误并交付商业秘密给侵权行为人。笔者认为，即使行为人为获取商业秘密实施了欺诈行为，但是权利人并没有陷入错误或没有交付商业秘密给行为人，就商业秘密侵权行为而言，行为人不构成欺诈，具体理由与行为人实施秘密窃取行为但并未取得商业秘密时不构成盗窃方式获取商业秘密的侵权行为一样。需要注意的问题是，行为人对权利人之外的第三方实施欺诈并获取权利人的商业秘密，是否属于以欺诈手段获取商业秘密的行为？如果该受欺诈的第三方系商业秘密的有权占有人，如权利人指派专门保管商业秘密的雇员，行为人对其实施欺诈后获取商业秘密，应当认定为通过欺诈手段获取商业秘密的侵权行为；如果该受欺诈方系商业秘密的无权占有人，如该占有人通过盗窃等不法手段占有权利人的商业秘密，行为人通过欺诈手段获取该商业秘密，不宜直接认定行为人以欺诈手段获取商业秘密，而应当认定为以"其他不正当手段"获取他人商业秘密的侵权行为。

4. "胁迫"行为的理解与认定

所谓"胁迫",是指对商业秘密的权利人或者其雇员、合伙人、顾问以及其他了解、掌握商业秘密的人进行涉及生命、健康、荣誉、名誉、财产等的威胁或要挟,以达到精神上的强制,迫使其交出商业秘密的行为。胁迫的内容是对对方的某种利益进行加害,这种加害应是能够实现的,且行为人对这种加害有支配的可能性,如以天灾、祸害等行为人所不能控制的内容进行通告则不构成胁迫,以第三者可能对被害人实施加害相通告也不构成胁迫。胁迫的方式不限,无论是书面、口头还是举止方式,无论是明示还是暗示,无论是自己直接胁迫还是通过第三者转告,无论是暴力还是非暴力,都可构成胁迫。

另外,从"胁迫"的字面含义来讲,"胁"是威胁,"迫"是逼迫,敲诈勒索显然属于胁迫的一种行为手段。因此,以加害于商业秘密权利人或者其他掌握商业秘密的人,要求其提供商业秘密的行为,属于以胁迫方式非法获取商业秘密的行为;按照特殊法优于一般法的原则,应认定其为侵犯商业秘密罪,而不是敲诈勒索罪。

但是,胁迫不包括以当场实施暴力相威胁的情形,因为在《刑法》第219条第1款中,胁迫是与盗窃、欺诈并列的一种手段,应当认为,这种胁迫手段的社会危害性应与盗窃或欺诈手段相当,而没有达到抢劫罪中胁迫的强度,故以当场实施暴力相威胁的情形应属于社会危害性更大的抢劫行为,可归入其他不正当手段之中。

5. "电子侵入"行为的理解与认定

科学技术的发展必然推动社会的进步,但也可能会成为犯罪的"抓手"。随着人工智能、互联网大数据等行业的发展,以网络技术获取商业秘密的行为也开始出现并日趋普遍。由于电子侵入的方式较为隐蔽,所以一般不容易被发现或不能被及时发现,即便被发现,在控制行为造成的不良影响上也具有一定的延迟性和滞后性,所以,通过电子侵入获取商业秘密的潜在威胁较大,对商业秘密权利人造成的损失也较大。值得注意的是,《刑法》第219条规定了四种行为方式,在第一种行为方式中,规定了"其他不正当手段",在《刑法修正案(十一)》增设行为方式以前,以电

## 第十二章　商业秘密民事保护与刑事、行政保护之间的关系

子侵入获取商业秘密的行为完全可以通过"其他不正当手段"来认定其行为的不法性，之所以从"其他不正当手段"中脱离出来，成为单独的行为示例，是因为在司法实践中，借助网络技术或电子信息技术获取商业秘密的行为的普遍性乃至多发性，这种行为手段的介入带来的直接后果就是，其危害性相较于传统的行为手段而言，会被无限扩大并且发散，这就迫使立法者不得不将其单独列出，作为一种注意规定，用以提示司法人员。❶犯罪方式的演变也推动着刑法理论以及相关立法的调整。《刑法修正案（十一）》将电子侵入予以明示，也表明了在司法实践的反馈下，刑事立法趋于规范化、明确化。如此一来，商业秘密刑事保护的法网也就越来越严密。❷

以电子侵入方式获取商业秘密，是指行为人不具有商业秘密载体访问权限或超越访问权限，以电子手段侵入权利人相关系统或载体后获取商业秘密的侵权行为，电子侵入的对象涵盖所有存储商业秘密的电子载体，包括数字化办公系统、服务器、电子邮箱、云存储设备等；电子侵入手段包括黑客攻击、病毒植入、"爬虫"、"拖库撞库"、端口监测、非法链接等电子侵入方式。

在我国刑法中，电子侵入与盗窃、利诱、欺诈、胁迫并列，从立法角度标志着前述不正当竞争手段在刑法规范意义上的相当性。❸出于恶意目的是前述不正当行为并列的基础，因而以电子侵入方式获取商业秘密行为入罪的前提也应是行为人具有恶意目的。应当明确如何对行为人不具有恶意进行认定，从而避免刑法对企业发展的过度干涉。❹

根据《最高人民法院、最高人民检察院关于办理侵犯知识产权刑事案件具体应用法律若干问题的解释（三）》第 3 条的规定，"采取非法复制、

---

❶ 张明楷. 刑法学：下册［M］. 北京：法律出版社，2021：862.
❷ 童德华，任静. 侵犯商业秘密罪的立法变革与司法适用［J］. 烟台大学学报（哲学社会科学版），2022，35(4).
❸ 王耀忠. 我国刑法中"其他"用语之探究［J］. 法律科学（西北政法大学学报），2009(3).
❹ 马天一. 电子侵入获取权利人商业秘密的刑法规制——以《刑法修正案（十一）》（草案）为视角［J］. 河北公安警察职业学院学报，2020(3).

未经授权或者超越授权使用计算机信息系统等方式窃取商业秘密的",均认定为"盗窃"商业秘密。该解释规定早于刑法修改将"电子侵入"非法获取商业秘密行为纳入该罪的罪行描述。在"电子侵入"已然被纳入刑法规定之后,对该解释条款中的"盗窃"含义需要进行限缩解释,以"未经授权、超越授权使用计算机信息系统"的方式窃取商业秘密的行为宜解释为"电子侵入",而"非法复制"方式则仍属于合法获悉之后的非法窃取行为,视为盗窃。

在《刑法修正案(十一)》施行之前,从理论上说,以电子侵入方式实施的侵犯商业秘密行为,可以分别构成侵犯商业秘密罪和非法获取计算机信息系统数据罪。但是,由于两罪的定罪量刑情节存在较大不同,侵犯商业秘密罪的定罪量刑情节要求的数额,远远高于非法获取计算机信息系统数据罪定罪量刑情节要求的数额;按照想象竞合的处罚原则,对该行为通常会按非法获取计算机信息系统数据罪定罪处罚。从司法实践来看,也都是按非法获取计算机信息系统数据罪定罪处罚,尽管也有辩护人提出了应适用侵犯商业秘密罪的辩护意见。❶在《刑法修正案(十一)》施行之后,由于侵犯商业秘密罪的最高人民法院定刑提高到了十年,其相对于非法获取计算机信息系统数据罪已经是重罪,而且侵犯商业秘密罪的刑事门槛由"造成权利人的重大损失"修改为"情节严重",从而也会出现侵犯商业秘密罪的刑事门槛低于非法获取计算机信息系统数据罪的可能。因此,在出现想象竞合的情况下,按照从一重罪的处罚原则,会有部分以电子侵入方式实施的侵权案件被选择适用侵犯商业秘密罪。具体如何适用,需要根据侵权行为的社会危害程度,分别对应侵犯商业秘密罪或非法获取计算机信息系统数据罪的刑罚适用区间,进而选择适用重罪。❷

需要注意的是,行为人离职后利用原任职期间所掌握的权利人商业秘密载体的用户名和密码进入权利人商业秘密载体获取商业秘密的侵权行为

---

❶ 马天一. 电子侵入获取权利人商业秘密的刑法规制——以《刑法修正案(十一)》(草案)为视角[J]. 河北公安警察职业学院学报, 2020(3).

❷ 马天一. 电子侵入获取权利人商业秘密的刑法规制——以《刑法修正案(十一)》(草案)为视角[J]. 河北公安警察职业学院学报, 2020(3).

## 第十二章 商业秘密民事保护与刑事、行政保护之间的关系

如何认定？笔者认为，行为人的该种行为构成侵犯商业秘密，不应存在争议，唯其属于何种侵权行为值得探讨，如果严格从授权角度来说，行为人离职后便再无权限，其再次进入权利人商业秘密载体，构成以电子侵入手段侵害商业秘密的行为，但是，从电子侵入的"电子手段"内核要件来说，行为人所使用的用户名和密码并不具备对权利人商业秘密载体"电子攻击性"特点，不符合电子侵入特点；此时，人民法院应当认定行为人以其他不正当手段侵犯商业秘密，而不能认定行为人不构成侵犯商业秘密行为。当然，上述离职员工的行为基本符合以秘密窃取方式获取权利人商业秘密的特点，亦可认定其以盗窃手段侵犯商业秘密。❶

《商业秘密保护规定（征求意见稿）》对于了解"非法获取"型的侵权行为有所帮助，根据该规定第12条，"经营者不得以盗窃、贿赂、欺诈、胁迫、电子侵入或者其他不正当手段获取权利人的商业秘密。包括但不限于：（一）派出商业间谍盗窃权利人或持有人的商业秘密；（二）通过提供财务、有形利益或无形利益、高薪聘请、人身威胁、设计陷阱等方式引诱、骗取、胁迫权利人的员工或他人为其获取商业秘密；（三）未经授权或超出授权范围进入权利人的电子信息系统获取商业秘密或者植入电脑病毒破坏其商业秘密的，其中，电子信息系统是指所有存储权利人商业秘密的电子载体，包括数字化办公系统、服务器、电子邮箱、云盘、应用账户等；（四）擅自接触、占有或复制由权利人控制下的，包含商业秘密或者能从中推导出商业秘密的文件、物品、材料、原料或电子数据，以获取权利人的商业秘密；（五）采取其他违反诚信原则或者商业道德的不正当手段获取权利人商业秘密的行为。"

（二）"非法披露"型侵权行为

披露，是指将其非法获得的商业秘密告知权利人的竞争对手或其他人，或者将商业秘密内容公布于众。这种行为是前一种行为的自然延续和补充。获取商业秘密一般不是行为人的最终目的，在取得商业秘密后，行为人往往要将其披露给他人，或者自己使用，或者提供给他人加以使用，

---

❶ 张志胜. 商业秘密分类保护与案例评析［M］. 北京：法律出版社，2022：40.

使商业秘密丧失其秘密性。

据《现代汉语词典》❶的解释,"披露"是指:①发表;公布:全文披露、披露会谈内容。②表露:表露心迹,表露真情。"泄露"是指不应该让人知道的事情让人知道了。披露与泄露的动词含义不同,立法选择用披露,还是倾向于故意的心态支撑。❷"非法披露"型侵权行为当中的"披露"在主观上应定性为故意;且披露的对象不限,可以是特定个人、少数人,更可以是社会公众,因为"发表、公布"的对象显然是社会公众;另外,披露的道德谴责性较弱。

披露的方式多种多样,可以是口头方式(向他人直接口述秘密内容或利用广播、电视等新闻媒体),也可以是书面方式(譬如为他人抄录或复制秘密原件),也可以是样品模型展示等方式。披露的公开化程度,法律不作特别要求,法律并不要求披露具有公然性;向特定人公开,或者向不特定的少数人公开,都是披露。从公开化程度上分,披露包括以下几种情形:一是向特定的人公开,即使特定的人承诺为行为人保守商业秘密,行为人的行为仍属于披露商业秘密。二是向不特定人或少数人公开,如行为人在某种私下场合谈论商业秘密或在公众场合肆意谈论商业秘密。虽然公开对象是不特定人或少数人,但此时商业秘密的扩散已难以控制。三是向社会公开,即通过各种媒体或信息传播渠道,如报纸、刊物、广播电视、因特网等手段向社会传播。这种手段使商业秘密进入公知领域,彻底破坏商业秘密的秘密性,彻底损害商业秘密权利人的竞争优势。

根据《刑法》规定,非法披露商业秘密的行为,包括以下几种情形。第一种是非法取得后披露。披露的最常见情形是,以盗窃、贿赂、欺诈、胁迫、电子侵入或者其他不正当手段获取权利人的商业秘密,又将其非法公布于众或者告知权利人的竞争对手。这是第一项非法获取行为的自然后续行为,构成双重的侵犯商业秘密。法律评价的侧重点是后续的披露行为,而非前项的获取行为。第二种是违反法定义务或者违反约定而披露。这是

---

❶ 商务印书馆,第7版。
❷ 李兰英,高扬捷,等. 知识产权刑法保护的理论与实践[M]. 北京:法律出版社,2018:396.

## 第十二章　商业秘密民事保护与刑事、行政保护之间的关系

指因工作关系、业务往来以及得到授权而合法知悉商业秘密的人，违反与权利人之间的约定或者违反权利人有关保守商业秘密的要求，向他人泄露或向社会公开商业秘密的情形。例如，单位职工在职期间或离职之后将单位的商业秘密披露给他人；业务人员将业务联系中获得的商业秘密提供给第三方；技术合同的对方当事人违反保密约定披露技术秘密等。第三种是明知是"盗窃、贿赂、欺诈、胁迫、电子侵入或者其他不正当手段获取权利人的商业秘密"的行为人非法取得的商业秘密而披露。第四种是第三人明知向其提供商业秘密的人具有直接侵犯商业秘密的行为，但仍然披露该商业秘密的情形。这里的行为人指第三人。第一人指商业秘密权利人，第二人指本罪第一款三项行为的行为人，即以盗窃、利诱、胁迫或者其他不正当手段获取商业秘密的行为人，披露、使用或者允许他人使用以前项手段获取的商业秘密的行为人，违反约定或者违反权利人有关保守商业秘密的要求，披露、使用或者允许他人使用其所掌握的商业秘密的行为人；第三人，指前三项行为人以外的人。披露的对象是本罪第一款三项行为中的商业秘密。行为人主观方面表现为，明知商业秘密是他人不法取得、披露、使用的，但仍然披露该商业秘密。❶

当侵权行为人向第三人"披露"权利人的商业秘密时，如该第三人并不知晓侵权行为人侵犯他人商业秘密，则该第三人不应承担责任；当该第三人在侵权行为人向其"披露"时或事后才知悉侵权行为人侵犯他人商业秘密，而该第三人并未进行其他侵犯商业秘密的行为，则该第三人不应承担责任；当该第三人在侵权行为人向其"披露"前已经知晓侵权行为人侵犯他人商业秘密而不阻止其向自己"披露"他人商业秘密，人民法院应推定该第三人具有侵犯商业秘密之故意，应与向其"披露"商业秘密的侵权行为人共同承担责任；当该第三人基于侵权行为人的"披露"行为而获取权利人的商业秘密后，继续实施"披露"或其他侵权行为，第三人明知侵权行为人侵犯他人商业秘密，构成侵犯商业秘密的行为，应承担责任，如其与向其"披露"商业秘密的侵权行为人存在共同的意思联络，应视作共

---
❶ 柏浪涛. 侵犯知识产权犯罪研究[M]. 北京：知识产权出版社，2011：211.

同实行犯、教唆犯或者帮助犯看待。

例如，在彭某犯侵犯商业秘密罪一案[1]中，法院认为，被告人彭某明知叶某东、宋某等向其提供的技术信息属于侵犯他人商业秘密，在共同犯罪中的地位、作用与叶某东相同，系主犯，应按照相应的刑事责任依法处罚。

在上述案件中，贵阳时代沃某科技有限公司（以下简称沃某公司）在研发、生产、销售反渗透膜过程中形成了相应的商业秘密，并制定保密制度，与员工签订保密协议，明确对商品供销渠道、客户名单、价格等经营秘密及配方、工艺流程、图纸等技术秘密进行保护。2004年7月、8月，叶某东、赵某1、宋某（三人另案处理）大学毕业后进入该公司工作。其中，叶某东先后任生产主管、物流中心副主任、西南区销售经理，对生产反渗透膜的PS溶液配制、刮膜及覆膜图纸等技术秘密有一定了解，掌握供销渠道、客户名单、价格等经营秘密。赵某1任工艺研究工程师，是技术秘密PS溶液及LP/ULPPVA配制配方、工艺参数及配制作业流程的编制人。宋某任电气工程师，掌握刮膜、覆膜图纸等技术秘密。叶某东、赵某1、宋某均与沃某公司间签有保密协议。2008—2012年，被告人彭某为沃某公司供应标签，通过与沃某公司康某、叶某东等人接触，其了解到沃某公司的生产反渗透膜技术在国内处于领先水平，且沃某公司与员工签了保密协议，对公司的经营信息及技术进行保护。

2010年，被告人彭某与叶某东商量生产反渗透膜，后二人邀约沃某公司工程师赵某1、宋某参加，四人共谋成立公司，约定由彭某作为主要出资人，出资172万元占30%股份，叶某东、赵某1、宋某均占一定技术股，其中叶某东出资68万元占31%股份，赵某1、宋某均出资20万元分别占19.5%股份。约定分工为：叶某东负责提供沃某公司的采购及销售渠道，彭某负责主要出资、采购原材料、联系客户，赵某1负责生产工艺，宋某负责生产设备。后于2011年4月13日注册成立重庆嘉净源商贸有限公司（以下简称嘉净源公司），为隐藏身份，彭某以谭某2名义持股31%，叶某东、赵

---

[1] 贵州省高级人民法院（2016）黔刑终593号刑事裁定书。

## 第十二章　商业秘密民事保护与刑事、行政保护之间的关系

某1、宋某以各自岳母的名义分别持股30%、19.5%、19.5%。其中，赵某1、宋某均未以资金形式实际出资。2011年7月20日，彭某在四川省武胜县成立华封彭梵水处理设备加工门市部（以下简称武胜门市部），为嘉净源公司生产反渗透膜。

被告人彭某与叶某东、宋某、赵某1共谋生产反渗透膜之后，叶某东、宋某、赵某1于2011年1月至5月相继离开沃某公司，并违反保密制度复制该公司涉密资料私自保存。其中，叶某东从该公司电脑系统复制客户信息，并连同供应商资料、价格信息等其他涉密资料私自保存；宋某复制该公司小线3覆膜总图、小线刮膜改造总图、02刀槽图等涉密资料后保存在笔记本电脑上；赵某1在沃某公司办理辞职手续期间，擅自将该公司PS溶液及LP/ULPPVA配制配方、工艺参数、配制作业流程等秘密文件刻录光盘带回家中。经鉴定，沃某公司的小线3覆膜总图、小线刮膜改造总图、02刀槽图图纸、PS溶液及LP/ULPPVA配制配方、工艺参数、配制作业流程均属于商业秘密；宋某电脑里的图纸与沃某公司小线3覆膜总图、小线刮膜改造总图、02刀槽图图纸相同。

从2011年4月起，宋某在其掌握的沃某公司小线3覆膜总图、小线刮膜改造总图、02刀槽图等涉密图纸基础上，按赵某1所提工艺要求进行修改、设计、制作生产反渗透膜设备并调试。经对宋某设计的部分图纸进行鉴定，与沃某公司小线3覆膜总图、小线刮膜改造总图、02刀槽图图纸具有一定的内在联系，即前者为后者的局部零件、局部装置的细化图纸，或系在沃某公司图纸的基础上，对相关尺寸进行了一定修改，但并未改变其零件或装置的实质性机构及其功能，可以部分实现沃某公司相应图纸中的功能。

2012年2月，宋某将设备调试好后，武胜门市部开始生产反渗透膜，并发货给彭某以嘉净源公司名义销售。其中，叶某东将沃某公司供应商、客户信息等经营秘密提供给彭某，彭某明知以上信息来源于沃某公司而使用，负责联系采购生产原料及销售反渗透膜，宋某负责生产设备及管理，赵某1负责生产工艺及配方，在生产中使用了沃某公司PS溶液及LP/UL-PPVA配制配方、工艺参数、配制作业流程技术秘密。经鉴定，武胜门市部与沃某公司生产的反渗透膜所含化学成分含量接近。

2012年11月,彭某、叶某东为掩盖使用沃某公司技术的事实,经二人共谋后,彭某向上海应用技术学院以5万元价格购买"高通量复合反渗透膜及其制备方法"专利技术。

截至2013年3月,武胜门市部及嘉净源公司生产、销售反渗透膜179 176支。结合沃某公司2012年及2013年1月至3月期间各型号反渗透膜销售单支毛利鉴定,经计算得出被告人彭某伙同叶某东、宋某、赵某1等人侵犯沃某公司商业秘密所造成的经济损失为375.468万元。

一审法院认为,关于被告人彭某称其不知道叶某东、赵某1、宋某与沃某公司之间签有保密协议的辩解,首先,证人康某证实其告诉过彭某沃某公司员工都签有《保密协议》;其次,叶某东供述其告诉过彭某,其和宋某、赵某1都与沃某公司签了《保密协议》和《竞业限制协议》,彭某为此约了他在重庆当律师的表哥,叶某东、赵某1、宋某还将其与沃某公司签的《保密协议》和《竞业限制协议》全部拿给彭某表哥看过;最后,被告人彭某在2008—2012年系沃某公司标签供应商,了解沃某公司生产反渗透膜的技术在国内处于领先水平,其与叶某东、赵某1、宋某设立嘉净源公司就是生产反渗透膜,其为成立公司投资了172万元。这些事实足以证实被告人彭某对于叶某东、赵某1、宋某与沃某公司之间签有保密协议的事实是知道的,其明知嘉净源公司生产、销售反渗透膜所使用的技术信息和经营信息属于沃某公司的商业秘密。在此犯罪过程中,被告人彭某与叶某东、赵某1、宋某彼此分工合作,其与叶某东商议经营反渗透膜后,邀约赵某1、宋某一起成立嘉净源公司销售反渗透膜,且为该公司投资172万元占股份30%,并由其单独成立武胜门市部生产反渗透膜供嘉净源公司销售,嘉净源公司的经营管理也是被告人彭某与叶某东负责,故被告人彭某在共同犯罪中的地位、作用与叶某东相同,系主犯,应按照相应的刑事责任依法处罚。判决:被告人彭某犯侵犯商业秘密罪,判处有期徒刑四年,并处罚金人民币2万元。

二审法院认为,一是彭某曾是沃某公司的标签供应商,其明知叶某东、赵某1、宋某系沃某公司员工,了解他们各自的工作范围、掌握的经营信息和技术信息。彭某与叶某东、赵某1、宋某就设立嘉净源公司事宜,曾

## 第十二章　商业秘密民事保护与刑事、行政保护之间的关系

咨询过重庆律师。二是 2011 年 4 月 13 日，注册成立重庆嘉净源商贸有限公司时，为隐藏身份，彭某以谭某 2 名义持股 31%，叶某东、赵某 1、宋某以各自岳母的名义分别持股 30%、19.5%、19.5%。2011 年 7 月 20 日，彭某作为经营者登记成立武胜门市部，为嘉净源公司生产反渗透膜。2012 年 11 月，彭某、叶某东二人共谋后，彭某向上海应用技术学院以 5 万元价格购买"高通量复合反渗透膜及其制备方法"专利技术，企图掩盖侵犯沃某公司商业秘密的事实。三是彭某与叶某东负责嘉净源公司的经营管理，嘉净源公司在经营过程中，曾向沃某公司的供应商购买原料，部分沃某公司的客户也和嘉净源公司签订了反渗透膜购销合同，购买了嘉净源公司的产品。上述事实足以证实彭某对于叶某东、赵某 1、宋某与沃某公司之间签有保密协议的事情是知道的，其明知嘉净源公司生产、销售反渗透膜所使用的技术信息和经营信息属于沃某公司的商业秘密。综上，彭某明知叶某东、赵某 1、宋某以不正当手段获取沃某公司的商业秘密，并与叶某东、赵某 1、宋某共同非法使用沃某公司的商业秘密进行生产、销售反渗透膜，其主观上对非法使用沃某公司商业秘密的情况应当是明知的，客观上也实施了侵犯沃某公司商业秘密的行为，造成沃某公司 375.468 万元的经济损失，后果特别严重，其行为已构成侵犯商业秘密罪。裁定驳回上诉，维持原判。

在司法实践中，共同实施侵犯商业秘密的行为犯主要表现为以盗窃、贿赂、欺诈、胁迫、电子侵入等非法手段获取商业秘密，违反保密义务、保密要求将合法知悉的或者以非法手段获取的商业秘密进行披露、使用或者允许他人使用，或者明知商业秘密是以不正当手段获取而使用或披露给他人使用。通过意思联络，共同实施侵犯商业秘密犯罪行为，或者明知其共同犯罪行为的性质、危害后果，希望或者放任结果的发生，构成侵犯商业秘密罪的共犯。侵犯商业秘密罪的共同犯罪主要表现在为他人侵犯商业秘密提供便利的帮助犯、教唆他人实施侵犯商业秘密的共同犯罪，以及共同实施了侵犯商业秘密的行为犯。

（三）"非法使用"型侵权行为

1. 非法使用

非法使用，是指将非法获取的商业秘密加以运用。使用的领域，法律

不作特别要求，既可能用于生产，如用技术秘密生产产品、对设备进行维修或更新换代等，也可能用于经营或者销售，如用经营信息开展咨询服务、制订销售计划、策划广告宣传等。使用的对象既可以是非法获取的商业秘密，也可以是根据约定工作关系而知悉的商业秘密。使用的手段，法律也不作特别要求，并不限于非法手段。使用的目的、效果，法律均不作特别要求，是否具有牟利目的，是否实际获利，均不考虑。

"非法使用"型的侵犯商业秘密行为，包括两种情形：第一种是指行为人非法获取秘密后非法使用该商业秘密。此类行为是将商业秘密运用于自身生产经营当中，直接利用商业秘密使用价值的行为。因此，非法使用行为在本质上侵犯的是商业秘密的价值性。第二种是允许他人使用。既包括行为人将其以不正当手段获取的商业秘密允许他人使用，也包括行为人将其以正当手段获得的商业秘密非法允许他人使用。行为人所披露、使用或者允许他人使用的商业秘密，必须是其自身直接获取的权利人的商业秘密。此类行为所针对的是商业秘密的保密性。在此值得注意的是，在学界，有不少学者倾向于将"非法使用行为"与"非法允许他人使用行为"归为一类。❶对此，我们认为，尽管这两种行为均涉及对商业秘密的使用，但二者实质上完全不同，且彼此独立，不应混为一谈。如前所述，非法使用行为所侵犯的是商业秘密的价值性，而非法允许他人使用行为所针对的是商业秘密的保密性，二者在行为指向上便具有本质差异。❷

2. 非法使用与披露与允许他人使用之间的区别

允许他人使用的前提是先向该他人披露权利人的商业秘密，反过来，无论是向特定个人披露，还是在某种私下或公共场合向不特定的小部分人披露，都意味着披露者以默示方式同意被披露者使用。但是，立法者将披露、使用与允许他人使用规定为三种并列的行为方式，并不是毫无道理的，而是充分考虑了我国刑法一贯坚持的主客观相一致原则。

---

❶ 虞佳臻. 论侵犯商业秘密罪数额认定标准二维模式的构建[J]. 福建警察学院学报, 2015(3).

❷ 李兰英, 高扬捷, 等. 知识产权刑法保护的理论与实践[M]. 北京：法律出版社, 2018：417.

## 第十二章　商业秘密民事保护与刑事、行政保护之间的关系

首先，在主观上，这三种行为方式的行为人的主观故意有所不同：对"使用"而言，行为人主观上是自己使用以谋取不法利益，是直接故意；对"披露"而言，行为人的故意则较为复杂，或者是为了损害权利人，彻底破坏权利人的商业秘密而将商业秘密公之于众，或者是为了逞强以表明自己有能耐获得商业秘密，或者是为了以默示的方式将商业秘密告知他人并希望或放任他人使用；对"允许他人使用"而言，行为人的故意则通常为明知对方获取商业秘密的目的是使用而将商业秘密作为交换物以换取某种利益，但也不排除具有损害权利人利益的目的。简言之，如果行为人的目的很明确，就是为了自己使用以图利，则是"使用"；如果行为人明知对方具有使用目的而将商业秘密作为交换代价告知他人，则是"允许他人使用"；如果行为人主观故意不明确，或在司法上难以查明，则可认定为"披露"。

其次，在客观方面，这三种行为方式的表现也有所不同："使用"，顾名思义，是自己使用，除了出于使用的需要而告知其雇员或合作伙伴之外，不会将商业秘密告知其他人，更不会向不特定的小部分人公开或向社会公开；"允许他人使用"，一般是为了换取某种利益而告知获取者对方，除对方之外，不会向任何人透露，对方一般也不会允许行为人再向第三人透露；"披露"的对象则无限制，无论是特定的个人，还是不特定的小部分人，抑或是社会公众，都可能成为披露的对象。且在后果上，"使用"和"允许他人使用"，其商业秘密的秘密性受到破坏的程度较为轻微，一般仍可保持其秘密性，只是多了几个使用人而已。但是"披露"则不同，一旦披露，则商业秘密的秘密性必然或多或少地受到破坏甚至全部丧失。故从主客观相统一原则来看，这三种行为方式中，披露行为的社会危害性最重，其后果要么是彻底破坏商业秘密的秘密性，要么是使得多人可以同时使用权利人的商业秘密；允许他人使用行为的社会危害性次之，自己使用行为的社会危害性最轻。

因此，应准确地理解披露、使用和允许他人使用这三种行为方式在主观和客观方面的差异，不应不加分析地认为立法存在缺陷，无论是将"允许他人使用"视为"披露"的一种形式，还是将"披露"等同于"以默示

的方式允许他人使用"的观点，都无疑过于简单片面。❶ 同时，虽然非法允许他人使用行为是第三人实际使用行为发生的前提条件，但允许他人使用行为本身是一种独立的不法行为，其行为的违法性评价与第三人是否使用商业秘密之间并无任何关联。换言之，当行为人非法许可第三人使用商业秘密之后，即便第三人未实际利用该商业秘密，行为人的许可行为依然具有独立的违法性。此外，在非共同犯罪的场合中，只要行为人一旦许可第三人使用商业秘密，其不法行为即告终结，其对于第三人如何利用商业秘密的行为并无任何控制和支配能力，依据罪责自负原则，行为人不应当为第三人自主实施的使用行为承担刑事责任。因此，"非法使用行为"与"非法允许他人使用行为"在本质上完全不同，应当归入不同类型之中，予以分别评价。❷

（四）"违反义务或违约"型侵权行为

"违反义务或违约"型侵权行为，是指"违反保密义务或者违反权利人有关保守商业秘密的要求，披露、使用或者允许他人使用其所掌握的商业秘密"。《刑法修正案（十一）》对此项规定进行了修改。修改之前的规定是"违反约定或者违反权利人有关保守商业秘密的要求，披露、使用或者允许他人使用其所掌握的商业秘密的"。《刑法修正案（十一）》增加规定明知商业秘密系通过侵权行为获得，仍允许他人使用的也构成侵犯商业秘密行为，扩大了追究范围。另外，《刑法修正案（十一）》把"违反约定"修改为"违反保密义务"。将"虽然未经双方约定但属于法定保密义务"等情况一并纳入，有效弥补了漏洞，严密了刑事法网。修改后《刑法》第219条第1款第3项规定，违反保密义务或者违反权利人有关保守商业秘密的要求，披露、使用或者允许他人使用其所掌握的商业秘密的行为，构成侵犯商业秘密。需要注意的是，违反保密义务或者违反权利人有关保守商业秘密的要求，披露、使用或者允许他人使用其所掌握的商业秘

---

❶ 周铭川. 侵犯商业秘密罪研究［M］. 武汉：武汉大学出版社，2008：123-124.
❷ 李兰英，高扬捷，等. 知识产权刑法保护的理论与实践［M］. 北京：法律出版社，2018：417.

## 第十二章　商业秘密民事保护与刑事、行政保护之间的关系

密的，不应完全按照字面意思。当保密协议未支付对价时，并不意味着掌握商业秘密的人或单位没有保密义务，还是要对其进行实质性判断，即是否有保密义务且违反这种义务，《刑法修正案（十一）》将"违反约定"改为"违反保密义务"，就是很好的例证。❶

在司法实践中，除了双方当事人明确约定保密义务之外，特定国家机关工作人员因其职务行为或者其他市场主体因为业务往来均有可能知悉权利人的商业秘密，前者如知识产权、证券监管、司法、税务等执法人员，因为职权行为可能接触并知悉企业的商业秘密，后者如税务师、会计师、律师、鉴定机构等第三方中立机构及其人员也可能在与企业的业务往来中获悉其商业秘密。前述机关、机构和人员在相关法律法规中是明确规定其具有为当事人保守秘密的义务和职业道德要求的，其中当然包括所获悉的商业秘密。

另外，关于刑事诉讼中保护商业秘密的措施问题。《最高人民法院、最高人民检察院关于办理侵犯知识产权刑事案件具体应用法律若干问题的解释（三）》第6条规定了刑事诉讼程序中采取保密措施的程序和违反保密措施或保密义务的法律责任，是对2019年中共中央办公厅、国务院办公厅《关于强化知识产权保护的意见》中关于"探索加强对商业秘密、保密商务信息及其源代码等的有效保护"要求的落实。《最高人民法院、最高人民检察院关于办理侵犯知识产权刑事案件具体应用法律若干问题的解释（三）》第6条规定，在刑事诉讼程序中，当事人、辩护人、诉讼代理人或者案外人书面申请对有关商业秘密或者其他需要保密的商业信息的证据、材料采取保密措施的，应当根据案件情况采取组织诉讼参与人签署保密承诺书等必要的保密措施。违反前款有关保密措施的要求或者法律法规规定的保密义务的，依法承担相应责任。

为此，诉讼代理人尤其应引起注意，对自己在诉讼过程中获取的商业信

---

❶ 夏朝羡，贾文超. 民刑交叉视域下的商业秘密刑法保护——从《中华人民共和国刑法修正案（十一）》对侵犯商业秘密罪的修改切入 [J]. 广西警察学院学报，2021，34(1).

息等证据承担保密义务,否则应承担相应的责任,甚至刑事责任。❶

另外,法条规定的"违反义务或违约"只是表面,"披露、使用或者允许他人使用"等侵权行为才是实质,是因侵权而受惩罚,而非违约而获刑。《刑法》第 219 条第 1 款第 3 项惩罚的是合法知悉商业秘密者的披露、使用或者允许他人使用其所掌握的商业秘密的侵权行为,不是所谓的违约行为。当然,如果约定得足够清楚,权利人也可以据此选择民事违约之诉来保护自己的权利,不过,这不是本书讨论的范畴。《刑法》第 219 条第 1 款第 3 项的立法目的在于制裁侵权行为而非违约行为,行为人是否与权利人之间存在约定或被提出过保密要求,都不影响其披露等行为的侵权性质,对其严重的侵权行为以犯罪论处并不违背刑法解释原则。

(五)"以侵犯商业秘密论"型侵权行为

1. "以侵犯商业秘密论"型侵权行为,即"明知前款所列行为,获取、披露、使用或者允许他人使用该商业秘密的"行为

有观点认为,"明知前款所列行为,获取、披露、使用或者允许他人使用该商业秘密的"行为,意味着原本并不属于侵犯商业秘密行为,立法出于特定目的而将该种行为拟制为侵犯商业秘密行为,将其与侵犯商业秘密行为同等看待。相较于前三种直接侵犯商业秘密行为而言,该行为是间接侵犯商业秘密的行为,刑法规定"以侵犯商业秘密论"也是这个原因。该款也引发了区分第一人、第二人和第三人的观点。"第一人是指商业秘密的权利人,第二人是指前述三种直接侵犯商业秘密的行为人,第三人则是直接获得权利人的商业秘密的行为人以外的、间接侵犯商业秘密的人。"❷

间接型侵犯商业秘密行为与前述直接从权利人处获取商业秘密不同,属于从前述几类侵权人员处间接获得,其可罚性在于行为人明知该商业秘密为法律所保护,在前几类行为存在不法性的情况下,仍然获得、披露、

---

❶ 《最高人民法院、最高人民检察院关于办理侵犯知识产权刑事案件具体应用法律若干问题的解释(三)》第 6 条规定,擅自披露、使用或者允许他人使用在刑事诉讼程序中接触、获取的商业秘密,符合刑法第二百一十九条规定的,依法追究刑事责任。

❷ 赵秉志,田宏杰. 侵犯知识产权犯罪比较研究 [M]. 北京:法律出版社,2004:342.

## 第十二章　商业秘密民事保护与刑事、行政保护之间的关系

使用或者允许他人使用该商业秘密，导致危害扩大化。❶

有观点认为，商业秘密权是一种绝对权、对世权，权利人以外的一切人都是义务人，都负有不得侵犯他人商业秘密权的义务，在法律明文将获取、披露、使用和允许他人使用规定为侵犯商业秘密权的行为的情况下，任何人实施这几种行为，都是对他人商业秘密权的侵犯，而既然是侵犯，则只能是直接侵犯而无所谓间接侵犯，区分直接侵犯与间接侵犯，本身就是错误的。商业秘密在本质上是一种信息，具有不可独占性、易于复制性，极容易被泄露而广为扩散，失去法律保护的意义而不再受法律保护，因而法律要禁止他人通过不正当手段获取他人的商业秘密。而除了独立开发、反向工程、合法受让等公认的合法获取商业秘密的手段外，任何人凡不是通过自己正当诚实的劳动，而是投机取巧地从侵犯商业秘密的行为人手中获取权利人的商业秘密，本身就是一种不正当地获取商业秘密的行为，正如收购赃物者获取赃物不可能正当合法一样。因此，即使第三人不是直接从权利人手中获取商业秘密，而是从第二人手中间接获取权利人的商业秘密，同样是一种以不正当手段获取权利人商业秘密的侵犯商业秘密行为，并不因为没有直接从权利人手中获取而变成所谓间接侵犯，更决不可推而广之地认为披露、使用或允许他人使用都是间接侵犯商业秘密的行为。❷

为了更加全面预防、惩治不同主体侵犯权利人商业秘密的行为，更加周延地保护权利人的商业秘密，尤其是针对在实践中最频繁的权利人员工或前员工利用职务便利与他人共同侵犯权利人商业秘密的行为，通过"以侵犯商业秘密论"惩罚"非善意"第三人"获取、披露、使用或者允许他人使用该商业秘密的"行为是非常必要的。上述有关直接与间接的分类观点理论上存在争议，但有一点是明确的，即不论定性如何结论都是统一的，并不影响侵犯商业秘密行为的定性。笔者以为将此类行为定性为"间接侵犯商业秘密"将有助于我们理解上述几类行为的区别和联系，加深对"以侵犯商业秘密论"型侵权行为的认识。

---

❶ 汪东升. 论侵犯商业秘密罪的立法扩张与限缩解释 [J]. 知识产权，2021(9).
❷ 周铭川. 侵犯商业秘密罪研究 [M]. 武汉：武汉大学出版社，2008：132.

在司法实践中，要注意理解《反不正当竞争法》第9条第2款、第3款规定的"视为侵犯商业秘密"与《刑法》第219条第2款"以侵犯商业秘密论"的联系。《反不正当竞争法》第9条规定了两类"视为侵犯商业秘密"的行为，第2款："经营者以外的其他自然人、法人和非法人组织实施前款所列违法行为的，视为侵犯商业秘密。"第3款："第三人明知或者应知商业秘密权利人的员工、前员工或者其他单位、个人实施本条第一款所列违法行为，仍获取、披露、使用或者允许他人使用该商业秘密的，视为侵犯商业秘密。"第2款当中"视为侵犯商业秘密"的行为，是从侵权行为主体"经营者"和"非经营者"性质的角度作出区分，将已列明经营者的行为类型直接规定为侵犯商业秘密的行为，将非经营者存在已列明的经营者的行为时，规定为"视为侵犯商业秘密"的行为。为侵犯商业秘密罪的主体"经营者以外的其他自然人、法人和非法人组织"的认定提供法律指引。第3款当中"视为侵犯商业秘密"的行为，是从第三人对侵权行为人既存侵权行为的善意程度角度出发，将"非善意"第三人基于他人侵犯商业秘密行为而采取的获取、披露、使用或允许他人使用权利人商业秘密的行为，规定为"视为侵犯商业秘密"的行为，为《刑法》第219条第2款"以侵犯商业秘密论"型的侵权行为提供了例证。

2. "明知"的认定

《刑法》第219条第1款规定的直接侵犯商业秘密犯罪的罪过形式是故意，对此并没有争议。引起争议的是该条第2款规定的"明知"的理解。

1997年《刑法》第219条第2款规定："明知或者应知前款所列行为，获取、使用或者披露他人的商业秘密的，以侵犯商业秘密论。"修改后的《刑法》第219条第2款规定："明知前款所列行为，获取、披露、使用或者允许他人使用该商业秘密的，以侵犯商业秘密论。"《刑法修正案（十一）》对"以侵犯商业秘密论"的规定进行了完善。体现在：对主观故意的内容进行了明确，将"明知或应知"修改为"明知"，明确了"以侵犯商业秘密论"认定犯罪的，主观上应当为故意，过失不构成本罪。❶原规

---

❶ 孙谦. 刑法修正案（十一）的理解与适用［J］. 人民检察，2021(8).

## 第十二章　商业秘密民事保护与刑事、行政保护之间的关系

定中的"应知"从刑法解释角度可能产生歧义，有可能会被理解为"有义务知道"，即可能将有义务知道但因为疏忽而实际上并未知道的情形一并纳入此类侵犯商业秘密行为之中，从而形成过失心态也能成立侵犯商业秘密罪的假象。而上述理解明显与"侵犯商业秘密罪本身是故意犯罪"这一学界共识相背离。❶

例如，青岛捷适中坤铁道技术有限公司（以下简称青岛捷适公司）、郭某侵犯商业秘密罪一案❷中，法院认定，如在案证据不能排除行为人主观上确实不明知侵犯他人商业秘密的可能性的，即使客观上有侵犯他人商业秘密的事实，并造成了危害后果，亦不能认定构成侵犯商业秘密罪。

在上述案件中，2010年，上诉人郭某入职青岛捷适公司任技术员，工作地点在北京，郭某于同年12月1日签订劳动合同、保密协议和竞业禁止协议；同年12月21日，在青岛捷适公司员工手册上签字确认已阅。按照保密协议和员工手册的规定，未经公司书面批准，不得以任何方式复制或公开公司秘密信息，不得向任何第三人泄露公司秘密信息；保密义务自保密协议和劳动合同生效之日起开始，至公司秘密信息公开或被公众知悉时止，不因劳动合同的解除而免除。

2011年4月至11月，青岛捷适公司先后委托无锡市某模具有限公司（以下简称模具公司）、德阳某设备制造有限公司（以下简称设备公司）根据产品图纸设计并生产模具，同时青岛捷适公司与模具公司、设备公司签订了保密协议或规定了保密条款，要求模具公司、设备公司对得到的青岛捷适公司的技术资料及相关信息保密，期限为合同签署后至相关信息或资料通过合法途径进入公开领域止。期间，青岛捷适公司以齐某为主向模具厂提供了《纵向轨枕型式尺寸图》《端模孔位置图》《纵向轨枕模具要求参考图》等图纸资料、技术参数及相关技术要求。模具公司根据青岛捷适公司提供的技术资料自行组织人员制作出模具图，交由青岛捷适公司核验确认后制作模具。上诉人郭某作为青岛捷适公司的技术人员，参与了模

---

❶ 汪东升. 论侵犯商业秘密罪的立法扩张与限缩解释［J］. 知识产权，2021(9).
❷ 北京市第二中级人民法院（2019）京02刑终425号刑事判决书。

具委托生产的沟通、协调、审验等工作。

2011年3月4日,青岛捷适公司申请成立北京捷适公司。2011年12月24日,齐某作为甲方,尹某作为乙方、商某以北京某科技开发有限公司作为丙方签署三方合作协议。该协议主要内容包括:(1)三方同意将甲方拥有的纵向轨枕和减振轨道系统技术(以下统称纵向轨枕技术)及与之相关的所有技术资源和项目资源统一整合到一个新的企业平台上进行市场开发和运作,用较快的速度将技术成果转化为经济价值和企业利润。(2)甲方投入新企业平台的资源为现有的但不限于纵向轨枕技术专利和PTC的所有商标、科研资质、试验段业绩、在履行合同(下统称技术项目)。这些资源经估价后按协议的约定享受权利和承担义务。(3)协议签订后甲方转让的技术项目等各项权属变更至目标公司名下,为目标公司所有。(4)协议签订后,除目标公司外任何一方不得从事有关纵向轨枕技术经营活动。(5)甲方青岛捷适公司由于其全部技术和业务已转归目标公司,因此它的去留以有利于目标公司利益最大化为前提而由三方共同商议决定。

根据三方协议,北京捷适公司于2012年1月申请变更法定代表人为商某,注册资本增至1000万元,股东变更为齐某、商某、李某;作为新平台开始逐渐承接青岛捷适公司各项业务。三方协议签订后,齐某按约定到北京捷适公司进行技术指导,参与相关技术指导工作;青岛捷适公司包括郭某在内的部分员工于2012年3月陆续转至北京捷适公司工作,职务与工作内容和在青岛捷适公司基本一致。

2011年11月,包括青岛捷适公司在内的三家公司联合申报北京市科委课题"轨道交通纵向轨枕关键技术研究与工程示范",后因青岛捷适公司将全部轨枕技术和轨枕业务转给北京捷适公司,因此,北京捷适公司代替青岛捷适公司承担了该课题的后续工作,北京捷适公司方课题组负责人齐某,课题研究人员包括郭某等人,研究成果归北京市科委和课题研究方共同共有。为完成该课题,郭某于2013年间向北京捷适公司提出用涉案模具技术申请专利,后北京捷适公司在未征求涉案模具技术的主要研发人齐某等青岛捷适公司原员工的意见的情况下,于2013年4月26日向国家

## 第十二章　商业秘密民事保护与刑事、行政保护之间的关系

知识产权局申请"一种用于模制纵向轨枕的模具"实用新型专利。同年10月9日国家知识产权局将该专利授权公告公开，发明人为商某、徐某、岳某、郭某，专利权人为北京捷适公司。经评定，该专利内容五个核心秘密点技术信息中有一个与青岛捷适公司设计的模具的核心秘密点技术信息具有同一性；另有一个虽同一，但属于该领域内的公知常识或行业惯例。经鉴定并估算，青岛捷适公司为研发上述模具投入资金共计人民币80余万元。

一审法院认为：被告单位北京捷适公司及其直接责任人员被告人郭某违反权利人有关保守商业秘密的要求，披露其所掌握的商业秘密，给商业秘密权利人造成重大损失，其行为已构成侵犯商业秘密罪，应予惩处。

二审法院认为：涉案模具技术并未转移给北京捷适公司，但三方协议"三方同意将甲方拥有的纵向轨枕和减振轨道系统技术及与之相关的所有技术资源和项目资源统一整合到一个新的企业平台上进行市场开发和运作，用较快的速度将技术成果转化为经济价值和企业利润"中的有关"与之相关的所有技术资源"的约定，存在词语外延不明确的问题，易出现不同的理解。涉案模具技术虽独立于纵向轨枕技术和减振轨道系统技术，但涉案模具技术是用来生产纵向轨枕模具的技术，纵向轨枕是产品，模具是生产产品的工具，二者之间又存在一定关联，那么，"与之相关"是否包含此种关联可能会有不同理解，由此"与之相关的所有技术资源"是否包含此种关联下的模具技术也可能存在不同理解。故现有证据不能排除北京捷适公司、郭某认为涉案模具技术已经转让给北京捷适公司的可能性，认定北京捷适公司、郭某明知涉案模具技术属于青岛捷适公司的商业秘密而故意将之申请专利予以公开的证据不足。北京捷适公司、郭某具有侵犯商业秘密罪的主观故意的证据不足，北京捷适公司、郭某均不构成侵犯商业秘密罪。

在上述案例中，一审法院认定北京捷适公司、郭某的行为构成侵犯商业秘密罪，二审法院则认为指控北京捷适公司、郭某的行为构成侵犯商业秘密罪不能成立。一审、二审法院之所以作出截然相反的判决结果，主要在于北京捷适公司、郭某主观上是否具有侵犯商业秘密的故意。在该案中，

虽然涉案模具技术并未转移给北京捷适公司，但根据三方协议"三方同意将甲方拥有的纵向轨枕和减振轨道系统技术及与之相关的所有技术资源和项目资源统一整合到一个新的企业平台上进行市场开发和运作"的内容，很容易理解为涉案模具技术也一并整合到北京捷适公司。故现有证据不能排除北京捷适公司、郭某认为涉案模具技术已经转让给北京捷适公司的可能性，即认定北京捷适公司、郭某明知涉案模具技术属于青岛捷适公司的商业秘密而故意将之申请专利予以公开的证据不足。

需要指出的是，首先，侵犯商业秘密罪的主观方面只能由故意构成。《刑法》第219条第2款规定："明知前款所列行为，获取、披露、使用或者允许他人使用该商业秘密的，以侵犯商业秘密论。"该规定属故意规定，即行为人获取、披露、使用或者允许他人使用该商业秘密。构成本罪要求行为人对本条第1款所列举的三个行为类型在主观上是明知，如果行为人有证据证实确实不明知的，则不构成本罪。因此，办案机关在办理侵犯商业秘密犯罪的案件时，应当注意查明被告人的主观方面究竟是故意还是过失。对符合故意犯罪要件的，应当依法追究涉案人员的刑事责任。其次，《刑法修正案（十一）》对《刑法》第219条作出的一项重要修改是删除了主观要件中"应知"的表述，这意味着原先普遍存在的对被告人主观状态的推定在今后的司法实践中的适用空间将被大大压缩，"应知"已不能成立本罪。有观点认为，犯罪故意毕竟是被告人的主观心理，司法机关无从知晓，只能通过客观事实、生活常理进行推断。从证据学角度看，该观点并没有问题，在实践中司法机关也大多通过被告人供述及其他可以形成证据锁链的间接证据来论证其主观状态。但是，所谓明知是作为故意的认识因素而存在，即从认识因素角度反映行为人的主观恶性，倘若一味强调对主观状态的推定，可能产生片面以客观事实推断主观罪过的错误倾向。因此，我们认为应当将该种推定进行限制，不应扩大化，修正后的《刑法》亦符合这一观念。因此，我们应当严格按照在案的主客观证据进行综合判断，如侵权行为人明知该商业秘密在该领域是有较大经济价值且尚未公开的，仍然从他人处购买并自己使用或对外披露；又如，明知权利人员工违反单位有关保守商业秘密的协议，披露其所掌握的商业秘密，仍然使用该

## 第十二章　商业秘密民事保护与刑事、行政保护之间的关系

商业秘密的。侵犯商业秘密罪是一种故意犯罪，过失不构成本罪。各判例均已明确本罪的主观方面为故意，这一点也已经成为侵犯商业秘密罪主观要件认定的共识。《刑法修正案（十一）》删除了原《刑法》第219条第2款中"应知"的表述，故成立本罪的主观要件为故意，且被告人须对自己的行为及危害结果均为明知，不能以"应知"进行推定，过失更不构成本罪。

关于此次对主观要素的修正，官方文件对该问题并未进行说明。笔者认为，此处修正是为保持刑法体系的完整性，避免歧义，明确侵犯商业秘密罪的罪过形式。但在司法实践中对该罪主观明知的认定，是否自然明确呢？其实不然，去掉"应知"仅是解决该罪第一层面的问题——罪过形式明确为故意，但随之引申出的"明知"的程度、责任限定及推定规则等问题仍需明确。

有观点认为，对于"明知"是否仅理解为事实上确定地知道，理论和实务中都存在较大的争议，目前存在狭义说、广义说与最广义说三种观点。狭义说对此持肯定态度，认为"明知"就是确知，即"明明知道"或"明确知道"。如果行为人仅仅是模模糊糊地知道，或者仅有一定的合理怀疑，不能认定为"明知"。广义说从确知和不确知两方面来理解"明知"。确知和不确知分别指行为人对他人行为的确定性认识和可能性认识，这种可能性认识是经过各种条件可以作出判断但又不能充分肯定的认识。❶具体而言，在侵犯商业秘密的行为已经发生的情况下，对于行为人的行为能力、主观故意、认识程度以及是否具有期待可能性进行评价。最广义说则将"明知"区分为确知和应知。如此一来，"明知"并不仅指事实上的明知，也包括推定的明知，即"明知"既包括行为人对事实的确定性认识，也包括结合各种实际情况推定的认识。笔者认为，狭义说对"明知"的理解过于狭隘，会使许多不具有确定性认识但是行为性质又极其恶劣的犯罪者置身法外，也会为在司法实践中认定犯罪招致更多的质疑。广义说与最广义说弥补了狭义说的缺陷，二者都是将"明知"细分为两方面，有相似之处，但

---

❶ 张少林，刘源. 刑法中的"明知""应知"与"怀疑"探析［J］. 政治与法律，2009(3).

是差异在于"不确知"和"应知"的表述上。毫无疑问，两个词都是站在"确知"的对立面进行推断，但"不确知"是置身于行为人本人的立场去探讨行为人对犯罪行为认识的可能性，而"应知"则是司法者根据外界可观察到的事实对行为人当时的处境作出的事后推断，况且"应知"一词本身就带有他人施加的强硬态度。尤其是司法实践对该信息是否构成商业秘密存在较大争议时，更不能以推定"应当知道"获取的信息属于权利人的商业秘密而直接认定相关行为入罪。这样有违罪行法定原则要求的"不明确则无效"。公诉机关应该承担举证责任，不能因为举证困难或者打击犯罪需要等理由就轻易转移举证责任。因此，比较观之，广义说较为合理，其既没有狭义说放纵犯罪的弊端，也避免了最广义说有违罪行法定原则之嫌。❶

有学者认为，狭义说观点相对更可取。理由是：其一，广义说与最广义说观点把明知解释为包括"可能知道"与"应当知道"，而"可能知道"也就意味着"可能不知道"，"应当知道"的内在含义就是"不知道"。无论如何，把刑法上的"明知"解释为包括"不知道""可能知道"在内，在构成要件的认定上可能欠缺主观的违法要素，也存在违反罪刑法定原则的嫌疑，确实难以使人信服。其二，狭义说观点对"明知"的界定虽然存在缺陷，即"对明知的限定范围过于狭窄，容易为狡猾的犯罪分子所利用，使得他们可以借口未被明确告知而不明知，从而逃避刑法的惩罚"❷，但"明确知道"是"明知"的本来含义，不能为了克服其文义缺陷而违背刑法解释的基本原理。其三，"明确知道"认定中可能存在的认定难等缺陷，完全可以通过刑事推定制度来解决。"推定行为人知道，其法律效果与行为人明确知道并无区别。"❸根据社会一般常识进行推定，既符合认识的普遍规律和罪刑法定原则的基本要求，又可以弥补"明知"认定中存在的缺陷。

---

❶ 童德华，任静. 侵犯商业秘密罪的规范构造及司法适用［J］. 警学研究，2022(8).
❷ 冯英菊. 论赃物犯罪中的"明知"［J］. 人民检察，1997(12).
❸ 皮勇，黄琰. 论刑法中的"应当知道"——兼论刑法边界的扩张［J］. 法学评论，2012(1).

# 第十二章　商业秘密民事保护与刑事、行政保护之间的关系

"明知"作为表现犯之表现，是行为之外需要证明的主观违法要素，不能从其行为中直接得以确证。于是，在司法实践中办理该类案件经常遇到以下难题：行为人往往声称自己对商业秘密是否侵权并不知情，从而难以认定是否存在间接侵权的问题。"明知"的认定难题是所有包含"明知"构成要素的犯罪认定中的一个共性问题。既不能因为"明知"的不好认定，而动辄要求立法取消"明知"的构成要素（取消"明知"要素，可能会违反刑法的责任主义原理），或者在取消"明知"要素之前，司法上消极等待，无所作为；也不能违背刑事诉讼中的程序正义，以刑讯等手段逼取"明知"的口供。正确的方法是，加强理论研究，依赖刑事推定制度来认定"明知"。❶

当前，一部分司法解释及规范性文件明确了"明知"的推定规则。例如，最高人民法院、最高人民检察院《关于办理侵犯知识产权刑事案件具体应用法律若干问题的解释》第9条第2款规定："具有下列情形之一的，应当认定为属于刑法第二百一十四条规定的'明知'：（一）知道自己销售的商品上的注册商标被涂改、调换或者覆盖的；（二）因销售假冒注册商标的商品受到过行政处罚或者承担过民事责任、又销售同一种假冒注册商标的商品的；（三）伪造、涂改商标注册人授权文件或者知道该文件被伪造、涂改的；（四）其他知道或者应当知道是假冒注册商标的商品的情形。"❷最高人民法院、最高人民检察院、公安部《关于依法严惩"地沟油"犯罪活动的通知》（2012年1月9日）二之（二）规定："明知是利用'地沟

---

❶ 刘科.侵犯商业犯罪研究［M］.北京：法律出版社，2022：108-109.
❷ 2013年1月18日，最高人民法院、最高人民检察院《关于办理侵犯知识产权刑事案件适用法律若干问题的解释（征求意见稿）》第5条对此进行修正。第5条规定："具有下列情形之一的，可以认定为刑法第二百一十四条规定的'明知'，但有证据证明确实不知道的除外：（一）知道自己销售的商品上的注册商标被涂改、调换或者覆盖的；（二）伪造、涂改商标注册人授权文件或者知道该文件被伪造、涂改的；（三）因销售假冒注册商标的商品受过行政处罚或者承担民事责任，又销售同一种假冒注册商标的商品的；（四）无正当理由以明显低于市场价格进货或者销售的；（五）被行政执法机关、司法机关发现销售假冒注册商标的商品后，转移、销毁侵权商品、会计凭证等证据或者提供虚假证明的；（六）其他可以认定为知道是假冒注册商标的商品的情形。"

油'生产的'食用油'而予以销售的,依照刑法第 144 条销售有毒、有害食品罪的规定追究刑事责任。认定是否'明知',应当结合犯罪嫌疑人、被告人的认知能力,犯罪嫌疑人、被告人及其同案人的供述和辩解,证人证言,产品质量,进货渠道及进货价格、销售渠道及销售价格等主、客观因素予以综合判断。"最高人民法院、最高人民检察院、公安部、国家烟草专卖局《关于办理假冒伪劣烟草制品等刑事案件适用法律问题座谈会纪要》(2003 年 12 月 23 日)第 2 项规定:"关于销售明知是假冒烟用注册商标的烟草制品行为中的'明知'问题。根据刑法第二百一十四条的规定,销售明知是假冒烟用注册商标的烟草制品,销售金额较大的,构成销售假冒注册商标的商品罪。'明知',是指知道或应当知道。有下列情形之一的,可以认定为'明知':1.以明显低于市场价格进货的;2.以明显低于市场价格销售的;3.销售假冒烟用注册商标的烟草制品被发现后转移、销毁物证或者提供虚假证明、虚假情况的;4.其他可以认定为明知的情形。"最高人民法院《关于审理洗钱等刑事案件具体应用法律若干问题的解释》第 1 条规定:"刑法第一百九十一条、第三百一十二条规定的'明知',应当结合被告人的认知能力,接触他人犯罪所得及其收益的情况,犯罪所得及其收益的种类、数额,犯罪所得及其收益的转换、转移方式以及被告人的供述等主、客观因素进行认定。具有下列情形之一的,可以认定被告人明知系犯罪所得及其收益,但有证据证明确实不知道的除外:(一)知道他人从事犯罪活动,协助转换或者转移财物的;(二)没有正当理由,通过非法途径协助转换或者转移财物的;(三)没有正当理由,以明显低于市场的价格收购财物的;(四)没有正当理由,协助转换或者转移财物,收取明显高于市场的'手续费'的;(五)没有正当理由,协助他人将巨额现金散存于多个银行账户或者在不同银行账户之间频繁划转的;(六)协助近亲属或者其他关系密切的人转换或者转移与其职业或者财产状况明显不符的财物的;(七)其他可以认定行为人明知的情形。被告人将刑法第一百九十一条规定的某一上游犯罪的犯罪所得及其收益误认为刑法第一百九十一条规定的上游犯罪范围内的其他犯罪所得及其收益的,不影响刑法第一百九十一条规定的'明知'的认定。"

### 第十二章　商业秘密民事保护与刑事、行政保护之间的关系

需要注意的是,"推定是人们基于经验法则而来的。人们对社会上的某种现象进行反复认识之后,逐渐掌握了其内在规律,对这种内在规律的认识即经验法则,具有高度的盖然性。由于事实推定的机理是基于盖然性,因而得出的结论并不是必然的,而存在或然性"❶。因此,为保证推定结论的正确性,应允许第三人反驳和作出合理解释。第三人反驳只要达到合理程度即可否认"明知"的存在。在证据法上,推定与推论并非相同概念。推论是指根据现有证据,采用逻辑分析与经验判断的方法,对是否明知进行内心确证。对于明知的认定来说,推论是最常见的方法。❷ 在侵犯商业秘密的案件中,如果权利人已将第二人侵犯商业秘密的相关情况告知第三人或者采取其他方式向社会公布,就可以直接推论第三人"明知"第二人实施了侵犯商业秘密的行为。

笔者支持狭义说观点,在司法解释出台之前,对"明知"的理解应当保持审慎的态度,不应在司法实践中人为地降低入罪门槛。该处"明知"仅仅指"明确知道"或"明明知道"。"应知"应属于"实知"的范畴,不属于刑事推定的问题,不包括推定的情况。其一,在《刑法修正案(十一)》之前,法律规定为"明知或应知",哪怕在"应知"保留之际也并不能将"应知"理解为应当知道。且有学者将其中的"应知"解释为不是指应当知道,而是指推定行为人已经知道。❸ 在《刑法修正案(十一)》之后,在立法者已经明确删除"应知"的前提下,将"明知"解释扩大到"推定行为人已经知道"已经没有法律解释的基础。其二,《刑法修正案(十一)》对于商业秘密罪的修改并没有与 2019 年《反不正当竞争法》中所保留的"应知"保持一致,其正说明立法者有意区分民事不法与刑事犯罪的界限,提高入罪的门槛。其三,在刑事立法中,所有"应当知道"(即推定明知的情形)、"可能知道"均需要通过司法解释的形式加以确定。

---

❶ 何家弘. 证据学论坛:第 2 卷[M]. 北京:中国检察出版社,2001:165.
❷ 刘科. 侵犯商业犯罪研究[M]. 北京:法律出版社,2022:111.
❸ 张明楷. 刑法学:第五版[M]. 北京:法律出版社,2016:828. 参见:刑法第 219 条第 2 款中的"应知"不是指应当知道(不是指过失可以构成本罪),而是指推定行为人已经知道。

例如，最高人民法院《关于审理洗钱等刑事案件具体应用法律若干问题的解释》第1条，最高人民法院、最高人民检察院、公安部《关于依法严惩"地沟油"犯罪活动的通知》（2012年1月9日）二之（二）规定，等等。质言之，在司法解释对侵犯商业秘密罪的"应当知道""可能知道"作出明文规定之前，不宜轻易将"应当知道""可能知道"纳入"明知"的范畴加以处罚。

## 第三节　侵犯商业秘密罪的处罚

《刑法》第219条规定："有下列侵犯商业秘密行为之一，情节严重的，处三年以下有期徒刑，并处或者单处罚金；情节特别严重的，处三年以上十年以下有期徒刑，并处罚金：（一）以盗窃、贿赂、欺诈、胁迫、电子侵入或者其他不正当手段获取权利人的商业秘密的；（二）披露、使用或者允许他人使用以前项手段获取的权利人的商业秘密的；（三）违反保密义务或者违反权利人有关保守商业秘密的要求，披露、使用或者允许他人使用其所掌握的商业秘密的。明知前款所列行为，获取、披露、使用或者允许他人使用该商业秘密的，以侵犯商业秘密论。本条所称权利人，是指商业秘密的所有人和经商业秘密所有人许可的商业秘密使用人。"本条为2020年《刑法修正案（十一）》第21条修订，将原文中"给商业秘密的权利人造成重大损失""造成特别严重后果"修改为"情节严重""情节特别严重"，将该罪由原先的结果犯修改为情节犯，删除了本条的拘役刑以及原第2款商业秘密的定义，将法定最高刑由7年有期徒刑提高至10年有期徒刑，降低了认定此罪构成的门槛。

随着市场经济的不断发展，侵犯商业秘密的行为方式更加多样，其社会危害的表现形式也更加多元，在实践中许多侵权行为并不会在短期内导致权利人利益的明显减损，单纯以"重大损失"为出入罪界限，难以满足现实的需要。例如，当侵权人以电子侵入方式获取权利人的技术秘密后，并未干扰权利人的使用，且在技术秘密尚未转化为实际产品时即被抓获，

## 第十二章　商业秘密民事保护与刑事、行政保护之间的关系

此时就很难判断权利人是否存在损失，更遑论损失的大小。同时，在国际上，中美贸易谈判达成了第一阶段协议，按照要求两国应增强对商业秘密的保护力度，不再将商业秘密权利人发生实际损失作为启动商业秘密刑事调查的前提。在内外力的共同推动下，《刑法修正案（十一）》将侵犯商业秘密罪的认定标准由"给商业秘密权利人造成重大损失"调整为"情节严重"，从单一数额论到根据情节对行为进行评价，此次修法体现出对于商业秘密权与市场竞争秩序更加周延的保护。《刑法修正案（十一）》的这一修改，扩充了商业秘密犯罪的认定标准，将进一步加强商业秘密犯罪的打击力度。立法层面作出的回应值得肯定，这一修改无疑提升了商业秘密刑事保护的积极性，但相应地在一定程度上牺牲了本罪构成要件的明确性。❶ 在适用时面临的一些新问题也同样值得关注。换言之，侵犯商业秘密行为是否达到"情节严重"程度起着区分罪与非罪的关键作用。

2020年修订后的《刑法》中侵犯商业秘密罪的"情节严重"标准的内涵和外延范围显然大于修订前的"重大损失"标准，这也是通过此方式落实严格保护知识产权的司法政策和中美知识产权保护协议。在《刑法修正案（十一）》生效后，即便是面对权利人损失难以认定或损失较小的情况，只要满足侵权行为"情节严重"，就可能被认定为构成商业秘密犯罪。但是，扩大范围并不意味将"重大损失"排除出去，相反，实践证明，"重大损失"系"情节严重"最普遍的情形，是侵犯商业秘密罪中最主要的入罪情形。

侵犯商业秘密罪的入罪标准在过去是"造成重大损失"和"造成特别严重后果"。司法人员在实践中认定二者时，大致都是以经济损失的数额来衡量。在法条修改后，该罪则是以"情节严重"来囊括所有可能发生的情形，但《刑法修正案（十一）》并没有明确具体何为侵犯商业秘密罪中的"情节严重"，在未出台详细规定之前的一定时间段内有过度扩张的隐忧。笔者认为，"情节严重"的规定是一种立法和司法协同促进的趋势。

---

❶ 赵漪萍. 侵犯商业秘密罪中"情节严重"的认定新视角——基于反不正当竞争法和刑法教义学的双重视角 [J]. 上海法学研究, 2021, 12（集刊）.

为了顺应这一趋势，实现刑法保护司法效果与社会效果的联动，就有必要对其进行合理且充分的解释以达到立法预期的目的。❶2020 年 9 月 14 日施行的《最高人民法院、最高人民检察院关于办理侵犯知识产权刑事案件具体应用法律若干问题的解释（三）》仍仅是对"重大损失"进行认定，不能完全适应新修改后的侵犯商业秘密罪，无法妥善认定本罪的"情节严重"。

目前，侵犯商业秘密罪在司法实践中出现的问题有三：一是行为没有给权利人造成经济上的损失，但是行为过程中有其他严重的情节出现；二是虽然行为造成了数额上的损失或利用该行为产生了部分违法所得，但是该损失或者违法所得的数额并未达到刑事定罪的标准；三是即便行为造成了损失且该损失似乎达到了定罪标准，但是该损失难以量化或难以用经济损失的尺度评价。❷基于这些问题，"情节严重"标准的确定应回归刑事司法实践，立足解决司法适用中的现实难题，并结合司法解释中有关"给商业秘密权利人造成重大损失"的认定标准以及该罪在刑法分则中保护客体的位置，对"情节严重"的内涵进行界定。❸

## 一、情节严重的认定

商业秘密对于企业而言，不仅具有现实的价值，还具有长远的战略价值。侵犯商业秘密行为所造成的结果，并不必然都会以经济损失等可视性、可量化的状态呈现出来，市场份额流失、市场优势丧失、市场秩序破坏等结果也是客观存在且无法忽略的，这就表明随着社会情形的变化，"唯数额论""唯结果论"的定罪标准已经不能适应当前司法实践，而"情节严重"作为综合性评价标准，就可以将上述提及的情况吸收进来，根据具体的

---

❶ 任静. 侵犯商业秘密罪"情节严重"的规范认定［J］. 江苏警官学院学报，2021，36(6).

❷ 潘莉. 侵犯商业秘密罪：如何界定"情节严重［J］. 检察日报，2020(11).

❸ 任静. 侵犯商业秘密罪"情节严重"的规范认定［J］. 江苏警官学院学报，2021，36(6).

# 第十二章　商业秘密民事保护与刑事、行政保护之间的关系

案情讨论罪与非罪、轻罪与重罪等情节,从而解决司法实践当中的一些困境。因为法律毕竟不能预判未知的情形,所以无法穷尽对所有行为的描述,情节严重的认定标准就很好地解决了这一问题。[1]大致说来,"情节严重"包括但不限于以下角度。

（一）以"重大损失"作为情节严重的情形

从目的解释的角度来看,修法的目的在于扩张了犯商业秘密罪的适用范围,加大商业秘密刑事保护的力度。从文义解释的角度来看,给权利人造成重大损失也完全可以评价为情节严重。因此,虽然《刑法修正案（十一）》将"重大损失"修改为"情节严重",但侵犯商业秘密给权利人造成重大损失的,依然应当以侵犯商业秘密罪追究刑事责任。[2]

根据最高人民检察院、公安部《关于修改侵犯商业秘密刑事案件立案追诉标准的决定》（2020年9月17日）的规定,以下情况应予立案追诉：（1）给权利人造成损失三十万元以上的；（2）因侵犯商业秘密违法所得在三十万元以上的；（3）直接导致权利人因重大经营困难而破产、倒闭的；（4）其他给权利人造成重大损失的情形。2013年1月18日发布的最高人民法院、最高人民检察院《关于办理侵犯知识产权刑事案件适用法律若干问题的解释（征求意见稿）》第14条对"情节严重"进行了规定,明确了上述规定的三种情形。

笔者认为,考虑到在司法实践中,经营困难的企业倒闭往往不通过破产程序,且破产程序耗时较长。在实践中,宣告一个企业的破产,是一个耗时较长的过程,如果等到权利人破产、倒闭才能认定侵犯商业秘密罪,则未免过于滞后,不利于保护企业的正当利益,也影响司法裁判的效率。因此,可以将"致使权利人丧失竞争优势,倒闭破产"同等严重程度的其他难以维持经营的结果,如停产、清算、解散等,考虑予以入罪。但是,2013年1月18日发布的最高人民法院、最高人民检察院《关于办理侵犯

---

[1] 童德华,任静.侵犯商业秘密罪的立法变革与司法适用［J］.烟台大学学报（哲学社会科学版）,2022,35(4).

[2] 赵漪萍.侵犯商业秘密罪中"情节严重"的认定新视角——基于反不正当竞争法和刑法教义学的双重视角［J］.上海法学研究,2021,12（集刊）.

知识产权刑事案件适用法律若干问题的解释（征求意见稿）》第 14 条对"情节严重"进行了规定，但并未扩展"破产、倒闭"的同类情形。

（二）从犯罪手段上认定情节严重

作为直接引起结果的客观要素，实行行为在犯罪过程中起着关键作用。因此，在判断情节是否严重时不能脱离对行为的考察。行为的方法手段能够直观体现行为人的主观恶性。认定情节是否严重应从侵权行为本身出发，考察侵犯商业秘密的手段方法、侵权次数、持续时间等要素。行为人实施侵犯商业秘密行为的次数、手段，行为人侵犯商业秘密的性质（创新程度高低）、持续时间、范围、后果、被告人的过错程度，是完全公开还是仍处于保密状态，泄露商业秘密的内容、方式均影响损害结果的大小。如通过口头传授的方式多是对特定的人，其泄露商业秘密的影响面相对较小；通过书籍、报刊等大众媒体披露商业秘密，影响面相对较广，而利用互联网平台，通过电子侵入方法获取他人商业秘密的，相较于偷拍、偷录等普通窃取手段，其危害程度更大，具有更高的刑事处罚必要性。因为网络与传统媒体相比，具有传播速度快、传播范围广、传播门槛低等特点。而阻止网络泄密的力度较低，且具有延迟性。因此，对行为人通过互联网对商业秘密进行扩散，为公众所普遍知悉，使权利人彻底丧失秘密性，导致权利人丧失相关领域领先性的行为应予重点惩处。例如，行为人将正在研发的作为技术信息的商业秘密发布到网络平台，使得商业秘密的研发价值落空，即便客观上难以评估损失大小，也可以认为这种披露行为足以构成"情节严重"。

（三）行为要素分析

有司法解释将行为人被追究过行政责任或民事责任，在一定期间内又实施相关犯罪的，作为认定行为"情节严重"的依据。部分学者对此提出了批评，是否受过刑事、行政处罚与犯罪行为本身并无关系，不能说明案件的违法性程度，将这类情形解释为"情节严重"，没有区分影响责任刑的情节与影响预防刑的情节。[1] 笔者认为，是否属于影响责任刑的情节应

---

[1] 陈洪兵."情节严重"司法解释的纰缪及规范性重构[J]. 东方法学，2019(4).

# 第十二章　商业秘密民事保护与刑事、行政保护之间的关系

当根据行为对法益侵害程度有无影响加以判断。行为人犯罪前受过行政处罚表明其多次实施违法行为，掌握了一定的犯罪方法，具有更强的反侦察意识，能够较为娴熟地完成犯罪。相较于其他行为人，其所实施的侵权行为更难被权利人察觉，商业秘密被获取后为行为人所利用或披露的风险更高，权利人的商业秘密权往往会受到更大程度的侵害，不法行为的刑事可罚性与必要性更强。例如，被告人邹某违反保密管理规定，将公司 360 玻璃成纤离心机零件图纸私自截留，离职后邹某利用该商业秘密，生产组装 360 玻璃成纤离心机 3 台，销售时被工商行政管理局当场查获。在受到相应行政处罚后，邹某又对图纸进行了修改，以其他公司的名义继续实施生产、销售行为，并向国家知识产权局申请了实用新型专利。❶ 在该案中，被告人被追究行政责任后，为掩饰其不法行为，对窃取的商业秘密进行了非实质性修改，并申请了相关专利，其行为导致该技术信息不再处于权利人的排他性控制中，对权利人而言，商业秘密的价值性与可利用性几近丧失。行为人在受到行政处罚后继续实施侵权行为，造成了更严重的社会危害后果，行为的不法程度较高，对其施以刑罚的必要性更强。可见，犯罪前受过行政处罚的事实，在一定程度上反映了行为的客观危险性，能够作为判断本罪"情节严重"的依据。❷ 根据最高人民法院、最高人民检察院《关于办理侵犯知识产权刑事案件适用法律若干问题的解释（征求意见稿）》第 14 条第 1 款第 5 项的规定，"二年内因实施刑法第二百一十九条、第二百一十九条之一规定的行为受过行政处罚二次以上，又实施侵犯商业秘密行为的"，应被认定为"情节严重"。

　　行为次数要素也是一种量的反映，当积累达到一定程度，也会产生质的变化。行为如果被多次实施，就可能具有了行为惯性，客观上的行为惯性也能够表明行为人的主观恶性。从犯罪学角度看，行为很容易出现递进

---

❶ 江苏省常州市高新技术产业开发区人民法院（2020）苏 0411 刑初 68 号刑事判决书。

❷ 吴允锋，吴祈泫. 侵犯商业秘密罪"情节严重"的内涵诠释［J］. 上海法学研究，2021，21(集刊).

发展的态势，即从无序到违法、再从违法到犯罪的转变。❶所以，如果行为人的单次行为尚未达到一定的数额标准，但是连续多次实施侵犯商业秘密的行为，累计数额达到司法解释要求的，可以将其行为从整体上视为一体，进而认定为侵犯商业秘密罪。❷根据最高人民法院、最高人民检察院《关于办理侵犯知识产权刑事案件适用法律若干问题的解释（征求意见稿）》第14条第1款第4项的规定，"一年内以不正当手段获取商业秘密三次以上的"应被认定为"情节严重"。

多次实施侵权行为作为"情节严重"的表现形式，已得到理论界和实务界的公认，在刑事立法和司法解释中也多有规定，将其作为各种商业秘密侵权行为中"情节严重"的认定方法，并不存在争议，因而本书不再专门讨论。❸

（四）从犯罪动机认定情节严重

犯罪动机是实施犯罪行为的内在冲动或内心起因，能反映行为人的主观恶性程度。在司法实践中，侵犯商业秘密案件的案情往往错综复杂，各具特点。有的案件中，侵权行为侵害了商业秘密权利人的技术信息，有的则是经营信息；有的案件中，侵权行为人只是非法获取了权利人的商业秘密并没有进行后续的生产销售，有的则不仅获取了权利人的商业秘密而且生产、销售了大量的侵权产品；有的案件中，侵权行为人仅将非法获取的商业秘密自己使用，没有扩散给第三人，商业秘密的秘密性没有完全丧失；有的则将商业秘密大范围公开，致使其彻底丧失秘密性。更有甚者，因为各种原因，会对商业秘密损坏或者毁弃，致使难以重新取得的。笔者认为，对因报复陷害，发泄私怨，致使商业秘密损坏或者以毁弃为目的，难以重新取得的，其主观恶性高于单纯获取或使用的情形，如果造成严重后果，应以"情节严重"予以规制。

---

❶ 姜涛. 高空抛物罪的刑法教义学分析［J］. 江苏社会科学，2021(5).
❷ 任静. 侵犯商业秘密罪"情节严重"的规范认定［J］. 江苏警官学院学报，2021，36(6).
❸ 刘科. 侵犯商业秘密罪中"情节严重"的认定方法［J］. 中国法律评论，2022(4).

# 第十二章　商业秘密民事保护与刑事、行政保护之间的关系

## （五）从特殊的主体身份认定情节严重

侵犯商业秘密的主体既包括特殊主体，也包括一般主体。特殊主体概括而言就是对于商业秘密基于合同或者职务负有保密义务和责任的主体。❶其可以区分为两种类型：一类是基于合同负有保密义务的单位或者自然人；另一类是基于权利人要求或者职务要求负有保密责任的单位或者自然人，如经手监督、调查商业秘密的司法人员。针对负有保密义务和责任要求的特殊主体在履行职责过程中实施构成满足《刑法》第219条所列举行为，或者特殊主体利用职权指使或者强迫他人侵犯商业秘密的，可视为情节严重。因为在实际发生的商业秘密案件中，一般是因其具有特殊的身份。这种特殊身份无形中提高了法益受损的可能性。此类行为人作案或者参与作案，往往社会危害性更大。❷《最高人民法院、最高人民检察院关于办理侵犯知识产权刑事案件具体应用法律若干问题的解释（三）》第6条规定："在刑事诉讼程序中，当事人、辩护人、诉讼代理人或者案外人书面申请对有关商业秘密或者其他需要保密的商业信息的证据、材料采取保密措施的，应当根据案件情况采取组织诉讼参与人签署保密承诺书等必要的保密措施。违反前款有关保密措施的要求或者法律法规规定的保密义务的，依法承担相应责任。擅自披露、使用或者允许他人使用在刑事诉讼程序中接触、获取的商业秘密，符合刑法第二百一十九条规定的，依法追究刑事责任。"

根据上述规定，辩护人如果在诉讼程序中违反保密措施要求或者法定保密义务，擅自披露、使用或者允许他人使用在刑事诉讼程序中接触、获取的商业秘密构成犯罪的，应认定为情节严重并予以追究刑事责任。

## （六）从泄露对象造成的后果认定情节严重

从泄露的对象来看，如若泄露商业秘密给境外人员，在某些情况下会

---

❶ 潘莉.侵犯商业秘密罪：如何界定"情节严重"[N].检察日报，2020-11-25（003）.

❷ 赵漪萍.侵犯商业秘密罪中"情节严重"的认定新视角——基于反不正当竞争法和刑法教义学的双重视角[J].上海法学研究，2021，12(集刊).

对国家的经济安全和经济利益造成更大的损害，对此情形应当认定为"情节严重"。如向国外商贸竞争对手泄露竞争产品的技术价值，将导致国家经济利益巨大损失；如向敌对国家泄露商业秘密，使我国的经济、政治、军事、外交等方面的安全处于更加危险之中。需要说明的是，明知将在国外利用和主动为境外提供，是作为增加的条文（商业间谍）予以打击的。但对被动泄露于外国人或者境外或者自己准备在国外加以利用的，造成或者可能造成危害社会稳定、严重影响国计民生及经济发展、国防安全或者造成恶劣的国际国内影响，社会危害性同样严重，同样需要予以刑罚规制。❶最高人民法院、最高人民检察院《关于办理侵犯知识产权刑事案件适用法律若干问题的解释（征求意见稿）》第16条规定："实施为境外机构、组织、人员窃取、刺探、收买、非法提供商业秘密的行为，具有本解释第十四条第一款规定情形的，应当认定为刑法第二百一十九条之一规定的'情节严重'。"

《刑法修正案（十一）》将侵犯商业秘密罪的定罪标准改为了"情节严重"，即开始从过于关注量转向对质与量的综合考察，这正是质与量相统一的犯罪概念所要求的必然结果。由此，侵犯商业秘密行为的定罪就不再以造成直接的、物质性的损害结果为必要。因此，通过总结司法实践当中的经验，可以借助司法解释对该罪情节严重的标准作出规定，从而避免司法实践当中，由于情节严重本身的模糊性所造成的同案不同判的偏差现象。❷值得注意的是，随着经济社会的发展，"情节严重"也不局限于上述列举的情形。在具体案件中，除考虑行为人的主观目的、客观行为、危害结果外，还应结合行为人特殊身份、社会政策、法律动向等多种因素综合判断，力求在科学认定"情节严重"的基础上发挥侵犯商业秘密罪的应有之效。

最高人民检察院、公安部《关于公安机关管辖的刑事案件立案追诉标

---

❶ 潘莉.侵犯商业秘密罪：如何界定"情节严重"[N].检察日报，2020-11-25（003）.

❷ 童德华，任静.侵犯商业秘密罪的立法变革与司法适用[J].烟台大学学报（哲学社会科学版），2022，35（4）.

## 第十二章　商业秘密民事保护与刑事、行政保护之间的关系

准的规定（二）》（2010年5月7日）第73条,《最高人民法院、最高人民检察院关于办理侵犯知识产权刑事案件具体应用法律若干问题的解释》（2004年12月8日）第7条规定的相关立案追诉标准或"给商业秘密权利人造成损失数额"已经修正。在最高人民法院、最高人民检察院《关于办理侵犯知识产权刑事案件适用法律若干问题的解释（征求意见稿）》有关"情节严重"的司法解释正式出台之前，请读者结合最高人民检察院、公安部《关于修改侵犯商业秘密刑事案件立案追诉标准的决定》（2020年9月17日），《最高人民法院、最高人民检察院关于办理侵犯知识产权刑事案件具体应用法律若干问题的解释（三）》（2020年9月12日），并在《刑法修正案（十一）》规定的基础上进行适用。

### 二、侵犯商业秘密罪"重大损失"和"违法所得数额"的认定

侵犯商业秘密罪的保护法益是竞争性利益，而竞争优势的直接效果就是带来更多的财产性收益，因此，即使《刑法修正案（十一）》删除侵犯商业秘密罪中"重大损失"这一构成要件，"重大损失"依然是认定"情节严重"最重要与最常见的标准之一，对于"重大损失"的判断依然是司法实务中不可避免的环节。

2013年1月18日发布的最高人民法院、最高人民检察院《关于办理侵犯知识产权刑事案件适用法律若干问题的解释（征求意见稿）》第14条规定："实施刑法第二百一十九条规定的行为，具有下列情形之一的，应当认定为'情节严重'：（一）给商业秘密的权利人造成损失数额在三十万元以上的；（二）因侵犯商业秘密违法所得数额在三十万元以上的；（三）直接导致商业秘密的权利人因重大经营困难而破产、倒闭的；（四）一年内以不正当手段获取商业秘密三次以上的；（五）二年内因实施刑法第二百一十九条、第二百一十九条之一规定的行为受过行政处罚二次以上，又实施侵犯商业秘密行为的；（六）其他情节严重的情形。给商业秘密的权利人造成损失数额或者因侵犯商业秘密违法所得数额在二百五十万

元以上的，应当认定为刑法第二百一十九条规定的'情节特别严重'。"上述征求意见稿有关"重大损失"和"违法所得数额"的认定与原来的规定数额是一致的，并进一步明确了"违法所得数额"的内容。上述征求意见稿第29条规定："本解释规定的侵犯商业秘密'违法所得数额'应当按照下列方式予以认定：（一）因披露或者允许他人使用商业秘密而获得的财物或者其他财产性利益的价值；（二）因使用商业秘密所获得的利润，该利润可以根据侵权产品销售量乘以每件侵权产品的合理利润确定。"

在针对《刑法修正案（十一）》侵犯商业秘密罪中"情节严重"司法解释正式出台之前，在司法实践中仍沿用原来的规定。根据最高人民检察院、公安部《关于修改侵犯商业秘密刑事案件立案追诉标准的决定》的规定❶，侵犯商业秘密给商业秘密权利人造成损失数额在三十万元以上的或因侵犯商业秘密违法所得数额在三十万元以上的，应予立案追诉。根据《最高人民法院、最高人民检察院关于办理侵犯知识产权刑事案件具体应用法律若干问题的解释（三）》❷ 第4条的规定，给商业秘密的权利人造成损失数额或者因侵犯商业秘密违法所得数额在三十万元以上的，应当认定为"给商业秘密的权利人造成重大损失"。司法解释将立案追诉标准"给商业秘密权利人造成损失数额在三十万元以上"和"因侵犯商业秘密违法所得数额在三十万元以上的"两项认定合二为一"给商业秘密的权利人造成损失数额或者因侵犯商业秘密违法所得数额在三十万元以上的"，其余并没有任何实质不同。相较于修改前刑法"给商业秘密的权利人造成重大损失"以及《最高人民法院、最高人民检察院关于办理侵犯知识产权刑事案件具体应用法律若干问题的解释》规定的"给商业秘密的权利人造

---

❶ 上述立案标准发布于《刑法修正案（十一）》之前。《刑法修正案（十一）》已将"给商业秘密的权利人造成重大损失"修改为"情节严重"，故应在《刑法修正案（十一）》的基础上把握上述立案标准。

❷ 给商业秘密的权利人"造成重大损失"属于"情节严重"的情形之一，故上述立案追诉标准与司法解释与《刑法修正案（十一）》第二十一条并不冲突，但必须注意，其并未揭示刑法第二百一十九条"情节严重"的全部内容。

# 第十二章  商业秘密民事保护与刑事、行政保护之间的关系

成五十万元以上的"❶而言,《最高人民法院、最高人民检察院关于办理侵犯知识产权刑事案件具体应用法律若干问题的解释(三)》和立案追诉标准增设了"因侵犯商业秘密违法所得数额在三十万元以上的"的侵犯商业秘密结果认定。"损失数额"的金额计算包括给权利人造成的损失、商业秘密本身的价值。权利人的损失应与被侵权行为之间有直接、必然的因果关系。对于已经产生的损失,应确定被侵权前后的收入差额。损失应是商业秘密本身的经营价值,如果商业秘密只占产品的一部分,需单独计价或区分比例;对于尚未发生的损失,应确定该损失是未来可预期的、必然发生的损失。商业秘密不同于传统意义上的财产,传统财产的价值附着于物体上,因此,犯罪的损害后果体现为,随着权利人失去对物体的控制,财物的价值发生损失,这是一种直接损失。但是在商业秘密犯罪中,商业秘密被侵犯后,权利人依旧可以使用,但此时由于他人掌握并使用商业秘密,将极大损害权利人的经济收益和竞争优势,这对于权利人来说也是切实遭受的损失,和直接损失并无区别,相反危害性更重。

关于侵犯商业秘密的违法所得,如果是非法获取后进行营利活动的,应注意扣除侵权行为人的成本投入,计算因获取、使用商业秘密的利润情况,并且应注意商业秘密在整个产品中的占比,单独计价或者区分比例;如果是授权他人使用,则应核实许可使用费等。计算"因侵犯商业秘密违法所得数额"时应考量秘密点的技术贡献度,以体现"罪责刑相适应"原则。在案件办理中只有综合考虑被侵犯的商业秘密在技术方案、产品、经营活动中的价值、作用等因素,即技术秘密对侵权产品的技术贡献度,才能做到罪责刑相适应。❷杭州市滨江区人民检察院颁布的《侵犯商业秘密

---

❶ 本条立案追诉标准与2020年最高人民检察院、公安部《关于修改侵犯商业秘密刑事案件立案追诉标准的决定》和《最高人民法院、最高人民检察院关于办理侵犯知识产权刑事案件具体应用法律若干问题的解释(三)》((法释〔2020〕10号,2020年9月12日)有冲突,应以最高人民检察院、公安部《关于修改侵犯商业秘密刑事案件立案追诉标准的决定》为准。

❷ 郑新俭,李薇薇."两高"《关于办理侵犯知识产权刑事案件具体应用法律若干问题的解释(三)》解读[J].人民检察,2020(21).

刑事案件审查指引》,首次提出必须考虑所涉权利人秘密点在被控产品利润中的贡献度,因为被控产品中除了非法使用的权利人秘密点技术外,还有自主研发的技术以及其他公知常识、通用技术等,不能将所有产品利润都归结为因为非法使用权利人秘密点技术的获利。北京市西城区人民法院在刘某等侵犯商业秘密罪一审刑事判决书❶中认为:"X1公司销售管理软件的收入不能完全等同某公司的实际经济损失或应得利益,同时考虑本案相同或实质相同文件在各自管理软件所占比例,被告人何某、刘某1的行为不足以造成特别严重后果,因此,上述辩护意见,本院予以采纳。"又如,在伊特克斯公司、郭某周等侵犯商业秘密罪一案❷中,上海市第一中级人民法院更是明确指出商业秘密的价值一般与其秘密点相对应,秘密点具有独立价值的,应当单独计算;秘密点与整件不可分割的,应当按照秘密点在整件中的作用或比重予以计算。在侵犯商业秘密(技术秘密)罪案件的审理中,若以侵权产品的整体来计算涉案金额,会使犯罪嫌疑人为不涉及技术秘密点的部分承担不必要的责任,违背了"罪责刑相适应"原则。刑事案件更应充分评估技术秘密点之技术贡献度。

关于商业秘密本身的价值,可以通过研发成本费用、确定的市场价值、许可使用费等综合认定,但如果将商业秘密本身的价值作为"重大损失"的金额,在犯罪嫌疑人将商业秘密披露导致"非公知性"被破坏的情形下可以考虑适用,其余情形需严格把握。❸应本着罪责刑相一致原则,区分不同行为的社会危害程度,规定不同的"重大损失"认定标准。❹

根据《最高人民法院、最高人民检察院关于办理侵犯知识产权刑事案

---

❶ 北京市西城区人民法院(2015)西刑初字第449号刑事判决书。
❷ 一审:上海市浦东新区人民法院(2010)浦刑初字第2040号刑事判决书。二审:上海市第一中级人民法院(2011)沪一中刑终字第552号刑事判决书。
❸ 北京市海淀区人民检察院.知识产权犯罪案件办理指南[M].北京:中国检察出版社,2018:231.
❹ 《〈关于办理侵犯知识产权刑事案件具体应用法律若干问题的解释(三)〉的理解与适用》(最高人民法院林广海,许京海)、《最高人民法院、最高人民检察院〈关于办理侵犯知识产权刑事案件具体应用法律若干问题的解释(三)〉解读》(郑新俭,李薇薇)。

## 第十二章　商业秘密民事保护与刑事、行政保护之间的关系

件具体应用法律若干问题的解释（三）》第 5 条规定的损失数额或者违法所得数额分类认定方式，本书分为以下八种情形分别进行说明。❶

### （一）"以不正当手段获取权利人的商业秘密，尚未披露、使用或者允许他人使用的"如何计算权利人损失的问题

通过不正当手段获取商业秘密但尚未披露、使用或者允许他人使用时如何计算权利人损失的问题。这种情形以合理许可使用费计算损失，不要求实际使用商业秘密造成权利人销售利润的损失。

根据《民法典》第 123 条的规定，权利人对商业秘密享有专有的权利。知识产权权利人可以与他人就知识产权的转让、许可等签订合同，并获得相应的对价。当行为人以不正当手段获取商业秘密时，权利人未能获得应由行为人支付的对价，故而可以按照许可使用费来认定权利人的损失。

在实践中以非法手段获取商业秘密如何计算权利人损失一直争议较大。一种意见认为，刑法将以不正当手段获取商业秘密的行为明确规定为一种实行行为，意味着只要是非法获取了权利人的商业秘密，就可认定给权利人造成了损失。另一种意见认为，以不正当手段获取商业秘密后，因未将商业秘密用于经营活动，不宜认定给权利人造成实际损失。

经研究认为，对侵犯商业秘密犯罪造成重大损失数额的认定，应当以商业秘密实际使用造成权利人销售利润的损失作为一般标准，以合理许可使用费为特殊标准。鉴于以盗窃等不正当手段获取商业秘密的行为往往更

---

❶ 2013 年 1 月 18 日发布的最高人民法院、最高人民检察院《关于办理侵犯知识产权刑事案件适用法律若干问题的解释（征求意见稿）》对此进行了简单调整，将"损失数额"和"违法所得数额"简化为"损失数额"，将"违反约定"统一修改为"违反保密义务"。在第 28 条第 1 款第 4 项中规定"披露、使用或者允许他人使用的，损失数额可以根据权利人因被侵权造成销售利润的损失确定"替换了《最高人民法院、最高人民检察院关于办理侵犯知识产权刑事案件具体应用法律若干问题的解释（三）》第 5 条第 1 款第 6 项"因披露或者允许他人使用商业秘密而获得的财物或者其他财产性利益，应当认定为违法所得"。删除了《最高人民法院、最高人民检察院关于办理侵犯知识产权刑事案件具体应用法律若干问题的解释（三）》"权利人因被侵权造成销售量减少的总数和每件产品的合理利润均无法确定的，可以根据侵权产品销售量乘以每件侵权产品的合理利润确定"的内容。为此，销售利润的损失不能再以被诉侵权产品的合理利润进行计算。请读者结合正式出台后的司法解释对照使用。

加隐蔽、卑劣，权利人难以通过正常途径予以防范，社会危害性大，且被非法获取后对权利人而言商业秘密不可控，其社会危害性高于违反保密约定或者保密要求滥用商业秘密的行为，应当予以重点打击和防范。行为人通过不正当手段获取权利人的商业秘密，实际上节省了正常情况下获取商业秘密本应支付的许可使用费，该许可使用费正是权利人应当收取而未能收取的，应当属于遭受的损失。对此行为按照合理许可使用费确定权利人的损失较为合理，不要求使用商业秘密造成实际损失。这样规定的逻辑在于，侵权人节省的获取商业秘密本应支付的许可使用费对价，正是权利人未能收取许可使用费所遭受的损失，以实质上的处罚对商业秘密的非法获取行为本身来体现对非法获取行为的重点打击。

适用本项时应当注意：一是以合理许可使用费作为认定损失的标准，应当限于以不正当手段获取商业秘密的情形，对于违约等其他侵犯商业秘密的行为，仍应当以商业秘密使用造成权利人销售利润的损失作为认定标准。二是合理许可使用费应当综合考虑涉案商业秘密权利人或者其他商业秘密权利人许可使用相同或者类似商业秘密收取的费用、以不正当手段获取商业秘密后持有的时间等因素认定。在实践中，将涉案商业秘密许可使用费的鉴定评估意见作为认定证据时，应当根据刑事诉讼法的有关规定对鉴定评估意见进行认真审查。

在山西翔宇化工有限公司（以下简称翔宇化工）侵犯商业秘密罪一案[1]中，法院认为，圣奥化学涉案技术经评估具有确定的许可使用价值，圣奥化学未能获得涉案技术被他人使用而应当获得的相应价值，属于圣奥化学遭受的损失；翔宇化工非法获取和使用涉案技术，未付出应当给付的许可使用对价，属于翔宇化工应当减少而未减少的违法所得。因此，以涉案技术许可价值20 154万元认定该案侵犯商业秘密行为给权利人圣奥化学造成"特别严重后果"，具有事实和法律依据。

在上述案件中，中化集团旗下圣奥化学是全球领先的聚合物添加剂供应商，主要产品包括橡胶防老剂PPD和中间体RT培司等。2011年年初，

---

[1] 江苏省泰州市中级人民法院（2013）泰中知刑初字第0003号刑事判决书（一审）。

# 第十二章　　商业秘密民事保护与刑事、行政保护之间的关系

圣奥化学发现翔宇化工在新建 RT 培司和 4020 防老剂项目采购招标中，使用与圣奥化学高度近似的图纸，所涉设备为圣奥化学自行设计的非标设备。圣奥化学随即向江苏省泰州市公安局报案，控告翔宇化工侵犯商业秘密。2011 年 7 月，泰州市公安局立案侦查。2012 年 3 月，圣奥化学工程师张某主动投案，供述其被翔宇化工派员收买，在数年内多次窃取圣奥化学技术资料并提供给翔宇化工，分别用于改造老 RT 培司生产线及新建 RT 培司和 4020 防老剂项目，共获好处费 40 万元。2012 年 4 月，泰州市公安局在山东省定陶县将前来交接的翔宇化工总工程师王某某、研发部部长李某某抓获，并查扣随身携带的手机、笔记本电脑等物品。泰州市公安局对查扣物品进行电子数据检验、提取后委托司法鉴定。鉴定意见表明：翔宇化工 41 份文档所记载的信息，与圣奥化学 43 份文档所记载的 22 项秘密点技术方案的信息实质相同。

泰州市公安局委托连城资产评估有限公司（以下简称评估公司或连城公司）对圣奥化学商业秘密无形资产被侵犯进行价值评估。2012 年 10 月 31 日，评估公司出具连资评报字（2012）10156 号《评估鉴定报告》。其评估结论为：采用收益法评估圣奥化学的技术信息在 2012 年 4 月 21 日的市场价值为：生产橡胶防老剂 4020 的全套工艺技术的许可价值为 20 154 万元。其中：生产 RT 培司的工艺技术的许可价值为 16 184 万元；利用 RT 培司生产橡胶防老剂 4020 的工艺技术的许可价值为 3970 万元。另"培司工艺中的一级缩合釜和沉降分离器的关键设备技术的许可价值分别为 486 万元、356 万元；利用培司生产橡胶防老剂 4020 工艺中的高压反应器、油加热器、高压冷凝器和 6#间歇精馏塔的关键设备技术的许可价值分别为 394 万元、186 万元、169 万元、4 万元"。

2013 年 1 月，泰州市人民检察院提起公诉，指控被告单位翔宇化工、被告人王某某、李某某、张某犯侵犯商业秘密罪。泰州市中级人民法院一审认定，翔宇化工及王某某、李某某采用利诱手段，指使张某窃取、披露圣奥化学商业秘密，交给翔宇化工使用，给圣奥化学造成特别严重后果。翔宇化工及其直接负责的主管人员王某某、直接责任人员李某某、张某的行为，构成侵犯商业秘密罪的共同犯罪。2013 年 10 月 22 日，泰州市中级

人民法院一审判处翔宇化工罚金 2000 万元，王某某有期徒刑 6 年 6 个月、罚金 50 万元，李某某有期徒刑 3 年、罚金 10 万元，张某有期徒刑 3 年（缓刑 4 年）、罚金 40 万元；追缴翔宇化工违法所得、没收张某所退出的违法所得，上缴国库；没收扣押的作案工具及图纸资料。一审宣判后，翔宇化工及王某某、李某某不服，向江苏省高级人民法院提出上诉。因该案案情重大复杂，经最高人民法院批准延长审理期限。2018 年 12 月 28 日，江苏省高级人民法院二审裁定，驳回被告单位及被告人上诉，维持原判。

在叶某侵犯商业秘密罪一案[1]中，法院认为，被告已使用技术生产出产品但尚未销售，且技术秘密尚未对外披露的，可以将商业秘密许可使用费认定为权利人的损失金额。

在上述案件中，被告人叶某与劳某（另案处理）原皆系某染整机械有限公司（以下简称甲公司）的员工，公司通过《员工守则》《劳动合同》等制定了相关企业保密规定。其间，劳某利用职务之便，私自将甲公司规定不得复制的气流机相关机械设计图纸复制存入其自用的神舟牌笔记本电脑中后带出。2008 年 12 月至 2009 年 4 月、2009 年 5 月至 2010 年 1 月，劳某与叶某先后在江苏无锡某机械有限公司、广东省佛山市某机械公司利用甲公司的气流机机械图纸，以技术入股的形式，与两公司合作组织生产出气流机。2012 年 3 月 23 日，公安机关将劳某抓获归案，并在其住处缴获存储资料的神舟牌笔记本电脑一台，在电脑中共发现气流机图纸共 67 张，其中有甲公司的标记的图纸 7 张。经鉴定，上述从劳某处提取的零部件图纸和甲公司对应的设备零部件图纸相同或实质相同；甲公司提供的设备图纸所记载的风机、蒸汽加热器、细毛器等零部件的具体结构、设计尺寸、公差配合、材料、规格以及技术要求等整体确切组合技术信息不为公众所知悉，能为权利人带来经济利益，具有实用性并经权利人采取保密措施，符合商业秘密信息的构成要件。

经评估，采用成本法评估，甲公司"风机、蒸汽加热器等设备零部件图纸商业秘密"被侵犯的部分损失价值为 398 万元，其中"细毛器设备零

---

[1] 广东省深圳市中级人民法院（2013）深中法知刑终字第 44 号刑事裁定书。

## 第十二章　商业秘密民事保护与刑事、行政保护之间的关系

部件图纸商业秘密"被侵犯的部分损失价值为 50 万元；采用收益法评估，甲公司被侵犯的"风机、蒸汽加热器等设备零部件图纸（64 份）商业秘密"技术许可使用费（非独家）在评估基准日的价值为 218 万元。

法院生效裁判认为，叶某明知劳某采取不正当手段获取权利人的商业秘密，而共同使用他人商业秘密，给商业秘密权利人造成重大损失，其行为已构成侵犯商业秘密罪。

关于商业秘密权利人的损失计算问题，在权利人的损失及侵权人的获利均难以查清时，可以参照商业秘密的开发成本、技术许可使用费等因素委托鉴定机构进行损失评估。此时可根据侵犯商业秘密行为人具体的行为方式，以相应的方法来计算其实际损失。该案的情况是，被告已使用技术生产出产品但尚未销售，且技术秘密尚未对外披露。被告客观上侵犯了权利人对商业秘密的许可使用权利，实际上造成了权利人许可使用费的损失。该案侦查机关委托的鉴定机构的评估和鉴定证实甲公司涉案商业秘密技术许可使用费是 218 万元，此鉴定机构具备相关资质，按照法定程序进行鉴定，原审法院对此鉴定予以确认。故认定该案的"重大损失"数额为 218 万元。

在参照许可使用费来确定赔偿数额时，关键是要审查许可使用合同的真实性和合理性，防止商业秘密权利人与他人串通虚构许可使用合同及许可使用费，以向侵权人收取巨额赔偿。对许可使用费真实性、合理性的审查，一方面要全面、公正、合理地评价商业秘密的价值；另一方面要考虑许可人与被许可人之间的关系（如许可人是否是被许可人的法定代表人、亲属，或许可使用费是否系许可人投入被许可人的注册资本），许可使用费的支付方式、支付期限，许可方式，许可年限及规模、范围，被许可人的实际履约能力及许可合同有否实际履行等情况。如果经审查，对许可使用费的真实性、合理性存有怀疑的，对许可使用费可酌情降低或不予采用，而直接通过鉴定方式确定。

对于新单位通过贿赂原单位高级管理人员和技术人员实施将原单位技术秘密带到或者交付给新单位（或他人）持有、控制的行为，应该适用《最高人民法院、最高人民检察院关于办理侵犯知识产权刑事案件具体应

用法律若干问题的解释（三）》第 5 条第 1 款第 1 项❶还是第 3 项❷来认定损失，是该司法解释出台后饱受争议的问题。如果认定为以不正当手段获取权利人的商业秘密后使用或允许他人使用，则可以根据该项商业秘密的合理许可使用费确定损失数额；如果认定为员工违反约定披露、使用其所掌握的商业秘密，损失数额只能根据权利人因被侵权造成销售利润的损失确定，如果侵权方的侵权产品尚未产生销售利润，则将因损失数额达不到起刑点而无法定罪。

在翁某某等六自然人侵犯宁波博威公司商业秘密刑事一案中，法院认为，各被告人是以不正当手段获取权利人的商业秘密，主要理由为王某某及同案犯在宁波博威公司工作期间虽然工作内容与涉案秘密点相关，但不接触、掌握具体信息。王某某等人主要是通过非法复制等方式获取的涉案秘密点的技术信息，故认定为属于以不正当手段获取了涉案技术秘密。以上事实主要通过查明并比对各被告人在宁波博威公司的任职情况、岗位触密情况、扣押的各被告人电子数据和浙江某公司使用涉案技术信息的文件得出的结论。

宁波博威合金材料股份有限公司（以下简称"博威公司"）成立于 1994 年，主营有色合金材料等产品的设计、开发、制造、销售。通过多年的探索和创新，自主研发形成了 11 项铜合金技术，并将这些技术作为企业的商业秘密进行保护。被告浙江某材料有限公司（以下简称"新公司"）（另案处理）成立于 2019 年 3 月，为了减少研发成本投入、快速投产高产能的铜合金项目，通过高薪利诱的方式，先后招募博威公司的核心管理人员翁某某、技术人员王某某、苏某、黄某、刘某和廖某（后四人另案处

---

❶ 《最高人民法院、最高人民检察院关于办理侵犯知识产权刑事案件具体应用法律若干问题的解释（三）》第 5 条第 1 款第 1 项规定："以不正当手段获取权利人的商业秘密，尚未披露、使用或者允许他人使用的，损失数额可以根据该项商业秘密的合理许可使用费确定。"

❷ 《最高人民法院、最高人民检察院关于办理侵犯知识产权刑事案件具体应用法律若干问题的解释（三）》第 5 条第 1 款第 3 项规定："违反约定、权利人有关保守商业秘密的要求，披露、使用或者允许他人使用其所掌握的商业秘密的，损失数额可以根据权利人因被侵权造成销售利润的损失确定。"

## 第十二章　商业秘密民事保护与刑事、行政保护之间的关系

理）六人入职该公司，组建铜合金高强项目组。上述六人分工配合，将在博威公司接触掌握的技术资料擅自带出，通过不正当手段相互复制、使用、共享博威公司的技术信息，在新公司启动了铜合金项目的论证、可行性研究报告的拟定、生产线布局规划、设备考察等筹备工作，完成了项目的可行性报告。其间，翁某某担任新公司总裁，负责项目组总体工作，王某某担任项目组组长，组织领导廖某等四人开展相关工作。经评估，博威公司所主张的各项铜合金技术许可价值合计 1.69 亿余元。就以上信息，鉴定机构分别出具了涉案的 11 项技术属于不为公众所知悉的技术信息、各犯罪嫌疑人被扣押的电子数据中的技术信息与博威公司的技术信息具有同一性、涉案 11 项技术的许可价值为 1.69 亿余元的鉴定意见。一审法院认为翁某某和王某某伙同他人，以不正当手段获取权利人的商业秘密，造成特别严重的后果，行为均构成侵犯商业秘密罪，并认定翁某某和王某某在共同犯罪中起主要作用，系主犯，二人分别被判处四年二个月和三年六个月有期徒刑，并处罚金。翁某某不服一审判决，提起上诉，请求认定该案属于单位犯罪，其在共同犯罪中仅为从犯。二审未开庭审理，裁定驳回上诉，维持原判。

有观点认为，不论前员工带出的是否是其职责范围内允许接触的技术信息，只要其接受了新单位（或他人）的利诱，为了达到新单位（或他人）非法获取其掌握的技术秘密的目的有共同的犯意，而实施将技术秘密信息带到或者交付给新单位（或他人）持有、控制的行为，就构成以不正当手段获取技术秘密犯罪。笔者对此并不认同，前员工在原单位是否接触或者掌握了相关商业秘密是关键，未接触或者不掌握的情况下，被他人贿赂带走原单位商业秘密显然主观恶性相较于已经掌握而未禁得住诱惑交付给新单位的恶性要大得多，故《最高人民法院、最高人民检察院关于办理侵犯知识产权刑事案件具体应用法律若干问题的解释（三）》第 5 条第 1 款第 1 项与第 3 项对此进行区别，原因就在于此。在司法实践中，一般通过比对岗位职责范围内公司允许接触到的技术信息、员工离职时交接给公司的技术信息和员工带到新单位使用的技术信息，来厘清员工不被允许接触的是哪些技术信息，从而将这一部分技术信息的获取定性为"以不正当

手段获取"。在实践中囿于公司的管理水平或具体项目安排等，存在员工实际工作中也"事实"接触到了其岗位职责以外的技术信息的情况，此种情形下用前述证明方法可能无法得出前述结论。但是，不能因为举证问题而一概以不正当手段进行兜底定性，这显然违背法律规定。

（二）"以不正当手段获取权利人的商业秘密后，披露、使用或者允许他人使用的"如何计算权利人损失的问题

以不正当手段获取权利人的商业秘密后，披露、使用或者允许他人使用的，如何计算权利人损失？原则上损失数额应当按照商业秘密用于经营造成权利人销售利润减少的损失计算，行为人非法允许他人使用商业秘密的行为，使得权利人未能获得应由第三人支付的对价，故而也可以按照许可使用费来认定权利人的损失。如同时存在前项规定的商业秘密合理许可使用费的，应当就高计算，不应当叠加认定或者任选其一认定。不能叠加认定是因为，若按照合理许可使用费计算损失后，其使用行为便不具有期待可能性，属于事后不可罚行为。不能任选其一是因为，在"违法所得额"或"非法经营额"均为可选择的追诉标准的罪名中，应当按照所查明的金额高的追诉标准定罪量刑，就高计算对权利人保护力度更大。

例如，在李某光、徐某清、龚某侵犯商业秘密罪一案❶中，法院认为，上诉人盗用深圳市润天智图像技术有限公司（以下简称润天智公司）的商业秘密并生产出产品，其行为给润天智公司造成了经济损失，原审判决采用该商业秘密的许可使用费认定润天智公司的损失是符合法律规定的。

在上述案例中，润天智公司于 2000 年 3 月 8 日成立。2001 年 4 月 17 日，润天智公司任命徐某清为副总经理。2001 年 5 月，润天智公司聘任被告人龚某为机械开发部工程师。2001 年 10 月 10 日，润天智公司自主研制的"润天智超宽幅彩色数友喷绘系统 V1.0"经深圳市信息化办公室发出软件产品登记证书。同年 11 月 5 日，委托首山雄开发 XJ500 喷墨打印头控制卡。2002 年 4 月间，沈阳市辽宁金龙电脑喷绘广告有限公司总经理、被告人李某光通过向润天智公司购买喷绘机认识被告人徐某清后与其联系，

---

❶ 广东省深圳市中级人民法院（2004）深中法刑二终字第 258 号刑事裁定书。

# 第十二章　商业秘密民事保护与刑事、行政保护之间的关系

提议被告人徐某清获取润天智公司的喷绘机生产技术资料并带该公司技术人员一起前往沈阳工作，初步商议徐某清的报酬为年薪人民币30万元或公司20%的股份。其后，被告人徐某清利用工作之便复制润天智公司喷绘机生产相关技术资料，同时怂恿被告人龚某及该公司电子开发部工程师马某华一起前往沈阳为被告人李某光的公司生产喷绘机，被告人龚某及马某华均表示赞同。同年5月10日晚下班后，被告人徐某清指使龚某在润天智公司复制了软件工程师赵某、机械工程师颜某某电脑上的喷绘机生产相关技术资料。5月12日，龚某将复制好的硬盘交给徐某清。5月13日，被告人徐某清、龚某及马某华三人未办理辞职手续就乘飞机前往被告人李某光正在筹备的沈阳市辽宁柯宝科技实业发展有限公司（以下简称柯宝公司）。徐某清将内含润天智公司喷绘机相关技术资料的硬盘交予被告人李某光。其后被告人龚某及马某华开始在柯宝公司工作。同年5月10日，柯宝公司登记申请成立，法定代表人为李某光。同年8月，生产出"赛特"3200数码彩色喷绘机。2002年8月，润天智公司向公安机关报案。公安机关接报后，分别于2002年9月12日、2003年4月3日将被告人徐某清、龚某及李某光抓获归案。经深圳市知识产权研究会鉴定，润天智公司、柯宝公司两家公司产品涉及光盘所载的软件技术内容相同，具体为核心算法参数文件完全一样；控制打印头板动态连接库相似，而来源完全一样；核心技术的源代码相似，且来源于相同的初始源代码。润天智公司在深圳市信息化办公室登记的喷绘机系统软件和首山雄两者源代码同源；润天智公司和柯宝公司两者源程序同源；同理，首山雄和柯宝公司两者源程序同源。说明"彩神"源代码是润天智公司的技术秘密，柯宝公司生产"赛特"5200数码彩色喷绘机使用了"彩神"源代码。经深圳市中衡信资产评估有限公司评估，"彩神数码喷绘机"生产技术的无形资产价值为人民币630万元，"FLORA-3204彩色数码喷绘机"技术许可使用费的价值为人民币300万元，单机利润为人民币26万元。

一审判决认定：润天智公司经过立项、组织人员开发了"彩神"数码喷绘机"彩神"源代码的生产专有技术，该技术含有不对外公开、不为公众所知悉的技术信息，且该技术信息通过生产、销售，能够为权利人带来

经济利益，润天智公司对其采取了保密措施，与公司人员签订了保密协议。据此，该技术属于商业秘密。三被告盗用权利人的商业秘密生产出产品，其侵犯商业秘密的行为给润天智公司造成了实际损失，但现有证据难以计算其实际损失。因此，该商业秘密的许可使用费人民币 300 万元应当认定为润天智公司的重大损失。

二审法院认为，上诉人李某光、徐某清、龚某无视国家法律，以盗窃手段获取并使用权利人的商业秘密，给权利人造成重大损失，其行为均已构成侵犯商业秘密罪。三上诉人盗用润天智公司的商业秘密并生产出产品，其行为给润天智公司造成了经济损失，原审判决采用该商业秘密的许可使用费认定润天智公司的损失是符合法律规定的，上诉人认为深圳市中衡信资产评估有限公司《深衡评〔2004〕005 号资产评估报告书》不能作为润天智公司损失证据的上诉理由不足，法院不予采纳。

在实践中，被告人的行为可能导致不同的后果：其一，非法获取商业秘密后主要用于自己生产销售侵权产品，进而与权利人抢占市场份额，获得不法利益；其二，非法获取商业秘密后将其转让给他人使用，获得转让收益；其三，为了报复权利人、发泄对权利人的不满，将商业秘密公布在互联网上。不同的行为会给权利人造成不同的法律后果，被告人行为"尚未导致权利人商业秘密被公开"，则可以适用许可使用费认定权利人的损失，倘若商业秘密失去了秘密性，其不再属于反不正当竞争法意义上的商业秘密，再适用许可使用费规则也就失去了价值和理论基础。另外，商业秘密根据许可的不同情形可以分为独占许可、排他许可和普通许可。独占许可，是指被许可人经授权许可后可以排除任何人对商业秘密的使用，包括许可人（权利人）；排他许可是被许可人经授权许可后，其他人不得再使用，但许可人除外；普通许可则是被许可人可以使用，其他被许可人也可以继续使用。商业秘密仅是在被告人处使用，商业秘密被侵犯但尚未被公众所知悉的，权利人继续使用商业秘密的权利和现实基础并未丧失，其仍然可以将商业秘密用于生产、经营，并进而获取收益，权利人损失的其实只是相当于一份普通许可使用费。此处的许可使用费，《最高人民法院、最高人民检察院关于办理侵犯知识产权刑事案件具体应用法律若干问题的

## 第十二章　商业秘密民事保护与刑事、行政保护之间的关系

解释（三）》规定为"合理许可使用费"，应注意其与一般意义的权利人自己独立许可的使用费相区分。在司法实践中，即便存在事实上的许可合同并约定许可使用费，法院一般也不会完全参照约定的许可使用费来认定损失数额，一般会通过评估方式对商业秘密的无形资产价值进行评估，并对技术许可使用费价值进行认定。

（三）违约型侵犯商业秘密的损失计算方式

违反约定❶、权利人有关保守商业秘密的要求，披露、使用或者允许他人使用其所掌握的商业秘密的，损失数额可以根据权利人因被侵权造成销售利润的损失确定。鉴于该情形下行为人对商业秘密的占有是合法正当的，较以盗窃等不正当手段获取商业秘密行为而言社会危害性小，在入罪门槛上应当有所区别。造成的损失按照行为人使用商业秘密造成权利人销售利润的损失计算，而不应当以商业秘密的合理许可使用费或者商业秘密的商业价值作为认定损失的依据。

例如，在覃某林侵犯商业秘密罪一案❷中，法院认为，被告人覃某林为了牟取非法利益，利用工作之便，秘密窃取康某公司玉米种子繁育的核心玉米亲本产品和核心杂交技术，提供给他人，并亲自指导他人秘密生产康某公司受保护的玉米新品种，创造预期利润619 467元，以换取高额的报酬，给商业秘密的权利人康某公司造成重大损失，构成侵犯商业秘密罪。

康某公司于2007年注册成立，是从事玉米新品种生产、加工、销售的现代种业企业，其玉米亲本及杂交技术为康某公司的核心商业秘密，康某公司对此采取了保密措施，建立了仓储管理和员工保密制度。

被告人覃某林在担任康某公司生产部经理期间，参与玉米种子繁育并逐步掌握康某公司的玉米制种技术。2015年10月，覃某林利用工作便利窃取了康某公司十数个玉米亲本，并于2016年2月从康某公司辞职。2016

---

❶ 最高人民法院、最高人民检察院《关于办理侵犯知识产权刑事案件适用法律若干问题的解释（征求意见稿）》第28条将《最高人民法院、最高人民检察院关于办理侵犯知识产权刑事案件具体应用法律若干问题的解释（三）》（法释〔2020〕10号）第5条当中的"违反约定"修改为"违反保密义务"。请读者以最终实施的正式司法解释为准。

❷ 湖北省宜昌市中级人民法院（2019）鄂05知刑初2号刑法判决书。

年9月，覃某林与四川田某农业科技发展有限公司（以下简称田某公司）副总经理赵某2飞（真名赵某1）相识，并达成合作制种协议，由覃某林提供玉米亲本和技术指导，田某公司负责联系制种基地和回收玉米种子。同时，覃某林将窃取的玉米亲本交给赵某2飞繁育。2017年，田某公司在内蒙古自治区杭锦后旗组织当地农户种植由覃某林提供亲本繁育出的玉米杂交种，其中村民张某1等40户农户，种植了两个玉米品种约400亩，产量为78 500公斤。期间，覃某林受田某公司指派多次到杭锦后旗进行技术指导。上述两个玉米品种收获后，全部由田某公司回收并出售。2017年10月18日，内蒙古自治区杭锦后旗公证处从杭锦后旗李某3（张某1之妻）家中提取了两个品种的玉米杂交种样品。经北京玉米种子检测中心鉴定，两个样品分别与康某公司玉米品种康农20和高某909极近似或相同，其中一个样品与康某公司FL218玉米亲本具有亲子关系。经湖北诚信会计师事务有限公司鉴定，已生产出的78 500公斤玉米杂交种子预期收益619 467元。

法院认定，植物新品种蕴含的商业秘密就其形成过程而言，必然具备高投入性、高风险性，故对侵犯相关商业秘密的犯罪行为所造成的损失范围应作出有利于权利人的理解，既包括直接损失，又包括间接损失，既包括有形损失，也包括无形损失。植物新品种的培育需耗费巨大的财力、智力，因此，判断行为人的行为是否给权利人造成重大损失，应充分考虑权利人的综合投入、保密成本、商业秘密的市场占有度和美誉度、竞争优势丧失的可能性、维权成本及侵权的性质、手段、影响、扩散后果，从整体上进行综合分析判断。康某公司的玉米亲本、杂交技术和康农20、高某909玉米杂交种具有重大商业价值，能给康某公司创造财富，是康某公司的无形资产。康某公司的损失主要表现为，被告人覃某林采取不正当手段获取与使用该公司亲本和杂交技术，大量繁育康某公司的康农20和高某909玉米杂交种并销售，直接使得该公司对上述两个玉米杂交种的市场占有率减少，直接降低了该公司康农20和高某909的市场销售额。经湖北诚信会计师事务所鉴定，覃某林受田某公司委派到内蒙古自治区杭锦后旗双庙镇繁育的"01"号玉米种子（"康农20" 16 000公斤）、"三峡玉5

## 第十二章　商业秘密民事保护与刑事、行政保护之间的关系

号"玉米种子（"高某909" 62 500公斤）的预期收益为619 467元。如果案涉亲本流入不法商人手中，将给康某公司造成毁灭性打击，最严重可致使该企业破产倒闭。在该案中，以侵权产品的销售收入额和毛利，扣除费用和税金及附加后即为预期收益619 467元，该预期收益应视为康某公司的直接经济损失。法院判决：被告人覃某林犯侵犯商业秘密罪，判处有期徒刑一年，缓刑二年，并处罚金10万元。

"违反约定或者违反权利人有关保守商业秘密的要求，披露、使用或者允许他人使用其所掌握的商业秘密"的情形较为多发，又以员工离职引发的商业秘密侵权占比最高。员工因岗位工作需要，正当接触单位商业秘密，包括技术性信息及经营性信息，由于稳定的就职关系，其得以接触信息的范围一般是较为完整、全面的，时间也可能是长期的。而员工离职后的择业方向，限于其专业所长及行业经验，往往是与原单位属同一市场的竞争对手单位。在实践中，员工离职后直接设立公司，或通过隐名持股、实际控制经营的方式实施侵权行为的情况也较为常见。原单位往往是在市场出现同类产品、客户集中流失、竞争对手申请类似专利等情况下，才能发现侵权事实业已发生。客观上，给犯罪事实的取证和认定造成较大难度。

"违反约定或者违反权利人有关保守商业秘密的要求，披露、使用或者允许他人使用其所掌握的商业秘密"与《刑法》第219条第1款第1项、第2项的主要差异在于获取商业秘密的手段是否具有正当性。与以盗窃、利诱、胁迫等不正当手段获取权利人商业秘密的行为不同，离职员工在工作期间，因工作需要，经单位释放相应信息而获取、知悉单位的商业秘密，是具有正当性的。员工的保密义务来自合同的约定或法定。单位与员工就使用和保守商业秘密等所签订的保密协议，通常采取两种方式：一是签订专门的保密协议；二是在劳动合同或员工手册中约定保密条款。有的案件中，被告人提出，其并不知悉相关信息需要保密，即认为单位并未明确告知商业秘密范围，亦未明确就此与员工达成保密约定。对此，笔者认为，需结合在案证据进行综合认定。在现实中，具体的协议约定很难做到完备。一方面，从企业运营管理的效率、便捷等实然性需求出发，若要求企业逐项明确标注并告知商业秘密属性，并与员工签订保密合同，才可认定保密

· 443 ·

约定达成，显然太过苛责和机械；另一方面，从商业秘密的独特性质来看，其天然具不确定性，秘密只能维持一定时空和范围的相对静态性，而无法保持绝对意义上的永恒持久。在秘密利益的增减变动中，保密义务的程度也随之变化，因此，在保密协议中，要求对保密范围和内容做到绝对明确界定，是不具有可操作性的。保密协议只需勾勒出一个大致的轮廓，表达出秘密的相对静态特征，体现出权利人有保护其财产的愿望即可，而无法苛求对秘密过于周严的描述。同时，法定义务也可作为保密义务的来源，在单位与员工没有明示约定的情况下，保密义务还可以由习惯、事实以及当时的保密环境或条件推知，这是诚信义务在司法中的具体体现。如单位采取了分级权限加密、严格借阅登记、禁止介质外带、配置工作电脑或工作电子邮箱并有敏感信息监控、离职时要求设备返还及信息清洁承诺等，亦可以视为员工对上述信息负有保密义务，因为这些措施释放的信号是明确的，即员工披露、使用信息是受到严格约束的。

员工违反与原单位的保密约定，实施侵权行为的手段一般较为隐蔽，可以表现为向新入职的竞争单位等特定主体非法披露原单位的商业秘密，也可表现为由该员工实际控制或参与经营的主体直接使用原单位的商业秘密，还可以表现为披露后导致商业秘密失密。披露行为可分为向特定的主体披露和向不特定的主体披露两种情形。员工向特定主体披露，一般是向与原单位有竞争关系的主体进行披露，应重点审查披露行为的证据，包括传递信息的具体内容、对象、信息载体、披露的具体时间（地点、方式）等方面的证据。员工向不特定主体披露，可能导致相关商业秘密沦为公开信息，应重点审查公开渠道、持续时间、可能接触人群，如通过网络传播的，还应审查网站页面的信息披露情况、网站经营情况、网站性质、访问者的特征、浏览或下载次数、收费模式情况、权限开放情况等。证明使用行为的证据包括侵权产品、生产操作记录、设计图纸、实验数据、报价记录、交易合同、客户证言等。使用技术秘密进行生产经营的，需就实物产品、技术图纸等与商业秘密是否具有实质同一性进行鉴定。

其中员工向竞争对手等特定主体披露商业秘密，进而生产同类产品的侵权情形较为多发，对此，司法实务中往往还应审查商业秘密经由员工从

## 第十二章　商业秘密民事保护与刑事、行政保护之间的关系

原单位流向特定主体的侵权事实。一般而言，可指向该事实的证据包括员工对单位服务器的访问及下载记录、员工持有的硬盘数据或移动存储介质数据外带记录、员工与他人电子邮件往来情况、员工手机通话及微信（短信、图片）历史记录、员工借阅图纸记录、被披露主体的口供等，据此判断员工是否实施了无权或者越权披露原单位商业秘密的行为。需要指出的是，实务中有的案件案发时间较晚，侦查阶段因为客观技术原因或时间跨度关系，丧失了提取、还原、固定上述"流向"痕迹证据的客观条件，也不排除员工采取脑力记忆、文字摘录、录音录像等"无痕迹"方式，越过保密措施，完成商业秘密的"流动"，因此，结合具体案情、关联证据，在形成有效证据链的前提下，仍可借鉴民事侵权中"接触+实质性相似-合理来源"的判断方式，对上述事实作出推定。❶

（四）"以侵犯商业秘密论"的行为造成损失的计算方式

明知商业秘密是以不正当手段获取或者是违反约定、权利人有关保守商业秘密的要求披露、使用、允许使用，仍获取、使用或者披露的，损失数额可以根据权利人因被侵权造成销售利润的损失确定。❷ 鉴于此种明知商业秘密来源不合法仍获取、使用、披露的"第二手"侵权行为，较直接以不正当手段获取商业秘密及直接违约侵犯商业秘密行为而言社会危害性小，造成的损失亦应当按照行为人使用商业秘密造成权利人销售利润的损失计算。因此，此行为只有使用商业秘密给权利人造成销售利润损失的，才定罪处罚。

在罗某、邓某勇等侵犯商业秘密罪一案❸中，法院认为："罗某和邓某

---

❶ 李亚萍. 知识产权刑事案件裁判规则[M]. 北京：法律出版社，2020：238-239.

❷ 最高人民法院、最高人民检察院《关于办理侵犯知识产权刑事案件适用法律若干问题的解释（征求意见稿）》第28条第1款第4项对《最高人民法院、最高人民检察院关于办理侵犯知识产权刑事案件具体应用法律若干问题的解释（三）》（法释〔2020〕10号）第5条第1款第4项进行了修改，将"违反约定"修改为"违反保密义务"，并吸收了《最高人民法院、最高人民检察院关于办理侵犯知识产权刑事案件具体应用法律若干问题的解释（三）》（法释〔2020〕10号）第5条第1款第6项的内容。请读者以最终实施的正式司法解释为准。

❸ 湖南省衡阳市中级人民法院（2018）湘04刑终158号刑事裁定书。

勇利用镭目公司专利产品技术图纸，组织涂某志、李某丹等人，仿制镭目公司的专利产品，销售给各地的钢铁及铝业公司，为其牟利。经鉴定：2015年1月至2016年11月期间，神月公司仿制镭目公司专利产品57套（台）（个），给镭目公司造成损失为950 794.03元。罗某、邓某勇通过不正当手段获取镭目公司的商业秘密，实施了生产、销售侵权设备的行为；刘某波、涂某志、李某丹违反与镭目公司有关保守商业秘密的要求，披露、使用其所掌握的商业秘密，均构成侵犯商业秘密罪。"

在许某等侵犯商业秘密罪一案[1]中，许某曾系北京福星晓程电子科技股份有限公司（以下简称晓程公司）外贸部主管，徐某原系晓程公司生产采购部采购员。2012—2014年，许某违反晓程公司相关保密要求，将其所掌握的含有四个核心程序源代码技术信息提供给他人，并伙同徐某等人使用上述核心程序源代码制作电表，通过其所实际控制的北京海马兴旺科贸有限公司（以下简称海马公司）向平壤合营公司出口销售相关电表，非法获利。其中，许某负责出口及销售电表，徐某负责采购电表元器件、加工及后续焊接等。经查，根据立项、研发等材料、非公知性鉴定、劳动合同、保密协议及相关证人证言等在案证据，足以证实晓程公司享有涉案四个核心程序源代码的电表程序技术秘密，且采取了严格保密措施。另查，晓程公司主张其涉案技术研发成本为263万余元；徐某自认海马公司向其进货单价是155元，出口单价26美元；在最初与许某向朝鲜制售的2万套电表中其个人获利10万元，之后其与许某合作制造了三四十万个电表。2017年6月，徐某、许某先后被抓获归案。公诉机关于2018年1月25日向一审法院提起公诉，认为许某、徐某的行为触犯了《刑法》第219条第1款第3项等相关规定，构成侵犯商业秘密罪，且后果特别严重，提请依法惩处。晓程公司当庭诉称二被告人非法获利巨大，仅出口退税就获利700余万元，给晓程公司造成巨额经济损失。一审法院认为，许某、徐某违反晓程公司的保密要求，披露、使用或允许他人使用其所掌握的商业秘密，造成特别严重的后果，已构成侵犯商业秘密罪，应予惩处。公诉机关指控二

---

[1] 北京市第一中级人民法院（2019）京01刑终329号刑事裁定书。

# 第十二章　商业秘密民事保护与刑事、行政保护之间的关系

被告人犯有侵犯商业秘密罪的事实清楚，证据确实充分，指控罪名成立。据此，一审法院判决：许某犯侵犯商业秘密罪，判处有期徒刑四年，罚金300万元；徐某犯侵犯商业秘密罪，判处有期徒刑四年，罚金200万元。一审宣判后，二被告人均提出上诉。二审法院审理后驳回上诉，维持原判。

违约披露、使用商业秘密犯罪的重大损失被限定为"销售利润"损失，如果涉案产品没有上市，也就没有销售损失，如何定罪呢？客观地讲，按《最高人民法院、最高人民检察院关于办理侵犯知识产权刑事案件具体应用法律若干问题的解释（三）》的规定，不能得出损失数额或违法所得的具体数额，但也不能据此得出不予追究刑事责任的结论，可以考虑情节是否严重等其他方式。

（五）商业秘密丧失非公知性或者灭失情形下权利人损失的计算方式

鉴于该两种情形给权利人造成的损失最大，社会危害性也极大，可以参照《最高人民法院关于审理侵犯商业秘密民事案件适用法律若干问题的规定》，将商业价值确定为权利人损失数额。根据《最高人民法院关于审理侵犯商业秘密民事案件适用法律若干问题的规定》第19条，认定商业秘密的商业价值应当考虑研究开发成本、实施该项商业秘密的收益、可得利益、可保持竞争优势的时间等因素。但是，认定刑事犯罪造成的损失必须是实际发生的、确定的损失，且应是侵犯商业秘密行为直接导致的。因此，该条规定确定商业价值的依据由研究开发成本、实施该项商业秘密的收益综合确定，可得利益和可保持竞争优势的时间由于裁量性过大，不作为损失数额的考量因素。

总之，因侵犯商业秘密行为导致商业秘密已为公众所知悉或者灭失的，损失数额可以根据该项商业秘密的商业价值确定。商业秘密的商业价值可以根据该项商业秘密的研究开发成本、实施该项商业秘密的收益综合确定。侵权行为造成商业秘密丧失非公知性或者灭失，该两种情形导致权利人的竞争优势丧失，可以将商业秘密的商业价值作为认定给权利人造成损失的依据。对于商业秘密的商业价值，可以根据该项商业秘密的研究开发成本、实施该项商业秘密的收益综合确定。需要注意的是，以商业秘密

的商业价值作为认定损失的依据，只适用于商业秘密已为公众所知悉或者灭失的情形，而不应当扩大适用于其他侵犯商业秘密的情形。应首先确定商业秘密的价值，如果商业秘密价值无法确定，可以参考技术研发成本等，但不能在未核实商业秘密价值性的前提下，直接以技术开发成本作为损失认定的依据。在贺某梅、李某林等侵犯商业秘密罪一案❶中，法院认定该案为共同犯罪，既有九人以不正当手段获取权利人的商业秘密，披露和允许他人使用的行为，还有将涉案商业秘密公开披露导致涉案商业秘密已为公众所知悉的行为。但是对于损失认定，原审判决以技术开发成本作为权利人损失数额，重审判决纠正了该错误，重审判决依据评估机构重新出具的商业价值评估报告，根据公开披露导致商业秘密为公众所知悉可以根据商业秘密的商业价值确定损失的法律规定，重新认定了损失。

例如，在吴某侵犯商业秘密罪上诉案❷中，法院认为，被告人在互联网"发酵人论坛"上发帖公布"色氨酸提取技术方案"。法院认为，被告人吴某使用不正当的手段获取了梅花集团公司的商业秘密并在互联网上予以披露，导致梅花集团公司投入1600多万元研发资金的这一研发成果进入公众领域，从而使该商业秘密失去了应有的商业价值，造成了特别严重后果，遂将研发成本认定为损失数额。

无锡药某康德新药开发有限公司（以下简称无锡药某康德公司）与上海药某康德公司先后与辉某公司签订协议，约定由上海药某康德公司根据辉某公司的订单提供合成化学服务，产生的知识产权归辉某公司所有，上海药某康德公司对相应信息负有保密义务。在协议履行中，由辉某公司下达订单并提供部分结构式的合成路径建议，上海药某康德公司以该合成路径建议为基础或自行设计的合成路径进行具体的合成实验，最终向辉某公司交付实验报告和相应化合物。实验报告内容包括订单信息、是否可以合成目标化合物、合成的具体方法和过程等，报告上有"confidential"（即保密）字样。

---

❶ 广东省深圳市宝安区人民法院（2019）粤 0306 刑初 4934 号刑事判决书。
❷ 上海市第一中级人民法院（2013）沪一中刑（知）终字第 10 号刑事裁定书。

# 第十二章　商业秘密民事保护与刑事、行政保护之间的关系

被告人吴某自 2008 年 3 月 18 日起在上海药某康德公司工作，岗位为辉某项目组的合成研究员。吴某签署的《雇员保密信息和发明转让协议》约定，其在受雇期间和以后，对公司的研究资料及公司从第三方处获得的保密或专有信息负有保密义务。上海药某康德公司的实验室设有门禁系统，规定员工只能使用自己的账号和密码登录工作用计算机，还对计算机的使用设置了一系列禁止性规定，包括：若非特殊需要不为计算机配备光驱和软驱，不开通 USB 接口；未经机主本人允许，不得擅自使用、移动或拆装他人计算机；员工不得将公司数据带出公司；严禁连接公司网络，下载公司内部资源信息等。

2010 年 9 月、10 月间，被告人吴某先后数次采用秘密拆换电脑硬盘的方式，窃取上海药某康德公司其他研究人员电脑中的相关研究材料，其中包括公诉机关指控的 89 个化合物结构式及合成过程信息。同年 10 月 16 日晚，吴某在以上述方式窃取研究资料时被保安当场抓获。10 月 20 日，吴某办理离职手续，并书面确认离职后不向任何人透露其知悉的公司或其客户的任何商业秘密。2011 年 3 月 2 日和 11 日，吴某将其窃取并编辑整理的化合物结构式，以尚未成立的上海艾娜科生物医药科技有限公司（以下简称艾娜科公司）的名义，在 SciFinder 和 ACDFIND 数据库及艾娜科公司的网站（http://www.innocechem.com）上公开披露，其中包括公诉机关指控的 89 个化合物结构式。艾娜科公司于 2011 年 6 月 2 日注册成立，吴某系法定代表人。

公安机关于 2011 年 12 月 22 日接上海药某康德公司报案，经调查取证，并委托上海市科技咨询服务中心（以下简称科技咨询中心）进行相关鉴定后，于 2012 年 4 月 13 日作出立案决定。吴某到案后，如实供认其实施了上述行为。

2012 年 2 月 13 日，上海科学技术情报研究所（以下简称科技情报所）根据科技咨询中心的委托出具《知识产权检索报告》，结论为：艾娜科公司在 SciFinder 和 ACDFIND 两个数据库披露的 89 个化合物结构式中，77 个结构式于 2011 年 3 月 2 日首次由艾娜科公司公开，12 个结构式于 2011 年 3 月 11 日首次由艾娜科公司公开。检索报告显示，在 28 号、29 号和 75 号结构式

的首次披露日前，辉某公司对该 3 个结构式享有专利优先权。

2012 年 3 月 8 日，科技咨询中心出具（2012）鉴字第 07 号技术鉴定意见：艾娜科公司在其网站及 SciFinder 和 ACDFIND 数据库中公开发布的 89 个结构式与上海药某康德公司研发的在辉某公司 GCSW 系统中相应的 89 个结构式相同；GCSW 系统的 89 个结构式中，77 个结构式在 2011 年 3 月 2 日前，12 个结构式在 2011 年 3 月 11 日前，均属于不为公众所知悉的技术信息。

科技咨询中心分别于 2012 年 4 月 11 日和 6 月 5 日出具（2012）鉴字第 07-1 号和 07-2 号技术鉴定意见：（1）上海药某康德公司研发的上述 89 个化合物具有很高药用或其他生物化学方面的潜在价值和应用前景，具有实用性，能为权利人带来经济利益。（2）上海药某康德公司完成辉某公司以 FTE 形式下达任务单并付费的 43 个化合物任务所采用的合成路线和工艺等是科学、合理的，应花费的必须时间为 305 个工作日，合计 2440 个工作小时。此外，该中心通过组织专家论证，于 2012 年 6 月 7 日出具咨询意见：自 2011 年 3 月艾娜科公司在其网站及 ACDFIND 和 SciFinder 数据库中公开披露上述 89 个化合物结构式等相关信息，至 2011 年 11 月已超过 6 个月时间，相应信息已丧失新颖性，直接导致上述 89 个结构式等相关信息丧失了获得专利保护的权利。

2012 年 7 月 18 日，根据公安机关的委托，上海公信中南会计师事务所有限公司（以下简称公信中南公司）出具公信中南 [2012] 鉴字第 66 号司法鉴定意见书，认定在被吴某公开的 89 个结构式中，80 个结构式涉及的研发费用共计 2 686 103.43 元。而上海药某康德公司就 4 号、12 号、21 号、40 号、41 号、54 号、55 号、56 号、69 号 9 个结构式未能提供研发费用的相关资料，故未予计入。

关于被告人行为给被害单位造成损失的问题，一审法院认为，被告人吴某的侵权行为系窃取包含结构式在内的相关技术信息及披露结构式。被害单位及公诉机关均未提交证据证明被告人的窃取行为给权利人造成的损失，而对于被告人披露行为造成的损失，由于该行为导致相应结构式为公众所知悉，可根据该系列结构式的商业价值确定权利人的损失。而结构式的商业价值，可根据其研究开发成本、实施该项商业秘密的收益、可得利

## 第十二章　商业秘密民事保护与刑事、行政保护之间的关系

益、可保持竞争优势的时间等因素确定。公诉机关系根据结构式的合成费（2 686 103.43 元）认定研究开发成本，并以此作为被害单位的损失。对于合成费是否属于结构式的研究开发成本，应结合结构式的研究开发过程来判断。而辉某公司向上海药某康德公司支付的涉案合成费仅是后两个阶段支出的研究开发成本，该成本可认定为被告人侵犯商业秘密行为所造成的损失。对于辩护人认为辉某公司支付的合成费不是结构式研发成本及重复合成的费用不属于研发成本的意见，不予采纳。但在辉某公司向上海药某康德公司支付的合成研发费中，由于纳入计算的 61 号结构式的合成费与被告人吴某披露的 61 号反应物结构式的研发并无关联，相应的费用 12 248.71 元应从中予以扣除。28 号、29 号和 75 号结构式在吴某披露前已由辉某公司申请专利，辉某公司不会因此而遭受损失，故该 3 个结构式的研发费 56 932.02 元也应扣除。

综上所述，被告人吴某以盗窃手段非法获取辉某公司的商业秘密，并披露窃取的商业秘密，辉某公司因此而遭受的研究开发成本损失在结构式合成阶段即达 260 余万元，给被害单位造成特别严重的后果，故吴某的行为构成侵犯商业秘密罪。

以商业秘密的商业价值或研发成本计算损失的前提是"商业秘密为公众所知悉"，商业秘密为公众所知悉的典型表现就是被告人公开披露。但向全社会公开商业秘密的案件毕竟是少数，这些被告人多出于报复心理。倘若将公众限定于全体社会成员，一方面将极大地限缩"以商业秘密价值确定损失数额"的适用，另一方面对权利人而言也不公平。反不正当竞争意义上的商业秘密主要保护权利人的竞争优势，倘若被告人将商业秘密向权利人同行业竞争对手披露，权利人将丧失竞争优势，商业秘密的价值也不复存在，这需要法律对此种行为予以否定。

并且，此处的竞争对手应当是同行业中的多数竞争对手，即案涉商业秘密已经为大量的同业竞争者知晓，倘若被告人仅披露给某一个或两个特定竞争对手使用，且根据现有证据案发后已经对案涉商业秘密的传播进行了有效控制，并未扩散至其他竞争者处，亦不应适用"以商业秘密价值确定损失数额"规则。

在实践中也存在商业秘密被部分公开成为公知信息的情形，对此，是否应当以全部商业秘密的商业价值或研发成本作为损失数额，需要具体区分。在此情形下认定损失数额，应当遵循以下原则：若商业秘密被公开部分为核心关键组成部分的，以全部价值或研发成本作为损失数额；若商业秘密被公开部分并非核心关键部分，且公开部分与未公开部分能够独立使用的，可仅以公开部分作为损失认定的依据。就商业秘密而言，尤其是技术秘密，核心关键部分的公开意味着该商业秘密已经失去其价值，同业竞争者对同类产品的仿制与研发也轻而易举，权利人受到的损失与全部公开几无差别，此时由被告人承担全部责任与其行为的恶劣后果相一致。此时，应当以全部商业秘密的商业价值或者研发成本作为损失数额。❶

在叶某东、赵某阳、宋某侵犯商业秘密罪一案❷中，法院认为因该技术现在仍属于权利人所有，被告人已不再继续使用该技术，且被告人等在实施侵犯他人商业秘密行为的过程中，仅是自己使用该技术，并没有该技术信息已经丧失其秘密性的相关证据，该案中把商业秘密的研发成本完全计入权利人损失的数额是不科学的，从司法的角度讲，对侵权人也是不公正的，应当根据商业秘密被侵犯的程度，也就是秘密泄露的范围、使用者的多少等实际情况来确定损失的大小，综合考量以尽量准确地确定损失的数额，准确地定罪量刑。可见，在无证据证明商业秘密已经丧失秘密性、商业秘密仍处于保密状态、侵权人没有付诸实施等情况下，以商业秘密的研发成本认定权利人的损失的做法应予以纠正。

笔者认为，在权利人损失难以计算的情况下，将商业秘密自身的价值作为权利人的损失，此举混淆了侵犯商业秘密罪与财产罪的犯罪认定标准。只有在商业秘密被公开、导致商业秘密丧失其秘密性或导致权利人对商业秘密的使用不可控制的情形下，才能将商业秘密的自身价值作为重大损失予以认定。商业秘密的本质是信息，并不因为侵权人的非法占有而使权利人完全丧失对商业秘密的所有权。因此，商业秘密的研发成本是否计

---

❶ 唐亚南. 侵犯商业秘密罪裁判规则 [M]. 北京：法律出版社，2021：148.
❷ 贵州省贵阳市中级人民法院在（2014）筑民三（知刑）初字第1号刑事判决书。

# 第十二章　商业秘密民事保护与刑事、行政保护之间的关系

入权利人损失以及计入的数额，应当根据商业秘密被侵犯的程度，也就是秘密泄露的范围、使用者的多少等情况来综合考量。

损失数额的确定应与商业秘密公开的程度相适应，与之类似的情况还包括损失数额的确定应与技术信息或者经营信息的贡献程度相适应。在邹某乙、王某侵犯商业秘密罪案❶，何某、刘某侵犯商业秘密罪案❷，福建省福抗药业股份有限公司、福建省海欣药业股份有限公司、俞某、孟某、吴某甲、蔡某、金某、李某、陈某甲侵犯商业秘密罪案❸等中，法院认为，侵权产品既可能包括权利人的技术秘密，还可能同时使用了其他关键性技术，如将侵权产品实现的全部利润作为权利人的损失对被告人并不公平，因为无论是被告人所侵犯商业秘密的价值，还是给权利人造成的损失，都并非整个产品实现的利润。因此，应当结合案件的具体情况，综合考虑该技术秘密在实现产品整体价值过程中所起的具体作用，适用技术分摊规则。基于相同的法理，若商业秘密是经营信息的，也应当综合考虑该经营信息在经营活动中所起的具体作用，适用分摊规则。技术分摊规则的举证责任由被告人承担。技术秘密涉及整个产品，或者虽然未涉及整个产品，却对产品整体价值的实现起着决定作用的，应以整体产品价值认定；技术秘密对实现产品整体价值仅起到部分作用的，应当按照所起作用大小确定损失。

另外，技术公开的程度同样应与其在整体技术方案中的作用相适应。例如，技术信息的少量内容被申请为专利，专利申请被公布或授权公告后，若大部分具体且关键的信息并未被专利文献公开，该技术信息仍具有秘密性，属于商业秘密，行为人以此为由作无罪抗辩则不能成立。在南京科鲁斯压缩机有限公司、梁某某、龚某某侵犯商业秘密罪一案❹中，法院认为，技术信息如果被专利文献公开，便因"为公众所知悉"而不具有秘密性，无法受到商业秘密相关法律的保护。若专利文献仅公开了技术信息最基本的原理性描述、配套技术的某个环节或某个配件等内容，并未公开技术信

---

❶ 江苏省常州市新北区人民法院（2014）新知刑初字第 1 号刑事判决书。
❷ 北京市西城区人民法院（2015）西刑初字第 449 号刑事判决书。
❸ 浙江省绍兴市中级人民法院（2015）浙绍刑终字第 874 号刑事判决书。
❹ 南京铁路运输法院（2016）苏 8602 刑初 1 号刑事判决书。

息的大部分具体且关键的信息，则无法根据上述公开的事实认定该技术信息已"为公众所知悉"，此时行为人以商业秘密已被专利文献公开为由作无罪抗辩的，该抗辩不能成立。判断技术信息大部分具体且关键的信息是否被专利文献公开，应对技术信息和专利技术方案进行比对，比对时可以参考技术专家意见或鉴定意见。

（六）"因披露或者允许他人使用商业秘密"违法所得的计算方式[1]

因披露或者允许他人使用商业秘密而获得的财物或者其他财产性利益，应当认定为违法所得。在实践中，行为人以不正当手段获取商业秘密后或者违反约定将商业秘密转让给第三人使用，第三人往往支付钱款等财物，对于直接交易商业秘密获利的，作为违法所得而不作为权利人损失计算。

除财物外，将"财产性利益"也纳入违法所得的计算范畴，旨在囊括实践中将商业秘密作价入股、技术出资等获利的情形。需要说明的是，违法所得数额和给权利人造成重大损失的数额不能累计计算，而应当分别计算。需要注意的是，在员工跳槽违约侵犯商业秘密的情形下，新公司往往给予员工年薪、安家费等薪酬。如果员工薪酬的取得除了提供相关商业秘密外，还主要与其自身具备的技能、经验等有关，在此种情况下，一般不宜将年薪、安家费等薪酬直接认定为违法所得。

例如，在某惰性气体系统（北京）有限公司、郭某等侵犯商业秘密案[2]中，一审法院直接以侵权人产品销量代替权利人减少的销量，二审法院查明涉案氙气灯生产线存在购买厂家自行组装配置的可能性，表明两家

---

[1] 最高人民法院、最高人民检察院《关于办理侵犯知识产权刑事案件适用法律若干问题的解释（征求意见稿）》第28条第1款第4项吸收了《最高人民法院、最高人民检察院关于办理侵犯知识产权刑事案件具体应用法律若干问题的解释（三）》（法释〔2020〕10号）第5条第1款第6项的内容，即"因披露或者允许他人使用商业秘密而获得的财物或者其他财产性利益，应当认定为违法所得"的规定不再适用，取而代之为"披露、使用或者允许他人使用的，损失数额可以根据权利人因被侵权造成销售利润的损失确定"。请读者根据最终实施的正式司法解释为准。

[2] 上海市第一中级人民法院（2011）沪一中刑终字第552号刑事判决书。

# 第十二章　商业秘密民事保护与刑事、行政保护之间的关系

公司涉案氙气灯生产线的生产销售并不具有非彼即此的不可替代性，该案应当以侵权人获利作为犯罪金额更妥当。

在上述案件中，上海某机电技术有限责任公司（以下简称甲公司）于1996年成立，被告人郭某在该公司任网管。2004年1月，郭某离职，并签订《离职协议》，约定保密及竞业禁止义务。2006年4月，甲公司聘请被告人杜某任其制造部下属设备厂经理，负责设备厂的生产、调度及管理工作，并约定保密义务。2008年3月至4月，杜某向郭某提供了从甲公司带走的等离子火头及六通阀的图纸。2008年5月，杜某至某惰性气体系统（北京）有限公司（以下简称乙公司）工作，协助安排设备的生产。2008年3月至8月，乙公司向海宁市某电子照明有限公司（以下简称丙公司）、海宁市某光源科技有限公司（以下简称丁公司）等7家单位销售特种灯生产线，包括手套箱、高温炉、等离子排气封接台等，共计合同金额为792万余元。

2008年7月3日，侦查人员将杜某抓获，并当场缴获大量有关汽车氙气灯流水线设备的图纸和U盘一个。7月4日，侦查人员至乙公司调查取证，根据杜某的指认，侦查人员扣押了乙公司技术人员使用的电脑主机。

经鉴定，认定上述光盘图纸和纸件图纸中所包含的甲公司的脱羟炉、等离子火头、手套箱等设备的零部件的设计尺寸、公差配合、表面粗糙度、装配关系、材质以及具体技术要求的确切组合，属于非公知技术信息。根据目前企业的惯常做法，企业一般不会将其设计的设备生产图纸公之于众，社会公众也难以通过公开渠道直接获得他人的生产图纸。经现场勘测，乙公司的上述设备和甲公司图纸记载的主要结构和主要尺寸相同或者实质相同。

2010年4月28日，公安机关委托上海公信中南会计师事务所有限公司（以下简称公信事务所）对甲公司因商业秘密被侵犯而受到的损失进行鉴定。司法鉴定意见采用权利人提供的被侵权前所生产销售的与侵权产品基本相同配置的4套设备的生产销售资料，取这些设备生产销售的平均利润，最终测算得到权利人被侵权产品的净利润平均为51.99%，单套设备净利润平均为165万元；再基于权利人有足以应对市场上所出现的7套侵权产品的同期生产能力这一前提，侵权产品的出现导致本应属于权利人的

生产销售数量及利益流失，故被侵害单位损失以查实的被侵权产品在市场上销售的总数乘以每件产品的合理利润所得之积计算，估算 7 套设备的利润约为 1155 万元。

另查，丁公司法定代表人徐某证言证实，其公司生产的氪气灯流水线设备是从多家单位采购。

涉案特种灯生产线中的手套箱、真空脱氢炉、抽充台及等离子封接等主要设备部分可以单独销售及计算价格；真空脱氢炉、等离子火头部件价值占乙公司特种灯生产线价值的 37.1%。

一审判决认为，被告单位乙公司、被告人郭某、杜某构成侵犯商业秘密罪。关于权利人损失金额，因在案证据没有反映权利人销售数量减少的总数，而被告单位对外销售 7 条氪气灯生产线的事实确实无误，同时，根据权利人提供的销售资料，可以测算得出权利人每条生产线的合理利润为 165 万元，故依据前述规定计算得出权利人损失为 1155 万元。

一审判决后，乙公司、郭某、杜某均不服，提起上诉。

二审法院生效判决认为，该案予以保护的商业秘密为技术要求的确切组合，其中含有公知技术成分和非公知技术成分，两者亦无法具体区分，故原判量刑过重，应予纠正。据此，二审法院改判上诉单位及两名上诉人构成侵犯商业秘密罪，但酌情免予刑事处罚。

关于权利人损失的计算，二审法院对该价格鉴定意见不予采纳，主要理由在于作为商业秘密保护的技术秘密并不占有垄断的地位，权利人拥有技术秘密并不代表着其他竞争者不能拥有同样的技术秘密。以侵权人销售产品的数量作为权利人销售的数量需要以权利人拥有的技术秘密独一无二为前提。在相同产品的市场中，这就意味着具备该技术秘密的产品不是由权利人生产的就是由侵权人生产的，两者存在非彼即此的替代关系。从现有证据来看，两者并不存在替代关系，故该案应当以侵权人获利作为犯罪金额更妥当。原判以被害单位整条生产线设备的利润作为损失计算依据，缺乏事实基础和法律依据，予以纠正。参照最高人民法院《专利纠纷规定》第 20 条的规定，确定以被告单位非法获利为计算依据。鉴于甲公司与案外公司签订的销售合同及相关财务凭证反映，甲公司涉案氪气灯生产线

## 第十二章　商业秘密民事保护与刑事、行政保护之间的关系

设备的净利润为51.99%。而通常情况下，随着同类产品市场竞争者的增多，相关产品的利润会有所下降，故被告人郭某到案后供述的乙公司氙气灯生产线的产品利润为20%具有合理性，予以采信。据此确认，被告单位乙公司共对外销售7条氙气灯生产线，销售金额共计792.46万元，获利158.492万元（792.46万元×20%），其中因非法获取并使用被害单位甲公司的等离子火头、真空脱羟炉等技术秘密而非法获利58.8万元（158.492万元×37.1%）。

有观点认为，当权利人的产品与侵权产品之间系非此即彼的替代关系时，可以优先适用权利人实际损失法计算犯罪数额。因为当市场上两款产品存在相对稳定的替代关系时，就意味着具备该技术秘密的产品不是由权利人生产的就是由侵权人生产的，侵权行为必然导致权利人销量的减少，侵权产品挤占了权利人的市场份额，造成权利人的利益损失。简而言之，侵权人生产侵权产品所获得的利益原本就应当归属于权利人。

当权利人产品与侵权人产品之间不存在非此即彼的替代关系时，在市场的自由竞争中，该类产品存在多家同业竞争时，权利人产品销量的减少与侵权行为之间虽存在因果关系，但并不能直接对应，权利人的销量减少可能是市场充分竞争后的自然结果。此时从侵权人获利角度予以评价更合理，采用侵权人侵权产品销量乘以侵权人利润的计算方法。如上述案例中，一审法院直接以侵权人产品销量代替权利人减少的销量，二审法院查明涉案氙气灯生产线存在购买厂家自行组装配置的可能性，表明两家公司涉案氙气灯生产线的生产销售并不具有非彼即此的不可替代性，该案应当以侵权人获利作为犯罪金额更妥当。以上规则主要针对使用型侵犯商业秘密犯罪，如侵权人实际使用时间较短、侵权规模较小，同时还披露商业秘密造成失密的，此类情形还需要平衡考虑。❶

（七）权利人因被侵权造成销售利润损失的具体计算方式

权利人因被侵权造成销售利润损失的具体计算方式，主要参照反不正当竞争法、专利法及其司法解释、《最高人民法院关于审理侵犯商业秘密民

---

❶ 李亚萍. 知识产权刑事案件裁判规则［M］. 北京：法律出版社，2020：238-239.

事案件适用法律若干问题的规定》等采用递进方式计算："权利人因被侵权造成销售利润的损失，可以根据权利人因被侵权造成销售量减少的总数乘以权利人每件产品的合理利润确定；销售量减少的总数无法确定的，可以根据侵权产品销售量乘以权利人每件产品的合理利润确定；权利人因被侵权造成销售量减少的总数和每件产品的合理利润均无法确定的，可以根据侵权产品销售量乘以每件侵权产品的合理利润确定。"❶ 有观点认为，三种方式可以不分先后，根据案件情况具体适用。经研究认为，当前递进方式更加符合"给权利人造成重大损失"的立法本意。在司法实践中，侵权人为获利往往低价销售侵权产品，如果直接以侵权产品销售量乘以每件侵权产品的合理利润计算权利人损失，会导致不当少算；先以权利人减少的销售量乘以权利人每件产品的合理利润计算损失，可更直接地体现侵权行为的社会危害性。需要注意的是，侵权产品销售量乘以每件侵权产品的合理利润是作为权利人损失的计算方法，而非侵权人违法所得的计算方法。还有意见提出，商业秘密不一定体现在产品上，也可能体现在服务等其他经营活动中，用产品利润计算损失不全面。最高人民法院、最高人民检察院《关于办理侵犯知识产权刑事案件适用法律若干问题的解释（征求意见稿）》采纳了该意见，规定："商业秘密系用于服务等其他经营活动的，损失数额可以根据权利人因被侵权而减少的合理利润确定。"

例如，在冷某海侵犯商业秘密一案❷中，法院认为，在被告人已将权利人的商业秘密用于生产侵权产品的情况下，权利人的损失可以根据其产品因侵权所造成销售量减少的总数乘以产品的合理利润计算。

在上述案例中，湖南宏青环保科技有限公司（以下简称宏青公司）于

---

❶ 最高人民法院、最高人民检察院《关于办理侵犯知识产权刑事案件适用法律若干问题的解释（征求意见稿）》第 28 条第 2 款删除了《最高人民法院、最高人民检察院关于办理侵犯知识产权刑事案件具体应用法律若干问题的解释（三）》（法释［2020］10号）第 5 条第 2 款"权利人因被侵权造成销售量减少的总数和每件产品的合理利润均无法确定的，可以根据侵权产品销售量乘以每件侵权产品的合理利润确定"的内容，即删除了根据"侵权产品合理利润"计算损失的测算方法。请读者以最终实施的正式司法解释为准。

❷ 湖南省益阳市资阳区人民法院（2019）湘 0902 刑初 335 号中刑事判决书。

## 第十二章　商业秘密民事保护与刑事、行政保护之间的关系

2016年9月29日注册成立，法定代表人为陈某。2016年10月1日，陈某、宏青公司分别与浙江正境环保科技有限公司（原浙江科瑞特环境科技有限公司，2016年9月26日将企业名称变更为浙江正境环保科技有限公司，以下简称正境公司）签订《固定床组合式污水处理设备战略合作协议》《固定床组合式污水处理设备技术更新合作协议》，约定自2016年10月1日起至2026年9月30日止，正境公司授权陈某及宏青公司为正境公司ＰＥ组合式固定床生活污水处理设备在湖南、湖北、江西、广西、四川五省份唯一技术工艺全权代理战略合作伙伴，承接农村生活污水处理项目及产品销售。2017年8月15日，宏青公司在益阳市资阳区成立控股子公司湖南凯清环保科技有限公司（以下简称凯清公司）。2017年8月30日，宏青公司授权凯清公司为其PE组合式固定床生活污水处理设备在湖南益阳、娄底、长沙、宁乡、吉首五市唯一技术工艺全权代理战略合作伙伴，授权期限为2017年9月至2026年8月。2018年10月1日，正境公司、宏青公司、凯清公司签订《三方合同主体变更协议》，约定由凯清公司受让宏青公司与正境公司的全部权利和义务。

2016年10月29日、11月1日，被告人冷某海与宏青公司分别签订《保密协议》及《劳动合同书》，约定冷某海在宏青公司工作期间或利用宏青公司资源所取得的技术开发成果、创新成果，其知识产权属于宏青公司；宏青公司的技术信息和经营信息属于商业秘密、技术秘密，冷某海须保守秘密，不得对外泄露，不得用于个人谋利或者帮助他人谋利；宏青公司每月支付2000元保密费给冷某海。

2016年11月1日至16日，被告人冷某海受宏青公司委派，前往正境公司接受培训，学习地埋式污水处理设备的罐体生产配方、设备组装、填料生产、设备安装等核心技术。培训完毕后回宏青公司担任生产厂长，负责宏青公司地埋式污水处理设备的制造生产，包括原料配比、配方、制模过程，以及后期的成品安装。2016年12月至2017年11月，宏青公司按月支付了冷某海保密费。

2017年12月5日，被告人冷某海从宏青公司离职，2018年3月至6月经湖南丽都清源环保科技有限公司（以下简称丽都清源公司）法定代表

人李某聘请入职丽都清源公司。在丽都清源公司就职期间，冷某海违反其与宏青公司签订的保密协议，利用自己在宏青公司掌握的地埋式污水处理设备的罐体生产配方、立体填料生物膜等核心技术，为丽都清源公司实际出资控制的益阳洁源环保科技有限公司（以下简称洁源公司）提供地埋式污水处理设备的生产技术指导，帮助洁源公司生产同类地埋式污水处理设备的罐体和立体网格式填充物成品。2017年12月，丽都清源公司借用益阳心安环保科技有限公司（以下简称心安公司）工程施工资质，以心安公司名义中标益阳市南县洞庭湖三新生态示范区罗文村及班嘴村污水处理设备采购项目，由丽都清源公司负责实际施工建设并按中标金额的1.0%~1.5%缴纳"管理费"给心安公司。2017年12月20日，南县洞庭湖三新生态示范区投资开发有限公司与心安公司签订《南县罗文村污水处理设备采购合同》《南县班嘴村污水处理设备采购合同》，以675 000元/套的价格向心安公司购买两套由洁源公司生产的90吨地埋式污水处理设备并安装在南县罗文村、班嘴村。

湖南省科学技术咨询中心鉴定：（1）凯清公司提供的"PE固定床生物膜分散组合式污水处理系统物料配方（配料清单）"及"PE固定床组合式污水处理设备生产、安装工艺流程图纸"（《安化县田庄乡异地扶贫安置点60T/d污水处理工程》）等技术资料不为公众所知悉，具有实用性，能为企业带来较大的经济效益，采取了保密措施，属于商业秘密；（2）凯清公司拥有的PE固定床组合式污水处理设备生产、安装工艺流程图纸（《汉寿崔家桥镇连家坝社区污水处理项目50T/d污水处理工程》）与南县罗文村、班嘴村污水处理工程中污水处理设备生产、安装工艺流程图纸在局部上构成相同，整体上构成等同；（3）基于上海复昕化工技术服务有限公司对凯清公司与洁源公司地埋式污水处理罐罐体样品、污水处理罐填充物样品的成分分析报告，凯清公司地埋式污水处理罐罐体及污水处理罐填充物的配方、成分与洁源公司地埋式污水处理罐罐体及污水处理罐填充物的配方、成分构成相同。

经益阳凌云资产评估事务所鉴定，凯清公司90T的产品单位成本为4081.81元，实现的单位利润为3918.19元。据此，洁源公司销售两套90

## 第十二章　商业秘密民事保护与刑事、行政保护之间的关系

吨地埋式污水处理设备给凯清公司造成的直接经济损失为人民币705 274.2元（3918.19元/T×180T）。

法院认为，被告人冷某海已将权利人商业秘密用于生产侵权产品，故在计算权利人损失数额时，可以参照商业秘密、专利民事司法解释中规定的损害赔偿数额的计算方法进行，而根据最高人民法院《关于审理专利纠纷案件适用法律问题的若干规定》第20条第1款的规定，"权利人因被侵权所受到的实际损失可以根据专利权人的专利产品因侵权所造成销售量减少的总数乘以每件专利产品的合理利润所得之积计算……"凯清公司为正境公司授权在益阳市技术工艺代理战略合作伙伴，因冷某海的犯罪行为，导致权利人凯清公司地埋式污水处理设备在益阳地区销售量减少180吨。益阳市凌云资产评估事务所作为具有资产评估资质的鉴定机构，根据凯清公司2018年度销售合同、销售单价、采购产品的型号及数量、生产成本等资料，鉴定出2018年凯清公司90吨产品单位成本为4081.91元，实现的单位利润为3918.19元，据此计算出凯清公司的直接经济损失为705 274.2元，法院予以采纳。

在东莞市福丰自动化设备有限公司（以下简称福丰公司）、张某辉侵犯商业秘密罪一案[1]中，因权利人减少的销量难以查清或者与侵权行为之间的因果关系无法证明的，法院便以侵权产品的销量为计算基数作为计算损失的依据。

在该案中，迈得医疗工业设备股份有限公司（以下简称迈得公司）经工商行政机关核准登记成立于2003年3月10日，其经营范围是自动化系统集成、工业自动化设备设计、制造销售、塑料制品制造等，法定代表人为林某华。公司于2009年年初开始对"三通滴斗乳胶帽自动组装机"进行批量生产销售，并在生产销售中不断进行优化，打开了医疗设备销售市场。

2009年6月至2010年6月，被告人张某辉在迈得公司工作期间，与该公司签订了保密协议，负责公司机器研究开发。其利用工作便利，违反迈得公司有关保守商业秘密的要求，披露、使用其所掌握的迈得公司"三通

---

[1] 浙江省台州市中级人民法院（2015）浙台知刑终字第2号刑事裁定书。

滴斗乳胶帽自动组装机"的相关技术图纸资料，或秘密窃取了该公司"三通滴斗乳胶帽自动组装机"的相关技术图纸资料。

2008年至2011年1月，被告人张某泉在迈得公司工作期间，与公司签订了保密协议，负责公司产品的售后服务。其利用工作上的便利，也秘密窃取了该公司"三通滴斗乳胶帽自动组装机"的技术图纸资料。

被告单位福丰公司经工商行政机关核准登记于2010年10月9日成立，法定代表人为张某辉，由被告人张某辉和其妻杨某共同出资创办。

2011年年初，被告人张某泉从迈得公司正式离职，并受聘担任福丰公司的副总经理，负责机器设备的安装调试和售后服务等。2011年1月，被告人张某辉利用上述非法获取的技术生产了福丰牌"三通滴斗乳胶帽自动组装机"，并经由被告人张某泉介绍销售至河南曙光健士医疗器械有限公司，被告人张某泉利用非法获取的技术信息对机器设备进行调试指导。

至2011年6月16日，被告人张某辉为了规避司法机关的查处，将福丰公司的法定代表人变更为其父亲张某，公司股东也变更为张某和杨某，并经工商行政部门核准登记。但被告人张某辉、张某泉仍参与该公司的实际经营管理。

经浙江省科技咨询中心司法鉴定，迈得公司生产的"三通滴斗乳胶帽自动组装机"的技术信息中"三叉件上料装置"和"三叉件扶正机构的结构设计"系不为公众所知悉。福丰公司生产的"三通滴斗乳胶帽自动组装机"与迈得公司制造的"三通滴斗乳胶帽自动组装机"相比较，涉及"三叉件上料装置""三叉件扶正机构的结构设计"的技术信息相同。

一审法院认为，从福丰公司成立至2013年10月31日，该公司以每台20万元左右的价格将生产的"三通滴斗乳胶帽自动组装机"陆续销售给湖南平安医械科技有限公司、江西益康医疗器械集团有限公司等20多家企业，共计销售40台。经浙江武林资产评估有限公司评估，造成迈得公司损失达人民币541万元，属于特别严重后果。

二审法院认为，鉴于作为迈得公司原负责售后服务的被告人张某泉曾供述迈得公司是当时市场上唯一的涉案产品供应商；向被告单位福丰公司购买涉案产品的各家客户，在笔录中悉数陈述仅向迈得公司或福丰公司购

## 第十二章　商业秘密民事保护与刑事、行政保护之间的关系

买过涉案产品，均未能举出其他曾生产销售涉案产品的厂家名称；各被告人作为业内人员，未能提供其他厂家案发之前生产销售涉案产品的有效依据。综上，综合考虑涉案产品当时的市场竞争情况、迈得公司对涉案产品的生产能力等因素，应当认定由于被告人侵犯商业秘密的行为，使迈得公司丧失了本应属于其的交易机会。根据浙江武林资产评估有限公司于浙武资评字（2013）第1159号资产评估报告的鉴定评估，2011—2013年迈得公司所销售的三通滴斗乳胶帽自动组装机的当年单台利润，分别乘以2011—2013年被告单位福丰公司生产销售侵犯迈得公司商业秘密的三通滴斗乳胶帽自动组装机的当年数量，累计得出各被告人的行为给迈得公司造成的损失超过250万元。但权利人的损失与涉商业秘密部分占整机的成本比重并无直接关联，原判在确定权利人损失中考虑成本占比因素不当，应予以纠正，但对于量刑没有实质影响。根据《最高人民法院、最高人民检察院关于办理侵犯知识产权刑事案件具体应用法律若干问题的解释》第7条第2款的规定，给商业秘密的权利人造成损失数额在250万元以上的，属于《刑法》第219条规定的"造成特别严重后果"。

在实践中，权利人减少的销量往往不易查清，因为权利人的经营状况除了受同类产品竞争对手的影响之外，宏观经济情况、权利人的管理水平等因素都会对产品的销量产生影响。在个别案例中，甚至出现侵犯商业秘密行为发生后，权利人销量反而增加的情形。因而，权利人销量的减少与侵权行为之间的因果关系也经常受到被告人和辩护人的质疑，部分司法机关对其关联性也持一定的怀疑态度。因此，倘若权利人减少的销量难以查清或者与侵权行为之间的因果关系无法证明的，则以侵权产品的销量为计算基数。

2020年9月14日起施行的《最高人民法院、最高人民检察院关于办理侵犯知识产权刑事案件具体应用法律若干问题的解释（三）》第5条第2款则对该规则予以明确，该款规定，权利人因被侵权造成销售利润的损失，可以根据权利人因被侵权造成销售量减少的总数乘以权利人每件产品的合理利润确定；销售量减少的总数无法确定的，可以根据侵权产品销售量乘以权利人每件产品的合理利润确定；权利人因被侵权造成销售量减少的总数和每件产品的合理利润均无法确定的，可以根据侵权产品销售量乘以每

件侵权产品的合理利润确定。该款采取的是递进方式认定。递进方式能够更好地符合"给权利人造成重大损失"的立法本意。

根据会计财务常识,营业利润与销售利润的区别在于,前者需要扣除财务费用、管理费用和营业费用。在实务中,权利人与被告人相比,往往权利人的生产经营规模更大、人员更多、各项费用支出更庞杂,倘若允许以营业利润作为认定损失的标准,在某种程度上,被告人反而因为权利人的经营情况而获利,显然有违公平原则。并且,当权利人商业秘密被侵犯时,其竞争优势本被削弱,各项营业成本、营业费用也可能会上升,权利人因侵权所增加的支出不应由其承担。正是因为将营业利润作为计算依据会产生上述问题,笔者认为应当以权利人的销售利润作为合理利润认定的依据。❶

(八)对部分间接损失纳入损失计算范围

商业秘密的权利人为减轻对商业运营、商业计划的损失或者重新恢复计算机信息系统安全、其他系统安全而支出的补救费用,应当计入给商业秘密的权利人造成的损失。适用《最高人民法院、最高人民检察院关于办理侵犯知识产权刑事案件具体应用法律若干问题的解释(三)》第5条第3款时应当注意,权利人支出的补救费用应当与侵犯商业秘密行为之间具有直接的因果关系,费用支出有无合理性和必要性,要注意防止权利人怠于采取补救措施或者恣意扩大补救费用,使损失数额达到入罪标准的情况,确保罪刑相适应原则和刑法明确性原则在司法实践中得到贯彻。对于权利人怠于采取补救措施或者故意扩大损失而产生的费用,不应当计入给商业秘密权利人造成的损失。

需要注意的是,在判断每件产品的合理利润时,司法机关应当考虑被侵犯的商业秘密在技术方案、产品、经营活动中的价值、作用等因素,合理确定犯罪数额,即应当审查商业秘密对产品价值的贡献率,做到罪刑相适应。例如,侵犯商业秘密的产品系另一产品的零部件的,应当根据该侵犯商业秘密的产品本身的价值及其在实现整个成品利润中的作用等因素,合理确定给权利人造成的损失数额。

---

❶ 唐亚南. 侵犯商业秘密罪裁判规则[M]. 北京:法律出版社,2021:104.

第十二章　商业秘密民事保护与刑事、行政保护之间的关系

# 第四节　商业秘密行政保护方式

## 一、商业秘密行政保护

商业秘密保护是优化营商环境，鼓励和促进市场主体研发创新的必由选择。2019 年《反不正当竞争法》是商业秘密保护行政执法的主要法律渊源。为了加强执法操作性，国家市场监督管理总局于 2020 年 9 月 4 日发布了《商业秘密保护规定（征求意见稿）》公开征求意见。

2019 年《反不正当竞争法》第 13 条规定："监督检查部门调查涉嫌不正当竞争行为，可以采取下列措施：（一）进入涉嫌不正当竞争行为的经营场所进行检查；（二）询问被调查的经营者、利害关系人及其他有关单位、个人，要求其说明有关情况或者提供与被调查行为有关的其他资料；（三）查询、复制与涉嫌不正当竞争行为有关的协议、账簿、单据、文件、记录、业务函电和其他资料；（四）查封、扣押与涉嫌不正当竞争行为有关的财物；（五）查询涉嫌不正当竞争行为的经营者的银行账户。"第 21 条规定："经营者以及其他自然人、法人和非法人组织违反本法第九条规定侵犯商业秘密的，由监督检查部门责令停止违法行为，没收违法所得，处十万元以上一百万元以下的罚款；情节严重的，处五十万元以上五百万元以下的罚款。"上述规定赋予了监督检查部门对于商业秘密侵权行为进行场所检查，查询、复制相关资料，查封、扣押财物，查询账户，责令停止侵权行为，没收违法所得，罚款等权限。从优化营商环境的政策背景出发，加强企业商业秘密保护、加大行政处罚力度的趋势是明显的。比如，从处罚金额看，1993 年《反不正当竞争法》规定了"20 万元"封顶罚款，2017 年《反不正当竞争法》规定了"300 万元"封顶罚款，2019 年《反不正当竞争法》规定了"500 万元"封顶罚款和"没收违法所得"。

商业秘密权利人的商业秘密被他人的不正当竞争行为侵犯，可以向县

级以上市场监督管理部门举报。市场监管总局《中华人民共和国反不正当竞争法（修订草案征求意见稿）》第46条规定："商业秘密权利人认为其商业秘密受到侵犯，向市场监督管理部门举报侵权行为时，可以提供商业秘密以及侵权行为存在的初步证据。"上述规定将行政保护的证据要求程度与民事的初步证据保持一致。

向县级以上市场监督管理部门举报时应注意提供以下材料：

（一）请求保护的商业秘密权利主体资格。举报人应为该技术信息或经营信息的权利人，或者与权利人具有独占使用许可、排他使用许可关系的被许可人。普通使用许可合同的被许可人须经权利人书面授权。

（二）请求保护的商业信息符合《反不正当竞争法》有关商业秘密的构成要件。

1. 该信息是技术信息或者经营信息等商业信息。

2. 该信息不为公众所知悉，即具有秘密性。

3. 该信息具有商业价值，即该信息能够给权利人带来直接或间接（现实或潜在）的经济利益或者竞争优势。

4. 权利人对其技术信息或经营信息采取的相应的商业秘密保护措施情况：

（1）签订保密协议、竞业限制协议或者在合同中约定保密义务情况；

（2）通过章程、规章制度、培训等方式提出的保密要求情况；

（3）对能够接触、获取商业秘密的供应商、客户、访客等提出保密要求情况；

（4）以标记、分类、隔离、封存等方式，对商业秘密及其载体进行区分和管理情况；

（5）对能够接触、获取商业秘密的计算机设备、电子设备、网络设备、存储设备、软件等，采取禁止或者限制访问、存储、复制等措施情况；

（6）要求离职员工登记、返还、删除、销毁其接触或者获取的商业秘密及其载体，继续承担保密义务情况；

（7）设立商业秘密保护设施情况。

## 第十二章　商业秘密民事保护与刑事、行政保护之间的关系

保密措施应当与商业秘密价值、重要程度相适应。商业秘密共有的，各共有人均应当采取相应保密措施。

（三）被举报人具有接触该技术信息和经营信息的条件等情形。

（四）被举报人使用的技术信息和经营信息与权利人请求保护的技术信息和经营信息具有一致性或相同性等证据材料。

（五）法律法规规定的其他材料。

## 二、商业秘密民事保护与行政保护之间的关系

### （一）民事侵权诉讼程序与行政违法调查程序的相互关系

1. 行政违法调查程序不影响民事侵权诉讼的审理

权利人就同一侵犯商业秘密行为，在市场监督管理部门已经受理或已经作出行政处罚决定后，权利人仍可以向法院提起民事侵权诉讼。法院对符合民事诉讼起诉条件的侵权诉讼，受理后进行审理，不受行政调查程序的影响。

2. 行政违法调查程序可因民事侵权诉讼的受理而中止

根据《市场监督管理行政处罚程序规定》（2021年7月2日国家市场监督管理总局令第42号）第46条的规定，以"行政处罚决定须以相关案件的裁判结果或者其他行政决定为依据，而相关案件尚未审结或者其他行政决定尚未作出"为由，经负责人批准后中止案件调查。

3. 行政违法调查程序中的证据可以作为民事侵权诉讼的证据

在侵害商业秘密诉讼中，对于行政调查程序中形成的证据可以作为民事侵权诉讼的证据，需根据民事诉讼的证据规则予以审核认定。

4. 行政行为所认定的基本事实具有初步证明效力

《最高人民法院关于知识产权民事诉讼证据的若干规定》第6条规定："对于未在法定期限内提起行政诉讼的行政行为所认定的基本事实，或者行政行为认定的基本事实已为生效裁判所确认的部分，当事人在知识产权民事诉讼中无须再证明，但有相反证据足以推翻的除外。"

**5. 权利人可在法院受理民事侵权诉讼后撤回行政违法调查申请**

对于因权利人投诉举报而启动的侵犯商业秘密行政违法行为调查程序，在市场监督管理部门作出处罚决定前，权利人向法院提起侵害商业秘密之诉且已被受理的，则权利人可以向市场监督管理部门申请撤回投诉，是否同意撤销立案由市场监督管理部门依法认定。

**（二）证据认定**

《最高人民法院关于知识产权民事诉讼证据的若干规定》第 6 条规定："对于未在法定期限内提起行政诉讼的行政行为所认定的基本事实，或者行政行为认定的基本事实已为生效裁判所确认的部分，当事人在知识产权民事诉讼中无须再证明，但有相反证据足以推翻的除外。"根据上述规定，对于商业秘密行政处罚案件中行政部门认定的基本事实，商业秘密权利人在民事诉讼中无须再证明。对于已发生法律效力的市场监督管理行政部门作出的行政处罚决定书或法院作出的行政判决书中认定的侵权事实，可以在商业秘密民事诉讼中予以采信。如果当事人在商业秘密民事诉讼中提出的主张与行政机关所作的讯问笔录内容所陈述的事实明显相悖的，法院一般会采信当事人在行政部门调查时所陈述的事实。商业秘密民事诉讼中无法证明权利人遭受经济损失的具体金额时，可根据市场监督管理行政部门查证的相关材料酌定合理赔偿金额。

但是，对于是否系商业秘密定性的判断，商业秘密民事诉讼不应拘泥于行政部门的意见，如果非公知性等司法鉴定意见是作出行政处罚的依据，法院直接采纳该鉴定意见书当然更有利于确保与行政处罚的一致性，但审判中其是否属于商业秘密等法律问题仍应由法院独立进行司法认定。

### 三、商业秘密行政保护与刑事保护之间的关系

**（一）侵犯商业秘密行政违法调查程序与刑事程序的关系**

《行政处罚法》第 27 条规定："违法行为涉嫌犯罪的，行政机关应当及时将案件移送司法机关，依法追究刑事责任。对依法不需要追究刑事责任或者免予刑事处罚，但应当给予行政处罚的，司法机关应当及时将案件

# 第十二章　商业秘密民事保护与刑事、行政保护之间的关系

移送有关行政机关。"《市场监督管理行政处罚程序规定》（2021年7月2日国家市场监督管理总局令第42号）第17条第2款规定："市场监督管理部门发现违法行为涉嫌犯罪的，应当依照有关规定将案件移送司法机关。"因此，侵犯商业秘密行政违法调查程序与刑事程序之间不能并存，应根据案件是否需要追究刑事责任进行相互移送。

（二）侵犯商业秘密行政违法责任与刑事责任不重复评价

《行政处罚法》第35条第2款规定："违法行为构成犯罪，人民法院判处罚金时，行政机关已经给予当事人罚款的，应当折抵相应罚金；行政机关尚未给予当事人罚款的，不再给予罚款。"因此，罚款可以折抵罚金，已判罚金的，不再给予罚款。